KB140676

미국의
자본주의 문명

어디서 와서 어디로 가는가?

제1부 토대

미국의
자본주의 문명

—

어디서 와서 어디로 가는가?

—

제1부 토대

—

배영수 지음

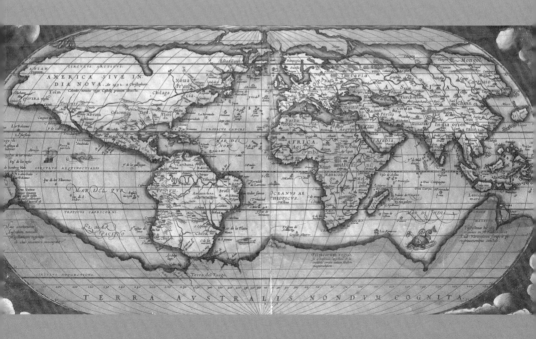

일조각

★

목차

도표

일러두기

1. 외국어 인명, 지명 등, 고유명사를 표기할 때는 국립국어원 표준국어대사전을 참고하되,
   원어민 발음과 뚜렷한 차이가 있는 경우에는 원어민 발음에 가깝게 표기한다.
2. 그에 따르는 혼란을 줄이기 위해, 고유명사가 처음으로 등장하는 대목에서 그것을 원어
   민 발음에 가깝게 표기한 다음에 괄호를 넣고 표준국어대사전의 표기법과 함께 외국어도
   병기한다. 예를 들면, "시오도어 로즈벨트(또는 루스벨트 Theodore Roosevelt, Jr.)"처럼
   표기한다.
3. 숫자는 원칙적으로 아라비아 숫자로 표기하되, 독자의 편의를 위해 때로는 한글과 혼합
   해서 표기한다.
4. 도량형은 원칙적으로 국제 단위계로 표기하되, 독자의 편의를 위해 때로는 영미 단위계도
   사용한다.
5. 도량형 단위는 아라비아 숫자 다음에 쓸 때는 기호로, 한글 숫자 다음에 쓸 때는 한글로
   표기한다.

서문

이 책은 미국 문명에 관해 새로운 해석을 시도한다. 미국 문명에 관해서는 이미 다양한 해석이 있다. 그러나 기존 해석과 달리, 이 책은 미국 문명이 본질적으로 자본주의라고 규정하고 거기에 역사학적 방법으로 접근한다. 바꿔 말해, 미국에서 자본주의가 어떤 과정을 거쳐 발전했는지, 오늘날 어떤 변화를 겪고 있는지, 또 세계를 어떤 방향으로 끌고 나가는지, 살펴본다.

그렇다면 이 책이 미국 경제사 개설의 일종이 아닌가 하고 생각하는 독자가 있을지도 모른다. 그런 독자에게는 이것이 그런 책이 아니라는 점을 강조할 필요가 있다. 미국 경제사 개설은 비록 국내에서는 찾아보기 어렵지만 미국에는 이미 여럿 있으므로, 영어에 익숙하지 않은 한국인 독자를 위해 소개한다는 수준에서 쓴다면 모를까 그 이외에 새로 써야 할 만한 이유가 없을 듯하다.

필자가 이 책을 쓰는 동기 가운데 하나는 기존의 미국 경제사 개설에 대한 불만에 있다. 기존 개설은 대체로 미국 경제사를 서술하면서 사회구조나 정치체제, 또는 국민문화에 관해 깊이 있게 언급하지 않는다. 간혹 언급한다 해도, 그런 것을 경제의 성장 내지 발전 과정을 둘러싸고 있는 외부 환경으로 취급하는 경향을 보인다. 이런 경향 아래에는 경제란 정치나 사회, 또는 문화와 분리되어 있는 영역이라는 관념이 자리 잡고 있다. 이것은 요즘 우리 주변에서 가끔 '경제는 경제 논리에 따라 풀어야 한다'거나 '시장은 시장에 맡겨 놓아야 한다'는 말로 나타난다. 그러나 필자는 그런 관념에 동조하지 않는다. 오히려 경제가 정치나 사회, 또는 문화와 따로 떼어 놓을 수 없을 만큼 복잡하게 얽혀 있다고 본다.

이 책을 쓰는 더 중요한 동기는 오늘날 자본주의가 어떤 변화를 겪고 있는가 하는 의문에 있다. 이것은 두말할 나위도 없이 지구 온난화처럼 지구적 차원에서 다루어야 할 문제이다. 그러나 필자는 그렇게 커다란 문제에 접근할 수 있을 만한 역량이 없다. 젊었을 때 학문의 길에 들어선 다음에 얼마 지나지 않아 미국의 역사에 관심을 기울이게 되었고, 이후에는 언제나 거기에 매달렸을 뿐이다. 그래도 미국이 오랫동안 자본주의 세계에서 헤게모니를 쥐고 그 세계를 자국의 의도에 따라 이끌어 왔다는 사실에 착안해서, 미국을 통해 세계를 이해하는 접근 방법을 쓸 수 있었다.

그렇지만 가장 중요한 동기는 필자가 미국 문명을 이해하려고 애쓰는 과정에서 자본주의를 새로운 방식으로 파악하게 되었다는 사실에 있다. 이에 관해서는 서론에서 간략하게 소개한 다음에 본론에서 상세하게 설명하겠지만, 한마디로 줄이자면 필자는 자본주의란 문명의 일종이며, 정치와 경제에서 사회와 문화를 거쳐 자연환경까지 걸쳐 있는 매우 복잡한 체계라고 생각한다. 그렇기 때문에 필자는 미국 자본주의에 관한 기존의 이해를 수용하지 못한다. 오히려 종래에 없던 새로운 해석에 도달한다.

따라서 이 책은 미국 문명의 발전 과정을 마치 미국사 개설처럼 포괄적으로 다루면서도, 그와 달리 깊은 인과관계를 파헤치고자 시도한다. 사실, 필자는 오랫동안 대학에서 미국사 개설을 가르쳤다. 그러나 미국사에 입문하는 학생들이 알아야 하는 기본적 사실을 말해 주는 데 주력하지는 않았다. 그런 사실은 기존 개설서에 정리되어 있기 때문이다. 그 대신, 필자는 미국 문명의 발전 과정을 다양한 측면에 걸쳐 살펴보면서 그 속에 들어 있는 연관성을 알아내고 거기에 일어나는 변화를 파헤치는 데 관심을 기울였다. 그렇지만 이

깊은 인과관계를 파헤치는 데는 많은 어려움을 겪어야 했다. 수많은 전문가들이 엄청나게 많은 연구 성과를 내놓았지만, 거기서 포괄적 시야와 장기적 안목을 갖춘 저술을 찾아보기는 어려웠다. 게다가 미국 문명이 어떤 경로를 거쳐 발전했는가 하는 의문을 넘어 왜 그런 경로를 따라 발전했는가 하는 의문까지 다루는 저술을 찾아보기는 더 어려웠다. 필자가 깨달은 것은 그 해답을 찾아내기 위해서는 결국 기존의 연구 성과를 뛰어넘어야 한다는 것, 거기서 많은 것을 받아들이면서도 거기에 들어 있는 문제점을 찾아내고 또 그 해결책까지 마련해야 한다는 것이었다. 따라서 필자는 이 책에서 다양한 학술적 쟁점을 취급하고 필자 나름대로 견해를 개진하는 데 주저하지 않는다.

그렇다고 해서 이 책이 학술적 논쟁에 몰두하는 반면에, 사회적 관심사를 외면하는 것은 아니다. 역사학이란 기본적으로 '도대체 무슨 일이 있었는가' 그리고 '어째서 그런 일이 벌어졌는가' 하는 의문을 다루는 학문이다. 그런데 그것은 결국 '우리가 어떻게 해서 이렇게 살고 있는가' 하는 의문과 연결되어 있다. 역사학자들은 전문가가 아니면 이해하기 어려운 문제를 탐구하지만, 그들의 연구는 결국 우리가 어디서 출발해서 어떤 과정을 거쳐 여기에 와 있는가 하는 의문에 집중된다. 그들은 각자 그 의문 가운데 어느 한 부분에 초점을 맞추고 기원과 발전 과정을 파헤치며 그 결과를 전문적 저술로 발표한다. 그 외에, 사회적 현안에 대해 직접적으로 발언할 수도 있다. 필자는 이 책에서 그런 발언을 하지 않으려 한다. 그래도 미국 자본주의라는 주제가 오늘날 우리가 살아가는 방식에서 중요한 부분이라고 생각한다. 그것은 필자의 개인적 관심사에 그치지 않고, 오늘날 한국에서 살아가는 적잖은 지식인들에게도 중요한 화두이니 말이다.

그러나 한 권의 책에 학문적 주장과 사회적 발언을 함께 담는다는 것은 어려운 일이다. 아니, 어떻게 보면 어리석은 일이다. 다른 학자들과 논쟁을 벌이는 대목에서는 비전문가들이 이해하는 데 어려움을 겪을 것이고, 일반인들을 위해 필수적 사실을 설명하는 부분에서는 다른 학자들이 흥미를 잃어버릴 테니 말이다. 그렇지만 필자는 연구서와 교양서를 따로 쓰는 대신에, 양자를 하나로 묶어 내는 데 흥미를 느낀다. 역사학은 궁극적으로 문학의 일환으로서 일반 독자들과 함께 호흡하면서 그들 사이에서 공감을 얻어야 하고, 실제로 그럴 수도 있기 때문이다. 이미 역사학에서 고전으로 통하는 책들이 그렇게 말해 준다. 다만, 과거에는 전문 지식이 많이 축적되어 있지 않았고, 그래서 복잡한 학술적 논쟁을 다루지 않고도 좋은 책을 쓸 수 있었다는 점을 기억할 필요가 있다. 오늘날 연구서와 교양서가 나뉘어 있는 것은 학술적 논쟁과 사회적 담론 사이에 크고 깊은 간극이 있기 때문이다. 그래서 필자는 전문적 논의를 될 수 있는 대로 간략하게 정리하고자 한다. 그래도 문명의 개념과 자본주의의 개념, 그리고 미국 헌법에 관한 논쟁을 비롯해 학술적 논의를 피할 수 없는 주제가 있다. 따라서 필자는 독자의 편의를 위해 필요한 곳에 장별로 〈부록〉을 설정하고, 그런 주제에 관해서도 논의하고자 한다.

한마디로 줄이면, 이 책은 자본주의에 초점을 맞추고 미국 문명의 발전 과정을 탐구하는 역사학적 해석이다. 그것도 필자가 오늘날의 세계에서, 그 가운데서도 한국에서, 살아가는 지식인 가운데 한 사람으로서, 필자와 같은 관심사를 지니는 다른 지식인들을 염두에 두고 시도하는 해석이다. 이것이 우리가 살아가는 세상을 깊이 이해하는 데 조금이나마 도움이 될지도 모른다고 보기 때문이다.

서론

자본주의는 요즈음 미국 역사학계에서 가장 뜨거운 화두이다. 지난 2007-
08년 금융 위기를 전후해서, 미국의 역사학자들은 자본주의의 기원과 발전
과정에 대해 주목할 만한 새로운 연구 성과를 잇달아 발표하기 시작했다. 그
리고 오늘날까지 계속해서 흥미로운 저술을 내놓음으로써, "새로운 자본주
의 역사"New History of Capitalism라는 하나의 조류를 만들어내기에 이르렀다.

이 조류는 넓은 시야에서 보면 20세기 말에 사라져 버렸던 역사적 방향
감각과 연관되어 있다. 20세기 말에 소련이 해체되고 사회주의가 쇠퇴함에
따라, 역사가 어디서 와서 어디로 흘러가는가 하는 문제도 지식인들의 관심
사에서 멀어져 갔다. 조만간 자본주의가 쇠망하고 사회주의로 대체될 것이라
는 전망이 과거와 달리 설득력을 잃었고, 역사가 자유주의에서 더 이상 발전
하지 않을 것이라는 견해도 잠시 주목을 끄는 데 그쳤다. 더욱이, "탈근대"나
"근대 이후"에 대해 말하던 일부 지식인들도 근대에 대한 비판을 넘어 새로운
시대에 대한 전망을 보여주지 못했다.

그렇게 해서 흐려진 역사적 방향감각은 지도적인 역사학자들의 저술에
고스란히 반영되었다. 사회주의에 대한 미련을 버리지 못했던 에릭 홉스봄
Eric Hobsbawm은 널리 주목을 끌었던 근대사 개설을 마무리하면서 자본주의
의 역사를 깊이 있게 파헤치는 데 실패했다. 그는 원래 자본주의의 역사를 사

회주의자의 시각에서 살펴보겠다고 선언했지만, 20세기를 다루는 저술에서는 자본주의와 사회주의의 상호 관계에 관심을 기울였다. 그렇지만 자본주의의 발전 과정이라는 커다란 과제에 비추어 보면, 그것은 거기에 속하는 여러 하위 주제 가운데 하나에 지나지 않는다. 결국, 그는 스스로 도전하겠다고 선언했던 중대한 과제를 외면한 셈이다. 반면에 자유주의자 크리스토퍼 베일리 Christopher A. Bayly는 자본주의의 역사를 깊이 있게 파헤칠 수 없다고 토로한 바 있다. 널리 격찬을 받은 근대사 2부작에서, 그는 자본주의가 핵심적인 관심사라고 인정하면서도 그것을 설명하는 깊은 인과관계를 파악할 수 없다고 주장한다. 그리고 자본주의는 정치, 경제, 사회, 문화 등, 여러 영역에 걸쳐 있는 복합적인 현상인데, 이들 영역이 서로 다른 리듬에 따라 변화를 겪기 때문에 자본주의의 발전 동력을 밝혀주는 깊은 인과관계를 알아낼 수 없다고 부연한다. 이 점에서 베일리는 역사사회학자 마이클 맨Michael Mann이 제시한 해석 틀에 머물러 있다.[1]

오늘날 그처럼 역사적 방향감각이 흐려져 있다는 사실에 비추어 볼 때 "새로운 자본주의 역사"는 분명히 환영할 만한 조류이다. 여기에 동참하는 학자들은 금융과 노예제를 비롯해 종래의 연구에서 경시되거나 간과되었던 주제에 관해 매우 흥미로운 저술을 발표해 왔다. 그들의 저술은 화폐제도와 신용제도의 발전 과정에서 노예제와 자본주의의 상호 관계를 거쳐 면화와 목재, 그리고 마약을 비롯한 다양한 상품의 개발 과정에 이르기까지 매우 다양한 주제에 걸쳐 있고, 앞으로 다른 주제로 더욱 넓어질 것으로 보인다. 이는 물론 자본주의에 대한 이해를 넓히는 데 기여할 것이다.

---

1 Eric J. Hobsbawm, *The Age of Revolution: Europe, 1789–1848* (London: Weidenfeld and Nicolson, 1962); idem, *The Age of Extremes, 1914–1991* (New York: Pantheon, 1994); Christopher A. Bayly, *The Birth of the Modern World, 1780–1914* (Oxford: Wiley–Blackwell, 2004); idem, *Remaking the Modern World, 1900–2015* (Oxford: Wiley–Blackwell, 2018); Michael Mann, *The Sources of Social Power*, 4 vols. (Cambridge: Cambridge Univ. Pr., 1986–2013).

그러나 저 새로운 조류가 자본주의의 발전 과정을 밝히면서 거기서 작용하는 동력을 파헤치는 데까지 이를 수 있을지는 의심스럽다. 필자가 다른 글에서 지적한 바 있듯이, 가장 중요한 문제점은 거기에 가담하는 역사학자들이 자본주의가 무엇인지 규정하지 않는다는 데 있다. 한마디로 말해, 그들은 자본주의에 관한 종래의 담론이 역사를 이해하는 데 도움이 되지 않는다고 생각한다. 기존 이데올로기는 오히려 자본주의의 역사를 이해하는 데 방해가 될 뿐이라고 본다. 사회주의나 자유주의는 무엇보다도 시장이나 경제 같은 영역에 주목하는 반면에 인종과 젠더를 비롯한 다른 영역을 경시하며, 그래서 연구자의 안목을 오도하는 효과를 지닌다는 것이다. 따라서 그들은 아담 스미스나 칼 마르크스, 또는 막스 베버로부터 벗어나자고, 심지어 자본주의의 개념조차 정의하지 말자고 주장한다. 차라리 역사에 관한 경험적 연구가 축적되면, 언젠가 개념적 이해에 도달할 수 있을 것이라고 기대한다.[2] 그러나 이는 지나치게 순진한 기대인 듯하다.

그 점은 지금까지 축적된 연구 성과에서 드러난다. 자본주의에 대한 연구가 스미스의『국부론』에서 시작된다고 본다면, 그 성과는 오늘날까지 250년에 가까운 세월 동안 축적되었다. 그동안 나왔던 저술들은 사실상 예외 없이 이데올로기에 '오염'되어 있다. 거기서 자유로운 연구자가 없으니 말이다. 그렇다고 해서 기존 업적을 쉬이 경시할 수는 없다. 중요한 업적은 이데올로기에서 유래하는 한계에도 불구하고 자본주의를 이해하는 데 의미 있는 기여를 하기 때문이다. 그러나 그런 기여를 하는 수많은 업적이 축적되어 있는데도, 오늘날 우리는 자본주의가 무엇인지, 또 그것이 어떤 변화를 겪고 있는지, 잘 모른다. 앞으로 얼마나 많은 연구가 더 나와야 이런 의문을 풀 수 있을지 알 수도 없다.

---

2 배영수, 「"새로운 자본주의 역사"의 가능성과 문제점」, 『서양사연구』 58 (2018), 129-158.

난관은 자본주의가 매우 복합적인 현상이라는 점과 연관되어 있다. 자본주의는 필자가 보기에 사회·경제체제가 아니라, 그것을 넘어 정치와 문화까지, 나아가 자연환경까지 포괄하는 현상이다. 이런 현상에 접근하기 위해, 연구자들은 흔히 특정 측면에 초점을 맞추어 집중적으로 탐구하고 그 결과에 주의를 환기한다. 친근한 사례를 든다면, 경제학자 토머스 피케티Thomas Piketty와 로버트 고든Robert J. Gordon의 저술을 들 수 있다. 널리 알려져 있듯이, 피케티가 경제성장에 초점을 맞추고 그 혜택이 부자에게 집중되며 빈부격차가 대물림된다는 점을 강조하는 반면에, 고든은 마찬가지로 경제성장에 초점을 맞추고서도 그 혜택이 대다수 사람들에게 퍼져서 생활수준이 전반적으로 향상되었다고 주장한다.[3] 이들 견해는 각각 서로 다른 이데올로기에 '오염'되어 있다고 할 수 있다. 그렇지만 그것들이 모두 탄탄한 근거 위에서 전개되는 의미 있는 견해라는 점도 부인할 수 없다. 그렇다면 그 상이한 견해를 어떻게 종합할 수 있을까 하는 의문이 떠오른다.

그런 의문을 해결하기 위해서도, 자본주의의 개념에 관심을 기울일 필요가 있다. 사실, 자본주의가 무엇인가 하는 물음은 근래에 경제학을 비롯한 사회과학은 물론이요 철학, 사학 등, 인문학에서도 중요한 관심사로 취급된다. 이처럼 다양한 분야에서 논의가 진행되고 있으나, 그래도 하나의 큰 흐름이 있다고 할 수 있다. 이제 자본주의는 사회·경제체제를 넘어서는 어떤 커다란 현상으로, 구체적으로 말하자면 국가와 법률, 나아가 젠더와 자연환경까지 포괄하는 어떤 실체로 간주된다. 필자는 이런 논의에 공감하면서도, 적잖은 불만을 품고 있다. 개념에 관한 근래의 논의에서는 무엇보다도 자본주의의 다양성이 고려되지 않기 때문이다. 자본주의의 다양성은 사회과학자들이

---

3 Thomas Picketty, *Capital in the Twenty-First Century*, trans. Arthur Goldhammer (Cambridge, MA: Harvard/Belknap, 2014); Robert J. Gordon, *The Rise and Fall of American Growth: The U.S. Standard of Living since the Civil War* (Princeton, NJ: Princeton Univ. Pr., 2016).

이미 한 세대가 넘도록 탐구해 왔고, 그 결과 자본주의가 지역별로, 또 국가별로 상당히 다른 양상을 보인다는 사실이 드러났다. 그런데도 자본주의 개념에 관한 논의에서는 자본주의의 다양성이 거론조차 되지 않는데, 필자가보기에 이는 유럽 중심주의가 아닌가 하는 의심이 든다. 개념에 관한 논의에서는 오래전부터 유럽이 미국과 함께 자본주의 발전의 모델로 간주되었는데, 요즈음에도 그렇기 때문이다. 상세한 것은 본론에서 설명할 생각이다.

그런 불만과 의심 때문에, 필자는 스스로 자본주의의 개념을 규정하는 작업에 손을 대었다. 그것이 필자의 역량을 넘어서는 거대한 과제라는 점을 잘 알고 있었지만, 다른 도리가 없었다. 기존의 개념이든 근래에 제기된 개념이든, 그 어느 것도 필자가 보기에 적절하지 않았기 때문이다. 더욱이, 필자는 "새로운 자본주의 역사"를 주장하는 학자들과 달리, 또 다른 많은 역사학자들과 달리, 개념이 역사학에 필수적인 장치라고 생각한다. 사실을 깊이 있게 이해하기 위해서는, 아니 올바르게 파악하기 위해서는, 개념에 의지하지 않을 수 없기 때문이다. 그렇지만 개념에 얽매이면, 사실을 제대로 포착하지 못할 수도 있다. 그러므로 중요한 것은 개념을 일종의 가설로 여기고 거기에 얽매이지 않으려고 노력하는 자세, 나아가 그것을 더욱 발전시키고자 노력하는 자세이다.

결국, 필자는 자본주의를 문명의 일종으로 보게 되었다. 여기서 문명은 매우 넓은 뜻에서 권력구조를 가리킨다. 구체적으로 말하자면, 문명이란 한 무리의 사람들이 생존과 번영을 확보하기 위해 이용할 수 있는 모든 힘을 조직적으로 결집하는 실체라 할 수 있다. 즉, 사람들은 살아남기 위해, 나아가더 나은 삶을 꾸리기 위해, 자신이 지니는 완력과 지력智力을 사용하는 동시에 다른 사람들과 함께 자신들의 힘을 조직하고, 또 지력地力과 수력, 중력과풍력 등, 자연의 힘을 이용할 수 있도록 일정한 체계를 구축한다는 것이다. 따라서 그것은 우리가 흔히 정치, 경제, 사회, 문화라 부르는 다양한 영역을 포괄한다. 나아가 자연에 대한 태도와 지식, 그것을 이용해서 자연을 변형시

키는 기술, 그리고 그것을 토대로 삼아 구축하는 온갖 인공 구조물을 포괄한다.[4]

그와 같은 문명의 한 유형으로서, 자본주의는 뚜렷한 특징을 지닌다. 그것은 무엇보다도 자본주의가 여러 유형의 힘 가운데서 재산을 토대로 형성되는 힘에 자율성을 부여한다는 데 있다. 재산은 전근대 세계에서 정치적 권위, 종교적 권위, 또는 물리적 폭력에 종속되어 있었다. 그러나 근대 세계에 들어와서는 인간이 지니는 기본적 권리 가운데 하나로 간주되기 시작했다. 그리고 정치적 권위를 비롯한 여러 가지 힘의 간섭에서 벗어나자, 사람들에

---

4 위 문단에서 드러나듯이, 이 책에서는 힘에 관한 용어가 여럿 쓰인다. 그 가운데에는 특정 종류를 가리키는 용어뿐 아니라 일반 개념을 가리키는 용어도 있다. 이들 일반 명사에는 미세한 차이가 있으므로, 약간의 설명이 필요한 듯하다.
  권력은 가장 자주 쓰이는 용어로서, 사람을 움직이게 만드는 여러 가지 힘 가운데서도 특히 강제성을 띠는 힘을 가리킨다. 그것은 가끔 폭력과 혼동되지만, 이 책에서는 명확하게 구분된다. 사회적 측면에서 볼 때, 폭력이 사회를 파괴하는 힘이라면, 권력은 사회를 유지하는 힘이라 할 수 있다. 또 전자가 절차의 정당성을 경시하는 반면에, 후자는 사회에서 정당한 것으로 간주되는 절차에 따라 행사된다고 할 수 있다. 이런 구분에 관해서는 다음 문헌을 참고하라. Hannah Arendt, *On Violence* (Orlando, FL: Harcourt, 1970).
  권위는 그에 복종하는 사람의 동의와 그것을 기반으로 형성되는 정당성에 주의를 환기한다. 따라서 권위는 권력보다 넓은 뜻을 지닌다. 그렇지만 그것은 권력과 마찬가지로 사회적 현상을 설명하는 데 충분한 것 같지 않다. 왜냐하면 사람들은 권력이나 권위에 휘둘리지 않고 스스로 움직일 수도 있기 때문이다. 실제로, 적잖은 이들이 아름다운 용모나 화려한 기예, 또는 높은 덕망이나 심오한 지혜에 이끌려 인생의 경로를 바꾸기도 한다. 거기서 작용하는 매력은 권력이나 권위와 달리 사람들을 자발적으로 움직이게 만드는 힘이다. 이처럼 힘이라는 용어는 강제성을 띤 자발성을 띤 간에 사람을 움직이는 요인으로서 가장 넓은 뜻을 지닌다. 이런 포괄적 의미에서 힘도 이 책에서 자주 사용된다.
  그러나 필자는 권력이나 권위를 힘처럼 포괄적인 의미로 사용하기도 한다. 이는 힘이 다른 종류의 용어와 합성하기가 곤란하다는 한계를 지니기 때문이다. 필자는 특히 여러 가지 힘 사이에 어떤 관계가 형성될 수 있다는 점, 또 그것이 제도로 바뀌며 지속성을 띠는 구조로 정착할 수도 있다는 점에 관심을 기울인다. 이런 용도에는 권력 관계와 권력 구조라는 용어가 적절한 것으로 보인다. 필자는 이런 용어에서 등장하는 권력도 넓은 뜻에서 힘이라는 용어와 같은 뜻을 지니는 것으로 여긴다.

게 일자리를 나누어 주고 시키는 대로 일을 하게 만드는 경제 권력으로 발전했다. 그렇다고 해서 경제 권력이 완전한 자율성을 누릴 수 있었던 것은 아니다. 그것은 다른 여러 가지 힘의 견제에서 벗어날 수 없었다. 더욱이 그것이 다른 유형의 힘과 맺는 관계, 특히 정치적 권위와 맺는 관계는 자본주의의 발전 과정과 형태에 중요한 영향을 끼쳤다. 상세한 설명은 역시 본론에서 할 것이다.

필자는 그런 개념을 국제 학술지에 발표해 객관적 검증을 받았고, 이 책에서는 그 후속 작업으로 미국에서 자본주의가 발전하는 과정을 재검토하고자 시도한다.[5] 그 결과, 기존의 연구 성과와 다른 해석에 도달한다. 미국에서 자본주의가 성립한 시기에서 정치적 권위와 경제 권력 사이의 관계를 비롯해 복잡한 권력 관계에서 일어난 장기적 변화를 거쳐 오늘날 미국 자본주의에서 일어나는 중대한 변화에 이르기까지, 필자는 새로운 해석을 제시한다. 그렇지만 그것도 일종의 가설이라는 점을 밝혀두고 싶다. 널리 알려져 있듯이, 미국사는 역사학의 여러 분야 가운데서도 연구 성과가 가장 풍부하게 축적되어 있는 분야이다. 어떤 학자도 그 많은 성과를 섭렵할 수 없다. 그렇지만 필자의 관심사에 비추어 볼 때 중요한 것을 추려낼 수 있고, 또 그것을 비판적으로 검토하며 수용할 만한 견해와 그렇지 않은 것을 가려낼 수도 있다. 더욱이 연구 성과가 부족하거나 아예 없는 주제도 여럿 발견하고, 그 빈틈을 메우기 위해 일차 자료를 뒤적이며 사실을 밝혀내는 작업도 시도한다. 결국, 약간의 일차 자료를 동원하면서도 대체로 연구 문헌에 의존해서 필자 나름대로 종합적 해석을 제시한다.

이 책은 그와 같은 새로운 개념과 탐구 과정의 소산이다. 여기서 필자는 미국의 자본주의 문명이라는 포괄적이고 복합적인 실체를 크게 세 부분으로

---

5 Youngsoo Bae, "Rethinking the Concept of Capitalism: A Historian's Perspective," *Social History* 45.1 (2020), 1-25.

나누어 살펴본다. 제1부에서는 "토대"라는 제목 아래 미국 문명의 근원을 추적하고 그 기반을 탐구한다. 미국 문명은 고대 문명과 달리 처음부터 국가라는 매우 복잡한 조직체의 일환으로 출발했다. 또 그래서 일찍부터 자본주의 문명이 발전하는 데 필수적인 제도를 구축하기 시작했다. 그런 토대가 어떻게 해서 만들어졌는지 이해하는 것은 미국의 자본주의 문명을 이해하는 데 관건이라 할 수 있다. 제2부는 "발전 과정"을 검토한다. 미국이 18세기 말에 독립국가로 자리를 잡는 데서 시작해서, 19세기 말 20세기 초에 세계적 강대국으로 발전하는 과정까지 취급한다. 제3부는 "미국과 세계"라는 제목 아래 20세기 미국에서 자본주의 문명이 어떤 방향으로 발전했는지, 또 그것이 자본주의 세계에 일어난 변화와 어떤 관계에 있었는지 살펴본다.

결국, 필자는 오늘날 미국에서 자본주의 문명이 중대한 기로에 서 있는 것이 아닌가 하는 물음에 이른다. 잘 알려져 있듯이, 이제 미국 문명에서는 경제 권력이 과거 어느 때보다 확고한 자율적 위상을 지니고 있을 뿐 아니라 온갖 생활 영역에 깊이 스며들어 있기도 하다. 심지어 대학에서도, 오래전부터 다양한 압력에서 벗어나 객관적 진실을 밝혀내려 애쓰며 사회적으로 널리 신뢰를 받던 이 지도적 공공 기관에서도, 경제적 이익을 추구하는 자세가 새로운 행동 윤리로 자리 잡고 있다. 그러나 바로 거기서 자본은 종래와 다른 행태를 보여 주기도 한다. 경제적 이익을 가져다줄 것으로 보이는 지식을 뒤쫓으며 거기에 편승해서 더 나은 증식의 기회를 잡으려 한다. 나아가 새로운 권력으로 성장하는 지식과 공생하는 관계를 맺으려 한다. 따라서 필자는 이처럼 변모하는 지식과 자본의 관계, 또는 지적 권위와 경제 권력 사이의 관계가 무엇을 의미하는가 하는 물음에 부딪힌다. 그것이 자본주의가 새로운 단계로 발전한다는 것을 의미하는가, 아니 한 걸음 더 나아가 자본주의를 대체하는 새로운 문명으로 진입한다는 것을 시사하는가 하는 물음에 부딪힌다. 이런 뜻에서, 필자는 오늘날 미국 문명이 기로에 서 있는 것은 아닌가 하고 생각한다.

토대

★

미국의 자본주의 문명은 두말할 나위도 없이 저절로 나타난 것이 아니다. 그것은 북미대륙에 문명이 등장한 다음, 그 문명이 자본주의로 변형되는 과정을 거쳐 나타났다. 그것은 또한 북미대륙의 자연에 인간이 적응하는 동시에 그것을 변형시키며 만들어 낸 결과이다. 그러므로 자연과 인간은 미국의 자본주의 문명을 이해하는 데 출발점이 된다. 따라서 제1장과 제2장에서는 먼저 미국 문명이 발전한 무대와 거기서 활약하는 주역들을 살펴본다. 여기서 미리 일러둘 것은 제1장이 미국의 자연환경을 소개하는 데 치중하는 반면에, 그에 관해 기존 견해와 다른 새로운 주장을 펼치지는 않는다는 점이다. 따라서 미국의 자연환경에 관해 기본적 소양을 갖추고 있는 독자라면, 제1장을 건너뛰고 제2장으로 바로 들어가도 좋을 것이다.

그다음에는 북미대륙에서 문명이 형성되고 또 그것이 자본주의 문명으로 변형되는 과정을 탐구한다. 제3장은 북미대륙에서 문명이 형성되는 과정을 다룬다. 북미대륙에 영국 식민지가 개설되는 과정에서 어떤 사회구조가 수립되었는지, 어떤 정치체제가 구축되었는지, 그리고 왜 그렇게 되었는지 파헤친다. 바꿔 말하면 유럽 문명이 아메리카에 이식, 변형되는 과정을 다룬다. 나아가 문명의 개념에 대해 다시 생각한다. 제4장은 17세기 말부터 영국이 취하는 식민지 정책과 북미대륙 식민지가 발전하는 과정을 다룬다. 그리고 식민지 사회의 성격을 논의하며 자본주의의 개념을 규정한다. 제5장은 다양한 식민지들이 독립이라는 대의를 위해 협력하며 새로운 정치체제를 수립하는 과정을 다룬다. 이 과정은 결국 혁명, 즉 미국인들이 영국에서 도입된 정치체제를 폐지하고 자신들의 필요에 따라 새로운 체제를 수립하는 작업으로 귀결된다. 그런 작업 속에서 미국인들은 자신들이 하나의 국민으로서 어떤 사람들인지, 또 어떤 국가를 만들 것인지 깊이 생각했다. 그런 작업과 생각은 필자가 보기에 미국 문명이 자본주의로 변모하는 과정의 일환이었다.

제1부를 마무리하는 제6장은 연방헌법의 제정에 초점을 맞추고 미국의 정치체제가 보완되는 과정을 다룬다. 미국은 독립과 혁명이 완수된 다음에 심각한 경제적, 사회적 혼란에 직면했는데, 당대의 엘리트들은 그것이 미국의 정치체제에 중요한 결점이 있기 때문이라고 생각했다. 따라서 그들은 보완책으로 연방헌법을 제정하고 정치적 안정을 도모하는 작업에 착수했고, 결국 오늘날까지 유지되는 정치체제의 골격을 마련했다. 필자는 바로 거기서 미국이 자본주의 문명으로 이행했다고 주장한다. 바꿔 말하면, 미국이 처음부터 자본주의 사회였다는 기존 해석이나 19세기 초에야 비로소 자본주의 사회로 이행했다는 수정 해석과 달리, 18세기 말에 이르러 미국이 자본주의 문명의 토대를 갖추었다고 할 수 있다. 이것이 제1부의 결론이다.

제1장

자연환경

오늘날의 세계에서 미국이 차지하는 위상은 흔히 경제력과 군사력의 측면에서 측정된다. 미국의 경제력은 국내총생산에서 나타나듯이 중국과 유럽연합에 뒤이어 세계에서 세 번째로 강력하다. 더욱이, 미국의 군사력은 군사비 지출액에서 드러나듯이 중국과 유럽 전체를 합친 것보다 훨씬 더 강력하다.[1]

---

1 미국 중앙정보국은 세계 각국의 국내총생산을 명목상 금액으로 표시하지 않고 실제 구매력까지 감안해 조정한 금액을 보여주는데, 거기서 발표한 통계자료에 따르면 2017년에 미국의 국내총생산은 19조 3,900억 달러로, 중국의 23조 1,600억 달러, 유럽연합의 20조 8,500억 달러에 이어 제3위를 차지한다. 이것은 제4위 인도에 비하면 2배가 훨씬 넘고, 15위인 한국에 비하면 10배에 가까운 금액이다. 더욱이, 미국은 국민의 높은 생활수준을 자랑한다. 세계은행에서 집계한 2019년도 통계자료에 따르면, 일인당 국내총생산은 중국이 10,262 달러, 인도가 2,104 달러인 반면에, 미국은 65,118 달러나 된다. 한국은 31,762 달러로 그 절반에도 미치지 않는다. United States Central Intelligence Agency, The World Factbook, https://www.cia.gov/library/publications/the-worldfactbook/rankorder/2001rank.html (2020년 12월 9일 접속); World Bank, "GDP per capita (current US$)," World Bank Data, https://data.worldbank.org/indicator/NY.GDP.PCAP.CD (2020년 12월 9일 접속).

그와 같은 압도적 위상은 미국이 갖추고 있는 조건과 잘 맞아떨어지지 않는다. 유엔에서 발행한 2014년도 통계자료에 따르면, 영토는 963만 평방 킬로미터로 러시아, 캐나다에 이어 세계에서 세 번째로 크다. 우리가 오래전 부터 '대국'으로 간주하던 중국보다 조금 크다. 물론 인간이 이용할 수 있는 지역만 생각하면, 미국도 러시아나 캐나다에 못지않은 영토를 갖고 있다고 할 수 있다. 그러나 미국의 인구는 2020년 3억 3,145만 명으로 중국, 인도에 이어 세 번째로 많지만, 이런 인구 대국에 비하면 그 4분의 1에도 미치지 않 는다. 한마디로 줄이면, 미국은 압도적 위상에 걸맞은 영토를 갖고 있지만 인 구 측면에서는 그렇지 않은 셈이다.

미국은 어째서 그 넓은 영토에 비해 적은 인구를 갖고서도 오늘날 세계에 서 압도적 위상을 누리고 있는가? 이 문제는 자연환경 이외에도 고려해야 할 요인이 많다는 점을 시사한다. 그래도 자연환경을 가벼이 여길 수는 없다. 사 실, 잠시라도 미국을 여행해 본 사람들은 흔히 미국이 축복받은 나라라고 말 한다. 거대한 영토와 다양하고 풍부한 자원뿐 아니라 온화한 기후와 비옥한 토지도 있다고 말이다. 일리가 있는 말이다. 알래스카처럼 한대에 속하는 지 역도 있고 데스밸리Death Valley 같은 사막도 있지만, 대체로 올바른 관찰이다. 그렇지만 자연환경이 국력을 보장하는 것은 아니다. 그것을 활용하려는 인 간의 의지와 노력이 없다면, 자연은 "환경"에 머물러 있게 된다. 그래도 그것 은 인간의 사고와 행위를 둘러싸고 있는 조건으로서 중요한 의미를 지닌다. 인간은 자연에 대한 이해를 바탕으로 그것을 변형시켜 생존과 번영에 필요한

군사력 측면에서 볼 때, 미국은 압도적으로 우월한 위치를 차지한다. 스톡홀름 국제 평화연구소Stockholm International Peace Research Institute에 따르면, 미국의 군 사비 지출액은 2019년도에 7,320억 달러였는데, 이는 제2위 중국(2,610억 달러)과 유 럽 전체(3,565억 달러)를 합친 것보다 훨씬 많은 금액이다. Stockholm International Peace Research Institute, SIPRI Yearbook 2020: Armaments, Disarmament and International Security: Summary, https://www.sipri.org/sites/default/ files/2020-06/yb20_summary_en_v2.pdf (2020년 12월 9일 접속).

온갖 재화를 만들어 내는 한편, 그 과정에서 공해와 오염, 나아가 환경 파괴 같은 변화를 일으키며 스스로 재앙을 부르기도 하기 때문이다.

1. 지형

미국을 포함하는 북미대륙은 대략 2억 년 전부터 판게아라 불리는 거대한 초대륙에서 떨어져 나오면서 나타나기 시작했다. 그렇지만 북미대륙을 구성하는 땅덩어리는 그에 앞서 생성되어 있었다. 대략 4억 5천만 년 전부터 2억 6천만 년 전 사이에 여러 차례 화산이 터지면서 바다 밑에서 땅이 솟아올랐고, 그 결과 애팔래치아산맥Appalachian Mountains이 형성되었다. 남북으로 2,400 km에 이르는 이 산맥은 처음에 평균 4,000 m에 이를 정도로 높았지만, 오랜 세월에 걸쳐 풍화와 침식 작용을 겪었기 때문에 오늘날처럼 평균 1,000 m 정도로 낮아졌다. 따라서 그것을 중심으로 동서 양쪽에서 구릉 및 계곡과 함께 평지가 넓게 형성되었다.[2]

애팔래치아산맥을 중심으로 동쪽에서는 급한 경사가 먼저 나타난 다음에 "대서양 평원"Atlantic Plain이라는 평지가 이어진다. 그래서 동쪽 사면에는 여러 곳에 폭포와 급류가 자리를 잡고, 오늘날 뉴저지에서 조지아까지 약 1,500 km에 이르는 "폭포선"을 만들어 놓는다. 이것은 사람이 다니는 데 커다란 장애가 되며, 그래서 미국 문명의 발전 과정에서 중요한 의미를 띠게 된다. 폭포선을 지나면 대서양 연안까지 넓은 평지가 펼쳐져 있고, 이 평지는 애팔래치아산맥 남쪽을 돌아서 다른 평지인 "멕시코만 평원"Gulf Plain과 이어지며 일찍부터 미국 농업의 주요 무대가 된다.

---

2 다음 인터넷 도판을 참고하라. Caitlin Finlayson, "Figure 4.1: Map of North America, 1:36,000,000," World Regional Geography, Pressbooks, https://worldgeo.pressbooks. com/chapter/north-america/.

애팔래치아산맥 서쪽에서는 경사가 완만하게 기울면서 미시시피강 유역까지 넓은 평지가 이어진다. "중부 저지"Central Lowlands라 불리는 이 지역은 해발 고도가 150 m에서 500 m밖에 되지 않는데, 캐나다 북서부에서 시작해서 멕시코만까지 연결되며 나중에 미국의 곡창지대로 변모한다. 오하이오강을 비롯해서 거기서 흐르는 강물은 대부분 미시시피강으로 흘러들어가며, 그래서 애팔래치아산맥이라는 장애를 에둘러 동부의 대서양 연안으로 갈 수 있는 수로를 열어 준다. 북쪽에는 오대호Great Lakes가 자리를 잡고 있는데, 이 거대한 호수들이 서로 이어져 있고 또 미국과 캐나다 국경선을 따라 대서양으로 흐르는 세인트로렌스강과도 이어져 있기 때문에 동부 해안으로 가는 수로가 하나 더 있는 셈이다. 이들 수로도 미국 문명의 발전 과정에서 중요한 의미를 띄게 된다.[3]

북미대륙 서쪽에서는 대략 6,500만 년 전부터 3,500만 년 전 사이에 진행된 지각운동 덕분에 땅이 솟아올랐고, 그 결과 남북으로 3,000 km에 이르는 로키산맥Rocky Mountains이 형성되었다. 이 산맥은 처음에 높이가 평균 6,000 m였으나, 역시 풍화와 침식 때문에 낮아졌다. 그래도 오늘날 평균 4,400 m에 이를 정도로 여전히 높다. 더 서쪽으로 가면, 캐스케이드산맥과 시에라네바다산맥, 그리고 태평양연안산맥 등 높은 산맥이 자리 잡고 있다. 이들 산맥은 애팔래치아산맥보다 훨씬 늦게 형성되었으며, 그래서 로키산맥과 마찬가지로 비교적 젊은 지형을 갖추고 있다. 사실, 태평양 연안에서는 화산이나 지진 같은 현상이 비교적 빈번하게 일어난다. 이들 산맥과 그 사이에 있는 "산간 지역"Intermontane Region은 미국 본토의 3분의 1을 차지하는데, 높은 산과 깊은 계곡, 그리고 깎아지른 듯이 가파른 절벽으로 이루어져 있다. 이 지역은 수로를 통해서 접근하기도 어렵다. 남북에서 태평양으로 흘러들어

---

3 다음 인터넷 도판을 참고하라. "Rivers of the United States," Free World Maps, freeworldmaps.net, https://www.freeworldmaps.net/united-states/us-rivers.html.

가는 콜롬비아강과 콜로라도강 외에는 좋은 물길이 없기 때문이다.

로키산맥 동쪽에는 오늘날 "대평원"Great Plains이라 불리는 평지가 넓게 펼쳐져 있다. 이 지역은 로키산맥과 같은 시기에 형성되었지만 처음부터 그리 높이 솟아오르지 않았다. 오늘날에도 해발고도가 로키산맥 기슭에서 1,500 m 내지 1,800 m이지만, 동쪽으로 가면서 조금씩 낮아져서 북미대륙 한가운데를 지나는 서경 100도 선에 이르면 500 m 정도밖에 되지 않는다. 대평원은 애팔래치아산맥에서 시작되는 중부 저지와 이어져 있고, 그래서 광활한 평지가 미국 본토의 중심부를 차지한다. 거기서는 미주리강과 아칸소강을 중심으로 여러 갈래의 물길이 미시시피강으로 이어지고, 나머지 물길들은 멕시코만으로 흘러들어간다. 덕분에 대평원은 중부 저지와 마찬가지로 수로를 통해 대서양 연안과 연결된다.

대평원은 말이나 글로 설명하기 어려울 정도로 넓다. 필자는 1983년 8월 미네소타대학에 잠시 머무르던 때에 그 넓이를 느낄 수 있었다. 하루는 미네아폴리스 시내를 둘러보다가 오후 늦게 높은 빌딩에 올라가게 되었다. 전망대에 이르자 끝이 보이지 않는 평원이 눈앞에 펼쳐져 있었고, 저 멀리 해가 떨어지는 모습이 보였다. "아!"라는 탄성과 함께 "지평선"이라는 단어가 머리에 떠올랐다. 그때까지 필자가 보았던 것 가운데 가장 넓었던 공간인 수평선이 연상되면서, 눈에 보이는 어마어마한 공간에 압도당하고 말았다.

미국의 지형은 그런 대평원을 포함해 인간이 쉽사리 접근할 수 있다는 점에서 대단한 축복이라 할 수 있다. 북쪽에 있는 캐나다가 얼음 때문에, 또 남쪽에 있는 멕시코가 열대우림으로 뒤덮인 높은 산 때문에, 그런 축복을 누리지 못하는 데 비하면, 그것이 얼마나 커다란 축복인지 쉬이 짐작할 수 있다. 세계를 전반적으로 살펴보면, 이는 더욱 뚜렷해진다. 그에 못지않게 중요한 것은 미국의 지형이 처음에는 접근하기 어려웠다는 사실이다. 유럽에서 이주한 사람들은 먼저 해안 지대에 발을 붙였고, 다음에 강을 따라 내륙으로 들어갔으며, 19세기 중엽에 이르러서야 비로소 대평원에 들어가서 곡물과 가축을 기를 수 있었다. 그와 같이 미국의 지형은 인간의 노력 덕분에 축복으로 변모했다고 할 수 있다.

2. 기후

기후는 지형에 못지않게 중요한 환경이다. 지구는 주기적으로 찾아오는 빙하기를 여러 차례 겪었는데, 대략 22,000년 전부터 빙하가 줄어들기 시작했고 12,000년 전부터는 비교적 따뜻한 기후가 찾아왔다. 북미대륙에서도 빙하는 캐나다 전체와 미국 중북부까지 뒤덮었지만, 오늘날에는 알래스카에서 로키산맥을 따라 내려오는 태평양 연안 여러 곳에 부분적으로 남아 있을 뿐이다.

북미대륙 가운데서도 미국의 영토는 알래스카와 하와이를 제외하면 대부분 북위 25도와 49도 사이에 자리 잡고 있다. 이런 위도에서는 어디서나 햇빛을 풍부하게 누릴 수 있다. 가장 북쪽에서도 해가 떠 있는 시간이 하지에는 16시간이 넘고, 동지에도 8시간이 넘는다. 이처럼 풍부한 햇빛 덕분에, 미국 본토는 온대나 아열대에 속한다.

그런 지역에서 기후에 커다란 영향을 끼치는 요인은 기단과 기류이다. 북쪽에서는 북극해를 중심으로 차갑고 습기가 많은 해양성 기단이 북대서양에 하나, 또 북태평양에 하나 자리 잡고 있다. 게다가 캐나다 내륙에서 차갑고 건조한 대륙성 기단 하나가 형성된다. 이들 세 기단은 지구의 공전 주기에 따라 가을부터 세력을 확장하고, 겨울이 오면 미국 남부까지 진출한다. 남쪽에서는 역시 대서양과 태평양에 자리 잡은 두 개의 기단 이외에, 멕시코만에서도 따뜻하고 습기가 많은 해양성 기단이 형성되는데, 이것은 봄부터 세력을 확장해서 여름에는 오대호 연안까지 영향을 끼친다. 또 멕시코 내륙에서 따뜻하고 건조한 대륙성 기단이 발달해서 미국 서부의 산간 지역으로 세력을 확장한다. 그래서 이 산간 지역은 대륙성 기단의 영향권에 있는 대평원과 함께 매우 건조한 기후를 지닌다. 이들 기단이 움직이는 패턴은 제트기류, 즉 지상 10 km가 넘는 공중에서 서쪽에서 동쪽으로 빠른 속도로 움직이는 바람과도 관계가 있다. 제트기류는 북극권 주변을 맴도는 것과 아열대지방을 따라 흐르는 것 두 갈래로 나뉘는데, 캐나다에서 내려가는 눈보라, 멕시코만에서 올라가는 허리케인, 또는 미국의 중부 평원에서 일어나는 토네이도 같은 주요 현상에 중요한 영향을 끼친다.[4]

해류도 미국의 기후에 중요한 영향을 끼친다. 멕시코만에서 형성되는 따뜻한 해류는 플로리다를 돌아서 동해안을 따라 올라가다가 대서양을 비스듬히 가로질러 유럽으로 흘러간다. 이 해류는 멕시코만 평원은 물론이요 대서양 평원에서도 기후를 온난하게 만드는 효과를 지닌다. 예를 들어 뉴욕시는 북위 40도 30분에 자리 잡고 있는데, 1월 평균 기온이 최저 영하 4도에서 최고 영상 3도여서 서울보다 덜 추운 편이다. 서울은 그보다 위도가 3도 정도 낮은데도, 1월 평균 기온이 최저 영하 9도에서 최고 영상 1도에 머무른다.[5]

서해안에서는 차가운 해류가 북태평양에서 남쪽으로 흐른다. 이 해류는 여름이면 세력을 확장하는 아열대성 고기압을 견제하면서, 덥지만 건조한 기후를 만들어 낸다. 또 겨울에는 북쪽에서 형성되는 저기압이 편서풍을 타고 움직이며 많은 비를 뿌리는 데 도움을 준다. 그래서 서해안에는 이른바 지중해성 기후가 나타난다. 전체적으로 볼 때, 미국 본토는 산간 지역을 비롯한 일부 지역을 제외하면 온화한 기후를 지니고 있는 셈이다.

---

4 다음 인터넷 도판을 참고하라. "Source Regions for Air Masses that Affect North America, The," Introductory Meteorology, Department of Meteorology and Atmospheric Science, Pennsylvania State University, https://www.e-education.psu.edu/meteo3/l3_p5.html.

5 다음 인터넷 도판을 참고하라. "Ocean Current," Encyclopedia Britannica, Encyclopedia Britannica, Inc., https://www.britannica.com/science/ocean-current.

3. 자원

미국은 다양하고 풍부한 지하자원도 보유하고 있다. 오늘날 주목을 끄는 희토류를 비롯해 금, 은, 구리, 철, 납, 니켈, 우라늄, 텅스텐, 보크사이트, 석탄, 석유, 가스 등, 다양한 자원이 있다. 또 과거 산업 발전에서 중요한 역할을 하던 석탄과 철광석, 그리고 석유도 풍부하다. 미국의 석탄 매장량은 다른 어떤 나라보다 많아서 세계 매장량 가운데 31.2 %를 차지한다. 또 철광석 매장량은 세계 매장량 가운데 4.1 %이고, 석유 매장량은 1.8 %이다. 이처럼 풍부한 지하자원은 두말할 나위도 없이 미국 문명의 발전 과정에서 중요한 요소로 작용한다.

미국의 가장 중요한 자원은 풍부한 담수라 할 수 있다. 오늘날 담수는 나날이 소중한 자원으로 간주된다. 사람들이 마시는 물과 산업에 쓰이는 물이 자꾸 늘어나는 데 비해, 그런 물로 이용할 수 있는 담수는 늘어나지 않기 때문이다. 오늘날 해마다 미국에서 소비되는 담수는 대략 4,785억 입방미터로서, 인도, 중국에 이어 세계에서 세 번째로 많은 양이다. 그렇지만 해마다 다시 채워지는 담수는 2조 4,780억 입방미터여서 수자원이 풍부한 국가에 속한다. 그처럼 풍부한 수자원은 오대호를 비롯한 많은 호수에서 일부 얻지만, 대부분은 비와 눈 같은 강수에서 얻는다. 미국의 강수량은 연간 평균 715 mm여서 한국의 절반을 조금 넘을 뿐이다. 그렇지만 평균치는 강수량이 거의 없거나 매우 적은 산간 지역과 대평원, 그리고 태평양 연안까지 포함해 계산한 결과이다. 따라서 멕시코만 평원과 대서양 평원, 그리고 애팔래치아 산맥과 중부 저지는 강수량이 평균치보다 훨씬 많다. 특히 열대 해양성 기단의 영향을 받는 멕시코만 평원은 강수량이 한국보다 더 많다.

풍부한 담수에 못지않게 중요한 자원으로는 비옥한 토양을 들 수 있다. 토양은 흔히 미국 문명에 관한 논의에서 간과되지만, 문명의 토대인 농업에 결정적인 영향을 끼치는 요인 가운데 하나이다. 토양의 종류와 분포가 식물이 생장하는 양상에 직접적인 영향을 끼치기 때문이다. 어떤 지리학자들은 이렇게 지적한다. "북미대륙은 지구상에서 가장 생산적인 농토 가운데 일부를 포함한다. 토양은 북미대륙의 천연자원 가운데 가장 중요한 것이면서도 가장 경시되는 것이라 할 수 있다."[6]

미국의 토양학자들에 따르면, 토양은 열두 가지 주요 종류로 나뉜다. 그 가운데서 엔티솔Entisol은 세계적으로 가장 넓게 분포되어 있는데, 미국 영토에서도 널리 나타난다. 이 흙은 암석이 있는 산악에 많지만, 지역에 따라 다른 흙과 섞여 있다. 특히 강 유역이나 바다 연안에서는 많은 침전물과 섞여서 흔히 경작이나 주거에 활용된다.[7]

동부의 애팔래치아산맥과 대서양 평원에는 인셉티솔Inceptisol과 얼티솔 Ultisol이 많이 있다. 인셉티솔은 세계적으로 널리 분포되어 있는데, 유기 침전물을 비교적 적게 함유하며 그만큼 경작에 제한적으로 활용된다. 얼티솔은 오랫동안 비바람에 씻겨서 무기질 성분을 많이 잃어버린 흙이다. 그래서 척박한 편이지만, 적당한 비료를 주면 숲을 가꾸기에 적합하다. 그렇다면, 미국 동부는 식물이 자라는 데 유리한 환경을 갖추고 있는 셈이다.

중부 저지와 멕시코만 평원에는 알피솔Alfisol이 널리 분포되어 있다. 이 흙은 흔히 삼림지대에서 형성되며, 풍화나 침식을 많이 겪지 않아 상당히 비옥한 토양이다. 바꿔 말해 사람들이 삼림에 들어가 그것을 개간하고자 노력한다면, 훌륭한 농토로 바꿀 수 있는 흙이다.

대평원에는 몰리솔Mollisol이 많다. 이 흙은 세계적으로 초원지대에서 나

---

6 Susan Wiley Hardwick, Fred M. Shelley and Donald G. Holtgrieve, *The Geography of North America: Environment, Political Economy, and Culture* (Upper Saddle River, NJ: Pearson Prentice Hall, 2008), 20.

7 다음 인터넷 도판을 참고하라. "Soil Orders Map of the United States," Soil Survey, National Resources Conservation Service, U.S. Department of Agriculture, https:// www.nrcs.usda.gov/wps/portal/nrcs/main/soils/survey/class/maps/.

타나는데, 그런 지대에서는 오랜 세월에 걸쳐 풀이 자라났다가 죽으면서 많은 유기물을 남겼다. 그래서 거기서는 매우 비옥한 토양이 형성된다. 그렇지만 위에서 살펴본 것처럼, 대평원은 나무가 별로 없을 정도로 매우 건조한 지역이며, 그래서 농업에 적합하지 않다. 그렇지만 물을 얻을 수 있다면, 농작물을 키우기에 좋다.

산간 지역에 많은 아리디솔Aridisol은 건조한 흙으로서, 유기물이 거의 없는 반면에 무기물이 많이 섞여 있다. 이것도 물을 끌어들이면 농토로 쓸 수 있는 흙이다. 다만 산간 지역에는 물이 적기 때문에, 물을 끌어들이자면 대개 대규모 관개시설을 해야 한다.

4. 식물상과 동물상

오늘날 미국에서 보이는 식물상은 대략 12,000년 전에 빙하기가 끝난 다음에 형성되었다. 물론, 지금까지 기온과 강수량이 적잖은 변화를 겪었고, 그에 따라 춥고 건조한 시기에는 대평원의 초원지대가 확장되는 등, 식물상도 어느 정도 변화를 겪었다. 더욱이, 지난 수 세기 동안에는 사람들이 개발이라는 명목으로 커다란 변화를 일으키기도 했다. 예를 들어 동북부에서는 농토나 초지를 만들거나 목재를 얻기 위해 나무를 베어 내었고, 결국 19세기 중엽에 이르면 민둥산과 허허벌판을 보게 되었다. 그렇지만 19세기 말에 시작된 인간의 노력과 함께 자연의 복원력 덕분에, 식물상이 어느 정도 복구되었고 그 기본적 패턴도 유지되었다.[8]

우선, 타이가라 불리는 한대 삼림은 미국 영토까지 진출하지 못한다. 따

---

8 다음 인터넷 도판을 참고하라. "North America: Grassland, Desert, and Tundra Soils," Encyclopedia Britannica, Encyclopedia Britannica, Inc., https://www.britannica.com/place/North-America/Grassland-desert-and-tundra-soils.

라서 한대에 속하는 알래스카를 제외하면, 미국 본토는 온대의 다채로운 식물상을 보여 준다. 먼저, 기온이 비교적 낮은 지역에서는 한대처럼 상록침엽수가 많이 자란다. 이런 양상은 대서양 연안에서 오대호 연안에 이르는 북부와 더불어 애팔래치아산맥 가운데 고도가 높은 지대에서 주로 나타난다. 그렇지만 남쪽으로 내려갈수록, 더운 여름에 무성하게 자라는 다양한 낙엽활엽수가 지배적인 위치를 차지한다. 가문비나무, 전나무, 소나무 같은 침엽수보다는, 자작나무, 단풍나무, 참나무, 벚나무, 느릅나무, 히커리hickory, 호두나무, 너도밤나무 등, 활엽수가 더 많다. 이런 나무들은 흔히 30−40 m 높이까지 자라며 숲을 이룬다. 온대 가운데서도 멕시코만 평원은 흔히 상록침엽수 지역으로 알려져 있다. 이 지역에는 물론 소나무를 비롯한 온대 침엽수가 많이 있다. 그렇지만 그것은 일부에 지나지 않는다. 따뜻하고 습기가 많은 곳에서 자라는 여러 종류의 나무들, 예를 들어 삼나무와 고무나무, 목련과 월계수, 그리고 참나무 계통의 나무들이 무성하게 자란다.

대평원은 널리 알려져 있듯이 초원지대이다. 거기서는 강수가 많지 않고 또 빨리 증발되기 때문에, 나무는 강이나 개울을 따라 자랄 수 있을 뿐이다. 그것도 높이 자라지 않는 관목 종류를 벗어나지 못한다. 그 대신, 수분이 적어도 자랄 수 있는 풀이 지배적인 위치를 차지한다. 그 가운데서도 중부 저지에 가까운 동쪽에서는 비교적 수분이 많기 때문에 빅블루스템Big Bluestem과 인디언그래스Indian Grass를 비롯해 키가 큰 풀이 자라는 반면에, 로키산맥에 가까운 서쪽에서는 건조한 기후에서도 잘 견디는 버팔로그래스Buffalo Grass나 블루그라마Blue Grama처럼 키 작은 풀이 자란다. 그리고 중심 부분에서는 두 종류의 풀이 섞여 있다. 그렇지만 오늘날에는 대평원이 대부분 농토로 개간되어 있고, 따라서 이전의 원형은 찾아보기 어렵다.

서부에서는 로키산맥과 태평양 연안이 캐나다에서 내려오는 한대 상록침엽수를 이어받는다. 그렇지만 이들 지역도 낙엽활엽수를 풍부하게 지니고 있다. 그 가운데서도 태평양 연안의 북부는 바다에서 습기를 몰고 오는 바람

덕분에 물을 많이 빨아들이며 높이 자라는 나무에 적합한 지역이다. 특히, 거기서 자라는 세쿼이아는 지구상에서 가장 높고 커다란 나무로 잘 알려져 있다. 반면에 태평양 연안의 남부에서는 지중해성 기후에서 자라는 관목이 식물상의 중심을 차지한다. 또 산간 지역에서는 사막에서 흩어져 자라는 관목, 높은 산을 덮고 있는 전나무와 소나무, 그리고 그 사이에서 나타나는 초원을 볼 수 있다.

그처럼 풍요로운 식물상은 두말할 나위도 없이 거대하고 복잡한 먹이사슬의 기초를 형성한다. 북미대륙에서 형성되어 있는 먹이사슬을 여기서 상세하게 살펴볼 수는 없다. 필요한 것은 인간의 생존에 직접적인 영향을 끼치는 동물상을 간략하게나마 파악하는 일이다.

북미대륙은 유라시아와 다른 동물상을 지니고 있다. 그렇지만 원래부터 그랬던 것은 아니다. 마지막 빙하기가 절정에 이르렀던 22,000년 전에는, 많은 물이 빙하 상태로 얼어붙어 있었기 때문에 해수면이 오늘날보다 수십 미터 정도 낮았다. 그래서 오늘날 베링해협이라 불리는 바다가 당시에는 땅이었다. 이 "베링기아"Beringia를 통해 동물들은 두 땅덩어리를 오갈 수 있었다. 무엇보다 매머드, 사향소, 들소, 순록 같은 대형 포유동물이 동북아시아에서 북미대륙으로 움직였다. 반면에 말이나 낙타의 조상에 해당하는 동물이 유라시아로 빠져나갔고, 북미대륙에서는 자취를 감추었다.

지금으로부터 12,000년 전에 마지막 빙하기가 끝난 다음부터는, 북미대륙에 특징적인 동물상이 형성되기 시작했다. 북미대륙은 유라시아와 단절되었을 뿐 아니라 중미 지역의 열대우림 때문에 남미대륙과도 원활한 교류를 할 수 없었다. 그래서 북미대륙에는 곰, 사슴, 늑대, 여우, 수달 이외에, 팬서panther, 비버beaver, 프레리도그prairie dog 등, 특징적 동물이 보이게 되었다. 조류에서 나타나는 특징이 있다면, 그것은 종류보다 개체 수효라 할 수 있다. 거위, 오리, 왜가리, 두루미, 백조, 비둘기 같은 새는 다른 대륙에서도 흔히 보이지만, 북미대륙에서는 매우 커다란 무리를 지어 나타났다. 그래서 16세기에 북미대륙을 탐사했던 프랑스인들은 그런 새떼에 놀라곤 했다. 물고기도 그들의 눈길을 끌었다. 대서양 연안에서는 청어, 연어, 대구, 넙치 같은 물고기가 역시 커다란 무리를 지어 다녔기 때문이다. 유럽인들은 또한 강이나 호수에도 송어, 잉어, 메기, 철갑상어처럼 그들에게 친숙한 것은 물론이요 유럽에서 볼 수 없는 물고기도 많다는 사실을 깨닫게 되었다. 특히, 오늘날 한국에도 널리 퍼져 있는 배스Bass와 블루길Bluegill을 비롯해 농어과와 황어과의 물고기들이 많이 있었다.

그와 같은 동식물과 천연자원, 그리고 기후와 지형을 모두 살펴보면, 미국은 참으로 축복받은 나라라는 말에 공감하게 된다. 오래전에 있었던 일이지만, 필자는 그것을 실감한 적이 있다. 앞에서 이야기한 것처럼, 1983년 여름 처음으로 미국에 갔을 때 미시시피강 상류의 지류 하나를 구경할 수 있었다. "미시시피"라는 단어가 큰 강을 뜻하는 어느 원주민 부족의 단어 미시지비Misi-ziibi에서 나온 데서 짐작할 수 있듯이, 일개 지류에 지나지 않는 미네소타강도 필자의 눈에는 한강만큼 크게 보였다. 크기 다음으로 눈길을 끈 것은 강물이 맑지 않고 속이 들여다보이지 않을 정도로 짙은 흑갈색이라는 점이었다. 처음에는 "저런 물을 어디에 쓰나!" 하고 생각했지만, 다음 순간 강변을 보고는 그것이 두터운 부엽토층을 통과하면서 변색한 결과라는 점을 깨닫게 되었다. 그것은 필자가 얼른 알아보지도 못할 만큼 훌륭한 농업용수였다.

그러나 그런 축복도 거기서 사는 사람들을 둘러싸고 있는 조건의 일환이다. 그 조건에 어떻게 적응할 것인가, 그것을 어떻게 이용할 것인가, 또 어떤 삶을 꾸려나갈 것인가 하는 것은 거기서 살아가는 사람들이 선택해야 한다. 그렇다면 이제 자연환경이라는 무대에서 눈을 옮겨 거기서 살아가던 주역들을 살펴볼 필요가 있다.

★제2장 ★

원주민과 이주민

미국은 지리적으로 유럽과 분리되어 있지만, 언제나 유럽과 가까운 관계를 유지해 왔고, 또 서양의 일부로 여겨져 왔다. 이는 물론 우연이 아니다. 널리 알려져 있듯이 미국은 일찍부터 유럽에서 건너간 이주민과 그 후손들이 지배해 왔기 때문이다. 오늘날에도 유럽계 인구는 미국의 전체 인구 가운데서 62.6 %로 가장 큰 비중을 차지한다. 반면에 원주민은 그 비중이 1.2 %에 지나지 않을 만큼 위축되어 있다.

어째서 그렇게 되었는가? 어째서 원주민은 조상으로부터 물려받은 생활 영역을 이주민에게 내어주고 결국에는 절멸의 위기에 처하게 되었는가? 어째서 유럽에서 건너간 이주민이 미국을 넘어 아메리카의 주인이 되었는가? 특히 북미대륙에서는, 어째서 영국인들이 주도권을 쥐고 미국 문명의 초석을 놓게 되었는가? 그 해답을 얻기 위해서는 원주민과 이주민의 만남을 되짚어 볼 필요가 있다. 그들 사이의 만남은 중요한 단서를 많이 품고 있는 커다란 역사적 사건이기 때문이다.

1. 원주민

1500년을 전후해서 유럽과 아메리카 사이에 본격적으로 접촉이 시작되기 전에 아메리카 원주민이 어떤 상태에 있었는지는 이제 어느 정도 알려져 있다. 그들이 과거에 알려져 있던 것보다 훨씬 커다란 인구 집단이었다는 것, 상당한 수준의 기술과 지식을 갖추고 있었다는 것, 그래도 청동기나 철기가 없었고 사실상 석기시대에 살고 있었다는 것, 이런 것은 더 이상 강조할 필요가 없다. 그러나 그들이 어떻게 해서 그런 상태에 머물러 있었는지 이해하기는 아직도 어려운 일이다.

아메리카에 인간이 나타난 것은 대략 20,000년 전으로 보인다. 아프리카에서 탄생한 인류가 유라시아로 진출한 다음에, 그때부터 베링기아를 거쳐 아메리카로 들어가기 시작했던 것이다. 그들이 베링기아를 걸어서 이동했는지, 그렇지 않으면 배를 타고 통과했는지 분명하지 않다. 또 몇 차례에 걸쳐 이동했는지도 분명하지 않다. 어쨌든 마지막 빙하기가 끝난 다음인 12,000년 전까지, 사람들은 유라시아에서 아메리카로 들어갔고 또 남북의 대륙 전역으로 흩어졌다. 그들이 남긴 유적은 뉴멕시코의 소도시 클로비스Clovis를 비롯한 여러 곳에서 찾아볼 수 있다. 그러나 마지막 빙하기가 끝난 다음에는 베링기아가 물로 뒤덮여 있었고, 유라시아와 아메리카 사이의 교류도 끊어졌다. 동식물 사이에서 일어나는 생물학적 교류는 물론이요 사람들 사이에서 벌어지는 문화적 교류도 없었다. 따라서 아메리카는 하나의 고립된 세계가 되었다.

그 세계에 얼마나 많은 사람이 살았는지 분명하지 않다. 아메리카가 다시 유라시아와 연결되는 1500년 전후에 아메리카 인구가 얼마였는지에 대해서는 다양한 추정치가 있다. 어떤 학자들은 1,000만 명 미만이라 여기는 반면에, 다른 학자들은 1억 1,000만 명 이상이라 본다. 이렇게 차이가 큰 것은 무엇보다도 당시 아메리카의 인구에 관해서는 믿을 만한 통계가 없고,

그래서 단편적 증거를 가지고 추정하는 도리밖에 없기 때문이다. 다른 이유는 정치적 편견에서 찾을 수 있다. 아메리카 인구는 널리 알려져 있는 대로 1500년을 전후해서 이주민과 접촉하면서 급격하게 감소했고, 그 책임은 자연히 이주민에게 돌아간다. 따라서 일부 학자들이 원주민 인구가 적었다고 하면서 이주민이 짊어지는 책임도 적은 것처럼 여기는 반면에, 다른 학자들은 원주민 인구가 많았다고 하면서 이주민의 책임이 크다고 목청 높여 외친다.

그처럼 혼란스러운 논쟁 가운데서도 학계에서 널리 수용되는 것은 지리학자 윌리엄 데너번William M. Denevan이 제시한 추정치이다. 그는 아메리카를 여러 지역으로 나누고 전문가들과 함께 지역별로 원주민 인구를 연구한 다음에 그 결과를 취합했다. 그리고 유럽과 접촉하기 직전에 아메리카 인구가 모두 5,400만 명이라고 주장했다. 그에 덧붙여서 지역 사이의 자료상 오차를 감안할 때, 적으면 4,300만 명부터 많으면 6,500만 명까지 잡을 수 있다고 부연했다. 지역별로 보면 인구가 가장 많은 곳은 남아메리카로 2,430만 명이었고, 그다음은 멕시코를 비롯한 중앙아메리카로 2,280만 명이었으며, 북아메리카 인구는 가장 적은 380만 명이었다. 여기서 무엇보다 주목을 끄는 것은 물론 북아메리카의 인구가 매우 적다는 점이다. 데너번이 카리브해의 인구를 300만 명으로 추정했다는 점을 감안하면, 그것은 더욱 분명해진다.[1]

북미대륙의 원주민 인구에 대해서도 물론 견해 차이가 크다. 115만 명으로 보는 낮은 의견이 있는가 하면, 1,800만 명으로 잡는 놀라운 주장도 있다. 그렇지만 오늘날 이런 견해는 학계에서 거의 수용되지 않는다. 그래도 적게 보는 학자들은 200만 명으로 추정하는 반면에, 많이 잡는 학자들은 700

---

1 William M. Denevan, ed., *The Native Population of the Americas in 1492*, 2nd ed. (Madison: Univ. of Wisconsin Pr., 1992), xxxviii.

만 명이라 주장한다.[2] 데너번의 추정치를 포함해서 이 다양한 견해 가운데 어느 것이 진실에 가까운지 알아내기는 어렵다. 필자가 보기에 중요한 것은 중남미 대륙의 인구와 비교해 볼 때 북미대륙의 인구가 현저하게 적다는 점이다. 북미대륙이 사람이 살아가는 데 유리한 자연환경을 갖추고 있다는 사실에 비추어 보면, 그것은 더욱 뚜렷해진다.

더욱이, 북미대륙에는 잉카제국이나 아즈텍제국처럼 인구가 밀집된 지역이 없었다. 원주민은 널리 흩어져 살고 있었다. 적은 인구가 널리 퍼져 있었다는 것은 그들이 수많은 조그마한 집단으로 나뉘어 있었다는 것을 뜻한다. 원주민의 지리적 분산은 언어 다양성에서도 나타난다. 오늘날 북미대륙에 남아 있는 원주민 언어는 300개에 가깝다. 미국에는 250개가 있는데, 그 가운데서 가장 널리 쓰이는 언어는 17만 명이 사용하는 나바호Navajo어이다. 그다음으로는 사용자가 1~2만 명에 지나지 않는 6개 언어가 널리 쓰이는 편이다. 나머지는 모두 사용자가 수백 명에서 수천 명에 지나지 않는 군소 언어들이다.[3] 원주민이 유럽인과 접촉하기 전에는, 이런 언어 다양성이 더 심각했을 것으로 보인다. 왜냐하면 지난 500년 동안 적잖은 원주민이 그들의 언어와 함께 사라졌기 때문이다. 그런 다양성은 원주민이 소규모 집단을 중심으로 지리적으로 분산되어 있었다는 사실을 시사한다.

바꿔 말해, 북미대륙에는 많은 인구를 긴밀하게 통합하는 정치적 실체가 없었다. 물론, 언제나 그랬던 것은 아니다. 유럽의 역사에서 중세 중기와 후기에 걸치는 900년에서 1300년에 평균 기온이 1도 내외 상승하는 현상

---

2 Russell Thornton, "Native American Demographic and Tribal Survival into the Twenty-first Century," *American Studies* 46.3/4 (2005), 23-38.

3 U.S. Bureau of the Census, *Native North American Languages Spoken at Home in the United States and Puerto Rico: 2006-2010*, (Washington, DC: U.S. Government Printing Office, 2011), www.census.gov/prod/2011pubs/acsbr10-10.pdf (2014년 12월 31일 접속).

이 나타났듯이, 아메리카에도 온난한 시기가 찾아왔다. 그에 따라 북미대륙의 원주민은 수렵·채집을 통해 얻은 짐승과 물고기, 그리고 열매에만 의존하지 않고 옥수수, 콩, 호박 등, 작물을 재배하며 농경에 노력을 기울이는 경향을 보였다. 그 일부는 커다란 집단을 이루고 관개수로를 만들어 농경에 주력하며 일정한 지역에 정착하기도 했다. 특히 오늘날의 미주리에 카호키아 언덕Cahokia Mounds이라 불리는 커다란 언덕을 100개 넘게 축조했고, 또 뉴멕시코에는 사람들이 푸에블로pueblo라 불리는 동굴을 파고 거기서 살아가는 대규모 혈거 정착지—차코문화Chaco Culture—를 건설했다. 이런 곳에는 적어도 수만 명 이상의 인구가 거주했을 것으로 보인다. 그러나 1300년 전후에 기온이 하락하는 냉각기가 시작됨에 따라, 그런 거대한 집단의 정착 생활도 쇠퇴했다. 따라서 1500년경 북미대륙의 원주민은 많아야 수만 명, 적으면 수백 명 단위로 나뉘어 살면서 정치적으로 독자적인 행동을 취했다. 인류의 역사적 발전 과정에 비추어 보면, 그와 같은 정치적 분열상은 그들이 부족사회의 단계에 머물러 있었고 국가라 부를 수 있는 정치조직을 만드는 단계에 이르지 못했다는 것을 뜻한다.[4]

반면에 그들의 선조가 마지막으로 유라시아를 떠났던 12,000년 전부터, 유라시아에서는 인류가 흔히 신석기 혁명이라 불리는 중대한 변화에 접어들고 있었다. 신석기 혁명이란 유명한 고고학자 고든 차일드V. Gordon Childe가 제시한 개념으로서, 인류의 생활이 수렵과 채집에서 목축과 농경으로 이행하면서 그에 따라 여러 가지 변화가 진행되는 것을 뭉뚱그려 가리킨다. 그에 따르면, 인류는 그 시기부터 닭과 개, 양과 염소, 소와 말 같은 동물을 길들여 가축으로 만들고 밀과 귀리, 쌀과 보리, 또 콩과 아마 같은 식물을 골라 경작하기 시작했다. 그렇게 하기 위해서는, 정교한 간석기나 저장용 토기처럼 새

---

4 Daniel K. Richter, *Before the Revolution: America's Ancient Pasts* (Cambridge, MA: Harvard Univ. Pr., 2011), 11–36.

로운 도구를 만들어야 했다. 또한 유목 생활을 청산하고 정착 생활로 이행할 뿐 아니라 농경을 위해 숲을 없애고 물을 끌어들이는 일도 해야 했다. 그렇지만 생산력이 비약적으로 늘어났고, 따라서 농경에 종사하는 집단은 풍요를 누릴 수 있었다.

그런 집단 가운데 일부는 고든 차일드가 "도시 혁명"이라 부르는 다음 단계로 발전했다. 신석기 혁명 이후 수천 년이 흐르는 동안, 일부 집단은 주변 지역을 정복하거나 통합하며 세력을 확대하면서 여러 부족이 뒤섞이는 복합사회로 변모했다. 그리고 개간과 관개처럼 많은 노동력이 필요한 사업을 벌이는 한편, 많은 사람이 함께 살아갈 수 있는 촌락과 도읍都邑을 건설했다. 더욱이 사람들이 농경 이외에 전투, 제의, 교역 등 상이한 기능에 전념할 수 있도록 분업 체계를 도입하고 위계질서를 수립했다. 나아가 그것을 체계화시켜 군주를 중심으로 하는 정치제도와 행정기구도 만들었다. 한마디로 줄이면, 복합사회는 초기 국가라 할 수 있는 단계에 이르렀다. 그 위에 문자를 만들고 기록을 남기기 시작하면, 흔히 문명이라 부르는 단계까지 이른다.[5]

그런 혁명적 변화는 이른바 4대 문명의 발상지에서만 일어난 것이 아니라 아메리카에서도 일어났다. 4대 문명이 절정기를 지난 뒤인 기원전 1500년경부터 중앙아메리카에서 마야 문명이 발전하기 시작했고, 남아메리카에서도 그보다 조금 늦게 안데스 문명이 형성되기 시작했다. 그러나 북미대륙에서는 고든 차일드가 말하는 "도시 혁명"까지 일어났다고 보기는 어렵다. 이미 살펴본 것처럼 거기서는 국가나 문명이 형성되지 않았다. 차일드의 안목으로 볼 때, 유럽과 접촉할 때까지 북미대륙은 신석기 혁명의 단계를 넘어서지 못했다고 할 수 있다.

---

5 V. Gordon Childe, *Man Makes Himself* (1936; Bulwell Lane: Spokesman, 2003); Michael E. Smith, "V. Gordon Childe and the Urban Revolution: A Historical Perspective on a Revolution in Urban Studies," *Town Planning Review* 80.1 (2009), 3-29.

왜 그렇게 유라시아에 비해 크게 뒤처졌는가? 어떻게 해서 중남미 대륙보다 뒤떨어진 단계에 있었는가? 그 해답은 제러드 다이어먼드Jared Diamond가 저 유명한 『총, 균, 쇠』에서 제시한 바 있다. 그는 아메리카가 유라시아에 비해 대략 5,000년 뒤처졌다고 하면서, 궁극적 요인을 식량 생산력의 차이에서 찾는다. 식량을 넉넉하게 생산할 수 있다면, 인구를 늘릴 수 있을 뿐 아니라 식량 생산에 종사하지 않는 사람들이 무기를 제작하거나 전투를 수행하는 등, 사회적 역량을 발전시킬 수도 있기 때문이다. 식량 생산력에서 유라시아가 앞섰던 이유로, 다이어먼드는 유라시아가 인류의 등장과 적응 과정에서 앞서 있었고 또 농경에 유리한 환경을 갖추고 있었다는 점을 지적한다. 그런 환경 가운데서 무엇보다 중요한 것은 아메리카와 달리 유라시아에는 밀과 쌀, 보리와 귀리 등, 낟알이 크고 양분이 많은 곡물이 있었다는 사실, 또 소, 말, 나귀, 돼지처럼 커다란 포유동물이 있었다는 사실이었다. 그런 포유동물은 밭을 갈고 거기에 뿌릴 퇴비를 만드는 데 커다란 도움이 되었다. 특히 말은 운송용으로나 군사용으로도 매우 중요한 기능을 지니고 있었다. 그런 점에서 아메리카는 사회의 발전에 불리한 환경을 갖추고 있었다. 북미대륙은 특히 그랬다. 다이어먼드에 따르면 아메리카는 남북으로 길게 뻗어 있어서 위도에 따라 기후가 크게 다르고, 또 중앙부가 허리처럼 좁을 뿐 아니라 열대우림으로 뒤덮여 있다. 그런 장애 때문에 야마와 같은 희귀한 포유동물이 아메리카에 널리 확산, 활용되지 않았고, 또 일부 지역에서 발달한 문화도 전역으로 전파되지 않았다.[6]

그러나 다이어먼드는 자연환경의 중요성을 지나치게 강조하는 것으로 보인다. 그에 따르면 오늘날의 세계에 불평등 구조를 만들어 놓은 직접적 요인은 총기를 비롯한 근대적 기술에 있지만, 그 "궁극적 요인"은 대륙의 모양에

---

6 Jared Diamond, *Guns, Germs, and Steel: The Fates of Human Societies* (New York: Norton, 1999), 85-191, 354-375.

있다. 유라시아는 온난한 기후대가 "동서축"으로 넓게 퍼져 있기 때문에, 야생 동식물의 가축화와 작물화를 비롯한 식량 생산이 개발, 전파되는 데 유리한 지리적 조건을 갖추고 있다. 반면에 아메리카는 아프리카와 함께 "남북축"으로 길게 늘어져 한대에서 열대까지 상이한 기후대를 지니고 있으며, 따라서 식량 생산의 확산에 불리한 지리적 조건을 갖추고 있다. 다이어먼드는 이런 차이가 문명의 발전 과정에 커다란 영향을 끼쳤다고 주장한다. 인류의 역사에서 오직 식량 생산의 단계에 도달한 사회만 분업과 문화를 더욱 높은 수준으로 발전시킬 수 있었기 때문이다. 그러나 그는 대륙의 "축"이 "궁극적 요인"이라는 점을 증명하지 못한다. 구체적으로 말해, 유라시아의 "동서축"이 총기를 비롯한 근대적 기술의 발전에 어떻게 기여했는지 입증하지 못한다. 기술 발전에는 수준 높은 정치조직이 필요하다고 지적하면서 인류가 식량 생산의 단계를 넘어선 다음에 국가를 수립할 때까지 정치조직을 발전시킨 과정을 포괄적으로 서술할 뿐이다. 그다음에 근대적 기술이 발달하는 시기까지 수천 년 동안 전개된 역사는 아예 언급하지 않는다.

그런데도 다이어먼드는 자신이 식량 생산과 근대적 기술 사이의 관계를 입증한 것처럼 서술한다. 더욱이, 어떤 대목에서는 식량 생산이 "총과 균, 그리고 쇠의 개발에 간접적으로 필요한 전제 조건"이라고 주장하지만, 다른 대목에서는 그것이 그와 같은 근대적 기술의 발전을 가져온 궁극적 요인이라고 선언하기도 한다. 그러나 분명히 기억해야 할 것은 일찍이 식량 생산의 단계를 넘어 국가와 같은 정치조직을 수립한 사회가 모두 근대적 기술에 도달한 것은 아니라는 점이다. 유라시아 가운데서도 중국은 유럽에 앞서 식량 생산의 단계를 넘어 그런 정치조직을 갖추었지만, 근대적 기술의 개발에서는 오히려 유럽에 뒤쳐져 버렸다. 이처럼 하나의 대륙 안에도 다양한 사회가 있을 뿐 아니라, 함께 식량 생산의 단계를 넘어 국가를 수립한 다음에도 근대적 기술에 도달하는 과정에서 차이를 보여 준다. 그러므로 식량 생산은 근대적 기술의 발전 원인이 아니라 전제 조건일 뿐이라 할 수 있다. 그런데도 다이어먼드는 근대적 기술이 식량 생산력에 따라 좌우되었고, 또 식량 생산력은 대륙마다 다른 자연환경에 따라 결정되었다고 주장한다.[7]

이런 환경 결정론에서는 문화의 중요성과 인간의 능동성이 경시되는 경향이 있다. 사실, 그 책에서 다이어먼드는 아메리카의 원주민 문화를 비롯해 다양한 문화가 지니는 특징이나 그것이 사회 발전에 끼치는 영향을 거의 다루지 않는다. 그렇지만 아메리카 원주민이 유럽인과 접촉한 이후에 새로운 문화를 얼마나 빨리 받아들였는지 생각해보라. 그들은 유럽인으로부터 말과 총, 술과 옷감 등, 새로운 것을 받아들이며, 그것을 전통적 생활방식과 조화시키려 했다. 심지어 일부는 말과 총을 이용하며 사냥으로 더 많은 식량을 확보할 수 있게 되자, 이전보다 더 수렵에 치중하는 경향을 보이기도 했다. 이런 뜻에서 아메리카 원주민은 외래어로 말한다면 '얼리 어답터'라 할 수 있다. 따라서 아메리카의 낙후 상태를 올바르게 이해하자면, 자연환경 이외에 문화에도 주목할 필요가 있다.

문화가 인류의 역사에 결정적인 영향을 끼친다는 관념은 미국의 역사학자 윌리엄 맥닐William H. McNeil이 누구보다 힘주어 주장해 왔다. 그에 따르면 인간은 달리기를 비롯해 육체적 능력에서 다른 동물보다 낫다고 할 수 없지만, 불을 다루는 재주에서 드러나듯이 자연을 이해하고 활용하는 생존 기술을 지니고 있다는 점에서 다른 동물보다 훨씬 우월한 존재이다. 더욱이 그런 기술과 그것을 포함하는 지식, 나아가 그것들을 모두 아우르는 문화를 다음 세대에게 전달하는 능력도 갖추고 있다. 따라서 인간은 생물학적 진화보다 문화적 진화에 의지하며, 그래서 다른 동물과 비교할 수 없을 만큼 빠른 속도로 발전해 왔다. 그런 문화는 앞선 지역에서 뒤처진 지역으로 확산된다. 어느 지역에서 더 나은 기술이나 지식이 만들어지면, 그것은 자연스럽게 후진 지역으로 퍼져 나간다는 것이다. 따라서 맥닐은 문화적 확산cultural diffusion이

---

7 Ibid., 265-292.

라는 개념을 통해 세계사의 전개 과정을 설명한다.[8] 앞에서 살펴본 것처럼 아메리카는 12,000년 전부터 유라시아와 단절되어 있었는데, 이는 그의 관점에서 보면 아메리카가 문화적 진화의 중심지로부터 고립되어 있었다는 것을 의미한다. 아메리카는 역사의 동력이라 할 수 있는 문화적 확산에서 소외되어 있었던 것이다.

그러나 맥닐의 설명 체계에서는 인간의 능동성이 충분히 존중되지 않는다는 생각이 든다. 마치 물이 높은 곳에서 낮은 곳으로 흐르듯이, 그의 견해에서는 문화도 선진 지역에서 후진 지역으로 자연스럽게 전파되는 것으로 취급된다. 예를 들어 농경은 메소포타미아에서 먼저 발달한 다음에 점차 주변 유목 민족에게 전파되었다고 여겨진다. 그렇지만 실제로 그것은 자연스러운 과정이 아니라 인위적인 과정이다. 구체적으로 말하면, 문화를 수입하는 측에서 적극적으로 관심과 노력을 기울임으로써 진행되는 과정이다. 이는 인류학자 페르난도 오르티스Fernando Ortiz가 이미 1940년에 간행된 고전적 저술에서 지적한 바 있다. 그는 쿠바 문화가 다양한 문화의 혼합과 변형의 산물이라는 점을 강조했다. 쿠바인들은 아메리카와 유럽, 그리고 아프리카와 아시아에서 이주하면서 다양한 문화를 가져왔지만, 그 대부분을 버리고 쓸모 있는 것도 쿠바의 환경과 필요에 맞게 바꾸어 가며 새로운 문화를 만들어 냈다고 주장했다. 따라서 그는 문화적 확산이나 접변이라는 개념 대신에 외국어 저술의 번역 내지 번안에 가까운 문화적 변용transculturation이라는 개념을 제안한다.[9]

그런 시각에서 볼 때, 아메리카가 유라시아의 문화적 확산에서 소외되어 있었다는 것은 달리 말하면 아메리카 원주민이 새로운 문화의 수입에 적극

---

8 William H. McNeil, *The Rise of the West: A History of the Human Community with a Retrospective Essay* (Chicago: Univ. of Chicago Pr., 1991), 3-4.

9 Ferdinando Ortiz, *Cuban Counterpoint: Tobacco and Sugar*, trans. Harriet de Onís (Durham, NC: Duke Univ. Pr., 1995).

적인 관심과 노력을 기울이지 않았다는 것이라 할 수 있다. 물론 아메리카는 12,000년 전부터 유라시아와 단절되어 있었고, 따라서 원주민은 유라시아에 대해 관심을 갖지 않았던 것으로 보인다. 그런 고립과 무관심은 아메리카에서도 유난히 인구가 적고 발전이 늦은 북미대륙에서 더욱 깊어진다. 그곳의 원주민은 바다를 통해 해외로 진출하지 않았고, 따라서 문명이 발전했던 중남미와도 접촉하거나 교류하지 않으며 고립된 세계를 형성했으니 말이다.

그들이 어떤 삶을 꾸렸기에 인접 지역보다 더 뒤떨어졌는가 하는 궁금증은 부분적으로만 해소할 수 있다. 북미대륙 원주민이 앞에서 살펴본 것처럼 문화적으로 동질적인 집단이 아니었고, 또 그에 대한 연구도 충분하지 않기 때문이다. 그래도 이로쿼이Iroquois 연맹의 문화는 비교적 상세하게 밝혀져 있다. 이 연맹은 원래 하나의 뿌리에서 출발한 다섯 개 부족이 상호 협의체를 만들어 형성한 연합 세력이었다. 인구는 대략 20,000명 내지 30,000명에 지나지 않았지만, 생활 영역은 오늘날 뉴욕주와 뉴잉글랜드의 대부분에 해당하는 넓은 지역에 걸쳐 있었다. 인구 가운데 대다수는 주민이 많아도 2,000명을 넘지 않는 도읍 10개와 그 주변에 있는 조그마한 촌락으로 나뉘어 살았다. 도읍은 방어용 목책으로 둘러싸여 있었고, 그 내부에는 대개 수십 개의 주거 시설이 있었다. 주거 시설은 좁고 기다란 구조물로서, 중앙 통로를 중심으로 양쪽으로 칸막이가 여럿 설치되어 있었고 그 하나하나에 한 가족이 살았다. 거기서 함께 살아가는 가족들은 그야말로 음식을 한솥에서 끓여 한 그릇에서 나누어 먹는 공동체였다. 게다가 음식을 장만하고 식구를 보살피는 어머니를 중심으로 살아가는 모계사회였다.

그런 도읍과 촌락은 영구적 정착지가 아니었다. 원주민의 생계에서 농경이 수렵과 채취보다 훨씬 중요했지만, 농경을 위해서도 정착지를 주기적으로 옮겨야 했기 때문이다. 주요 작물은 옥수수, 콩, 호박이었는데, 경작 방식은 숲에 불을 질러 토지를 확보한 다음에 나무로 만든 농기구로 밭을 만들고 씨앗을 뿌리는 것이었다. 그렇지만 다이어먼드가 주장하듯이 퇴비를 충분히 생산할 수 있을 만한 가축이 없었고, 따라서 한두 해가 지나 지력이 떨어지면 다른 지역으로 가서 다시 농사를 시작해야 했다. 더욱이 수렵하는 동물이 계절에 따라 바뀌면 수렵하는 지역도 달라지기 마련이었다. 그렇기 때문에 원주민의 생활에는 광대한 지역과 주기적인 이동이 필수적 조건이었다. 이로쿼이 부족들은 경작지를 떠나 주거를 옮길 때, 옥수수나 콩 같은 농작물을 땅에 파묻어 저장했다. 이는 물론 식량이 부족한 경우에 대비하는 관습이었다. 그러나 그들이 저장하는 식량은 겨울을 지내고도 남을 만한 양이 아니라 오히려 모자라는 편이었다. 따라서 겨울이 끝날 즈음에는 마치 보릿고개처럼 굶고 지내다가 때로는 죽음까지 맞이하는 시기가 찾아왔다. 그래도 그들은 더 넓은 토지를 확보하고 더 많은 식량을 생산, 비축하려고 노력하지 않았다. 오히려 절제와 인내를 강조하는 태도를 지니고 있었다. 이런 문화는 생태계와 자연환경에 대한 훼손을 줄이는 데 도움이 되었지만, 인구를 늘리고 분업을 진전시키며 나아가 사회적 역량을 기르는 데 도움이 되지는 않았다.[10]

그런 문화가 어디서 유래한 것인지 밝히기는 어렵다. 그래도 뉴잉글랜드 원주민에 대한 연구에서 드러나듯이, 특이한 소유 관념과 연관되어 있다고 말할 수 있다. 그 지역의 원주민에게 생활 영역은 근대적 의미의 영토와 비슷하면서도 다른 것이었다. 그것은 우리가 알고 있는 영토처럼 한 부족이 배타적으로 주권을 행사하는 지리적 공간이었다. 그러나 그들이 주장하는 주권은 영토를 소유하는 권리가 아니라 이용하는 권리였다. 그들은 땅이란 하늘이나 바람처럼 사람이 가질 수 없는 것이라 여겼다. 거기서 사람이 할 수 있는 것은 살아가는 데 필요한 양식을 비롯해 자연의 온갖 혜택을 누리는 것이었다. 그리고 그런 혜택은 혼자 차지하거나 많이 쌓아둘 수 없었다. 여러 사

---

10 Daniel K. Richter, *The Ordeal of the Longhouse: The Peoples of the Iroquois League in the Era of European Colonization* (Chapel Hill: Univ. of North Carolina Pr., 1992), 1–74.

람과 함께 나누어도 남을 만큼 풍부했을 뿐 아니라, 모자랄 때에 대비해 오랫동안 저장할 수 있는 방법이나 수단도 없었기 때문이다. 따라서 영토는 근대적 용어로 말한다면 용익권을 누리는 대상, 그것도 한 부족이 독점적으로 누리는 것이 아니라 다른 부족과 함께 누릴 수도 있는 대상이었다. 바꿔 말해, 북미대륙 원주민에게는 근대적 소유 관념이 없었다. 이는 나중에 원주민과 이주민 사이에 마찰을 일으키는 중요한 원인이 된다.

원주민의 특이한 소유 관념은 영토뿐 아니라 일반 사물에서도 나타났으며, 또 사회적 관계에서 중대한 함의를 지니고 있었다. 그들에게는 근대인처럼 식료품이나 장신구 같은 물품을 소유하고 축적한다는 것이 의미가 없는 일이었다. 오히려 다른 사람들에게 나누어 주는 것이 의미 있는 일이었다. 그런 것을 주고받는 사람들 사이에서는 신뢰와 우애가 쌓였기 때문이다. 더욱이 선물을 받기보다 주어야 위신을 높일 수 있었기 때문이다. 이런 사회적 관계는 부족과 부족 사이에서도 성립했다. 원주민은 자급자족을 지향했고, 외부와 교환하는 데 주력하지 않았다. 그들 사이에서 교환은 상품 대신에 선물의 형태를 띠고 있었으며, 따라서 교환이 이루어지는 부족 사이에서는 우호적 관계가 형성되었다. 이런 뜻에서 그들의 경제생활은 선물 경제라 부를 수 있다.[11]

원주민 문화는 축적이나 발전과 거리가 멀었다. 그리고 유라시아와 다른 자연환경과 함께, 그것은 원주민을 오랫동안 낙후 상태에 머물러 있게 만든 요인으로 보인다. 그들의 문화는 유럽에서 건너간 이주민이 볼 때 참으로 이해할 수 없는 것이었다. 이주민이 느낀 문화적 차이는 아직도 미국 영어에 남아 있다. 예를 들면 어린이들 사이에서 자주 쓰이는 어구 가운데 Indian

---

11 William Cronon, *Changes in the Land: Indians, Colonists, and the Ecology of New England* (New York: Hill & Wang, 1983), 19-53. 또한 다음 문헌도 보라. Colin G. Calloway, *Our Vast Winter Count: The Native American West before Lewis and Clark* (Lincoln, NE: Univ. of Nebraska Pr., 2003), 1-264.

giver라는 것이 있다. 이것은 어린이들이 가까운 사람에게 무언가 가지라고 주었다가 나중에 되돌려달라고 할 때 널리 쓰인다. 또 선물을 주면서 그에 걸 맞은 대가를 요구할 때도 쓰인다. 이 어구가 언제부터 쓰였는지는 분명하지 않다. 기록에 처음 등장하는 것이 18세기 중엽이므로, 이미 그 전부터 사용되고 있었다고 봐야 할 것이다. 어쨌든 그것은 원주민과 이주민 사이의 문화적 차이를 뚜렷하게 보여 준다. 이제 이주민으로 눈을 돌려야 할 차례이다.

2. 유럽의 팽창

아메리카 이주민에 관해서는 요즈음 흥미로운 문제가 거론된다. 무엇보다 흥미를 끄는 것은 왜 유럽인가 하는 물음이다. 어째서 아메리카 이주민이 아시아가 아니라 유럽에서 건너갔는가 하는 것이다. 그 물음 뒤에는 중국의 원정대가 콜럼버스에 앞서 인도를 방문하고 또 아프리카 동해안까지 탐험한 적이 있다는 인식이 자리 잡고 있다. 널리 알려져 있듯이, 명나라의 장군 정화鄭和는 1405년부터 1433년까지 일곱 차례에 걸쳐 원정에 나섰다. 첫 원정대는 함선 317척에 승무원 28,000명으로 구성되었을 정도로 거대한 규모였다. 조그마한 범선 3척을 끌고 나섰던 콜럼버스나 그 뒤를 이은 다른 유럽 원정대와는 비교할 수 없을 만큼 커다란 규모였다. 그렇다면 중국은 아메리카로 진출할 수 있는 잠재력을 지녔다고 할 수 있다.

그러나 그것은 현실보다 희망에 가까운 생각이다. 명이 원정대를 보낸 취지나 맥락은 중국의 아메리카 진출 가능성과 거리가 멀었다. 원정을 지시했던 영락제는 자신의 권위를 널리 확립하기 위해 머나먼 나라와 조공 관계를 맺으려 했다. 그렇지만 중국의 영토를 멀리 확장하는 데는 관심이 없었다. 더욱이, 영락제 이후 명은 해외 진출보다 영토 방어에 주력해야 했다. 만리장성을 완성하고 북방 민족의 침입을 막는 것이 중대한 과제로 떠올랐기 때문이다. 따라서 원정 사업은 정화의 죽음과 함께 끝났다. 그것은 황제의 권위를 강화하려는 정치적 취지에서 시작되었던 것처럼, 그 결말도 그런 정치적 맥락에서 결정되었다.[12]

반면에 유럽의 아메리카 진출은 취지나 맥락뿐 아니라 양상도 달랐다. 우선, 그것은 일회성 사업이 아니라 지속적 조류의 일환이었다. 널리 알려져 있듯이, 유럽인들은 15세기 초부터 18세기 말까지 지구 전역을 탐사했다. 처음에는 이슬람 세력을 거치지 않고 아시아와 교류할 수 있는 길을 찾기 위해, 아프리카 서해안을 따라 남쪽으로 내려가다가 희망봉을 돌아 인도에 닿을 수 있다고 생각했다. 이는 결국 1498년 바스코 다 가마Vasco da Gama가 실행했다. 그렇지만 이미 1492년에는 콜럼버스가 방향을 서쪽으로 돌렸고, 이어서 1502-04년에는 아메리고 베스푸치Amerigo Vespucci가 남미대륙을 돌아본 다음에 아메리카는 아시아가 아니라 다른 땅덩어리라는 사실을 밝혀내었다. 거기서 한 걸음 더 나아가 1513년 바스코 발보아Vasco Núñez de Balboa는 태평양에 이르렀고, 또 1519-22년에는 마젤란Ferdinand Magellan이 처음으로 세계 일주를 마쳤다. 이런 흐름은 1770년대에 오스트레일리아와 뉴질랜드, 그리고 하와이를 탐험하는 제임스 쿡James Cook의 여행까지 이어졌다.[13]

이 지속적 조류를 가리키는 명칭은 요즈음 혼란에 빠져 있다. 오랫동안 "지리상 발견"이라는 어구가 쓰였으나, 그것이 유럽 중심주의의 소산이라는 이유에서 이제는 잘 쓰이지 않는다. 그와 같은 탐사가 유럽인의 관점에서는 발견이라 할 수 있지만, 원주민의 처지에서는 그렇지 않기 때문이다. 요즈음 한국에서 가끔 쓰이는 "대항해"도 별반 다르지 않다. 그것은 영어 사용권에서 쓰이는 "위대한 탐사 항해"Great Voyages of Discovery를 줄인 것으로서, 유럽

---

12 김호동, 『몽골제국과 세계사의 탄생』(돌베개, 2010), 233-243.

13 대양 항해의 전모에 관해서는 주경철, 『대항해시대: 해상 팽창과 근대 세계의 형성』(서울대학교 출판부, 2008)을 보라.

인들의 업적을 찬양하는 의미를 담고 있으니 말이다. 그런 함의를 배제하기 위해, 이 책에서는 "대양 항해"라는 어구를 사용하고자 한다. 위에서 언급한 탐사는 종래의 연안 항해나 막연한 원양 항해와 달리 대서양과 인도양, 그리고 태평양 같은 대양을 가로지르는 항해였기 때문이다.

그런 항해가 정화의 원정과 달리 일회성 행사로 끝나지 않고 커다란 조류로 지속된 이유가 어디에 있는지 이해하자면, 그 역사적 맥락과 취지를 살펴봐야 한다. 대양 항해가 시작되던 15세기에 이르면, 유럽은 흑사병의 공포에서 어느 정도 벗어날 수 있었다. 흑사병은 완전히 사라지지 않았지만, 14세기에 유럽 인구 7,500만 명 가운데서 3분의 1을 죽음으로 내몰았던 맹렬한 기세를 잃었다. 그래도 유럽은 사회적으로나 정치·군사적으로 안정을 누리지 못했다. 흑사병으로 인구가 크게 줄어들자, 귀족은 살아남은 사람들에게 더 많은 것을 갖다 바치라고 요구한 반면에 농민은 그럴 수 없다고 버티다가 도주하거나 반란을 일으켰다. 게다가 정치질서도 거대하고 장기적인 변화를 맞이했다. 로마교황은 십자군 원정의 실패에 뒤이어 14세기 초에는 프랑스 왕에게 휘둘리는 굴욕을 당하기까지 했고, 그 이후에는 더 이상 세속 군주들을 제어할 수 없었다. 또 유럽의 중심부에 있던 신성로마제국은 황제가 지배하기 보다는 황제를 선출하는 여러 제후들이 지배하고 있었다. 유럽의 북서부에서는 영국과 프랑스가 15세기 중엽까지 계속되는 백년전쟁에서 벗어나지 못하고 있었고, 남서부에서는 스페인과 포르투갈이 이슬람 세력을 몰아내고 이베리아반도를 탈환하는 길고 긴 과정에서 마지막 단계에 와 있었다. 그리고 남동부에서는 오토만제국이 비잔티움에 패망의 압박을 가하고 있었다. 거기서 가까운 이탈리아반도에서는 여러 도시국가들이 동방무역의 이권을 놓고 서로 다투고 있었다. 이런 정치적 분열과 군사적 갈등은 15세기만이 아니라 20세기 중엽까지 계속되는 현상이다. 이는 같은 시기의 중국이나 인도, 또는 서아시아에서도 볼 수 있었다. 그러나 이들 지역에서는 대개 하나의 강대국이 오랫동안 패권을 쥐고 정치적, 군사적 안정을 가져온 반면에, 유럽에서는 패권 국가가 자꾸 바뀌면서 세력 경쟁이 끊임없이 이어졌다. 이는 결국 오늘날 우리가 보는 바와 같은 근대적 국제관계의 형성으로 귀결된다.

유럽 국가들은 거기서 살아남기 위해, 나아가 유리한 고지를 차지하기 위해, 국력 신장에 주력했다. 15세기 초에서 18세기 말에 이르는 대양 항해의 시대에 유럽인들이 생각하던 국력이란 오늘날과 달랐다. 그 시절에는 생산력 대신에 금과 은을 비롯해서 화폐로 사용되는 것들이 주목을 끌었다. 따라서 유럽 국가들은 국내든 해외든 간에 그런 귀금속을 광산에서 캐내거나 그렇지 않으면 교역을 통해 손에 넣으려 했다. 더욱이 동방무역을 통해 아시아에서 비단과 향료를 수입하면서도 유럽에서 수출하는 것이 거의 없었기 때문에, 금이나 은, 또는 돈이 되는 다른 물품을 확보하기 위해 큰 관심을 기울이게 되었다. 그 위에 동방에서 성장하는 이슬람 세력에 대항하기 위해서는, 아시아 어딘가에 있다고 여겨지던 전설 속의 사제 요한과 손을 잡을 필요도 있었다. 이런 관심과 필요가 유럽 국가들이 대양 항해를 추진한 취지였다. 이는 15세기 초에 팽창을 모색하던 포르투갈의 행보에서 드러났다. 포르투갈은 동방무역에서 베네치아에 밀린 제노바의 상인과 선원들을 받아들이고 그들의 역량을 동원해 아프리카에서 노예와 황금을 구하려 했다. 그것을 지켜보던 스페인이 뒤따라 나섰고, 이어서 영국과 프랑스, 그리고 네덜란드가 선두 주자들을 따라잡으려고 뒤늦게 뛰어들었다. 그래서 유럽의 대양 항해는 중국의 일회성 사업과 달리 오랫동안 이어지는 지속적 조류가 되었다.

그것은 전례를 찾기 어려울 만큼 비약적인 교역의 발전과 인구의 이동을 수반했다. 멀리 떨어진 지역 사이의 교역은 실크로드가 말해주듯이 오랜 옛날부터 있었지만, 대양 항해의 시대에 와서는 세계 전역으로 확산되었다. 이제 유럽에서 출발한 선박들이 아시아와 아프리카, 그리고 아메리카의 여러 항구에 드나들며 한 지역의 산물을 다른 지역으로 실어 나르기 시작했다. 더욱이, 유럽인들은 다른 대륙으로 이주하기도 했다. 얼마나 많은 사람들이 언제, 어디로 이동했는지 정확하게 파악하기는 어렵다. 그래도 최근에는 여러 학자들이 윤곽이나마 파악하려고 시도하고 있는데, 그것을 종합해 보면 인구 이동은 1800년 이후에 크게 늘어나지만 그 이전에도 상당한 변화가 있었다고 할 수 있다. 특히 1500-1800년간에는 유럽에서 다른 대륙으로 이동한 인구가 무려 850만 명에 이른다. 그중에서 아시아로 이주한 인구는 400만 명으로 가장 많다. 그렇지만 그 대부분은 러시아에서 오토만제국과 시베리아로 이주한 사람들이고, 그들을 제외하고 유럽에서 아시아로 이주한 인구는 100만 명에 지나지 않는다. 같은 기간에 아프리카로 이주한 인구 150만 명보다 훨씬 작은 숫자이다. 그에 비해 유럽에서 아메리카로 이주한 인구는 300만 명에 이른다. 그 대부분은 포르투갈인 130만 명, 스페인인 80만 명, 그리고 영국인 70만 명으로 구분된다. 아메리카는 유럽 이주민에게 매력 있는 지역이었던 셈이다.[14]

이주민은 널리 알려져 있듯이 아메리카를 충격에 빠뜨렸다. 15세기 말에 시작된 탐험은 한 세대가 지나기도 전에 정복과 약탈로 바뀌었다. 스페인과 포르투갈의 정복자들이 "황금의 도시"나 "황금의 제왕"을 찾아 맹렬한 기세로 진격하며 원주민을 학살했다는 것은 전설처럼 들리지만 엄연한 사실이다. 예를 들어 에르난 코르테스Hernán Cortés는 500명이 조금 넘는 원정대를 이끌고 아즈텍제국 공략에 나섰고, 프란치스코 피사로Francisco Pizzaro는 200명에도 못 미치는 원정대로 잉카제국의 8만 대군을 대적했다. 원정대는 무엇보다 오랜 훈련과 많은 경험을 쌓은 직업군인을 중심으로 구성되어 있었다. 그리고 그들에게는 총포를 포함해 원주민이 본 적도 없는 철제 무기가 있었고, 말처럼 크기와 힘으로 원주민을 압도할 수 있는 수송 수단도 있었다. 더욱이, 오랜 세월에 걸쳐 유라시아 인구 사이에서 발달한 면역력이 있었다. 천연두,

---

14 Jan Lucassen and Leo Lucassen, "The Mobility Transition Revisited, 1500-1900: What the Case of Europe Can Offer to Global History," *Journal of Global History* 4.3 (2009), 347-377.

홍역, 수두, 인플루엔자 같은 전염병이 아메리카에서 90 % 정도의 놀라운 치사율을 보이자, 정복자들은 전염병을 일부러 퍼뜨리며 원주민을 궁지에 몰아넣었다. 그 외에 정복자들의 기이한 광기와 원주민의 헤아리기 어려운 공포도 있었다. 결국, 어림잡아 5,000만 명을 넘나들던 원주민 인구는 1600년에 이르면 대략 500만 내지 1,000만 명으로 격감했다. 거기서 살아남은 사람들은 해안과 평야를 내놓고 오지로 몸을 숨겼다. 이렇게 해서 스페인과 포르투갈이 아메리카를 석권하는 데는 백 년도 걸리지 않았다.

　낯선 사람들 사이의 접촉은 병균의 전파뿐 아니라 다른 여러 생물의 교류도 수반했다. 초기의 격렬한 정복과 약탈이 가라앉고 정착과 농경이 대세로 자리를 잡은 1600년을 전후해서, 이주민은 유럽에서 말, 소, 양, 나귀, 돼지, 염소 같은 가축을 가져갔고, 또 밀, 쌀, 보리, 호밀, 순무, 사탕수수, 사과, 오렌지 같은 작물을 옮겨 심었다. 반면에 아메리카에서 유럽으로 옥수수, 감자, 고구마, 토마토, 호박, 고추 등을 가져가기도 했다. 그와 같은 새로운 작물의 재배가 늘어남에 따라 유럽과 아메리카의 농업에는 커다란 변화가 일어났고, 또 그것은 다채롭고 풍부한 식단으로 이어졌다. 그런 변화는 얼마 지나지 않아 아시아와 아프리카로 확대되었고, 그 결과 세계 전역에서 생물학적 동질성이 증가하기 시작했다. 역사학자 앨프리드 크로스비Alfred W. Crosby는 생태계에 일어난 이 조용하고 점진적이면서도 거대한 변화에 주목하고 그것을 "콜럼버스의 교류"Columbian Exchange로 명명한 바 있다. 그렇지만 눈을 돌려 아메리카를 바라보면, 재앙에 가까운 사태를 보게 된다. 유럽인들이 가져갔던 생물 때문에 아메리카의 생태계에는 커다란 변화가 일어났다. 소와 돼지, 양과 염소는 우리에 가두어 기르지 않고 들판에 풀어 놓고 먹였기 때문에 옥수수 같은 원주민 작물뿐 아니라 다른 여러 가지 풀과 나무도 먹어 치웠다. 게다가 이주민을 따라 들어간 쥐와 잡초는 빠르게 퍼지면서 토종 동식물과 경쟁하기 시작했다. 이런 변화는 병균의 전파와 함께 결국 원주민의 생존 기반을 흔들며 그들이 자율적으로 살아가는 데 장애를 일으켰다. 크로스비

는 그것을 "생태 제국주의"라 부른다.[15]

　그런 생태계의 변화와 그것을 초래한 유럽의 팽창은 역사적으로 중요한 의미를 지닌다. 먼저 유럽 팽창을 계기로 세계가 본격적으로 통합되기 시작했다. 지역 간 교역이나 대륙 간 교류는 우리가 기억하지도 못하는 먼 옛날부터 있었지만, 지구상에 존재하는 모든 대륙이 서로 연결되어 있었던 것은 아니다. 어떤 학자는 이미 13-14세기에 몽골이 다양한 지역을 하나의 세계로 통합했고 거기서 세계사가 시작되었다고 주장한다.[16] 그러나 그 세계는 몽골이 통합한 유라시아에 국한되어 있었으니, 그가 말하는 세계사는 유라시아 지역의 역사에 지나지 않는다. 오늘날 우리가 알고 있는 세계와 그것을 연결하는 세계적 네트워크는 1500-1800년간에 있었던 유럽의 팽창을 통해 형성되었다. 그것은 바꿔 말하면 요즈음 우리 눈앞에서 진행되고 있는 세계화의 서막이라 할 수 있다. 나아가 19세기에 들어와서야 등장하는 세계사 개념의 전제가 되기도 한다. 이는 1500년 이후 아메리카의 발전 과정이 유럽을 넘어 세계라는 매우 넓은 맥락 속에서 전개된다는 점을 뜻한다.

　다음으로 생각할 만한 것은 1500년부터 시작된 세계의 통합에서 유럽이 주도권을 장악했다는 점이다. 널리 알려져 있듯이, 유럽은 대양을 통해 해외로 뻗어나가 아프리카와 아시아, 그리고 아메리카에 교역 거점을 구축하고 식민지를 건설함으로써 세계적 네트워크를 수립했다. 그리고 그것을 유럽에 유리한 방향으로 이끌고 나갈 수 있는 주도권을 장악했다. 물론, 유럽이 아메리카와 마찬가지로 아시아나 아프리카에서도 1500년경부터 지배적인 세력으로 부상한 것은 아니다. 유럽이 이들 대륙에서 해안에 머무르지 않고 내륙으로 들어가서 지배적인 위치를 차지하는 것은 유럽에서 산업혁명이 전개되는

---

15 앨프리드 W. 크로스비, 『콜럼버스가 바꾼 세계』, 김기윤 역 (지식의숲, 2006); 앨프리드 W. 크로스비, 『생태 제국주의』, 안효상·정범진 역 (지식의풍경), 2000).

16 김호동, 『몽골제국과 세계사의 탄생』, 197-250.

1800년경 이후에나 벌어지는 일이다. 그렇지만 그 토대는 이미 16세기부터 구축되기 시작했다.

이런 필자의 견해는 근래에 역사학계에서 벌어진 대논쟁과 연관되어 있으므로, 약간의 부연 설명이 필요하다. 논쟁의 주제는 서양이 언제, 어떻게 대두했는가 하는 것이다. 여기서 서양이란 유럽만이 아니라 북미대륙도 포괄하는 개념이다. 역사학계에서 "서양의 대두"란 유럽이 세계를 좌우하는 주도권을 장악했다는 사실을 가리키는 데서 그치지 않는다. 이 책의 주제인 미국 문명이 유럽의 외연으로 발전해서 결국에는 유럽으로부터 그런 주도권을 이어받았다는 사실까지 가리킨다. 이 크고 긴 흐름의 출발점이 유럽 가운데서도 서구—오늘날 적잖은 한국인들이 서양과 혼동하고 있지만, 정확하게 말하면 서부 유럽을 줄여서 부를 때 쓰는 용어—라는 점에 관해서는 많은 역사학자들이 대체로 동의한다. 구체적으로 말하자면, 위에서 언급한 포르투갈과 스페인, 네덜란드와 프랑스, 그리고 영국의 해외 팽창이 "서양의 대두"의 출발점으로 간주된다. 더욱이, "서양의 대두"에서 결정적인 계기가 영국의 산업혁명에 있다는 데 대해서도 많은 역사학자들이 공감한다. 영국과 그 뒤를 따라 산업혁명을 추진한 서양 국가들이 전례 없는 비약적 발전에 성공했고, 거기서 얻은 막대한 경제력과 군사력 덕분에 세계를 제패할 수 있었기 때문이다.

쟁점은 서양이 장악한 패권의 기원에 있다. 논쟁의 출발점인 유명한 저술 『서양의 대두』에서, 윌리엄 맥닐은 위에서 서술한 바와 같이 1500년경에 시작되는 유럽의 팽창에서 그 기원을 찾는다. 그는 그때에 이르면 유럽이 우월한 군사력과 면역력, 그리고 맹렬한 호전성을 갖추었다고 주장한다. 그리고 이런 자질이 지속적 발전을 거쳐 산업혁명으로 귀결되었고, 그 배경에 유럽에서 형성된 경쟁적 국제관계가 자리 잡고 있었다고 부언한다. 맥닐보다 더 먼 데서 기원을 찾는 학자들도 있다. "서양의 대두"의 기점을 어떤 학자는 유럽에서 근대적 정치제도가 발전하기 시작하는 1400년경으로 잡는가 하면, 다른 학자는 유럽의 과학기술에서 혁신적 전통이 형성되기 시작하는 1000년경으로 잡기도 한다. 또 다른 학자는 중세 초기까지 거슬러 올라가 보리와 귀리의 도입, 장원과 가족제도의 형성 등, 유럽의 특수한 발전 과정에 주목하기도 한다.[17] 그렇지만 이런 학자들은 맥닐의 견해를 거부하는 것이 아니라 발전시키기 위해 노력한다. "서양의 대두"의 원동력이 자유로운 시장경제와 경쟁적인 국제관계에 있다고 본다는 점에서, 그들과 맥닐 사이에는 기본적 공감대가 형성되어 있다.

근래에는 몇몇 학자들이 그런 공감대를 거부하면서 "서양의 대두"를 1800년경으로 끌어내려야 한다고 주장해 왔다. 그들 가운데서 가장 널리 주목을 끌고 있는 케네스 포머런즈Kenneth Pomeranz에 따르면, 서구와 중국은 물질생활의 측면에서 볼 때 1800년에 이르기까지 뚜렷한 차이를 보이지 않았다. 두 지역 모두 생존을 위해 사람들이 나무를 베어 내고 농토를 일구는 등, 노동집약적인 농업에 의존했는데, 이는 언제나 생태계가 허용하는 한계 안에서만 할 수 있었다. 게다가 그것을 뒷받침하는 시장경제와 정치제도마저 두 지역에서 근본적인 차이를 보이지 않았다. 중요한 차이가 있다면, 서구가 앞서 아메리카를 중심으로 광대한 식민지를 확보했고 또 거기서 설탕, 곡물, 생선, 목재, 모피 등, 많은 물품을 수입했다는 것이다. 이는 서구가 거대한 영토를 갖고 있는 것과 같은 효과를 지니고 있었고, 따라서 유럽은 생태계의 한계를 벗어나 경제성장을 이룩할 수 있었다. 게다가 영국의 석탄은 비교적 쉽게 채굴할 수 있었기 때문에, 생태계를 크게 훼손하지 않고도 경제성장을 이룩할 수 있었다. 그렇기 때문에 포머런즈는 서구와 중국 사이의 거대한 분기

---

17 McNeil, *Rise of the West*; Eric Jones, *The European Miracle: Environments, Economies, and Geopolitics in the History of Europe and Asia*, 2nd ed. (Cambridge: Cambridge Univ. Pr., 1987); David S. Landes, *The Wealth and Poverty of Nations: Why Some Are So Rich and Why Some So Poor* (New York: Norton, 1999); Michael Mitterauer, *Why Europe?: The Medieval Origins of Its Special Path*, trans. Gerald Chapple (Chicago: Univ. of Chicago Pr., 2010).

가 1800년경에 시작되었다고 주장한다.[18] 그에 따르면, "서양의 대두"는 오랜 기원에서 발전한 현상이 아니라 "횡재"처럼 갑자기 나타난 현상이다.

그런 견해는 비판적으로 수용할 만한 것으로 보인다. 포머런즈는 무엇보다 지난 500년 동안의 역사를 이해할 때 유럽 중심주의적 선입견에서 벗어나야 한다고 주장한다는 점에서 높이 평가할 만하다. 바꿔 말해 "서양의 대두"가 일찍부터 예정되어 있던 현상이 아니라는 그의 견해는 존중할 만하다. 그렇지만 두 지역 사이의 분기가 언제, 어디서 유래했는지 파헤치지 않는다는 점에서, 그는 비판을 받을 만하다. 포머런즈는 서구와 중국의 유사성을 강조하는 반면에 차이점을 경시하며, 따라서 두 지역에서 나타나는 특징적 면모를 놓치는 경향을 보인다. 특히, 식민지를 "횡재"로 취급한다는 것은 이 책에서 우리가 살펴보는 바와 같이 유럽이 아메리카를 식민지로 만들기 위해 오랜 시간에 걸쳐 많은 노력을 기울였다는 사실과 어긋나는 해석이다. 이런 문제점은 포머런즈뿐 아니라 기존 통설에 도전하는 다른 수정파 학자들에게서도 나타난다. 그들은 기원을 추적하는 데 관심을 두지 않는다.

필자는 "서양의 대두"가 산업혁명을 계기로 뚜렷하게 나타났지만, 그것은 적어도 1500년경에 시작된 오랜 과정이라고 생각한다. 물론 그 기원은 멀리 중세 유럽에 있고, 심지어 고대 지중해 세계까지 뻗어 있다. 그렇지만 먼 기원은 산업혁명을 비롯한 서양의 근대적 발전을 제대로 설명해주지 않는다. 사실, 중세적 기원을 탐구하는 학자들은 그것이 서양의 근대적 발전에 어떻게 기여했는지 해명하는 데 관심을 기울이지 않는다. 나무에 비유하자면, 흙

---

18 Kenneth Pomeranz, *The Great Divergence: China, Europe and the Making of Modern World Economy* (Princeton, NJ: Princeton Univ. Pr., 2000). 그 외에 다음 문헌도 참고하라. R. Bin Wong, *China Transformed: Historical Change and the Limits of European Experience* (Ithaca: Cornell Univ. Pr., 1997); Andre Gunder Frank, *ReOrient: Global Economy in the Asian Age* (Berkeley: Univ. of California Pr., 1998); Prasannan Parthasarathi, *Why Europe Grew Rich and Asia Did Not: Global Economic Divergence, 1600-1850* (Cambridge: Cambridge Univ. Pr., 2011).

을 파헤치며 뿌리를 찾아내는 데 애쓰는 반면에 줄기가 어떤 모습으로 자라 났는지 살펴보는 데 힘쓰지 않는다고 할 수 있다. 필자가 보기에 "서양의 대두"라는 나무의 줄기는 1500-1800년간에 형성되었다. 그 시기는 유럽의 역사에서 흔히 근대 초기라 불리는 시대로서, 다양한 방면에서 거대한 변화가 일어났던 기간이다. 특히 중요한 것은 르네상스, 종교개혁, 과학혁명과 같은 정신적 변화, 봉건제의 해체와 시장경제의 발전 같은 사회·경제적 변화, 그리고 중앙집권적 국가의 발전과 미국혁명, 프랑스혁명을 비롯한 정치적 변화이다. 그런 변화를 고려한다면, 필자가 근래의 논쟁에도 불구하고 유럽의 팽창을 "서양의 대두"의 출발점으로 보는 일반적 해석으로 되돌아가는 것은 당연한 일이라 할 수 있다.

필자는 또한 근래의 논쟁에서 인간이 매우 피상적인 존재로 취급된다는 점에도 주목한다. 맥닐을 비롯해 지배적 학설을 견지하는 학자들은 인간이란 언제 어디서나 부를 쫓아다니는 존재라고 생각하는 듯하다. 그들은 경제성장의 전제 조건으로 재산에 대한 권리와 계약의 자유를 유난히 강조하는데, 그 아래에는 인간이란 그런 조건만 갖추어지면 축재를 위해 노력한다는 가설이 자리 잡고 있다. 한마디로 줄이면, 인간은 호모 에코노미쿠스homo economicus라는 것이다. 반면에 포머런즈 등, 수정파 학자들은 그에 대해 관심을 기울이지 않는다. 그들의 관심은 "서양의 대두"를 포함하는 거대한 구조를 밝혀내는 데 집중되어 있기 때문이다. 따라서 근래의 논쟁에서 인간에 대한 이해는 피상적인 수준에 머물러 있다.[19]

그런 피상적 이해는 역사를 올바르게 이해하는 데 중대한 장애가 된다. 그것은 결국 인간이 경제적 이익에 따라 움직이는 존재이므로, 인간이 만들어 내는 역사도 경제적 요인을 중심으로 해석해야 한다는 견해로 이어지기 때문이다. 그러나 참으로 진부한 말이지만, 사람은 밥을 먹기 위해 산다고 할

---

19 배영수, 「"서양의 대두"와 인간의 본성」, 『역사학보』 216 (2012), 81-108.

수 없다. 인간은 생물로서 물질적 필요를 충족시켜야 하지만, 그 외에 다양한 필요와 욕구도 지니는 존재이니 말이다. 더욱이, 인간은 다른 필요나 욕구를 위해 물질적 필요를 스스로 억제하거나, 심지어 목숨을 잃는 지경에 이르기까지 그것을 부정하기도 한다. 그런데도 경제주의에서는 인간이 경제동물로 취급되며, 역사도 경제적 요인에 따라 좌우되는 것으로 해석된다.

그런 오해에서 벗어나기 위해서는, 무엇보다 먼저 인간이라는 용어에 주의를 기울일 필요가 있다. 경제주의적 인간관을 비롯해 인간의 본성을 다루는 관념은 흔히 인간을 추상적 존재로 취급한다. 현실 속에서 숨을 쉬며 다양한 방식으로 살아가는 수많은 사람들을 있는 그대로 이해하기 어려운 탓인지, 흔히 사람들이 지니는 다양한 사고방식과 행동양식, 그리고 감성 구조를 어떻게든 종합하고서는 그것을 언제 어디서나 발견할 수 있는 인간이라고 상정한다. 그런 추상적 존재는 실제로 살아가는 수많은 사람들을 포괄하지 못한다. 사실, 인간관 가운데 어떤 것도 인류 전체에 대한 포괄적 탐구를 토대로 형성되었다고 할 수 없다. 우리가 알고 있는 인간관은 모두 가설에 지나지 않는다.[20] 그런 가설에 입각해서 과거에 존재하던 사람들, 바꿔 말해 우리 자신과 매우 다른 방식으로 살아가던 사람들을 바라보며 역사를 이해하고자 한다면, 그것은 올바른 접근법이라 할 수 없다.

더욱이, 인간이 개별적 존재인 동시에 사회적 동물이라는 점도 기억할 필요가 있다. 인간은 누구나 하나의 생물학적 개체로서, 자신의 생존을 위해 공기와 물, 그리고 식량 같은 물질적 필요를 충족시켜야 한다. 그러나 인간은 개별적으로는 존재할 수 없다는 점에도 주목해야 한다. 무엇보다도, 인간은 유성생식을 통해 탄생하기 때문에 모두 자신의 부모와 함께, 자신의 형제자매와 함께, 나아가 부모의 형제자매와 함께, 생물학적으로 사회적인 관계

---

20 레슬리 스티븐슨·데이비드 L. 헤이버먼, 『인간의 본성에 관한 10가지 이론』, 박중서 역 (1998; 갈라파고스, 2006).

를 맺는다. 생물학자들이 말해주듯이, 유성생식에 의존하는 생물은 생명 자체를 사회적 관계 덕분에 얻는다.[21] 이 당연한 진리를 여기서 들먹이는 이유는 요즈음 너무나 흔히 그것이 간과되기 때문이다. 스미스가 말하는 자기애를 비롯해서 오늘날 거론되는 인간관은 거의 모두 인간이 생물학적으로 개별적인 존재라는 관념을 전제로 삼는다. 바로 그 관념이 그릇된 전제라는 점을 기억할 필요가 있다.

인간은 또한 물질적 필요를 혼자서, 스스로 충족시키지 못하기 때문에 사회적 관계를 맺기도 한다. 혼자서는 자신이 지니는 시각과 후각, 근력과 지력 등, 온갖 능력을 발휘해도, 곡물과 육류, 채소와 과실을 비롯해 생존에 필요한 식량을 충분히 확보하지 못한다. 그렇기 때문에 인간은 태어나면서부터 들어가는 사회적 관계에 의존한다. 자신의 생존을 위해 부모와 형제자매는 물론이요 그들을 통해 형성되는 넓은 사회적 관계에도 의존한다. 따라서 인간에게는 사회적 관계를 수립하고 유지하는 역량이 생물학적 개체로서 지니는 육체적 능력과 함께 생존에 필수적인 조건이다. 그렇기 때문에 인간은 물질적 필요에 못지않게 강렬한 사회적 욕구도 지닌다. 바꿔 말하면, 인간은 권력과 위신, 매력과 명예 같은 사회적 욕구를 충족시키고자 한다. 종교적 대의를 위해 자신의 목숨을 던지는 순교자가 보여주듯이, 그런 욕구를 강렬하게 느끼기도 한다.

그런데도 경제주의자들은 흔히 그와 같은 사회적 욕구를 궁극적으로 물질적 필요에 봉사하는 부차적 동기로 간주한다. 권력이나 명예도 결국에는 더 많은 부를 축적하는 데 필요한 수단이나 과정에 지나지 않는다고 본다. 이는 줄여 말하면 인간을 사회적 관계에서 떼어 놓고 개인의 생존 본능에 따라 움직이는 단세포 생물로 취급하는 환원론이다. 물론, 우리 가운데는 끝없는 물

---

21 Daniel E. Koshland, Jr., "The Seven Pillars of Life," *Science*, 22 March 2002, 2215–2216.

욕을 지닌 듯이 보이는 사람이 있다. 게다가 어떤 사람들의 탐욕에는 한계가 없다고 할 수 있다. 그렇지만 모든 사람이 그런 것은 아니다. 재물 대신에 권력이나 명예 때문에 뜬눈으로 밤을 지새우며 애를 태우는 사람이 있는가 하면, 가진 재산을 자선단체에 모두 기부하는 사람도 있고 또 자신의 안전을 돌보지 않고 다른 사람의 목숨을 구하기 위해 나서는 사람도 있다. 더욱 중요한 것은 대다수 사람들이 다양한 필요와 욕구를 모두 지니면서도, 그것들을 적절하게 제어하며 나름대로 배합한다는 점이다. 다양한 필요와 욕구를 어떻게 제어, 배합하는가 하는 것은 개인의 선택에 따라 좌우된다. 이는 역사에 등장하는 개인들이 얼마나 다양하고 복잡한 동기에 따라 움직였는지 이해하는 데 도움을 주는 명제이다. 그에 못지않게 중요한 것은 개인의 선택이 그의 생각과 취향에 따라서만 결정되는 것이 아니라, 그를 둘러싸고 있는 제도와 문화에 따라서도 좌우된다는 점이다. 우리는 모두 역사적 존재로서, 선조들이 물려준 제도와 문화 속에서 태어나고 그 속에서 스스로 삶을 꾸려나간다. 그리고 의식하든 그렇지 않든 간에, 그런 삶을 통해 기존의 제도와 문화에, 바꿔 말하면 우리를 둘러싸고 있는 거대한 구조에 변화를 일으키기도 한다.

그렇다면 역사를 올바르게 이해하기 위해서는, 경제주의적 인간관을 버리고 사람들이 얼마나 다양하고 복잡한 동기를 지니고 있는지 유념할 필요가 있다. 이런 뜻에서, 우리는 프리드리히 니체가 말한 "권력의지"에 주목할 필요가 있다. 그것은 흔히 권력을 장악하고 행사하려는 지칠 줄 모르는 의지로 간주되지만, 실제로는 매우 포괄적인 개념이다. 그것은 인간이 마치 세포처럼 생존과 번성에 도움이 되는 것이라면 무엇이든지, 그러니까 물이나 땅 같은 물질적인 것은 물론이요 기술이나 노동력을 비롯한 비물질적인 것도 필요하다면 무엇이든지, 자원으로 여기고 모두 얻으려 애쓰게 만드는 동인이기 때문이다.[22] 이처럼 포괄적인 관념을 받아들인다면, 사람들을 움직이는 다

---

22 Friedrich Nietzsche, *The Will to Power*, ed. Walter Kaufmann and trans. Walter

양한 동기가 언제, 어디서나 꼭 같이 작용하는 것은 아니라는 점을 쉽사리 이해할 수 있다. 그렇게 이해한다면, 시기나 지역에 따라 어떤 동기가 얼마나 중요하게 부각되는지 관찰하고, 또 왜 그런지 탐구해야 한다. 특히, 경제적 이해관계가 언제, 어디서나 중요한 동기였던 것이 아니라 근대 세계에 들어와서야 비로소 지배적인 동기로 부각되었다는 점을 이해하고, 어째서 그런 변화가 일어났는지 탐구해야 한다. 그것은 필자가 보기에 자본주의 발전 과정의 일환이며, 따라서 반드시 추적해야 하는 과제이다.

앞에서 살펴본 아메리카의 원주민 문화에서 드러나듯이, 분명히 호모 에코노미쿠스는 보편적 현상이라 할 수 없다. 호모 에코노미쿠스에 관해서는 나중에 상론할 것이다. 여기서 지적하고자 하는 것은 인간이 물질적 필요 이외에도 다양한 욕구를 갖고 있으며, 경제적 한계나 정서적·사회적 욕구 때문에 이기적 행동을 자제하기도 한다는 점이다. 더욱이, 인간의 다양한 필요와 행동양식은 역사적으로 의미 있는 변화를 겪어 왔다는 사실도 기억해야 한다. 그렇다면 이제 아메리카 이주민은 어떤 사람들이었는지 살펴볼 차례이다.

3. 스페인 식민지의 출현

유럽 이주민이 어떤 사람들이었는가 하는 의문에 대해서도 손쉬운 해답을 찾기는 어렵다. 이주하기 위해서는 무엇보다도 두 달 내지 석 달이나 걸리는 긴 바다 여행, 결코 안전하지 않고 조금도 안락하지 않으며 게다가 많은 비용까지 드는 여행, 그런 여행을 감내해야 했다. 그래서 떠날 때는 반드시 돌아온다고 기약할 수도 없었다. 그런데도 1500-1800년간에 300만 명에 이르는

Kaufmann and R. J. Hollingdale (New York: Random House, 1967), 366-418.

유럽인들이 아메리카로 이주한 이유는 어디에 있는가? 그들은 무엇을 찾으려 했는가?

그런 의문을 풀기 위해서는 유럽의 사정뿐 아니라 아메리카에 대한 인식도 살펴봐야 한다. 이주는 대체로 한편에서 밀어내고 다른 한편에서 끌어당기는 힘이 만들어 내는 과정이기 때문이다. 여기서 근대 초기의 아메리카 이주민을 모두 다룰 필요는 없다. 우선 필요한 것은 이주민이 정착해서 식민지를 건설하는 과정까지 이해하는 일이다. 그다음에 도착한 사람들은 이미 형성되어 있는 사회에 적응하며 변화를 일으키는데, 이는 다른 주제이다. 초기 정착민 가운데서도 주목을 끄는 사람들은 스페인과 영국에서 이주한 사람들이다. 포르투갈 이민이 가장 많았고 프랑스 이민도 특징 있는 사회를 건설했지만, 이 책의 관심사는 영국 식민지이므로 거기에 적잖은 영향을 끼친 스페인 식민지까지는 살펴보고자 한다. 이 둘 가운데 스페인이 영국보다 100년 정도 앞서 있었으니, 스페인 식민지부터 살펴보는 것이 좋겠다.

무엇보다 먼저 눈에 띄는 것은 유럽인들이 처음부터 아메리카를 식민의 대상으로 바라보았다는 사실이다. 오늘날 한국에서 식민이란 흔히 하나의 집단이 그 영토 바깥에서 다른 집단을 정복한 다음에 그것을 지배하고 착취하는 것을 가리킨다. 그렇지만 영어 사용권에서는 꿀벌이 때가 되면 새로 벌집을 만들어 옮겨가는 것과 마찬가지로 사람들이 다른 지역으로 이주해 새로운 정착지를 개척하는 것을 가리키기도 한다. 이런 뜻에서 식민은 문자 그대로 사람들을 옮겨 심는 일이라 할 수 있다. 그런데 이주 대상지를 이미 다른 집단이 차지하고 있다면, 어떻게 거기에 비집고 들어갈 수 있는가 하는 문제가 생긴다. 그 대책으로 떠오르는 것은 정복을 통한 강제 점령, 협상을 통한 평화 이주, 그리고 양자를 교묘하게 혼합하는 다양한 책략이다. 그 가운데서 무엇을 선택하는가는 흔히 원주민과 이주민 사이의 세력 관계에 의해 결정된다. 근대 초기 아메리카에서는 그 관계가 매우 뚜렷했고, 따라서 이주민의 인식과 자세가 식민 과정에서 결정적인 요인이 되었다.

이주민에게 아메리카는 "신세계"였다. 한국에서 가끔 쓰이는 신대륙 대신에, 이 용어를 선택하는 데는 그만한 이유가 있다. 아메리카는 16세기 초에 이르기까지 명칭이 없었다. 원주민은 수만 년 전부터 살고 있었으나, 거기에 이름을 붙이지 않았다. 1000년을 전후해서는 리프 에릭슨Leif Erikson이 바이킹을 이끌고 오늘날의 캐나다 동해안을 다녀가면서 "빈란드"Vinland라는 이름을 붙인 적이 있지만, 유럽에 널리 알려지지 않았다. 그로부터 다시 500년이 흐른 뒤에야 아메리카의 존재가 드러나기 시작했다. 콜럼버스는 1492년 10월 자신이 아시아에 도착했다고 생각했으나, 나중에는 혹시 새로운 땅덩어리를 발견한 것이 아닐까 하는 의문을 품기도 했다. 그렇지만 적도 아래 남반구에는 땅이 없고 바다만 있다는 당대의 세계관으로 되돌아갔다. 그는 중세적 관념에서 충분히 벗어나지 못했던 셈이다.[23]

그와 경쟁 관계에 있던 베스푸치는 달랐다. 그는 1501-02년 항해에서 남미대륙을 탐사하면서, 몇몇 별을 관측한 다음에 자신의 위치가 적도 아래라는 사실을 깨닫게 되었다. 그리고 고민에 빠졌다. 그것은 세계가 땅과 바다로 나뉘어 있고 땅은 적도 위 북반구에만 있다는 종래의 관념과 맞지 않았다. 베스푸치는 콜럼버스처럼 모험심이 강한 항해사가 아니었지만, 좋은 교육을 받고 많은 책을 읽었기 때문에 깊이 생각하는 지적 성향을 지니고 있었다. 결국 1503년 자신의 후원자인 피렌체의 로렌조 피에트로 디 메디치Lorenzo Pietro di Medici에게 편지를 쓰며 "신세계"에 관해 이렇게 언급했다.

지난번 편지에서는 포르투갈 국왕 전하의 비용과 지시에 따라 저희가 함대를 이끌고 가서 발견하고 탐사했던 새로운 지역에서 어떻게 돌아왔는지 비교적 상세하게 알려드렸습니다. 이제 그 지역을 신세계라 불러도 좋습니다. 그것은 우리 선조들이 전혀 모르던 것이고, 그에 관해 이야기를 듣는 모든 사람들

---

23 주경철, 『크리스토퍼 콜럼버스: 종말론적 신비주의자』 (서울대학교 출판문화원, 2013).

에게 완전히 새로운 것이기 때문입니다. 그것은 우리 선조들이 갖고 있던 일반
적 견해, 즉 적도 너머 남쪽에는 대륙이 없고 대서양이라 불리는 바다만 있을
뿐이라는 생각을 넘어서는 것입니다. 선조 가운데 일부가 거기에 대륙이 있다
고 주장했지만, 그것이 사람이 살아갈 수 있는 땅이라는 점은 여러 가지 근거
를 들며 부인했습니다. 그러나 그들의 견해가 옳지 않고 진실과 아주 어긋난다
는 것, 이것은 저의 최근 항해에서 명백해졌습니다. 왜냐하면 적도 너머 저 남
쪽 지역에서 저는 우리 유럽이나 아시아, 또는 아프리카보다 인구가 조밀하고
동물이 풍부하며, 이어지는 설명에서 드러나듯이 우리가 알고 있던 다른 어떤
지역보다 기후가 온화하고 쾌적한 대륙을 발견했기 때문입니다.[24]

　　이어지는 설명은 사실보다 환상에 가깝다. 그에 따르면, 원주민은 토지
가 비옥한데도 농사를 짓지 않고 물고기를 잡아먹으며 산다. 또 아무것도 입
지 않고 다니며 싸움에서 이기면 상대를 잡아먹기도 한다. 게다가 여성은 몸
매가 풍만하고 육욕이 강해서 남자들에게 쉽게 몸을 내준다. 더욱이 베스푸
치는 금과 진주가 풍부하다고 강조하면서, "이 지구의 어느 부분에든 지상 낙
원이 있다면, 분명히 여기서 그리 멀지 않을 것이라 본다"고 선언한다. 한마
디로 줄이면, 그가 가슴에 품고 있던 욕망이 아메리카에 대한 인식에 깊이 투
영되었다고 할 수 있다.
　　이 "신세계 서한"은 유럽에 충격을 던졌다. 그것은 얼마 지나지 않아 피렌
체를 벗어나 주요 도시에서 인쇄되었고 또 지성인들 사이에서 널리 회자되었
다. 그 결과 "신세계"는 베스푸치의 라틴식 이름 아메리쿠스를 따라 아메리카
로 불리기 시작했다. 그리고 런던에서 하원 의원으로 활동하고 있던 토머스
모어Thomas More는 "신세계 서한"을 1516년에 간행된 자신의 『유토피아』에 활

---

24 Amerigo Vespucci, *Mundus Novus: Letter to Lorenzo Pietro di Medici*, trans. by George
　　Tyler Northrup (Princeton, NJ: Princeton Univ. Pr., 1916), 1.

용했다. 그는 베스푸치를 따라갔던 선원 가운데 일부가 아메리카에 남아 있다가 이상적인 국가에서 살아보았다면서 들려주는 경험담을 상상력으로 써내려갔다. 거기서 이상 국가는 자급자족하는 자율적인 사회였으나, 인구가 많아지면 인접 지역에 식민지를 건설하기도 했다. 인접 지역의 원주민은 농사를 지을 줄 모르는 미개 상태에 머물러 있었고 또 이상 국가의 관대하고 자비로운 통치를 고대하고 있었다.[25]

『유토피아』에 이르면, 유럽인들은 이미 자신들의 안목과 필요에 따라 아메리카를 규정하고 있었다. 아메리카는 베스푸치가 지적하듯이 유럽인들이 모르던 새로운 세계였다. 그런데도 그것이 어떤 곳인지 깊이 알아내기보다는, 베스푸치가 규정하듯이 아메리카가 유럽의 문명에 비해 뒤떨어져 있던 야만의 세계, 그것도 손쉽게 정복하고 마음껏 향유할 수 있는 낙원 같은 세계라 여겼다. 이런 뜻에서 아메리카는 유럽인들이 머릿속에서 만들어 낸 세계라 할 수 있다. 여기서 중요한 것은 아메리카에 대한 그런 관념이 베스푸치나 모어에 그치지 않고 코르테스나 피사로 같은 정복자들을 거쳐 이후로 계속되는 유럽 이주민으로 이어졌다는 사실이다. 아메리카에서 이루어진 원주민과 이주민의 만남은 영국의 문학 평론가 피터 흄Peter Hulme의 어구를 빌린다면 "식민지와의 만남"이었다.[26]

그렇지만 식민지에 대한 인식과 태도는 이주민에 따라 달랐다. 스페인에서 건너간 사람들은 재정복 사업의 전통 위에서 아메리카를 바라보았다. 오랫동안 이베리아에서 기독교의 이름으로 전쟁을 치르고 정복 지역을 왕국에 편입했듯이, 아메리카에서도 교황과 군주를 앞세우며 스페인의 체제를 수립

---

25 토머스 모어, 『유토피아』, 주경철 역 (을유문화사, 2007).

26 Peter Hulme, *Colonial Encounters: Europe and the Native Caribbean, 1492–1797* (London: Methuen, 1986). 또한 다음 문헌도 참고하라. Edmundo O'Gorman, *The Invention of America: An Inquiry into the Historical Nature of the New World and the Meaning of Its History* (Bloomington: Indiana Univ. Pr., 1961).

하고자 했다. 그것은 식민지를 개척하는 정복자들에게 재산과 명예, 그리고 지위를 의미했다. 코르테스나 피사로 같은 정복자들은 대개 하급 귀족이었고, 그들에게 중요한 것은 교황과 군주에 대한 봉사를 제외하면 무엇보다도 눈부신 황금과 세상이 칭송하는 업적, 그리고 영주로서 누리는 위신이었다. 그렇기 때문에 그들은 광기에 가까운 열정에 들떠 중남미의 밀림을 뚫고 제국을 찾아 정복했고, 또 금은보화를 약탈한 다음에는 원주민을 기독교로 개종시키고 스페인 군주의 신민으로 편입시켰다.

이제 원주민은 정복자들이 강요하는 대로 기독교를 받아들여야 했을 뿐 아니라 총독의 지배를 비롯해 스페인이 수립하는 정치체제도 받아들여야 했다. 스페인은 도시를 중심으로 식민지를 편성하고 일정한 재산과 지위를 갖춘 사람들을 '시민'으로 인정하며 그들을 중심으로 지배 집단을 만들었다. 그리고 주변 농촌에 사는 원주민을 그들에게 할당하고는, 원주민에게 기독교를 가르치는 대신에 공물과 부역을 짜낼 수 있게 했다. 지배자들이 전자보다는 후자에 더욱 관심을 기울였다는 것은 따로 설명할 필요가 없을 듯하다. 이 엔코미엔다encomienda 제도는 달리 말하면 중세 유럽의 봉건제가 이베리아반도에서 재정복 사업 때문에 생생하게 살아남아 있다가 아메리카로 연장된 것이라 할 수 있다.

따라서 스페인 식민지에서는 이주민 지배자와 원주민 피지배자 사이에 엄격한 위계질서가 자리 잡았고, 이는 약탈 내지 착취라는 특징이 경제생활에 뿌리 내리는 데 기여했다. 약탈은 정복 사업이 끝남에 따라 퇴조하는 듯했지만, 1540년대 중엽에 오늘날의 볼리비아와 멕시코에서 잇달아 은광이 발견됨에 따라 다시 열기를 띠게 되었다. 소수의 채굴 사업자들은 수많은 원주민을 먹고 마실 것도 제대로 챙겨주지 않은 채 광산으로 몰아넣고 착취하며 일확천금을 꿈꾸었다. 그들과 함께 아메리카로 이주한 다른 정착민도 크게 다르지 않았다. 정착민은 소와 양, 포도와 사탕수수를 길러서 가공한 다음에 스페인으로 수출하는 데 주력했다. 그리고 의복을 비롯한 생활필수품은 유럽에서 수입하는 것으로 만족했다. 바꿔 말하자면, 식민지의 장기적 성장보다는 개인의 단기적 성공에 집착했다고 할 수 있다.

그런 태도는 이주에 관한 통계에서도 드러난다. 16세기 말까지 대략 100년 동안, 스페인에서 아메리카로 건너간 정복자와 정착민은 대략 20−25만 명으로 추산된다. 그러니까 매년 2,000 내지 2,500명 정도가 아메리카로 이주한 셈이다. 이는 아래에서 살펴보듯이 한 세기 뒤에 영국의 북미대륙 식민지로 이주한 인구의 절반에도 미치지 않는다. 16세기 스페인의 인구가 17세기 영국의 인구에 비해 오히려 더 많았는데도 그 정도에 그쳤다. 게다가 이주민 가운데서 여성이 차지하는 비중이 16세기 말에도 3분의 1에 미치지 못했다. 이주민은 식민지에서 가정을 꾸리고 뿌리를 내리기보다는 스페인으로 되돌아가는 데 관심을 두고 있었기 때문이다. 이 역시 아래에서 살펴보는 영국 식민지와 구분되는 특징이었다.

그 이유로 생각할 수 있는 것은 먼저 원주민이 인구의 격감에도 불구하고 식민지에 필요한 노동력 가운데서 상당한 부분을 공급할 수 있었다는 점이다. 따라서 해외에서 확보해야 하는 노동력이 많지는 않았다. 그처럼 부족한 노동력 가운데 일부는 아프리카에서 수입하는 흑인 노예로 충당했는데, 이에 관해서는 다음 장에서 자세하게 살펴볼 것이다. 나머지 부족분은 스페인에서 건너가는 이주민이 채웠다. 이주에는 적잖은 장애가 있었다. 한편에서는 스페인이 유대인이나 무슬림의 이주를 제한하는 등, 엄격한 이주 정책을 견지했고, 다른 한편에서는 아메리카에서 성공을 거두고 신분 상승을 노릴 만한 기회가 많지 않았다. 기회는 목장이나 공장을 지을 수 있을 만큼 상당한 자본을 동원할 수 있는 사람들에게만 열려 있었다. 적어도 두 달이나 걸리는 여행을 위해 여비를 마련하기도 어려운 서민에게는, 엄두도 낼 수 없는 일이었다. 서민이 생각할 수 있는 것은 대장장이처럼 아메리카 원주민이 하지 못하는 일을 하는 것이었다. 그렇지 않으면 온갖 연줄과 재주를 동원해서 고관의 수행원이 되어 배를 탄 다음에 아메리카에서 새로운 인생을 개척하는 것이었다. 그처럼 안정을 기대하기 어려운 행로는 가족이 함께 참여하는 것보다는 젊은 남자가 홀로 감당하는 편이 나았다.[27] 따라서 스페인 식민지는 개척이 시작된 지 한 세기가 지나도록 사회적 안정을 누리지 못했다.

그래도 스페인 식민지는 미국 문명에 의미 있는 유산을 남겼다. 스페인은 멕시코에 머무르지 않고 진격을 계속했고, 그래서 오늘날의 플로리다에서 텍사스를 거쳐 캘리포니아에 이르는 광대한 지역을 장악하고자 했다. 더욱이 몇몇 유력자들이 사사로이 탐험대를 파견하고 금이나 은 같은 귀금속을 찾아내려고 애썼다. 남미에서 잉카제국을 정복하는 데 가담했던 에르난도 데 소토Hernando de Soto도 700명을 이끌고 멕시코만 연안과 내륙 지방을 휘젓고 다녔다. 그런 그들의 노력은 결국 수포로 돌아갔고, 1570년대에 이르면 스페인은 새로운 지역으로 팽창하는 대신에 영국과 프랑스의 침투를 저지하는 데 관심을 기울이게 되었다. 그때에 이르면 스페인 정복자들이 저지른 살육과 그들이 가져온 질병, 그리고 그들이 일으킨 문화적 갈등 때문에, 원주민은 돌이킬 수 없는 변화를 겪었다. 그런 변화는 멕시코만 연안의 특징적인 문화적 전통으로 이어졌고, 나중에 그 지역이 미국으로 편입된 뒤에도 독특한 지방색을 남겨 놓았다.[28]

4. 영국 식민지의 개척

영국 식민지는 스페인 식민지와 달리 한 세기가 지나기 전에 사회적 안정을 누리기 시작했는데, 필자가 보기에는 바로 거기에 미국 문명의 대두, 또는 미

---

27 J. H. Elliott, *Empires of the Atlantic World: Britain and Spain in America, 1492–1830* (New Haven: Yale Univ. Pr., 2006), 3–114.

28 James Axtell, *Natives and Newcomers: The Cultural Origins of North America* (Oxford: Oxford Univ. Pr., 2001), 217–232.

국이 강대국으로 성장하는 과정을 해명하는 중요한 관건 가운데 하나가 있다. 영국의 북미대륙 식민지는 스페인 식민지와 달리 개척 과정에서 교황과 군주를 중심으로 구축되어 있던 정치권력으로부터 직접적 통제를 받지 않았다. 국왕 헨리 8세는 1534년 자신의 재혼을 계기로 종교개혁에 편승해서 로마교황의 권위를 부인하고 스스로 영국교회의 수장이 되었다. 이 조치는 상당한 반발을 불러일으키기도 했지만, 엘리자베스 여왕 즉위 직후인 1559년 의회에서 다시 확인되었다. 그 시기에는 해외에 대한 관심이 아일랜드에 집중되었다. 아일랜드에서 일어난 반란을 진압하고 지방 세력을 영국 군주에 복속시키는 것이 중대한 과제였기 때문이다. 따라서 영국은 이미 1497-98년에 이탈리아 출신의 탐험가 죠반니 카보토Giovanni Caboto — 영어사용권의 표기 방법으로는 존 캐보트John Cabot — 를 통해 북미대륙을 탐사하는 성과를 올렸지만 후속 사업을 추진하지는 못했다.

16세기 말 영국이 아일랜드를 복속시키는 데 성공하고 다시 해외로 관심을 돌렸을 때, 주도권은 군주 대신에 상인으로 넘어가 있었다. 1570년대에 이르러서 몇몇 상인들은 아시아로 통하는 북서 무역항로를 찾기 위해 탐사를 추진하기 시작했다. 결과는 만족스럽지 않았다. 그들은 금이나 은을 발견하는 데는 실패하고 생선과 목재에서 수익 가능성을 발견하는 데 그쳤다. 뒤이어 1580년대에는 험프리 길버트Humphrey Gilbert 경과 월터 롤리Walter Raleigh 경이 각각 상인들의 후원을 얻어 북미대륙에 요새를 건설하고 식민지를 개척하는 사업을 추진했으나 역시 실패하고 말았다. 그래도 16세기가 끝날 무렵에 이르면, 영국에서는 해외 팽창을 군주가 직접 추진하지 않고 상인을 비롯해 관심 있는 사람들이 주도한다는 것이 일종의 관행으로 자리 잡았다.[29]

이 조그마한 차이는 영국의 북미대륙 식민지 개척에 적잖은 영향을 끼쳤

---

29 David B. Quinn, *North America from Earliest Discovery to First Settlements: The Norse Voyages to 1612* (New York: Harper & Row, 1975).

다. 무엇보다도 주목해야 할 것은 경제적 동기가 식민지 개척의 중요한 요인이었다는 사실이다. 오늘날 한국을 포함해 세계 전역에서 수많은 사람들이 미국의 건국에 관해 오해하고 있는 만큼, 그것은 더욱 강조할 필요가 있는 사실이다. 사람들은 흔히 1620년 영국의 종교 탄압을 피해 북미대륙으로 이주한 필그림Pilgrim들이 미국의 건국 시조라고 생각한다. 그러나 이는 미국인들이 필그림의 도착 200주년을 계기로 미국의 건국 과정을 미화하기 위해 만들어낸 설화이다. 그보다 13년 앞서는 1607년에 오늘날의 버지니아에 제임스타운Jamestown이라는 영국 식민지가 먼저 건설되었다. 더욱이 개척자들은 종교적 동기가 아니라 돈벌이라는 지극히 세속적인 목적을 위해 식민지 건설에 참여했다.

제임스타운 식민지는 역시 상인들의 주도로 건설되었다. 1606년 몇몇 런던 상인들은 국왕 제임스 1세에게 청원하여 버지니아 컴퍼니Virginia Company를 세우고 북미대륙에서 식민 사업을 추진할 수 있다는 허가를 얻었다. 이 회사는 3년 뒤 조직을 개편해 근대적 기업에 가까운 형태로 변모했는데, 그것을 한국어로 옮기자면 주식회사라 할 수 있을 듯하다. 상인들은 국왕에게 청원하여 특정 영업을 독점하는 권한을 확보하고 자본을 공동으로 출자해서 회사를 설립했다. 그리고 영업의 결과로 수익이나 손실이 있으면 출자한 금액에 따라 배분한 다음에 해산했다. 그러니까 근대적 기업 조직의 성격을 띠고 있었다고 할 수 있다.

식민 사업도 그런 성격을 띠고 있었다. 버지니아 컴퍼니는 1606년 12월 105명의 사람들을 세 척의 배에 나누어 북미대륙으로 보냈고, 그들은 항해 도중에 죽은 한 사람을 빼고 모두 다음 해 4월 오늘날 버지니아의 체서피크만Chesapeake Bay — 그 연안에서 살고 있던 원주민이 "바다의 어머니"Mother of Waters라 부르던 수역 — 에 들어가 닻을 내렸다. 그들 가운데 여성은 한 명도 없었다. 정착이 아니라 개척이 지상 목표였던 셈이다. 그래도 귀족에 속하는 신사가 무려 36명이나 되었는데, 대개 일정한 수입이 없고 해외에서 일확천금을 노리던 하급 귀족이었던 것으로 보인다. 그 외에 대부분은 목수, 석공, 대장장이 등, 장인과 일반 노동자였다. 그들은 회사가 붙인 명칭 "식민자"planter처럼 식민지를 건설하기 위해 고용, 파견된 사람들이었다. 그렇지만 실제로는 그들도 미지의 세계에서 횡재를 기대하는 모험가에 가까웠다. 더욱이 식민지 건설은 오래지 않아 원주민과의 갈등으로 이어졌고, 따라서 "식민자"는 때때로 정복자와 뚜렷하게 구분되지 않았다. 그래도 스페인에서 건너간 정복자와 달리, 제임스타운 개척자들은 교황과 군주의 영광보다 회사의 수익에 더욱 관심을 기울였다.

그런 관심을 실천에 옮기는 것은 결코 쉬운 일이 아니었다. 낯선 환경에서 살아남는 것 자체가 그랬다. 제임스타운은 제임스강이 체서피크만으로 흘러들어 가는 곳에 자리를 잡았는데, 그것은 사람과 물자의 운송에 편리한 위치였지만 이질이나 장티푸스 같은 수인성 전염병이 창궐하기 쉬운 조건이기도 했다. 게다가 보급품이 넉넉하지 않았고 원주민으로부터 식량을 얻기도 어려웠다. 실제로 질병과 기아 때문에 많은 사람이 죽었다. 첫해가 지난 다음에도 살아남은 사람은 3분의 1이 조금 넘는 38명에 지나지 않았다. 영국에서 새로운 물자와 함께 인력이 공급되지 않았더라면, 제임스타운도 사라졌을 것으로 보인다.

그런 난관 속에서 지도자 존 스미스John Smith가 중요한 역할을 했다. 그는 여유 있는 자영농의 아들로 태어나 열여섯 살에 집을 떠나 용병이 되었고, 해외에서 여러 곳을 떠돌아다니며 전투를 치른 덕분에 대위로 진급하기도 했다. 제임스타운에 도착한 다음에는 몇몇 사람들과 식량을 구하러 나섰다가, 원주민에게 붙잡혀 위기를 맞게 되었다. 그러나 그의 말에 따르면 포카혼타스Pocahontas라는 족장의 딸 덕분에 목숨을 건졌다. 그처럼 많은 난관을 겪은 덕분인지, 스미스는 실제적이면서도 과감하고 단호한 자세를 지니고 있었다. 제임스타운 주민에게 농토를 마련하고 농사를 짓는 한편, 목책을 세워 안전을 도모해야 한다고 역설했다. 그리고 1608년 9월에는 제임스타운 지도자로 임명되어 "일하지 않는 자는 먹지 말라"고 말하며 엄격한 노동 윤리를 확립하는 데 주력했다. 실제로, 일하지 않는 귀족은 제임스타운을 떠났고, 그래도 버텨 낸 평민은 생존 기반을 확보할 수 있었다. 그렇지만 이주민은 회사가 바라는 금이나 은, 또는 돈이 될 만한 귀금속을 찾아내지는 못했다. 다만 뒤늦게 제임스타운에 합류한 존 롤프John Rolfe가 포카혼타스와 결혼한 다음에 원주민으로부터 좋은 담배를 기르는 비결을 배울 수 있었다. 담배는 이미 스페인을 통해 유럽에 소개되어 인기를 끌고 있었기 때문에 즉시 제임스타운의 수출 품목으로 떠올랐다. 이제 담배 덕분에 제임스타운은 생존을 넘어 성장을 내다볼 수 있었다.[30]

다른 지역에서는 식민지가 경제적 동기보다 종교적 동기에 따라 수립되었다. 널리 알려져 있듯이, 1620년 플리머스Plymouth에 새로운 식민지를 개척한 사람들은 주로 종교적 이유에서 영국을 떠난 이들이었다. 그들은 대개 순례자를 뜻하는 필그림이라 불렸는데, 이는 그들이 종교개혁가 장 칼뱅의 가르침에 따라 신의 은총을 바라며 구도하는 자세로 살았기 때문이다. 실제로 그들은 영국교회가 로마교회와 크게 다르지 않다고 보고, 거기서 완전히 분리해 나와 독자적인 신앙 공동체를 만들고자 했다. 그리고 영국에서 종교적 박해가 심해지자 네덜란드로 이주하기도 했다. 그러나 거기서 먹고사는 것은 쉬운 일이 아니었고, 어른들이 늙어가는 동안 젊은이들이 일자리를 찾아 공동체를 떠나는 일까지 겪게 되자 북미대륙으로 이주하는 방안을 생각하게 되었다. 그 방안을 놓고 갑론을박하는 과정을 거친 끝에 내린 결론에 대해, 필그림 지도자 윌리엄 브래드퍼드William Bradford는 나중에 이렇게 술회했다.

---

30 Axtell, *Natives and Newcomers*, 233-258; Wesley Frank Craven, *The Southern Colonies in the Seventeenth Century, 1607-1689* (Baton Rouge: Louisiana State Univ. Pr., 1949); Thad W. Tate and David L. Ammerman, eds., *The Chesapeake in the Seventeenth Century: Essays on Anglo-American Society* (Chapel Hill: Univ. of North Carolina Pr., 1979).

반대 의견에 대한 답변은 중대하고 고귀한 행위에는 언제나 커다란 난관이 따르기 마련이며, 적절한 용기를 갖고 그런 난관에 도전하고 극복해야 한다는 것이었다. 커다란 위험이 있다는 것은 분명하지만, 포기해야 할 이유는 없다. 난관이 많지만, 넘어서지 못할 것은 없다. 있을 수 있는 난관이 많다 해도, 반드시 겪어야 하는 것은 아니다. 갖가지 두려운 일들이 일어나지 않을 수도 있다. 또 어떤 일들은 조심스럽게 대비하고 적절한 방안을 활용하면 대개 예방할 수 있다. 그리고 모든 일은 하느님의 도움으로 용기와 인내로써 참아 내거나 넘어설 수 있다. 그런 시도를 감행하는 데는 분명히 적절한 근거와 이유가 있어야 하며, 호기심이나 이기심 때문에 경솔하거나 경박하게 시도하는 사람들처럼 움직이지는 말아야 한다. 그러나 상황은 예사롭지 않았고, 목적은 선량하고 고귀했으며, 소명은 합당하고 긴급했다. 그러므로 이주를 추진하면서 하느님의 축복을 기대할 수 있었다. 혹시 이주하는 과정에서 목숨을 잃는다 해도 하느님의 축복에서 위안을 얻을 수 있고, 고귀한 노력에 대해 평가를 받을 것이다. 여기서[네덜란드에서]는 망명객처럼 어려운 상황 속에서 살았고, 여기 남아 있으면 커다란 불행이 닥쳐올지도 모른다. [스페인과 네덜란드 사이에 있었던] 12년간의 휴전이 이제 끝났고, 북을 치며 전쟁을 준비하는 일이 벌어질 수 있다. 그러면 사태는 예측할 수 없게 된다. 스페인 사람들이 아메리카의 야만인만큼이나 잔인할지도 모르고, 기근과 질병이 여기서도 거기만큼 지독할지도 모르며, 대책을 강구할 수 있는 자유를 잃을지도 모른다.

그 외에 여러 가지 구체적인 문제를 놓고 양측에서 논쟁을 벌인 끝에, 다수가 이주 계획을 실천에 옮기고 최선의 방안에 따라 추진한다는 데 적극적으로 찬성했다.[31]

---

31 William Bradford, *Of Plymouth Plantation, 1620–1647*, ed. by Samuel Eliot Morison (New York: Knopf, 1963), 27.

따라서 필그림들은 언젠가 영국으로 되돌아간다고 생각하지 않고 북미 대륙에 뿌리를 박고 살고자 했다. 그렇기 때문에 버지니아 컴퍼니와 접촉해서 회사의 지원 아래 식민지를 개척하기로 약속하면서 대개 가족 단위로 이주했다. 이는 메이플라워 승객 102명 가운데 남자가 73명이고 여자가 29명이었다는 사실에서도 나타난다. 그들은 널리 알려져 있듯이 1620년 11월 케이프 코드Cape Cod에 도착한 뒤에 원주민이 가져다준 식량으로 첫해 겨울을 넘겼고, 다음 해에는 역시 원주민의 도움으로 옥수수를 기르며 물고기를 잡아먹고살 수 있었다. 그 해 늦가을 그들은 원주민을 초대해서 축제를 열고 첫해를 넘긴 데 대해 신에게 감사했고, 이는 나중에 추수감사절의 기원이 되었다. 그리고 얼마 지나지 않아 곡물과 생선 이외에 모피와 목재도 확보해서 경제적 안정을 달성할 수 있었다.[32]

필그림의 성공적인 정착은 종교적 박해에 시달리던 다른 영국인들에게 영감을 주었다. 그중에는 필그림과 마찬가지로 장 칼뱅의 가르침을 받아들인 청교도들이 있었다. 그들은 구원이란 인간이 하는 성사나 공덕에 따라 좌우되는 것이 아니라 오로지 하느님의 은총에 따라 결정된다고, 그래서 성직이나 제례를 줄이고 성경을 읽고 올바르게 살며 하느님의 계시를 기다려야 한다고, 그렇게 굳게 믿었다. 그러나 필그림과 달리, 그들은 영국교회에서 분리해 나오려고 하지 않았다. 영국교회의 개혁 가능성에 기대를 걸고 있었다. 그래도 1625년 찰스 1세가 국왕으로 등극한 이후에 가톨릭교회에 대해 우호적인 태도를 보이자, 청교도들은 희망을 버리기 시작했다. 그들은 북미대륙으로 눈을 돌렸고, 1630-40년간에 무려 80,000명이 참여하는 "대이주"Great Migration를 감행했다. 그 가운데서 20,000명이 보스턴을 중심으로 정착하며 매서추세츠를 건설했고, 결국에는 플리머스를 흡수했다. 그들에 대해서는

---

32 John Demos, *A Little Commonwealth: Family Life in Plymouth Colony* (New York: Oxford Univ. Pr., 1970).

다음 장에서 자세하게 살펴본다.

다른 신앙을 지닌 사람들도 뒤따랐다. 아일랜드 귀족 조지 캘버트George Calvert는 가톨릭교도들이 자유롭게 신앙생활을 할 수 있는 지역을 마련하기 위해, 또 이전에 식민 사업에 실패하며 잃어버린 부를 만회하기 위해 오늘날의 메릴랜드에서 새로운 식민지를 개척하고자 했다. 1632년 그가 죽은 직후 국왕 찰스 1세가 그의 아들에게 메릴랜드를 봉건 영지로 하사했고, 그래서 그의 희망이 실현될 수 있었다. 아들 세실 캘버트Cecil Calvert는 가톨릭교도뿐 아니라 다른 소수 교파도 보호하는 정책을 견지했고, 1649년에는 처음으로 종교적 관용에 관한 법률을 제정하기도 했다. 또 1681년에는 퀘이커교도인 윌리엄 펜William Penn이 아버지가 국왕 찰스 2세에게 빌려준 돈 대신에 오늘날의 펜실베이니아를 봉건 영지로 받았고, 그것을 퀘이커 교도 이외에 다른 교파에도 개방하여 사실상 종교의 자유를 보장했다. 따라서 펜실베이니아는 메릴랜드와 함께 다양한 종교인들이 모여드는 지역으로 자리 잡았다. 더욱이 이들 지역은 플리머스와 마찬가지로 가족 단위로 정착하는 이주민을 많이 받아들였기에 버지니아 이남보다 빨리 사회적 안정에 도달할 수 있었다.

그러나 종교적 동기는 흔히 경제적 동기와 얽혀 있었다. 메릴랜드와 펜실베이니아는 이주민을 끌어들이기 위해 일찍부터 관대한 토지 정책을 견지했다. 메릴랜드는 신분을 가리지 않고 모든 이주민에게 일인당 50 에이커를 나눠 주었다. 그것은 20 ha, 또는 대략 6만 평에 해당하는 넓은 땅이다. 또 펜실베이니아는 영주에게 바치는 부역 대신 약간의 세금을 내야 한다는 조건을 붙여 이주민에게 가구당 500 에이커를 나누어 주었다. 이런 정책은 대단한 매력을 지니고 있었다. 토머스 모어가 『유토피아』에서 개탄했던 것처럼, 근대 영국에서는 양을 기르기 위해 토지에 울타리를 치고 농민을 쫓아내는 일이 계속되는 반면에 농토를 잃고 떠돌아다니는 농민이 "과잉인구"로 여겨졌으니 말이다. 따라서 메릴랜드와 펜실베이니아도 종교적 동기에 못지않게 경제적

동기 덕분에 성장했다고 할 수 있다.[33]

5. 이주민의 정체성

관대한 토지 정책은 사실 제임스타운에서 시작되었다. 담배가 수출 품목으로 떠오르자 그것을 경작할 노동력이 필요하게 되었지만, 스페인 식민지와 달리 원주민 노동력을 충분히 확보할 수 없었다. 그래서 버지니아 컴퍼니는 부랑자와 범죄자를 붙잡아서 북미대륙으로 보내기도 했다. 그 위에 1616년에는 제임스타운으로 이주하는 성인 남성에게 50 에이커씩 토지를 배분하는 정책을 도입했다. 그렇지만 인두권 제도headright system라 불리는 이 정책에도 불구하고, 가난한 사람들은 북미대륙까지 가는 데 드는 여비 부담 때문에 이주에 나설 수 없었다. 그런 사람들을 끌어들이기 위해, 버지니아는 계약 하인제도indenture를 도입했다. 이 제도에 따르면 이주민은 여비를 부담하는 주인을 위해 4-5년 정도 하인으로 봉사한 다음에 자유를 얻을 수 있었다. 나중에 영국 식민지 전체로 확산된 이들 제도는 결국 무일푼이라 해도 일을 하려는 의지와 능력만 있다면 누구나 북미대륙으로 이주할 수 있도록 길을 열어 주었다. 실제로 이주민은 17세기 말까지 약 100년 동안 53만 명에 이르렀다.[34] 이는 앞에서 살펴본 스페인과 선명하게 대비되는 양상이다.

인두권 제도와 계약 하인제도는 미국 이민정책의 초석이라 할 수 있다. 이들 제도는 나중에 사라졌으나, 그 전제에 있던 신념이, 이주민을 끌어들임으로써 성장을 이룩할 수 있다는 신념이, 결국 이민정책의 기조로 자리 잡았

---

33 John E. Pomfret, *Founding the American Colonies, 1583-1660* (New York: Harper & Row, 1970); Stanley N. Katz and John M. Murrin, eds. *Colonial America: Essays in Politics and Social Development*, 3rd ed. (New York: Knopf, 1983).

34 Elliott, *Empires of the Atlantic World*, 56.

으니 말이다. 그런 정책이 얼마나 커다란 효과를 지니고 있었는지는 17세기 이주민의 숫자뿐 아니라 식민지의 팽창에서도 드러난다. 그것이 버지니아에서 다른 식민지로 확산됨에 따라, 영국 식민지들은 얼마 지나지 않아 토지 부족에 시달리게 되었다. 정확하게 말하면 쉽게 접근할 수 있고 당장 경작할 수 있는 농토의 부족에 시달리게 되었다. 그러자 이주민은 흔히 당국의 허가도 받지 않은 채 인근의 토지를 점령하기 시작했다. 심지어 정치적 경계선도 무시하며 그렇게 했다. 그들은 특히 오늘날의 코네티커트에서 뉴저지까지 이르는 뉴네덜란드Nieuw-Nederland에 깊숙이 파고 들어갔다. 이 네덜란드 식민지는 1609년 네덜란드 동인도회사가 영국인 헨리 허드슨Henry Hudson의 탐험을 통해 확보했지만, 겨우 교역 거점을 수립했을 뿐이고 식민 사업을 추진하지는 못했다. 1629년에는 몇몇 유력자들에게 광대한 지역을 분배하는 퍼트룬patroon 제도를 수립하고 식민 사업을 추진하기 시작했다. 그래도 실제로 토지를 점유하고 경작하는 이주민을 끌어들이는 데 뚜렷한 성과를 거두지는 못했다. 영국 식민지의 이주민은 그런 상황을 이용해 무단 점유를 자행했다. 따라서 뉴네덜란드는 점차 영국계 이주민들에게 점령당하게 되었고, 영국이 네덜란드와의 패권 경쟁에서 승리하자 1674년 영국 식민지로 흡수되었다. 그 결과, 영국은 오늘날의 메인에서 사우스캐롤라이나에 이르는 지역을 모두 장악할 수 있었다. 이런 뜻에서 인두권 제도와 계약 하인제도로 집약되는 이민정책은 미국의 발전을 설명하는 하나의 관건이 된다.

그처럼 효과적인 정책 덕분에 영국의 평민 가운데서 중간층뿐 아니라 하층도 북미대륙으로 이주할 수 있었는데, 그들은 스페인 이주민과 다른 목표를 갖고 있었다. 무엇보다 일확천금을 꿈꾸지 않았다. 그 대신, 북미대륙에서 얻은 땅을 갖고 열심히 일하며 먹고사는 데 어려움을 겪지 않는 생활을 기대했다. 그것은 사실 17세기에 많은 영국인들이 지니던 소박한 이상이었다. 생계를 위해 남에게 머리를 숙이지 않아도 될 만큼 땅을 가진 자영농으로서, 성실한 노력으로 안락한 생활을 누리며 자녀에게 적절한 교육을 시키고 나중에는 약간의 재산을 물려준다는 것이었다. 이처럼 경제적 자립을 누리며 여유 있는 생활을 꾸리는 것을 당대 영국인들은 "능력"competency이라는 단어로 줄여서 표현했는데, 그것은 현실적인 이상이었다. 한편에서는 많은 사람들이 대지주에게 토지를 빼앗기고 있었지만, 다른 한편에서는 적잖은 사람들이 대지주로부터 토지를 빌려 부농으로 일어서기도 했으니 말이다. 그에 비하면 토지가 풍부하고 비옥한 북미대륙에서 "능력"은 이상이 아니라, 노력만 하면 누구나 갖출 수 있는 미덕이었다. 그것의 실현을 가능하게 만들어준 여건은 관대한 토지 정책에 있었다.[35]

그렇지만 실현을 가능하게 만들어 준 동인은 이주민에게서 나왔다. 근대 초기에 영국인들은 토지의 "개량"improvement을 위해 많은 노력을 기울였다. 그들의 노력은 양을 길러 양모를 얻기 위해 토지에 울타리를 치는 데 그치지 않고, 농사에 필요한 물을 끌어들이는 관개시설을 짓거나 물이 너무 많으면 빼어 내는 배수 시설을 짓는 데도 이르렀다. 또 농기구나 농작물을 움직이기 쉽도록 도로나 운하를 건설하기도 했다. 그 외에 지력 회복을 위해 2~3년에 한 번씩 놀리던 농토에 콩이나 클로버, 또는 사탕무 같은 작물을 심어 지력 회복을 돕는 동시에 사료 생산과 가축 사육을 늘리기도 했다. 바꿔 말해, 근대 초기의 영국인들은 토지 생산성을 높이기 위해 다양한 관심과 노력을 기울였다고 할 수 있다.

그런 관심과 노력의 원천은 자연에 대한 새로운 관념에서 찾을 수 있다. 유럽인들은 흔히 "암흑시대"라 불리던 중세에도 쟁기와 물레방아를 개량하는 등, 기술을 발전시키며 자연을 활용하는 데 적잖은 관심과 노력을 기울였다. 이는 물론 인간이 만물의 영장이며 자연은 인간이 이용할 수 있는 자원이라는 관념, 기독교 성경에서도 확인할 수 있는 저 고래의 관념에 토대를 두

---

35 Daniel Vickers, *Farmers and Fishermen: Two Centuries of Work in Essex County, Massachusetts, 1630-1850* (Chapel Hill: Univ. of North Carolina Pr., 1994), 14-23.

고 있었다. 그렇지만 농토가 지력을 유지할 수 있도록 해마다 3분의 1에 해당하는 면적에 아무것도 심지 않고 그냥 놀리던 그들의 관습에서 드러나듯이, 중세 유럽인들은 생태계의 제약에서 크게 벗어나지 못하는 수준에 머물러 있었다. 반면에 근대 유럽인들은 대포와 범선을 개량하고 기계식 시계를 제작하면서, 인간이 자연에 숨어 있는 비밀을 알아낼 수 있고 또 그것을 가지고 인간의 필요에 따라 자연을 이용할 수 있다고 생각하기 시작했다.[36] 더욱이, 콜럼버스와 베스푸치 덕분에 종래에는 없는 것으로 알려져 있던 새로운 땅덩어리를 "발견"했다고 생각하고, 중세로부터 물려받은 지식은 물론이요 인문주의자들이 열렬히 찬양하던 고전 고대의 권위에 대해서도 회의를 갖기 시작했다. 이제 그들은 선조들이 남겨 놓은 책 속에 진리가 들어 있는지 의심하게 되었다. 그 대신, 자신들이 스스로 자연을 관찰하고 올바른 사실을 파악하며 그것을 토대로 진리에 도달할 수 있다고 믿었다.

그 새로운 사조는 영국에서 뚜렷하게 형성되었는데, 그 중심에는 저 유명한 경험주의 철학자 프랜시스 베이컨Francis Bacon이 있었다. 17세기 초 제임스 1세 치하에서, 그는 재상으로서 강력한 왕권을 옹호하는 반면에 그에 저항하던 의회에서 심각한 비판과 비난을 감수하며 불행한 세월을 보내야 했다. 그렇지만 철학자로서는 깊은 통찰력과 넓은 설득력을 발휘했다. 잘 알려져 있듯이, 그가 도입한 귀납적 방법론은 고전 고대로부터 존중되었던 연역적 추론의 대안이었다. 바꿔 말하면, 그것은 중세 철학을 지배했던 연역적 방법을 비판하는 동시에 그 근거로 존중되었던 기존 권위를 거부하고, 그 대신에 인간이 감각에 의지해 관찰과 실험을 수행하고 정확한 사실을 파악하며

---

36 Lynn White, Jr., *Medieval Technology and Social Change* (1962; London: Oxford Univ. Pr., 1975); Pamela O. Long, *Openness, Secrecy, and Authorship: Technical Arts and the Culture of Knowledge from Antiquity to the Renaissance* (Baltimore: Johns Hopkins Univ. Pr., 2001); 카를로 치폴라, 『대포, 범선, 제국』, 최파일 역 (미지북스, 2010); 카를로 치폴라, 『시계와 문명』, 최파일 역 (미지북스, 2013).

이성에 의지해 진리를 발견할 수 있다는 주장이었다. 더욱이, 베이컨은 그렇게 해서 발견된 진리가 인간이 생존과 행복을 위해 자연을 효과적으로 이용하는 데 활용될 수 있다고 역설했다. 특히, 유럽인들이 중국에서 화약, 나침반, 인쇄술 같은 기술을 들여와서는 그것을 개량해 대포와 대양 항해, 그리고 활판 인쇄술에 활용했던 사례에 주의를 환기하면서, 과학적 탐구를 통해 자연의 원리를 파악하고 그것을 이용해 인간의 생활을 개선할 수 있다고 역설했다.[37]

베이컨의 견해는 사실 유럽에서 진행되고 있던 과학혁명의 일환이었지만, 영국의 과학을 대륙과 다른 방향으로, 그러니까 관찰과 실험을 중시하는 경험주의의 방향으로 이끌고 나아가는 계기가 되기도 했다. 실제로, 베이컨은 정치가로서 인기를 누리지 못했으나 철학자로서는 많은 추종자를 거느릴 수 있었다. 그의 추종자들은 대부분 부귀영화를 누리던 귀족이었으나, 그가 주창한 귀납적 방법에 따라 과학적 탐구를 수행하면서 자발적 연구 단체를 만들어 그의 신념을 널리 전파하는 데 많은 노력을 기울였다. 특히, 발표회와 강연회를 자주 열고 정기적으로 간행물을 내놓으며 영국인들 사이에서 과학 정신을 고취하고자 했다. 그리고 전통적으로 귀족이 지녔던 오만한 자세를 버리고, 상인과 변호사, 의사와 성직자를 비롯한 중산층은 물론이요 장인, 직공, 견습공 등, 노동계급에게, 나아가 여성에게도 문호를 개방하고 참여를 독려했다. 그렇게 해서 근대 영국에는 과학 문화라 부를 수 있을 만한 문화가 형성되었다. 더욱이, 그것은 교회로부터 견제를 받지도 않았다. 영국교회는 가톨릭교회와 달리 하느님의 섭리가 자연에서 나타난다고 보고, 자연을 탐구하면 그 섭리를 알아낼 수 있으리라고 믿었다. 그 결과, 근대 영국에서는 경험주의적 과학 문화와 함께 자연을 인간의 필요에 따라 통제하고 나아가 변

---

37 Francis Bacon, *The New Organon*, ed. Lisa Jardine and Michael Silverthorne (Cambridge: Cambridge Univ. Pr., 2008); idem, *The Major Works*, ed. Brian Vickers (Oxford: Oxford Univ. Pr., 2008).

형시킬 수 있다는 관념이 형성되었다.[38]

그런 관념은 존 로크John Locke의 사상에서 한층 더 발전했다. 1689년에 발표된 정부론 가운데 제2편 제5장에서, 로크는 재산이란 하느님이 인간에게 공동으로 부여한 자연에 인간이 노동을 가해 얻어 낸 것이라고 주장한다. 그리고는 제32절에서 재산 가운데 가장 중요한 것이 토지라고 지적하면서, 그것도 같은 방식으로 얻어 내는 것이라고 부연한다. "한 사람이 땅을 갈고 씨를 뿌리며 개량하고 재배하고 또 그 산물을 이용하는 만큼, 그만큼이 그의 재산이다. 공유지에 울타리를 쳐서 땅을 가져가듯이, 사람은 자신의 노동을 통해 토지를 얻는다." 그리고는 그런 노동이 신의 뜻이라고 선언한다. "하느님과 섭리는 인간이 대지를 정복하라고, 즉 생활의 편익을 위해 대지를 개량하고 자신의 노동으로 그 위에 무엇인가 설치하라고 명령하였다."[39] 이런 관념은 앞에서 살펴본 아메리카 원주민의 사고방식과 뚜렷이 대비되는 것으로서, 나중에 자본주의가 발전하는 데 기여하는 문화적 조건의 일환이 된다. 특히, 19세기 초부터는 새로 개발된 기술과 결합되어 자연에 거대한 변화를 일으키는 동력이 된다. 그리고 결국에는 인간에게 자연을 통제하는 능력과 함께 그것을 오염시키고 심지어 파괴하는 결과도 가져다주는 요인이 된다. 이에 관해서는 제2부와 제3부에서 살펴볼 것이다.

그런 "개량" 관념에 비추어 볼 때, 북미대륙은 사람이 살지 않는 황야처

---

38 Peter Dear, *Revolutionizing the Sciences: European Knowledge and Its Ambitions, 1500–1700*, 2nd ed. (Princeton, NJ: Princeton Univ. Pr., 2009); Stephen Shapin, *The Scientific Revolution* (Chicago: Univ. of Chicago Pr., 1996); John Henry, *The Scientific Revolution and the Origins of Modern Science* (New York: St. Martin's, 1997); David Wootton, *The Invention of Science: A New History of the Scientific Revolution* (London: Penguin, 2015).

39 John Locke, *Second Treatise of Government*, Ed. C. B. Macpherson. (1690; Indianapolis, IN: Hackett Publishing, 1980), http://www.gutenberg.org./ebooks/7370 (2015년 2월 2일 접속).

럼 보였다. 이는 물론 사실이 아니라 해석이다. 제임스타운에서도 플리머스에서도 이주민은 초기에 원주민과 우호적 관계를 유지하고자 했고, 식량뿐아니라 토지도 원주민에게 적당한 대가를 치르고 인수하려 했다. 그러나 이주민은 얼마 지나지 않아 원주민이 자연과 재산에 대해 낯선 관념을 지니고있다는 사실을 깨달았고, 영국에서 누리던 것과 같은 재산권을 확보하기 위해서는 달리 접근해야 한다는 결론에 이르렀다. 결국 이주민은 성경을 근거로 삼아 북미대륙을 사람이 돌보지 않는 황야로 취급하는 한편, 로마법의 전통에 따라 그것을 "주인 없는 땅"terra nullius으로 규정하고 스스로 점유하기시작했다. 그에 따라 원주민과 이주민 사이에 마찰이 일어났고, 그것은 자주무력 충돌로 비화했으며, 17세기 중엽에 이르면 원주민에 대한 인식도 악화되었다. 예를 들면, 원주민을 폄하하는 데 흔히 사용되던 savage라는 용어는원래 지니고 있던 "자연 그대로"라는 중립적인 의미를 잃어버리는 변화를 겪었다. 그 대신에 "야만적"이라거나 "잔인하다"는 의미가 더욱 부각되었다. 이제 원주민은 짐승으로, 인간 이하의 존재로 취급되기 시작했다.[40]

그런 관념은 결코 새로운 것이 아니었다. 그것은 앞에서 살펴본 아메리고 베스푸치의 "신세계 서한"에서도 나타난 바 있다. 그 뿌리를 찾자면, 적어도 중세 유럽까지는 거슬러 올라가야 한다. 이미 10세기 중엽부터 대략 4세기 동안에 유럽인들은 개간과 정복을 통해 팽창하는 자세를 취했고, 그 과정에서 자신들을 문명인이자 기독교도로 규정하는 반면에 상대방을 야만인이자 이교도로 간주하는 관념을 갖게 되었다. 이런 관념은 여기서 살펴본 것처럼 근대 초기에 부활, 강화되었다. 그리고 제국주의 시대에 들어가면 비유럽세계를 바라보는 "제국의 시선"으로 확립된다.[41] 이 중요한 역사에 관해서는

---

40 William Cronon, "The Trouble with Wilderness," *Environmental History* 1.1 (1996), 7–28; Francis Jennings, *The Invasion of America: Indians, Colonialism, and the Cant of Conquest* (New York: Norton, 1976), 58–84.

41 Robert Bartlett, *The Making of Europe: Conquest, Colonization and Cultural Change,*

나중에 살펴볼 것이다.

여기서 지적해야 할 것은 17세기 중엽에 이르면 영국 식민지에서도 아메리카와 그 원주민을 식민주의적이고 인종주의적인 시각에서 바라보는 자세가 확립되었다는 사실이다. 위에서 살펴본 근대적 자연관은 사람들 사이에 형성되는 사회적 관계에 대한 인식에도 큰 영향을 끼쳤다. 이미 언급한 바와 같이, 근대 유럽에서 인간은 자연을 이해하고 나아가 통제할 수 있는 능력을 지닌 존재로 간주되었다. 그런데 이 능력은 모든 사람이 평등하게 가졌던 것은 아니다. 그런 능력을 많이 지닌 사람들이 있는가 하면, 그것을 조금 지닌 사람들도 있었다. 근대 영국인들은 거기서 한 걸음 더 나아가 사람들 사이에 인종 질서나 사회질서 같은 위계질서가 있다고, 또 그것도 자연스러운 것이라고 생각하기 시작했다. 그렇지만 이런 생각은 점차 다른 사람들에 대한 관심으로 연장되었고, 나아가 동물이나 식물에 대한 관심으로도 확대되었다. 그것은 결국 인도주의적 심성으로 발전하기도 했다.[42]

그런 지적 변화 속에서, 북미대륙 이주민의 정체성이 형성되었다. 오늘날 아메리카 원주민을 부르는 호칭으로서 일반적으로 통용되는 것은 Indian이다. 이에 관해서는 하나의 일반적인 오해가 있는데, 그것은 Indian이 콜럼버스의 시대에 확립된 용어라는 인식이다. 그러나 옥스퍼드 영어사전은 그것이 사실과 다르다는 점을 말해 준다. 그에 따르면 Indian이 아메리카 원주민을 가리키는 데 쓰인 최초의 사례는 1553년에야 나타난다. 그러니까 콜럼버스의 첫 항해 이후에 60년이 넘어서야 Indian이라는 용어가 자리를 잡기 시작했다고 할 수 있다. 그때쯤에는 아메리카가 인도와 달리 "신세계"라는 사실이 널리 알려져 있었다. 그래도 아메리카 원주민을 가리키는 데 American이라는

950-1350 (Princeton, NJ: Princeton Univ. Pr., 1993); Mary Louise Pratt, *Imperial Eyes: Travel Writing and Transculturation* (London: Routledge, 1992).

42 Keith Thomas, *Man and the Natural World: Changing Attitudes in England, 1500-1800* (London: Penguin, 1983).

단어가 사용된 첫 사례는 그보다 한 세대 늦은 1578년에야 나타난다. 이는 베스푸치의 서한이 유럽 전역에서 관심을 모은 지 70년이 지난 다음이다. 따라서 16세기 말에는 두 용어가 혼용되었다. 그러다가 17세기 중엽에 오면 용법에 변화가 일어났다. 영국 식민지에 정착한 이주민은 두 용어를 구분해서, 원주민을 가리키는 데 Indian을 주로 쓰는 반면에 American에는 자신들도 포함시키기 시작했다. 그리고 그로부터 한 세기가 흘러 18세기 중엽에 이르면, American이라는 단어는 주로 이주민을 가리키는 데 쓰이고 있었다. 이어서 미국의 독립과 건국에 따라 미국 시민을 가리키는 데만 쓰이게 되었다.[43]

언어상의 변화는 피비린내 나는 전쟁과 함께 진행되었다. 정착 초기에도 유혈 충돌이 우호적 교역 사이에 일어났지만, 1640년대부터는 잔인한 살육전이 지속되었다. 영국 식민지가 발전을 위해 관대한 토지 정책을 수립하고 영국에서 노동력을 적극적으로 수입하자, 이주민과 원주민 사이의 충돌이 불가피했던 것이다. 이제 상대방을 휩쓸어 버리듯이 전멸시키는 전술, 전투에서 죽은 사람의 신체를 훼손하며 증오를 표현하는 야만적인 행동, 살아남은 사람에게 온갖 고통과 모욕을 안겨 주는 잔인한 행위, 이런 일들이 일반적인 패턴으로 자리 잡았다. 역사학자 버나드 베일린Bernard Bailyn이 "야만의 세월"이라 부르던 이 기간은 1670년대에 원주민의 패퇴로 끝났다. 오늘날의 메인에서 사우스캐롤라이나에 이르기까지 대서양 연안에서, 원주민은 인구의 90 %를 잃은 다음에 내륙으로 피신했다.[44] 이제 이주민은 원주민을 인디언으로 규정하며 그들이 남겨 놓은 땅을 차지했다. 더욱이, 그들을 대신해 점차 아메리카인이라는 이름도 얻게 되었다. 18세기 중엽에 이르면 그것은 영국에서 북미대륙 식민지인을 부르는 데, 그리고 식민지인들이 자신들을 부

---

43 "American"; "Indian," *The Compact Edition of the Oxford English Dictionary* (Oxford: Oxford Univ. Pr., 1971).

44 Bernard Bailyn, *The Barbarous Years: The Peopling of British North America: The Conflict of Civilizations, 1600–1675* (New York: Vintage, 2012), 497–529.

르는 데 쓰이고 있었다.[45] 결국, 그것은 그들이 원주민뿐 아니라 유럽인도 대상으로 삼고, 바꿔 말하면 세상을 향해, 자신의 정체성을 선포하는 어법이었다. 그렇게 해서 영국계 이주민은 원주민에게서 아메리카의 주인이라는 자리를 빼앗고 아메리카의 역사에서 주역이 되었다.

그런 변화가 북미대륙의 영국 식민지에서 일어난 이유는 어디에 있을까? 어째서 영국 식민지에서만 굴러온 돌이 박힌 돌을 밀어내고 그 자리를 차지하게 되었을까? 어째서 오늘날에도 미국인들이 스스로 아메리카인이라 부르며 대륙 명칭을 홀로 차지하는 반면에, 캐나다인이나 멕시코인, 또는 브라질인들은 그 대신에 국가 명칭을 쓰게 되었을까? 이는 잘라서 답하기 어려운 의문이다. 그래도 분명한 것은 중남미대륙의 스페인 식민지에서는 사정이 달랐다는 점이다. 스페인에서 건너간 정착민은 처음부터 정복자요 지배자로서 원주민으로부터 공물과 부역을 착취했다. 말하자면 처음부터 주인 행세를 했다고 할 수 있다. 그러나 영국에서 건너간 이주민은 그렇게 하지 못했다. 그들은 금은보화를 찾아내지 못하고 농산물 생산에 주력했으나, 원주민 노동력을 활용하지는 못했다. 원주민은 중남미대륙에 비해 인구가 적었던 데다가, 질병을 이기는 면역력이나 고된 노동과 예속 상태를 견디는 자세를 갖추지 못했다. 따라서 이주민은 원주민과 거리를 두고 살았다. 그렇지만 17세기 중엽부터는 그렇게 하기가 어려워졌다. 영국 식민지는 성장을 위해 많은 노동력을 확보하고자 했고, 거기에 필요한 토지를 확보하기 위해 원주민과 충돌하게 되었다. 그것이 원주민을 제거하거나 추방하는 처참한 전쟁과 인식의 변화로 연결되었다고 할 수 있다.

그에 못지않게 중요한 것은 스스로 아메리카인이라 생각하는 영국계 이주민의 정체성이 영국과 식민지 사이의 관계가 발전하는 과정에서 중요한 의

---

45 그런 용례 가운데 가장 유명한 것은 다음 문헌에서 볼 수 있다. J. Hector St. John de Crèvecoeur, *Letters from an American Farmer and Sketches of 18th-Century America*, ed. Albert E. Stone (New York: Penguin, 1981), 66-105.

미를 지녔다는 점이다. 이미 지적한 바와 같이, 아메리카인이라는 명칭은 원주민뿐 아니라 유럽인도 대상으로 사용하는 어법이었다. 유럽인 가운데서도 영국인을 대상으로 삼고 자신들을 가리켜 아메리카인이라 부른다는 것은 얼핏 보기에 특별한 의미를 지니는 것 같지 않다. 근대 초기에도 영국인들은 자신들을 영국인으로 여기는 대신에 켄트Kent나 에섹스Essex 등, 특정 지방의 주민으로 여겼으니 말이다. 그와 마찬가지로, 북미대륙으로 이주한 영국인들도 처음에는 자신들이 영국의 일부 지방에 거주하는 주민이라 생각했다. 그러나 위에서 살펴본 것처럼 18세기 중엽까지 아메리카인이라는 정체성이 대두함에 따라, 영국과 식민지의 관계에서 쉽게 풀리지 않는 까다로운 문제가 나타났다.

그것은 식민지의 복잡한 위상과 깊이 연관되어 있었다. 아메리카에 건설된 유럽 식민지는 위에서 살펴본 바와 같이 스페인의 것이든 영국의 것이든 모두 정복과 식민의 소산이었다. 그래도 스페인 식민지에서 정복이라는 측면이 부각되었던 반면에, 영국 식민지에서는 식민이라는 측면이 중시되었다고 할 수 있다. 사실 전자는 군주가 관장하는 정복 사업의 연장이었으나, 후자는 상인들이 주도하는 개척 사업의 일환이었다. 그에 따라 스페인 식민지는 군주가 직접 통치하는 종속국가로 간주되었고, 그 주민도 군주의 신민과 달리 열등한 지위와 제한된 권리를 지니는 속민으로 취급되었다. 반면에 영국 식민지는 모두 군주의 관할권 아래에 있으면서도 법률상으로는 모호한 지위를 지녔다. 다음 장에서 살펴보듯이 일부는 상인들이 수립한 기업이었고, 다른 일부는 봉건 영주가 지배하는 영지였으며, 또 다른 일부는 군주가 직접 통치하는 왕령 식민지였다.

그렇지만 그 주민은 이미 살펴보았듯이 17세기 중엽부터 자신들을 아메리카라는 해외 영토에 거주하는 영국인으로 보기 시작했고, 점차 영국인 가운데서도 아메리카인이라는 정체성을 확립했다. 그에 따라 영국 식민지의 법률도 다양한 지방의 관습법에서 영국 전역에서 존중되는 보통법으로 서서히 대체되기도 했다. 바꿔 말하면, 18세기에는 식민지 주민이 보통법을 근거로 삼아 영국인으로서 지니는 지위와 권리를 주장하기 시작했다고 할 수 있다. 그러나 그 시기에 영국은 광대한 규모로 확장된 해외 영토를 식민지로 규정하고 그 종속적 지위를 확립하며 면밀하게 통제하는 데 관심과 노력을 기울였다. 더욱이, 거기에 필요한 권력을 포함해 영국 전체를 통제하는 최고 권력, 즉 주권을 놓고, 군주와 의회가 지속적 갈등을 벌였다. 이 이야기는 이어지는 여러 장에서 다룰 것이다. 지금 여기서 말하고자 하는 것은 그 복잡한 이야기를 따라가기 위해서는 영국 식민지의 서투르고 엉성한 개척 과정과 거기서 형성되는 흥미로운 주민의 정체성을 잊지 말아야 한다는 점이다.[46]

이렇게 해서 우리는 미국 문명이 발전하는 무대와 거기서 주역이 바뀌는 과정을 살펴보았다. 그 과정은 한마디로 줄여 미국 문명이 원주민과 이주민 사이의 야만적 갈등 속에서 태동했다고 할 수 있다. 그것 자체는 특이한 현상이 아니다. 문명은 흔히 사회집단 사이의 갈등에서 유래하기 때문이다. 북미 대륙에서 주목을 끄는 것은 원주민과 이주민이 접촉하는 변경 지대에서 그런 갈등이 지속되면서 문명에 내재하는 현상으로 정착했다는 사실이다.

변경 지대가 중요한 의미를 지닌다는 점은 오래전에 역사학자 프레드릭 잭슨 터너Frederick Jackson Turner가 역설한 바 있는데, 그에 따르면 미국을 특징짓는 민주주의는 변경 지대에서 형성되는 개인주의와 평등주의에 토대를 두고 있다고 한다. 그의 주장은 20세기 전반기 미국 역사학계에 커다란 영향을 끼쳤으나, 오늘날에는 받아들이는 학자가 거의 없다. 학자들은 그 대신에 변경 지대의 폭력에 관심을 기울인다. 이미 문화비평가 리차드 슬로트킨Richard

---

46 Anthony Pagden, "Law, Colonization, Legitimation, and the European Background"; James A. Henretta, "Magistrates, Common Law Lawyers, and Legislators: Three Legal Systems in British America," in *The Cambridge History of Law in America*, Vol. 1: *Early America, 1580–1815*, ed. Michael Grossberg and Christopher Tomlins (Cambridge: Cambridge Univ. Pr., 2008), 1–31, 555–592.

Slotkin이 지적한 것처럼, 변경 지대에서는 19세기 중엽까지 이주민이 원주민에게 폭력을 행사하며 토지를 장악하고 경제성장을 추구했고, 그 과정에서 폭력은 성장과 재생에 수반되는 고통으로 여겨지면서 미국 문화의 일부로 자리 잡았다.[47]

　필자는 폭력이 미국 문명에서 중요한 의미를 띤다는 데 동의하지만, 그 유래가 변경 지대에 국한된다고 생각하지는 않는다. 그것은 또한 노예제, 즉 본질적으로 폭력을 통해 자유를 박탈하고 노동을 착취하는 제도에 내재하는 현상이었다. 그런 제도가 19세기 중엽까지 미국 문명의 발전에 동력을 제공했고 그 이후에도 사라지지 않는 유산을 남겼으므로, 폭력은 미국 문명의 태동과 함께 발전에도 중요한 의미를 지닌다고 할 수 있다. 이에 관해서는 앞으로 상세하게 언급할 것이다.

---

47 Frederick Jackson Turner, *Rereading Frederick Jackson Turner: "The Significance of the Frontier in American History" and Other Essays* (New York: Holt, 1994); Richard Slotkin, *Regeneration through Violence: The Mythology of the American Frontier, 1600－1860* (Middletown, CT: Wesleyan Univ. Pr., 1973). 또한 다음 문헌도 보라. Jill Lepore, *The Name of War: King Philip's War and the Origins of American Identity* (New York: Vintage, 1999); Ned Blackhawk, *Violence over the Land: Indians and Empires in the Early American West* (Cambridge, MA: Harvard Univ. Pr., 2006).

제3장

식민지 사회

미국 문명이 식민지 개척기부터 형성되기 시작했다는 것은 설명할 필요가 없
는 사실이다. 그렇지만 미국 문명의 발전 과정을 포괄적으로 해명하는 다양
한 시도에서 식민지 개척기가 경시되는 것도 부인하기 어려운 사실이다. 이는
그런 시도 가운데 가장 주목을 끄는 정치학자 루이스 하츠Louis Hartz의 저술
『미국의 자유주의 전통』에서 분명하게 나타난다.[1]

　　그 책은 미국 문명에 관한 오랜 논의를 배경으로 삼는다. 미국 문명이 유
럽 문명과 다른 특징을 지닌다는 것은 오래전부터 알려져 있었다. 물론, 처음
에는 사실 대신에 편견이 우세했다. 18세기 계몽사상가들은 아메리카가 문
명에 이르지 못한 상태에 있다고 여겼고, 그래서 유럽의 생물이나 문물이 아
메리카에 가면 크기가 줄어들고 기능이 쇠퇴하는 등, 퇴화한다고 생각했다.

1　Louis Hartz, *The Liberal Tradition in America* (New York : Harcourt, Brace & World, 1955).

그렇지만 19세기에 와서는 그런 편견이 점차 설득력을 잃는 반면에 사실에 가까운 견해가 주목을 끌기 시작했다. 1830년대에는 알렉시스 드 토크빌Alexis de Tocqueville이 민주주의가 유럽보다 앞서 미국에서 크게 발전했다는 사실에 주의를 환기했다. 또 20세기 초에는 막스 베버가 미국에서 자본주의 정신이 가장 높은 수준으로 발전했다고 주장했고, 베르너 좀바르트Werner Sombart가 미국에는 사회주의가 없다고 하면서 그 이유를 탐구했다. 그리고 제1차 세계대전이 끝난 다음에는 유럽 국가들이 전쟁을 승리로 이끈 미국의 막강한 생산력을 따라잡기 위해 생산체제를 개선하는 데 관심을 기울였다.[2]

그런 다양한 견해를 통합해 미국의 발전 과정에 대한 포괄적 해석을 제시한 것이 1955년에 발간된 하츠의 『미국의 자유주의 전통』이다. 그는 무엇보다도 개인과 재산을 중시하는 고전적 자유주의가 건국 이래 미국 사회를 풍미했다고 주장했다. 미국은 유럽에 비하면 봉건제 단계를 뛰어넘어 출발했고, 그래서 유럽과 달리 많은 재산과 높은 위신을 누리는 귀족이 없을 뿐 아니라 늘 빈곤과 억압에 시달리는 소농도 없이 발전했다. 그 대신에 미국 사회를 지배한 것은 자영농과 소상인, 그리고 장인들, 바꿔 말하면 신분상 자유를 누리며 토지를 비롯해 약간의 재산을 지닌 시민이었다. 이런 보통 사람들은 유럽에서 쁘띠 부르주아지라 불렸으나, 미국에서는 너무나 흔한 존재였기에 그렇게 불리지 않았다. 미국인들은 너나 할 것 없이 자유와 재산을 바탕으로 열심히 일하고 여유를 즐기는 기업가처럼 살았고, 또 빈곤과 억압이 만연한 사회에서 대두하는 사회주의에도 관심을 기울이지 않았기 때문이다.

---

2 Alexis de Tocqueville, *Democracy in America*, ed. J. P. Mayer and trans. by George Lawrence (Garden City, NY: Doubleday, 1969); Max Weber, *The Protestant Ethic and The Spirit of Capitalism*, trans. Talcott Parsons (Los Angeles: Roxbury, 1966); Werner Sombart, *Why Is There No Socialism in the United States?* trans. Patricia M. Hocking and C. T. Husbands (White Plains, NY: Sharpe, 1976); Mary Nolan, *Visions of Modernity: American Business and the Modernization of Germany* (New York: Oxford Univ. Pr., 1994).

바꿔 말하면, 미국은 처음부터 자유주의와 자본주의가 지배하는 사회였다는 것이다.

하츠의 견해는 20세기 말에 다양한 비판에 시달렸지만, 아직도 상당한 영향력을 지닌다. 역사학자들은 무엇보다도 미국의 자유주의가 오랜 기간에 걸쳐 점진적으로 확산되었고, 또 단일한 사조가 아니라 때로는 서로 충돌하기도 하는 다양한 조류였다는 사실을 밝혀내었다. 그렇지만 그들은 새로운 연구 성과를 미국사 전반에 대한 종합적 해석으로 통합하지 못했고, 아직 하츠의 거대 담론에 대한 대안도 제시하지 못했다. 따라서 그의 견해는 다시 면밀하게 검토할 필요가 있다.

제3장에서는 미국이 봉건제 단계를 뛰어넘어 출발했다는 명제를 검토한다. 특히, 하츠가 경시하는 식민지 사회의 형성 과정에 주목한다. 그는 봉건제가 이식되지 않았다는 사실을 강조하는 반면에 그 이유를 천착하지 않는다. 그러나 필자가 보기에는 봉건제의 이식이 실패하는 과정에서 미국 문명의 기본적 특징이 분명하게 나타난다. 그렇기 때문에 식민지 사회의 형성 과정은 깊이 있게 탐구해 볼 필요가 있다.

1. 노예제 사회의 형성

유럽 문명이 북미대륙에 이식, 변형되는 양상은 버지니아에 수립된 특이한 정치체제와 사회구조에서 먼저 나타나기 시작했다. 제임스타운이 담배 수출로 성장 동력을 확보하자, 이는 식민지 개척을 기획한 버지니아 컴퍼니도 또 식민지 개척을 실행한 이주민도 기대하지 않은 결과를 가져왔다. 아메리카에서는 영국에서 가져온 제도와 문화를 바꾸지 않을 수 없었고, 결국에는 영국과 다른 생활방식을 만들어내기에 이르렀다. 그 결과는 "신세계"의 자연환경에 맞추어 형성된 물질생활, 영국과 외형상 유사하면서도 실제로는 그와 상이한 방식으로 운영된 정치체제, 그리고 영국과 달리 노예제를 토대로 형성된 사회구조에서 뚜렷하게 나타났다.

미국 문명의 특징적 양상은 1618-19년간에 있었던 몇몇 중요한 조치에서 시작되었다. 담배 수출이 늘어나자, 가장 큰 문제로 대두한 것은 노동력 부족이었다. 그 해결책은 1618년 11월 버지니아 컴퍼니가 새로운 총독 조지 이어들리George Yeardley를 임명, 파견하면서 함께 보낸 상세한 훈령에 들어 있었다. 그것은 이미 소개한 바와 같이 인두권 제도를 도입하고 여비를 스스로 지불하는 이주민에게 일인당 50 에이커의 토지를 나누어 주는 조치였다. 그리고 여비를 회사가 부담해서 이주한 주민 가운데서 계약대로 노역을 이행한 다음에도 버지니아에 남아 있는 사람에게는 일인당 100 에이커씩 나누어 주는 정책도 있었다. 게다가 그런 사람이 여비를 지불하고 새로 이주민을 데려오면 거기에 대해서도 일인당 50 에이커씩 나누어 주는 조치도 있었다. 이 제도는 분명히 근대적 성격을 띠고 있다. 왜냐하면 그렇게 토지를 할당받은 사람들은 매년 1 실링—오늘날로 치면 대략 12 파운드에 해당하는 명목상의 금액—을 일종의 지대로 내는 대신에 토지를 자신의 뜻대로 이용할 수 있고, 또 상속인이나 수탁인에게 양도할 수도 있었기 때문이다. 인두권 제도는 버지니아의 인구 증가와 경제발전에 크게 기여했고, 그래서 이미 언급한 것처럼 버지니아를 넘어 다른 여러 식민지로 확산되었다.

그러나 버지니아에는 근대사회에서 찾아보기 어려운 요소도 있었다. 여비를 회사가 부담해서 이주한 사람들은 계약 하인indentured servant으로서 7년 동안 회사를 위해 노역을 이행해야 했다. 그들은 중세의 농노와 마찬가지로 노역에 종사하는 기간에는 거주지를 옮기지 못하고 회사가 지정한 지역에서 머물러야 했다. 더욱이, 중세 말기의 소작인처럼 노역의 결과로 수확한 농산물 가운데 절반을 회사에 납부해야 했다. 이는 이주민이 버지니아 컴퍼니와 체결한 고용계약에 따라 지켜야 하는 의무였다. 적어도 고용계약이 효력을 지니고 있는 동안, 그들은 거주 이전의 자유를 누리지 못했다. 그 외에 이주민은 정착지 부근에 있는 회사의 공동 목초지에서 소나 말이 풀을 뜯어먹게 할 수 있었다. 중세 장원의 농노처럼 공동 목초지를 이용하는 권리를 지녔기 때문이다. 따라서 개척기의 버지니아 정착지에 형성된 공간의 구조나 거기서 살아가는 농민의 모습은 중세 유럽의 장원을 연상케 한다.[3] 영국에 남아 있던 봉건적 예속관계의 잔재가 북미대륙 식민지로 이식되었던 것이다.

그래도 버지니아 이주민은 중세 농노와 다른 존재였다. 그들은 농노와 달리 인신의 자유를 지녔다. 계약 하인조차도 고용계약이 끝나면 자유인이 되었다. 게다가 그들은 회사가 유인책으로 제공하는 토지를 가졌다. 그것은 사실상 자유롭게 처분할 수 있는 소유지였으므로, 이주민은 근대적 농민이었던 셈이다. 더욱이, 그들은 봉건 영주의 통치권에서 벗어나 있었다. 중세 유럽에서는, 봉건 영주들이 자신의 영지에서 일어나는 사건에 대해 조사하고 판결을 내리는 권한을 비롯한 사법권을 쥐고 있었다. 그것은 그들이 누리던 통치권 가운데 핵심적 부분이었다. 반면에 버지니아의 이주민은 이미 영국에서 확립되어 있던 군주의 통치권 아래서 살고 있었다. 한마디로 줄이면, 이미 영국에서 허물어진 봉건제는 토지를 제공하며 이민을 유치하는 버지니아에서 뿌리를 내리지 못했다고 할 수 있다.

더욱이, 버지니아에는 영국과 비슷한 정치체제가 수립되었다. 버지니아의 인구는 1619년에도 1,000명이 되지 않았지만, 이주민 가운데서 회사에 대한 노역을 완수하고 자유를 얻은 사람들은 점차 늘어갔다. 이제 그들은 회사가 분배하는 토지를 이용해 경제적 자립을 달성하고 식민지의 운영에 관해 발언권을 주장하기 시작했다. 따라서 이어들리 총독은 일찍부터 시행되었던

---

3 [Virginia Company], Instructions to George Yeardley, November 18, 1618, in *The Three Charters of the Virginia Company of London*, ed. by Samuel M. Bemis (Williamsburg, VA: Virginia 350th Anniversary Celebration Corporation, 1957), 95-108(http://gutenberg.org/files/36181/36181-h/36181-h.htm, 2015년 2월 23일 접속).

사실상의 계엄 체제를 철폐하고 1619년 7월 주민 대표로 구성되는 대의기구를 수립했다. 먼저 회사가 임명하는 유력자들로 자문회의Council를 구성하고 총독의 자문에 응하게 했다. 다음으로 11개 정착지에서 주민이 선출한 대표 22명으로 민의원House of Burgesses을 구성하고 영국의 하원과 같은 역할을 기대했다. 그렇지만 실제로 두 기구는 따로 모이기보다 흔히 함께 모였고, 그래서 주민총회General Assembly라 불리기도 했다. 구성이나 기능이 크게 다르지 않았기 때문이다. 버지니아에서는 그런 기구에 선임된 유력자들이 다른 이주민과 뚜렷이 구분될 만큼 사회계층이 충분히 분화되지 않았다. 더욱이 영국과 달리 귀족이 없었고, 따라서 자문회의를 영국 상원처럼 귀족으로 구성할 수도 없었다. 그래도 새로 수립된 대의기구는 버지니아에 필요한 법률을 제정하고 세금을 부과하는 권한을 갖고 있었다. 특히 민의원은 얼마 지나지 않아 주민의 의사를 대변하며 과세권을 장악하고 그것을 통해 총독을 견제하는 기능을 확보했다.

그런 기능을 가진 대의기구는 점차 버지니아 정치체제의 근간으로 자리잡았다. 우선 그것은 버지니아의 제도적 위상이 바뀌었는데도 살아남았다. 1624년 국왕은 버지니아 컴퍼니에 교부되었던 칙허장勅許狀을 철회하고 회사를 해산하는 조치를 취했다. 그 배경에는 절대군주제를 지향하는 스튜어트Stuart 왕조와 그에 맞서 왕권을 제한하려는 의회 사이의 갈등이 있었다. 1603년 등극한 제임스 1세는 왕권신수설 신봉자로서 로마교회에 우호적인 태도를 취하며 군주의 권위를 확대하고자 했다. 반면에 의회는 중세 이래 왕권을 제한하고 영국인의 권리를 확립하려는 노력을 기울였을 뿐 아니라 튜더 시대에 수립된 영국교회를 옹호하는 자세를 지니기도 했다. 이런 갈등 속에서, 국왕 제임스 1세는 의회와 밀착되어 있던 버지니아 컴퍼니를 공격했다. 그 결과, 버지니아는 회사 식민지에서 국왕이 직접 통제하는 왕령 식민지로 위상이 바뀌었다. 이제 국왕은 회사를 대신해서 총독을 임명하고 또 자문위원도 지명했다. 그러면서도 주민을 대변하는 민의원에 간섭하지는 않았다. 사실,

그럴 만한 여유도 없었다. 국왕과 의회 사이의 갈등이 크게 심화되었고, 얼마 지나지 않아 내전으로 격화되었기 때문이다. 따라서 버지니아 민의원은 영국에서 전개된 정치적 격변 덕분에 북미대륙에 뿌리를 내릴 수 있었다. 나아가 17세기 영국에서 전제 군주에 맞서 싸우며 영국인의 자유를 확립하는 데 앞장섰던 하원을 닮아갔다.[4]

다른 한편으로 버지니아는 영국과 달리 노예제 사회가 되었다. 노예제는 17세기 버지니아에서 점진적이고 단편적인 방식으로 수립되었다. 버지니아에 처음으로 흑인이 나타난 것은 1619년 8월 네덜란드 상인들이 제임스타운에 도착해서 20명 내외의 흑인들을 팔았을 때이다. 그렇지만 이들은 계약 하인으로 취급되었고, 그래서 수년간의 노역이 끝난 다음에는 다른 계약 하인들과 비슷한 지위를 얻은 것으로 보인다. 영국의 법률과 관습에 따르면 영국인을 비롯한 기독교도를 노예로 삼을 수 없었고, 따라서 노예제가 존재하지도 않았기 때문이다. 그럼에도 계약 하인들은 대개 노예와 다름없이 가혹한 처우에 시달렸다. 주인들은 흔히 노동을 착취하기 위해 매질을 하며 힘든 일을 시키면서도 먹을 것이나 입을 것도 제대로 챙겨주지 않았고, 또 계약 기간이 끝나기 전에 하인을 매매하기도 했다. 따라서 17세기 중엽 버지니아에서 하인들은 흑백을 가리지 않고 함께 지내며 일했고, 또 주인을 버리고 함께 도망하기도 했다.

그러나 그들은 피부색에 따라 다른 대우를 받기도 했다. 예를 들어 1640년 7월 버지니아 법원은 도망 하인에 관한 소송을 두 건이나 처리했는데, 피부색에 따라 다른 형벌을 부과했다. 하나는 함께 도망한 3명의 하인 가운데 네덜란드 출신과 스코틀랜드 출신에 대해서는 매질과 함께 계약 기간에 덧붙여 4년간의 노역에 처하는 반면에, 존 펀치John Punch라는 흑인에 대해서는 종

---

4 Bernard Bailyn, "Politics and Social Structure in Virginia," in *Colonial America: Essays in Politics and Social Development*, 3rd ed., ed. Stanley N. Katz and John M. Murrin (New York: Knopf, 1983), 207–230.

신 노역을 선고한다는 판결이었다. 같은 달에 있었던 다른 소송에서도 함께 도망한 백인에 대해서는 수년간의 노역 이외에 매질을 가하거나 뺨에 R이라는 낙인을 찍는 형벌을 선고했지만, 흑인에 대해서는 차꼬를 채우라는 명령을 내렸을 뿐이다. 그 흑인은 이미 종신 노역이라는 형벌을 받고 있었던 것으로 보인다.[5]

그런 차별은 1660년대부터 뚜렷하게 심화되었다. 1662년 버지니아 의회는 "영국인 남성이 흑인 여성에게서 얻은 자녀가 노예인가 자유인인가 하는 문제"에 관해 "이 지방에서 태어난 모든 어린이는 오직 어머니의 신분에 따라서만 노예인지 자유인인지 결정된다"고 선언했다. 이는 영국인 남성의 자녀는 모두 영국인이 된다는 확고한 전통에 어긋나는 조치였다. 그것은 흑인을 백인으로부터 분리해 영구적 예속 상태에 속박한다는 것을 의미했다. 5년 뒤에는 흑인이 예속 상태에서 벗어나는 길도 막아 버렸다. 버지니아 의회는 노예로 태어난 사람은 세례를 받고 기독교도가 되어도 자유인이 될 수 없다고 못을 박았던 것이다. 그런 조치는 1680년대부터 개인의 신분을 넘어 사회적 권리까지 제약하는 수준으로 더욱 확대되었다. 예를 들어 노예는 몸에 무기를 지닐 수 없게 되었고 주인의 허가를 받지 않고는 농장을 떠날 수 없게 되었으며, 또 도망했다가 체포될 때를 포함해 백인에게 저항하거나 폭력을 행사하면 가혹한 처벌을 받게 되었고, 게다가 장례식을 포함해 어떤 집회도 가질 수 없게 되었다. 간단히 줄이면, 버지니아 의회는 노예의 반란을 예방하는 조치를 취했다고 할 수 있다. 이런 조치들은 결국 1705년에 제정된 "하인과 노예에 관한 법"에서 절정에 이르렀다. 이 법은 제22조에서 노예가 재산이라고, 마치 토지처럼 양도하거나 상속할 수 있는 재산이라고 규정했다.[6] 따라서

---

5 Tom Costa, "Runaway Slaves and Servants in Colonial Virginia," Encyclopedia Virginia, Virginia Humanities, http://www.encyclcopediavirginia.org/Runaway_Slaves_and_Servants_in_Colonial_Virginia#its1 (2015년 2월 27일 접속).

6 [Colony of Virginia], An Act Declaring the Negro, Mulatto, and Indian Slaves

1705년에 이르면 버지니아는 노예제 사회가 되었다고 말할 수 있다. 사실, 그 즈음에 노예는 16,000명으로 늘어나 있었고, 이는 전체 인구 57,000명 가운데 28 %에 해당한다. 반세기 전에 노예가 300명 정도로 전체 인구 가운데서 1 %에 지나지 않았다는 점을 기억한다면, 이는 뚜렷한 변화였다고 하겠다.

어떻게 해서 그렇게 되었는가 하는 문제에 관해, 역사학자들은 치열한 논쟁을 벌였다. 대다수는 노예제의 기원에 관심을 기울였고, 흔히 인종주의적 편견과 노동력 수요 가운데 어느 하나를 강조하는 경향을 보였다. 몇몇 학자들은 영국인들이 오래전부터 흑인을 야만인으로 여기는 편견을 지녔고, 그래서 버지니아에서도 처음부터 흑인에 대해 백인과 다른 차별 대우를 했다고 주장했다. 다른 학자들은 17세기 중엽까지 흑인들이 계약 하인과 마찬가지로 일정한 기간이 지난 다음에 해방되었다는 사실을 들며 인종주의를 중요한 요인으로 보기 어렵다고 비판했다. 그리고 1660년대부터 영국에서 이주하는 계약 하인이 줄어든 반면에 담배 생산의 급증으로 인해 노동력 수요가 크게 늘어났고, 따라서 노예제를 통해 흑인에게 종신 노역을 강제하기 시작했다고 주장했다.[7]

지금까지 진행된 논쟁은 지나치게 첨예한 대립 양상을 띠었던 것으로 보인다. 그 이유 가운데 하나는 논쟁에 가담한 학자들이 인종주의적 편견과 노

---

within This Dominion, to Be Real Estate, Selected Virginia Statutes relating to Slavery, Virtual Jamestown, http://www.virtualjamestown.org/slavelink.html. (2015년 3월 2일 접속).

7 이보형, 「미국 노예제도의 기원 논쟁」, 『서양사론』 29 (1988), 341–362; Oscar Handlin and Mary F. Handlin, "Origins of the Southern Labor System," *William and Mary Quarterly* 7.2 (1950), 199–222; Winthrop D. Jordan, *White over Black: American Attitudes Toward the Negro, 1550–1812* (Chapel Hill: Univ. of North Carolina Pr., 1968); Edmund S. Morgan, *American Slavery, American Freedom: The Ordeal of Colonial Virginia* (New York: Norton, 1975); Alden T. Vaughan, "The Origins Debate: Slavery and Racism in Seventeenth-Century Virginia," in *Roots of American Racism: Essays on the Colonial Experience* (New York: Oxford Univ. Pr., 1995), 136–174.

동력 수요를 함께 고려하는 대신에 어느 하나를 강조했다는 데서 찾을 수 있다. 노동력 수요를 강조하는 학자들은 17세기 중엽까지 버지니아에서는 인종주의가 만연하지 않았다고 생각한다. 그러나 이 생각은 더 이상 옳다고 할 수 없다. 지난 한 세대 동안에 나온 연구를 종합해 보면, 인종주의는 동서고금에 걸쳐 널리 퍼져 있던 이데올로기라고 할 수 있다. 흔히 인종주의란 피부색 같은 신체적 특징을 근거로 인류를 여러 집단으로 구분하고 차별하는 이데올로기로 알려져 있지만, 그것은 인종주의의 근대적 형태에 지나지 않는다. 근대 이전에는 다양한 종교나 문화도 사람의 힘으로 바꿀 수 없는 특징이자 인간의 정체성을 형성하는 중요한 요소로 간주되었다. 따라서 인류는 종교나 문화에 따라 여러 집단으로 구분되었고 또 그에 따라 다른 대우도 받았다.[8] 그렇다면 미국 노예제의 기원에 관한 논쟁에서 인종주의적 편견을 강조하는 견해는 강력한 논거를 얻게 되었다고 할 수 있다.

그래도 노동력 수요가 중요한 요인이었다는 점은 부인하기 어렵다. 버지니아에 처음으로 흑인들이 유입된 것은 이미 언급한 것처럼 부족한 노동력을 메우기 위해서였고, 1660년대부터 흑인 인구가 빠른 속도로 늘어난 것도 백인 노동력이 충분히 공급되지 않았기 때문이다. 그리고 백인과 달리 그들을 점차 종신 노역으로 몰아넣은 것도 노동력을 확보하려는 의도의 소산이었다. 사실, 노예제는 영국 식민지뿐 아니라 스페인 식민지를 비롯해 아메리카 전역에서 수립되었는데, 가장 중요한 요인은 노동력 부족에 있었다. 유럽인들은 원주민과 전쟁을 벌이며 그들을 살육하기만 한 것이 아니라, 가능하면 노예로 삼기 위해 노력했다. 특히, 여성과 아동을 포로로 사로잡은 다음에 온갖 만행을 저지르며 그 노동력을 착취하거나 다른 지역으로 팔아넘기며 이득을 챙기려 했다. 그렇지만 앞에서 살펴본 바 있듯이 원주민은 전쟁과 역병 때

---

8 배영수, 「미국의 인종관계에 대한 새로운 이해」, 『미국 예외론의 대안을 찾아서』 (일조각, 2011), 341-380.

문에 심각한 타격을 입었고, 그래서 이주민에게 필요한 노동력을 충분히 제공할 수 없었다. 더욱이, 노동자로 동원된 원주민은 이주민이 강제하는 노역을 회피하거나 저항하기도 했다. 그들은 아메리카에서 깊고 넓은 뿌리를 갖고 있었기에 예속 상태를 거부할 수 있었던 것이다. 반면에 흑인은 아프리카에서 뿌리가 뽑혀서 끌려간 사람들이었고, 또 그들 사이에 존재하는 언어나 종교, 또는 문화의 차이로 인해 넓은 네트워크를 구축할 수 없었다. 아메리카에서 그들은 매우 취약한 존재였다. 유럽계 이주민에게는 노동력 부족을 해결하는 데 그만큼 적합한 집단이었다. 결국, 그들은 예속 상태에서 아메리카 식민지의 경제발전에 중요한 기여를 하게 되었다.

아메리카 식민지 가운데서도 버지니아는 뚜렷한 특징을 지녔다. 버지니아에서도 노예제는 농장의 대두와 직결되어 있었다. 이는 카리브해 식민지에서, 거기서도 특히 바베이도스Barbados에서 시작된 변화였다. 제주도의 4분의 1에도 미치지 않는 이 조그만 섬은 16세기 초에 먼저 스페인이 탐험했으나, 17세기 초에 영국인들이 정착하면서 영국의 식민지로 변모했다. 영국인들은 거기서 금은보화를 찾아내지 못했지만, 사탕수수를 재배하고 설탕을 생산, 수출하는 사업을 시작할 수 있었다. 그래도 영국인 이주민은 대부분 자영농이었고, 그래서 수확기에는 사탕수수를 베어 낸 다음에 서둘러서 인근에 있는 제당 공장으로 가져가야 했다. 제당 공장은 마치 방앗간처럼 사탕수수를 재배하는 농가와 가까우면서도 뚜렷이 구분되었다. 거기서는 사탕수수가 변질되기 전에 재빨리 즙을 짜낸 다음에, 그것을 달여 당밀로 만들고 다시 그것을 식혀 고운 가루로 빻아 설탕을 만들었다. 이 공정은 비교적 간단했지만, 뜨거운 당밀을 다루는 위험한 작업을 수반했고 또 쉴 틈도 없이 계속해서 주의를 기울여야 하는 강도 높은 노동을 요구했다. 노예는 그런 일에 투입되었고, 얼마간 쓰고는 내다버리는 소모품처럼 혹사당했다. 사실, 제당 공장에서는 건장한 청년도 오래 살아남기가 어려웠다. 그렇지만 몇몇 영국인들은 1640년대부터 제당 공장을 중심으로 사탕수수를 재배하는 경작지를 통합하기 시작했고, 그렇게 해서 plantation이라 불리던 농장의 탄생에 기여했다. 이 새로운 생산조직은 곧 버지니아와 캐롤라이나를 비롯한 북미대륙 식민지로 확산되었다. 그렇지만 이들 지역은 각각 담배와 쌀을 재배하는 데 치중했던 만큼, 노예를 소모품처럼 혹사할 필요가 없었다. 노예 인구가 수입을 통해 유지되던 바베이도스와 달리, 북미대륙에서는 재생산을 통해 성장하는 양상이 나타났다.[9] 그와 같은 특징은 나중에 자세히 살펴본다.

그렇게 해서 농장의 대두에 따라 노예제에 얽매이게 되었던 흑인은 버지니아의 사회변동에서도 중요한 역할을 하게 되었다. 노예제는 자유를 누리는 백인의 지위를 끌어올리는 결과를 가져왔다. 흑인 노예들이 사회적으로 가장 열악한 처지에 놓이게 되자, 백인 하인들은 상대적으로 높은 지위를 차지하게 되었다. 더욱이, 노예제는 자유인 사이의 빈부 격차를 선명하게 부각시켰다. 계약 하인들을 차치하면, 자유인 가운데 대부분은 노예가 없는 영세농이거나 노예 한두 명과 함께 일하는 소농이었지만, 소수는 노예를 수십 명 이상 거느리는 대농장주였다. 17세기 말엽에 버지니아가 노예제 사회로 변모함에 따라, 사회구조는 점차 유럽을 닮아갔다.

그런 변화는 1676년 베이컨의 반란Bacon's Rebellion에서 분명하게 드러났다. 반란을 주동한 너새니얼 베이컨Nathaniel Bacon은 상당한 규모의 농장을 갖고 있었지만, 해안 지방이 아니라 변경 지대에 자리를 잡았기 때문에 원주민의 공격 위험에 노출되어 있었다. 그러나 해안 지방에 자리 잡고 있던 대농장주들은 원주민의 공격 위험에 적극적으로 대처하려고 하지 않았다. 더욱이 오랫동안 버지니아를 자의적으로 통치했던 총독 윌리엄 버클리William Berkeley는 변경 지대 주민이 스스로 민병대를 소집하는 데 대해 부정적인 태도를 취했다. 결국 1676년 7월 400-500명의 변경 지대 주민이 무기를 들고

---

9 Trevor Burnard, *Planters, Merchants, and Slaves: Plantation Societies in British America, 1650-1820* (Chicago: Univ. of Chicago Pr., 2015), 1-97.

베이컨을 중심으로 모여 버클리 체제에 도전했다. 반란군은 제임스타운을 점령하고 변경 지대 보호와 조세제도 개혁 등을 요구했지만, 10월에 베이컨이 질병으로 죽자 급격하게 세력을 잃어버렸다. 따라서 반란은 역사적으로 의미 있는 결과를 가져오지 않았다. 그렇지만 버지니아의 사회구조가 해안의 대농장주에서 내륙의 소농과 영세농, 그리고 흑인 노예에 이르기까지 가파른 위계질서로 변모했다는 사실을 보여 준다.

다른 한편으로는, 버지니아가 17세기 말에 이르면 반란을 겪고도 질서를 회복할 수 있을 만큼 사회적 안정을 누렸다는 점도 보여 준다. 그렇지만 거기에는 영국은 물론이요 다른 유럽 국가에서도 볼 수 없는 사회체제가 자리 잡고 있었다. 버지니아는 유럽인이 아프리카인과 공존하는 다인종 사회였고, 또 아프리카인을 예속 상태에 속박하는 노예제 사회였다. 거기서는 귀족과 봉건제가 뿌리내리지 못하고 대농장주들이 지배적인 위치를 차지했다. 그래도 소농과 영세농은 영국의 자영농처럼 자유와 토지를 가졌고, 또 영국과 유사한 정치체제 덕분에 정치적 발언권도 지녔다. 이런 특징은 식민지 개척자들이 도입한 영국의 제도들이 버지니아의 색다른 환경에 부딪혀 굴절해서 생긴 결과이다. 무엇보다도 토지가 풍부하고 비옥한 반면에 노동력이 크게 부족한 환경에서, 그런 제도들은 아무도 예상하지 못한 방향으로 변형되었다고 할 수 있다.

2. 청교도 사회의 쇠락

그런 굴절은 매서추세츠에서도 일어났다. 다른 점이 있다면, 거기서는 식민지 개척자들이 일종의 설계도를 갖고 있었다는 것이다. 그렇지만 그것은 새로운 환경에 부딪혀 기대와 다른 결과로 이어졌고, 따라서 그들은 커다란 좌절을 느꼈다.

그 과정은 플리머스에서 시작되었다. 필그림들은 북미대륙에서 이상적인 신앙 공동체를 수립하고자 했다. 1620년 플리머스에 도착한 다음, 그들은 그런 공동체를 수립하기 위해 함께 배를 타고 갔던 비신도들까지 포함해 계약을 맺었다. 메이플라워 협약Mayflower Compact이라 불리는 이 계약은 이주민이 단결해서 교회와 다른 "하나의 세속 정치체"를 수립한다는 것, 그리고 그것을 통해 식민지에 필요한 법령을 제정한다는 것으로 요약할 수 있다.

적잖은 학자들이 이 문서에 주권재민과 사회계약의 관념이 들어 있고 또 그런 근대적 이념이 발전해서 나중에 미국 헌법에 수용되었다고 생각하며 그것을 미국 헌정사의 기원으로 간주한다.[10] 그러나 메이플라워 협약은 미국 헌법의 제정에 뚜렷한 영향을 끼쳤다고 보기는 어렵다. 사실, 그것은 제헌 과정에서 주목을 끌지 못했다. 더욱이, 그 문서는 이주민이 식민지 개척을 위해 자신들을 모두 아우르는 정치조직을 만드는 조치였다. 역사학자 존 엘리어트 John Elliott가 지적하듯이 하나의 정치조직을 구성하는 것은 스페인 식민지에서도 널리 있었던 일이며, 그것은 이주민이 식민지를 건설하는 지역에서 원주민 대신에 자신들이 지역의 주인이라고 선언하는 데 필요한 행위였다.[11] 이 측면에서 볼 때 메이플라워 협약은 이주민 사이의 약속을 넘어 원주민에 대한 식민주의 선언이라는 성격을 지닌다.

메이플라워 협약을 토대로 수립된 공동체는 신앙으로 결속되어 있었지만, 원활하게 작동하지 않았다. 원주민의 도움을 받으며 농사를 짓고 첫 수확에 감사하는 축제도 치렀으나, 플리머스는 수익은 고사하고 생존을 유지

---

10 Page Smith, *The Constitution: A Documentary and Narrative History* (New York: Morrow, 1978), 19-28; Donald S. Lutz, *The Origins of American Constitutionalism* (Baton Rouge: Louisiana State Univ. Pr., 1988), 25-27; Daniel J. Elazar, *The American Constitutional Tradition* (Lincoln, NE: Univ. of Nebraska Pr., 1988), 15-18.

11 J. H. Elliott, *Empires of the Atlantic World: Britain and Spain in America, 1492-1830* (New Haven: Yale Univ. Pr., 2006), 35-48.

하는 데도 어려움을 겪었다. 낯선 자연환경이나 원주민과의 마찰 이외에 내부의 사회적 분위기도 넘어야 할 장애였다. 플리머스는 회사의 방침에 따라 토지를 이주민에게 분배하지 않고 공유지로 보유했고, 이주민에게 공동으로 일을 하게 했다. 그 성과는 좋지 않았고, 보급품도 넉넉하지 않았다. 1623년 초, 그들은 개선책을 찾아냈다. 총독 윌리엄 브래드퍼드는 이렇게 술회했다.

결국 긴 논쟁 끝에 총독은 (유력자들의 조언에 따라) 주민이 각자 원하는 방식대로 곡식을 심도록 하고, 다른 모든 일은 그 전처럼 공동 방식대로 하되 그에 관해서는 주민에게 믿고 맡겨 놓아야 한다는 데 동의했다. 그래서 가족 숫자에 비례해서 가족마다 일정한 규모의 토지를 (상속이 가능하도록 분할을 하지 않은 채) 할당하고, 모든 청소년을 각각 어느 가족에 들어가도록 조정했다. 그 결과는 대단한 성공이었다. 모든 사람들이 일손을 매우 바쁘게 움직였고, 총독이나 다른 사람이 어떤 수단을 쓴다 해도 심을 수 없을 만큼 많은 곡식을 심었으며, 총독의 노고를 덜면서도 훨씬 만족스러운 결과를 얻게 되었다. 여자들은 이제 기꺼이 들에 나갔고, 어린아이들도 데리고 나가 곡식을 심었다. 그전 같으면 아이들이 약하다거나 일을 할 줄 모른다고 했을 것이고, 아이들에게 억지로 일을 시키면 큰 횡포와 억압이라 했을 것이다.

이 공동 방식과 조건에서 얻은 경험은 오랜 세월에 걸쳐 신앙심이 돈독하고 진지한 사람들이 시도했지만, 플라톤을 비롯해 후대에 칭송을 받았던 고대 인물들이 마치 하느님보다 현명한 것처럼 사람들을 공동체로 모으고 개인 재산을 공동 재산으로 만들면 모두가 행복과 번영을 누릴 것이라는 헛된 공상을 했다는 사실을 입증한 셈이다.[12]

---

12 William Bradford, *Of Plymouth Plantation, 1620-1647*, ed. Samuel Eliot Morison (New York: Knopf, 1963), 120-121.

그래도 플리머스는 인접한 매서추세츠만큼 번영을 누리지 못했고, 17세기 말에는 아예 거기에 흡수되고 말았다.

그때에 이르면, 매서추세츠가 청교도 신앙에 대해 우려하고 있었다. 매서추세츠의 유래는 1628년 식민 사업에 관심이 있는 여러 상인들이 뉴잉글랜드New England라 불리던 북미대륙 북부를 대상으로 새로운 회사를 세우고 국왕에게 식민 사업을 허가해 달라고 청원한 데 있다. 그들의 목적은 물론 버지니아 컴퍼니와 마찬가지로 수익을 내는 데 있었다. 다른 점이 있다면, 청교도들이 회사에 합류하면서 뉴잉글랜드에 새로운 식민지를 건설하겠다고 나섰다는 것이다. 그들은 국왕 찰스 1세가 영국교회에 저항하는 비국교도들을 탄압하는 것을 보고 아예 영국을 떠나 자신들이 바라는 신앙 공동체를 만들고자 했다. 1629년 3월에 발부된 칙허장은 그들의 희망이 반영되었는지 특이한 요소 하나를 내포하고 있었는데, 그것은 회사의 소재지가 명기되지 않았다는 점이다. 더욱 흥미로운 것은 칙허장이 발부된 다음에 청교도들이 다른 투자자들로부터 주식을 사들였고 결국 회사를 장악했다는 사실이다. 이어서 그들의 지도자들은 그 해 8월 케임브리지Cambridge에서 회합을 갖고 가족과 함께 뉴잉글랜드로 이주하기로 결의하면서 회사도 함께 옮기기로 결정했다.

그것은 중요한 의미를 띠고 있었다. 흔히 매서추세츠 베이 컴퍼니Massachusetts Bay Company라 불리던 이 회사는 버지니아 컴퍼니와 마찬가지로 법인격을 지니는 정치조직이었다. 바꿔 말해 회사는 다른 영국인처럼 소송을 제기하고 의무를 이행하며 재산을 소유하고 처분하며 계약을 체결하고 이행하면서도, 그들과 달리 자연인의 수명보다 오래 존속할 수도 있었다. 더욱이, 회사의 구성원들이 총독과 부총독을 한 사람씩 선출하고 보좌역 18명을 선임해서 "여기서[칙허장에서] 명시, 증여되는 토지와 지역, 거기에 건설되는 식민지, 그리고 그 주민의 통치에 관한 일반 업무와 용건을 처리하고 규제하게" 했다. 바꿔 말해 회사를 운영하는 기구는 민주주의의 기본 원칙에 따라 구성원들의 의사를 토대로 수립되어야 했다. 나아가 모든 임원으로 구성되는 임원총회General Court를 수립하고 "전기前記 회사의 이익과 발전을 위해, 또한 전기 토지와 식민지, 그리고 거기에 거주하는 주민의 통치와 규제를 위해 법령을 제정하게" 했다.[13] 그에 따라 회사는 영국 의회와 같은 입법 기구도 갖추었다. 매서추세츠 베이 컴퍼니가 이와 같은 정치적 권위를 지니고 있었기에, 그것을 뉴잉글랜드로 옮긴다는 것은 곧 하나의 자치 식민지를 만든다는 것을 의미했다.

그런 의미를 고려할 때, 1629년도 매서추세츠 칙허장은 미국 헌정 질서의 기원으로 중시해야 하지 않을까 하는 생각이 든다. 거기에는 위에서 살펴본 것처럼 자치권을 확보하고 또 구성원의 의사에 따라 정부를 구성한다는 규정이 있었다. 청교도들은 그 규정을 이용해 매서추세츠 베이 컴퍼니를 장악하고 그것을 '신세계'로 옮김으로써 자신들의 이상에 따라 새로운 사회를 건설하고자 했다. 이는 그들의 지도자 존 윈스럽John Winthrop의 생각에서 선명하게 표현되었다. 그는 독실한 청교도요 유복한 변호사의 아들로 태어나 종교적 관심과 지적 호기심을 품고 자랐으며, 커서는 케임브리지대학에서 법학을 공부한 다음에 변호사로, 또 아버지로부터 물려받은 영지의 주인으로 살았다. 윈스럽은 나이 마흔을 넘긴 직후에 청교도 탄압이 심화되는 것을 보고 뉴잉글랜드 이주 대열에 합류했고, 곧 매서추세츠 식민지의 초대 총독으로 선출되었다. 그리고 1630년 북미대륙으로 향하는 배에서 이주민에게 호소하는 긴 글을 썼다. 뉴잉글랜드에 상륙하기 직전에 읽은 이 유명한 설교문에서, 그는 자신들이 하느님과 성스러운 계약을 맺고 뉴잉글랜드로 이주해서 모범적인 기독교 사회를 건설하기로 했다고 지적하면서 하느님의 가르침에 따라 형제자매처럼 서로 사랑하고 보살피며 살아가야 한다고 강조했다. 그리고 이런 결론을 내렸다.

---

13 The Charter of Massachusetts Bay: 1629, The Avalon Project: Documents in Law, History and Diplomacy, Yale Law School, http://avalon.law.yale.edu/17th_century/mass03.asp (2014년 10월 8일 접속).

하느님과 우리 자신 사이에는 대의가 자리 잡고 있습니다. 우리는 이 일[모범적인 기독교 사회를 건설하는 일]을 하기로 하느님과 성약을 맺었습니다. 주님께서는 우리가 지켜야 할 것들을 스스로 정하게 허락하셨습니다...... 만약 우리가 스스로 정한 것을 지키는 일을 게을리하고 우리가 세워 놓은 목표에 이르지 못한다면, 하느님을 외면하고 현세에 매달리며 육신의 요구에 따른다면, 또 우리 자신과 후손에게 중요한 것을 찾는다면, 주님께서는 분명히 우리에게 분노를 터뜨리고 앙갚음을 하며 그런 성약을 깨뜨린 대가가 무엇인지 알게 하실 것입니다.

이런 파멸을 모면하고 후손을 보호하는 유일한 길은 예언자 미가의 권고에 따라 의로운 일을 하고 자비를 베풀며 하느님과 함께 겸허하게 살아가는 것입니다. 이런 목적을 위해, 우리는 이 일을 하며 한 사람처럼 서로 합심해야 합니다. 서로 형제처럼 사랑해야 합니다. 자신에게 필요하지 않은 것을 기꺼이 내놓고 남들에게 필요하면 나누어 주어야 합니다...... 주님은 우리의 하느님이시며, 당신께서 선택하신 사람들인 우리들 사이에 계시기를 기뻐하시며 우리에게 무한한 축복을 내리실 것입니다...... 그러므로 우리 식민지가 언덕 위의 도시처럼 번영을 누릴 것이라고 생각해야 합니다. 모든 사람들이 우리를 보고 있습니다. 우리가 착수한 이 일에서 하느님과 맺은 성약대로 행하지 않고 그래서 하느님께서 우리에게 보내주는 도움을 거두어들이신다면, 우리는 세상의 이야깃거리가 되고 웃음거리가 될 것입니다.[14]

청교도들은 도착한 직후에 오늘날의 보스턴에 자리를 잡고 "언덕 위의 도시"City upon a Hill를 세웠고, 즉시 주변 지역으로 뻗어나갔다. 그런 "도시"

---

14 John Winthrop, "A Model of Christian Charity," The Internet Archive, https://archive.org/details/AModelOfChristainCharity (2015년 3월 7일 접속); Edmund S. Morgan, *The Puritan Dilemma: The Story of John Winthrop* (Boston: Little, Brown, 1958).

는 도읍town이라 불렸는데, 그것은 여간해서는 변하지 않을 만큼 안정되었던 중세 촌락village이 아니라 역동적으로 발전하는 근대 도시city에 가까웠다. 나중에 미국 정치의 모태가 되는 도읍은 여러 사람들이 하나의 자치단체를 만들어 일정한 지역을 확보하고 집단적으로 이주해 건설했다. 거기에는 상당한 자금과 노력이 필요했다. 원주민으로부터 토지를 사들이고 길을 만들거나 필요하면 다리를 놓아야 했고, 당국의 허가를 얻어 토지를 측량하고 분할해야 했으며, 또 주택과 교회를 건설해야 했기 때문이다. 따라서 새로운 도읍을 건설하는 일은 경제적 여유가 있는 사람들이 수익을 노리고 벌이는 사업의 성격을 띠고 있었다. 실제로, 새로 건설되는 도읍의 토지는 철저하게 지분에 따라 분배되었다. 따라서 도읍 건설에 참여한 사람들은 투자한 만큼 수익을 거둘 수 있었다.[15]

그래도 도읍에는 중세 장원의 유산이 남아 있었다. 청교도들은 대개 도읍의 중심에 교회와 회관을 세우고 그 주변에 주택을 지었으며, 외곽에 있는 토지를 투자자들에게 배분했다. 따라서 주민은 중세 장원에서 그랬듯이 공간적으로 집중해서 거주하며 공동체적 전통을 유지하는 모습을 보였다. 오늘날에도 뉴잉글랜드에 남아 있는 이런 모습은 버지니아 주민이 서로 떨어져 있는 농장에다 집을 짓고 분산해서 거주하며 개인주의적 경향을 띠었던 것과 대조되는 모습이었다. 더욱이, 도읍은 적잖은 토지를 공동 보유지와 목초지로 지니고 있었다. 전자는 늘어나는 후손에게 나누어 주기 위해 남겨둔 것이었고, 후자는 가축을 방목하는 데 필요한 것이었다. 이런 공유재산은 17세기 영국에서 사라지고 있던 중세 장원제의 유산으로서, 공동체적 전통의 경제적 토대가 되었다.

도읍의 공동체적 전통은 정치적으로 중요한 의미를 지니고 있었다. 도읍

---

15 John Frederick Martin, *Profits in the Wilderness: Entrepreneurship and the Founding of New England Towns in the Seventeenth Century* (Chapel Hill: Univ. of North Carolina Pr., 1991).

창건자들은 발전을 위해 청교도 이외에 다양한 사람들을 이주시키고 그들에게 읍민회의town meeting에 참석하고 투표할 수 있는 권리도 주었다. 읍민회의는 전체 주민이 모여 도읍의 운영에 관해 의견을 교환하고 결정을 내리는 중요한 기구였다. 토지는 창건자들로 구성되는 자치단체가 장악했지만, 원주민 관계를 비롯한 치안과 질서의 문제는 읍민회의에서 결정되었기 때문이다. 따라서 도읍은 종교가 정치를 지배하는 신정정치神政政治에서 벗어나 있었다. 청교도들이 주도적 위상과 역할을 차지했지만, 다수의 주민이 도읍의 운영에 능동적으로 참여했기 때문이다. 이런 경험은 세월이 흐름에 따라 뉴잉글랜드의 정치적 전통으로 자리 잡았다. 나아가 토크빌이 주목한 바 있듯이 미국 민주주의의 제도적 토대에 흡수되었다.

그 전통은 매서추세츠에서 헌정 질서가 발전하는 데 기여했다. 윈스럽은 매서추세츠를 자신의 신념에 따라 이끌고 나가고자 했다. 그러나 일각에서는 그가 지나치게 많은 권력을 갖고 있고, 또 보통 사람들의 목소리를 귀를 기울이지 않는다고 생각했다. 특히, 케임브리지대학에서 교육을 받은 몇몇 사람들은 교회와 마찬가지로 사회도 구성원들이 맺는 계약에 기초를 두고 있다고 보았다. 그리고 모범적인 기독교 사회를 건설하는 데는 지도자의 역할에 못지않게 구성원들의 참여가 중요하다고 믿었다. 나아가 구성원 사이의 계약을 문서로 정리해 법률로 제정할 때야 비로소 자의적 지배를 방지하고 정치적 안정을 기대할 수 있다고 생각했다. 이들은 자신들의 생각을 실천에 옮기기 위해 매서추세츠의 수도 보스턴을 떠나서, 북쪽으로 50 km 정도 떨어져 있는 지역에 입스위치Ipswich라는 도읍을 세우는 데 앞장섰다. 그리고 윈스럽의 경쟁자로서 나중에 총독이 되는 토머스 더들리Thomas Dudley를 앞세워, 매서추세츠 베이 컴퍼니 임원총회를 열고 기본법을 제정할 것을 요구했다. 따라서 1630년대부터 치열한 논쟁이 벌어졌고 집권 세력이 바뀌었으며, 결국 1641년에는 생명과 자유와 재산에 대한 권리를 비롯해 주민의 권리를 세밀하게 열거하는『자유의 헌장Body of Liberties』이 제정되었다. 그리고 7년 뒤에는 그것을 확대한『법률과 자유의 헌장General Laws and Liberties』이 제정되었다. 이는 기본법을 문서로 제정해야 한다는 관념을 구현했다는 점에서, 매서추세츠를 넘어 미국 전역에서 헌정 질서가 발전하는 데 크게 기여했다.[16]

그러나 바로 그 때문에 매서추세츠는 절대 권력을 지향하던 영국 군주의 통제 대상으로 간주되었다. 국왕 찰스 1세는 매서추세츠의 자치를 저지하기 위해 이 회사의 칙허장을 취소하고자 했다. 그러나 국왕의 권력 확대에 저항하는 의회의 반대에 부딪혔다. 더욱이, 1642–51년에는 그런 대립이 내전으로 악화되는 등, 정치적 격변이 계속되었다. 그래도 왕정복고 후에는 국왕이 뉴잉글랜드 식민지들을 재편하며 권력을 강화하고자 했고, 결국 1684년에는 매서추세츠를 왕령 식민지로 재편했다. 그러나 1688년에 일어난 명예혁명을 계기로, 식민지를 통제하고자 하던 절대왕권이 와해되었다. 그 덕분에 매서추세츠는 정부에서 읍민회의에 이르기까지 자치의 전통을 확립할 수 있었다. 이는 나중에 미국에서 민주정치가 발전하는 데 밑거름이 된다.[17]

정치적 발전과 함께, 매서추세츠는 놀라운 속도로 성장했다. 도읍은 17세기 말까지 120개 내지 140개로 늘어났고, 인구는 대략 120,000명으로 불어났다. 그리고 코네티커트Connecticut, 로드아일랜드Rhode Island, 뉴햄프셔New Hampshire 등, 새로운 식민지도 매서추세츠에서 분리, 창설되었다. 이런 성장은 이주민의 동기나 이주 지역의 환경과 연관되어 있었다. 뉴잉글랜드를 선택한 사람들은 버지니아 이주민과 달리 대개 가족과 함께 이주했으며, 따라서 일찍부터 인구의 자연증가에 필요한 조건을 갖출 수 있었다. 게다가 풍

---

16 Scott A. McDermott, "Body of Liberties: Godly Constitutionalism and the Origin of Written Fundamental Law in Massachusetts, 1634–1666" (Ph.D. Dissertation, Saint Louis Univ., 2014).

17 Philip J. Greven, Jr., *Four Generations: Population, Land and Family in Colonial Andover, Massachusetts* (Ithaca: Cornell Univ. Pr., 1970); Kenneth A. Lockridge, *A New England Town: The First Hundred Years, Dedham, Massachusetts, 1636–1736* (New York: Norton, 1970).

요로운 자연 덕분에 먹을 것에 대해 크게 걱정할 일이 없었을 뿐 아니라 자녀는 부족한 노동력을 메우는 데도 큰 도움이 되었다. 그들은 버지니아와 다른 경제생활을 모색했다. 그들에게 중요한 것은 담배 같은 품목을 중심으로 수출 지향적 경제를 건설하는 일이 아니라 다양한 식품을 생산하며 자급자족에 필요한 토대를 구축하는 일이었다. 그렇지만 뉴잉글랜드 이주민은 영국과 유럽에서 수입하는 공업 제품에 의존하지 않을 수 없었다. 그리고 그 대금을 마련하기 위해 농업과 어업 이외에 모피, 목재, 생선 등, 해외로 수출하는 물품을 생산하고 그것을 운반하는 데 필요한 선박을 건조하며, 나아가 수출입 물품의 운반을 수행하는 해운에도 종사했다. 그 결과, 보스턴에서 뻗어나간 뉴잉글랜드는 대서양을 무대로 형성되는 국제적 교역 체계에서 중요한 거점으로 자리 잡았다.

그러나 놀라운 성장은 뜻하지 않은 고통을 수반하기도 했다. 청교도 지도자들은 경제생활을 포함하는 일체의 세속사를 신앙에 종속시키고자 했다. 그렇지만 바로 신앙에 대한 견해 차이에서 고통이 시작되었다. 로저 윌리엄스Roger Williams는 성직자의 길을 생각하며 케임브리지대학에서 공부했으나 영국교회에 실망하고 청교도로 변신했고, 1631년에는 보스턴으로 이주해 목회 활동을 시작하려고 했다. 그러나 얼마 지나지 않아 거기서도 실망하게 되었다. 나중에 소설가 너새니얼 호손Nathaniel Hawthorne이 『주홍 글자』에서 묘사한 것처럼 교회는 십계명을 어긴 주민에 대해 처벌을 가하는 등, 세속사에 깊이 개입하고 있었는데, 이는 윌리엄스가 보기에 청교도 교회도 영국교회와 마찬가지로 국가로부터 제대로 분리되지 않았다는 것을 뜻했다. 바꿔 말해 교회가 국가의 권위에 기대어 개인의 양심과 종교의 자유를 침해한다는 것을 뜻했다. 윌리엄스는 그에 대해 맹렬한 비판을 퍼부었고, 1636년 당국의 추방 결정에 따라 매서추세츠를 떠나 로드아일랜드를 건설하게 되었다. 다음 해에는 앤 허친슨Anne Hutchinson이 추방당해서 로드아일랜드로 이주했다. 그녀는 청교도 교회의 목사와 설교에 대해 더욱 비판적인 태도를 취하며 양심의 자유와 하느님의 계시를 강조했다.

세속사에서도 뜻하지 않은 갈등이 일찍부터 찾아왔다. 토지를 갖지 못한 노동자들은 영국에서 벌던 것보다 훨씬 많은 품삯을 받았고, 흔히 술과 옷을 사는 데 적잖은 돈을 썼다. 따라서 이미 1630년대부터 교회는 청교도 신앙의 쇠락에 대해 우려하기 시작했고, 매서추세츠 정부는 노동자들의 임금을 규제하고 사치스러운 복색을 금지하고자 했다. 뚜렷한 성과가 없자, 매서추세츠 정부는 1651년에 다시 사치스러운 복색을 금지하는 조치를 취했고 1662년에도 그렇게 했다. 그에 따르면 "좋은 교육을 받지 못하고 평범한 신분과 직업을 지니고 있는 사람들이 귀족의 의상을 걸쳐 입고 금이나 은으로 만든 끈이나 단추, 또는 다른 장식물을 무릎에 달며 멋진 장화를 신고 걸어다니는 모습이나 그런 지위에 있는 여자들이 목이나 머리에 비단을 감고 다니는 모습"을 보였다.[18] 더욱이 그런 사람들은 교회에 열심히 다니지 않았을 뿐 아니라, 신앙생활의 경험을 고백하고 정식 신도가 되려고 하지도 않았다. 따라서 1630년대의 "대이주"에서 한 세대가 흐르자, 청교도 교회는 신도가 감소하는 위기를 맞게 되었다.

청교도 지도자들은 그런 사태에 적극적으로 대응했다. 그들은 무엇보다 도읍에 교회를 건설하며 신앙 공동체를 수립하는 데 관심을 기울였다. 그리고 춤과 노래는 물론이요 인형과 장난감도 금지하면서 주민에게 근면한 노동과 경건한 기도를 요구했다. 또 1636년에는 하버드대학을 개설하고 공직자와 함께 성직자를 양성하는 등, 청교도 신앙을 확산시키고자 노력했다. 게다가 1662년에는 신앙 고백을 하지 못하는 어린이에게도 세례를 주고 나중에 어른이 되어 하느님과 성스러운 계약을 맺도록 유도하자는 절반 계약론Halfway Covenant을 수용하기도 했다. 다른 한편으로, 지도자들은 청교도 정신의 쇠

---

18 Stephen Innes, *Creating the Commonwealth: The Economic Culture of Puritan New England* (New York: Norton, 1995), 102-103에서 재인용.

락에 대해 개탄하며 주민의 회개를 촉구했다. 특히 전염병이 창궐하거나 원주민의 공격이 있었을 때, 그런 재앙의 원인이 개인의 타락과 사회의 부패에 있다고 질타하면서 모든 주민에게 깊이 회개하라고 주문했다. 그래도 경제성장에 따른 사회적 갈등은 해소되지 않았고, 오히려 정신적 상처가 악화되었던 것으로 보인다. 실제로 1690년대에 이르면 개인이나 가족의 불행을 마녀의 소행으로 치부하는 이야기가 나돌기 시작했고, 결국 세일럼Salem의 어린 소녀들 사이에서 시작된 소란이 몇몇 도읍의 주민 사이에서 마녀를 찾아내려는 소동으로 비화했다. 그리고 매서추세츠 당국은 마녀 재판을 열고 20명을 처형하는 시대착오적인 조치로 대응했다.[19]

그것은 청교도 정신의 퇴행을 말할 수 있을 만큼 매서추세츠가 성숙했다는 것을 시사한다. 청교도들은 "신세계"에서 모범적인 사회를 건설하기 위해 중세 장원의 공동체적 전통에 의지하는 동시에 근대적 기업의 투자 및 분배 기법을 활용했다. 그리고 수많은 도읍을 건설하고 이주민을 끌어 모으며 뉴잉글랜드를 대서양 교역 체계의 한 축으로 만드는 데 성공했다. 이는 분명히 풍요로운 자연에 근면한 노동을 가한 결과였다. 그러나 경제적 성공은 사회적 갈등과 정신적 고통을 수반했고, 결국 이상 사회를 만들려던 그들의 소망을 좌절시켰다. 따라서 뉴잉글랜드에서도 유럽 문명이 북미대륙의 새로운 환경에 부딪혀 굴절하며 변형을 겪게 되었다고 할 수 있다.

---

19 Perry Miller, *The New England Mind: The Seventeenth Century* (Cambridge, MA: Harvard Univ. Pr., 1954); Edmund S. Morgan, *Visible Saints: The History of a Puritan Idea* (New York: New York Univ. Pr., 1963); Arne Delfs, "Anxieties of Influence: Perry Miller and Sacvan Bercovitch," *New England Quarterly* 70.4 (1997), 601–615.

3. 봉건제의 좌초

그런 굴절과 변형은 메릴랜드와 펜실베이니아에서 가장 뚜렷하게 나타났다. 이들 식민지는 봉건 영주가 지배하는 영주 식민지로 출발했으나, 봉건제를 부분적으로 이식하는 데 성공했을 뿐이다. 그 대신에 다른 식민지보다 앞서 종교적 관용 정책을 수립하고 다양한 이주민을 수용하기 위해 노력했고, 그래서 흑인 노예의 희생 위에서 경제적 성공과 문화적 다양성을 구가하는 식민지 미국 사회의 특징적 양상을 분명하게 보여 주었다.

메릴랜드가 캘버트 가문의 봉건 영지로 출발한 것은 1632년에 발부된 칙허장에 근거를 두고 있었다. 그에 따르면, 국왕 찰스 1세는 세실 캘버트와 그의 상속인에게 오늘날의 메릴랜드보다 더 넓은 지역—한반도 면적의 4분 1에 가까운 지역—을 영지로 하사했다. 이는 캘버트 가문이 "전기前記 지역의 진정하고 절대적인 영주이자 소유자"로서 법률을 제정하고 법정을 설치하며 또 세금을 부과하고 군대를 소집할 수 있다는 것을 의미했다. 그에 따라 해당 지역이 주province라는 행정구역으로 지정되었고, 거기서 행사되는 권한도 영국의 법령을 벗어날 수 없었지만, 캘버트 가문은 봉건 영주와 마찬가지로 영지와 주민에 대해 통치권을 장악할 수 있었다. 실제로, 넓은 토지에 많은 장원을 설치하고 봉신을 임명할 수 있었다. 바꿔 말해 중세의 대영주처럼 분봉分封을 할 수도 있었고, 또 지배 집단을 만들어 낼 수도 있었다.[20]

그처럼 막강한 권한 덕분에, 캘버트 가문은 종교적 소망을 실현할 수 있었다. 세실 캘버트는 가톨릭교도들을 위한 피난처를 만들고 영국과 달리 구교도와 신교도가 평화롭게 공존할 수 있다는 것을 보여주고자 했다. 그래서 가톨릭을 신봉하는 귀족과 함께 신교도 이주민을 모집했으나, 처음부터 후

---

20 The Charter of Maryland: 1632, Avalon Project, http://avalon.law.yale.edu/17th_century/ma01.asp (2015년 3월 13일 접속).

자가 다수를 차지했다. 게다가 메릴랜드가 인두권 제도를 도입하고 이주민을 유치하는 데 적극적인 태도를 취하자, 신교도는 빠른 속도로 늘어났다. 이 새로운 식민지는 남쪽에 인접한 버지니아와 마찬가지로 담배 재배에 적합할 뿐 아니라 곡물 경작에도 유리한 지역이었고, 그래서 이주민에게 매력이 있었다. 따라서 영국에서 국왕과 의회 사이의 알력이 악화되었을 때, 거기에 내재되어 있던 신·구교의 종교적 갈등이 메릴랜드까지 확산되었다. 결국 1649년, 메릴랜드는 "종교에 관한 법"을 제정하고 기독교도에 대해 종교적 관용을 베풀었다. 유대교를 포함해 다른 종교가 배제되었으나, 이제 기독교도들은 박해를 당하지 않고 신앙생활을 할 수 있게 되었다. 이 법은 영국에서 계속된 정치적 격변으로 인해 한때 폐지되기도 했지만, 1660년대에 캘버트 가문의 정치적 권위가 확립됨에 따라 다시 효력을 지니게 되었고 나아가 미국에서 종교적 자유가 성장하는 데 기여하게 되었다.[21]

그에 못지않게 중요한 것은 캘버트 가문이 면역세quitrent를 부과하는 데 성공했다는 사실이다. 면역세免役稅란 원래 중세 봉건제 아래서 봉신이 주군에게 바쳐야 하는 군역을 면제받을 경우에 내야 하는 부담금을 가리켰다. 봉건제는 간단히 줄이면 주군이 봉신에게 봉토를 분배하고 봉신은 그 보답으로 군역을 제공하는 계약 관계라 할 수 있다. 봉토는 그런 관계의 경제적 토대가 되는데, 봉신은 그것을 소유하지 못하고, 바꿔 말하면 양도하거나 처분하지 못하고, 주군의 허가 아래 보유한다. 따라서 이론적으로는 주군이 돌려달라고 하면 돌려주어야 한다. 그와 마찬가지로 봉신은 봉토와 거기에 거주하는 주민을 지배하는 영주로서, 주민에게 토지를 보유하고 경작할 수 있도록 허가한다. 그리고 주민은 그 대가로 영주가 부과하는 노역을 수행하거나 자신이 수확한 생산물 가운데 일부를 영주에게 갖다 바친다. 이런 부담은 중세

---

21 Sidney E. Mead, *The Lively Experiment: The Shaping of Christianity in America* (New York: Harper & Row, 1963).

말에 이르러 점차 화폐 납부로 전환되었는데, 그것을 가리켜 면역세라 한다. 이 중세 봉건제의 유산은 근대 영국에 남아 있었고 나아가 식민지로 확산되기도 했다.

　그 예로 캘버트 가문은 메릴랜드라는 영지를 보유하는 봉신으로서 매년 국왕에게 면역세를 납부해야 했지만, 1632년도 칙허장에 따르면 그것은 "원주민 화살 두 개"로 규정될 만큼 형식에 지나지 않았다. 그러나 1634년부터 캘버트 가문은 메릴랜드 주민에게 토지 50 에이커에 1 실링씩 부과해서 주요 수입원으로 삼았다. 다만 화폐가 부족하다는 실정을 고려해, 담배 같은 현물로 납부할 수 있게 허용했다. 그리고 관리를 임명해서 지역별로, 또 개인별로 면역세 납부 실적을 점검하고 실적이 나쁜 주민에 대해서는 동산을 압류하거나 심지어 인신을 구류하기도 했다. 주민 가운데서는 토지를 등록하지 않음으로써 면역세를 회피하는 사람도 있었으나, 대다수는 그렇게 하지 않았다. 더욱이 1671년 캘버트 가문이 면역세를 토지 100 에이커당 4 실링으로 인상했을 때, 주민은 뚜렷한 저항 없이 받아들였다. 따라서 17세기 말에 이르면 메릴랜드가 봉건제의 유산을 이식하는 데 성공했다고 할 수 있다.[22]

　그러나 캘버트 가문은 주민에게 봉건적 예속을 강제하지 못했다. 면역세는 중세 장원에서 농노가 지니던 부담의 흔적이었지만, 그것을 납부하던 메릴랜드의 주민은 자유인의 신분을 잃지 않았다. 많은 사람들은 계약 하인으로 메릴랜드로 이주했지만, 4-5년 뒤에는 50 에이커의 토지를 가진 자유인이 되었다. 나아가 버지니아나 다른 식민지에서 그랬던 것처럼 투표권을 행사하고 심지어 식민지 의회에 진출할 수도 있었다. 이처럼 영주 식민지인 메릴랜드에서도 영국인의 권리가 확립된 것은 영국의 정치적 전통 이외에 메릴랜드를 포함하는 북미대륙 식민지의 환경 덕분이라 할 수 있다. "신세계"에서는

22　W. Bond, Jr., *The Quit-Rent System in the American Colonies* (New Haven: Yale Univ. Pr., 1919), 173-179.

토지가 풍부하고 비옥한 반면에 노동력이 부족했고, 따라서 중세 유럽과 달리 농민이 농토를 얻기 위해 지주에게 예속되는 신분을 받아들일 필요가 없었기 때문이다. 그렇다면 유럽의 봉건제를 재건하려는 꿈은 북미대륙의 새로운 환경에 부딪혀 깨어지고 그 일부만 실현되었다고 할 수 있다.

그 대신, 노예제라는 잔인한 제도가 자리를 잡았다. 부족한 노동력을 확보하기 위해, 메릴랜드도 많은 흑인을 수입하고 그들에게 종신 노역을 강제했다. 거기에 흑인이 처음 나타났던 1640년대 초에는, 그들의 신분이 분명하지 않았다. 그러나 1660년대부터 흑백 사이의 혼인을 금지하는 조치를 비롯해 인종을 구분하고 노예제를 수립하는 일련의 조치가 있었고, 그에 따라 흑인은 점차 예속적인 신분을 지니게 되었다. 이들은 17세기 말에 이르면 30,000명에 가까운 메릴랜드의 전체 인구 가운데 11 %를 차지할 만큼 늘어났다.

펜실베이니아는 비교적 늦게 영주 식민지로 출발했으나, 다른 어느 식민지보다 빨리 안정과 성장을 누리기 시작했다. 그것은 주로 영주 윌리엄 펜의 관대하고 민주적인 자세 덕분이었다. 1681년 국왕 찰스 2세가 그의 아버지에게 진 빚을 갚기 위해 그에게 오늘날의 펜실베이니아와 델라웨어를 영지로 하사하자, 그는 거기에 종교의 자유가 보장되는 식민지를 세우기로 결심했다. 그는 젊었을 때 퀘이커교로 개종한 뒤에 영국 정부와 교회가 퀘이커 교도들을 탄압하는 데 항의했고, 그로 인해 옥스퍼드대학에서 퇴학당하고 런던 타워에 투옥당하기도 했기 때문이다. 신의 계시와 함께 평등과 평화와 우애를 강조하는 교리에 따라, 펜은 영주로서 원주민과 평화롭게 지내며 협상과 조약을 통해 토지를 구입했다. 또 교파나 국적을 가리지 않고 기독교도라면 누구에게나 문호를 개방하며 이주민 가구마다 500 에이커의 토지를 나누어 주었다. 덕분에 펜실베이니아는 17세기가 끝날 때쯤에는 2만 명에 육박하는 인구를 가지게 되었고, 수도 필라델피아는 중요한 항구로 떠오르게 되었다.

더욱이 펜은 식민지를 개척하면서 대지주로 구성되는 상원과 중소 지주 대표로 구성되는 하원을 설치하고, 상원에 입법권과 공직자 임명권을 부여하는 등, 상원이 주도하는 정부를 수립했다. 그것은 주로 대지주들의 요구가 반영된 결과였고, 이후 중소 지주의 발언권이 강화됨에 따라 그가 뜻한 것처럼 점차 민주화되었다. 실제로 1701년 중소 지주들은 상원을 폐지하고 자유인 대표로 구성되는 단원제 의회를 수립하고, 거기에 입법권과 공직자 임명권 등의 권한을 부여하자고 제안했다. 그는 망설임 끝에 그것을 받아들였고, 그에 따라 펜실베이니아는 가장 민주적인 정부를 갖게 되었다.

그러나 펜은 봉건제의 유산에서 벗어나지 못했다. 그는 나누어 준 토지에 대해 면역세를 부과하고 징수하는 데 많은 관심과 노력을 기울였다. 펜실베이니아 전역에 걸쳐 단일 세율을 도입하고 화폐가 부족한 실정을 감안해 밀 같은 현물의 납부를 허용했을 뿐 아니라 일반 행정 대신에 세무를 전담하는 관리를 임명하기도 했다. 게다가 의회가 면역세의 취지를 거론하며 비판했을 때도 양보하지 않았다. 그 결과, 펜실베이니아는 메릴랜드와 함께 북미대륙에서 가장 성공적으로 면역세가 관철된 식민지가 되었다.[23] 또 펜은 노예제를 허용했다. 그가 하사받은 지역에는 오래전부터 노예가 존재했는데, 그는 거기에 이의를 제기하지 않았고 또 스스로 노예를 사들여 농장에서 일을 시켰다. 그리고 노예의 수입을 허용하며 노동력을 확보하기 위해 노력했다. 따라서 펜실베이니아는 그의 종교적 열망과 달리 폭력과 속박에 의존하는 사회가 되었다. 그래도 노예를 제외하면, 주민은 중세 농노와 다른 존재였다. 메릴랜드와 마찬가지로, 펜실베이니아도 그들에게 북미대륙의 풍부하고 비옥한 토지를 유인책으로 제공했기 때문이다.

봉건 영주는 인접한 뉴욕에서도 뿌리를 내리지 못했다. 1664년 영국이 네덜란드로부터 빼앗았을 때, 그 지역은 이미 대규모 영지로 나뉘어 있었다. 네덜란드는 17세기 초에 그 지역을 장악하고서는 모피 무역에 주력하다가 뒤늦게 밀 같은 곡물의 생산에 관심을 기울였다. 그리고 농업에 필요한 인력을

---

23 Ibid., 133-139.

확보하기 위해, 몇몇 유력자들에게 넓은 토지를 나누어 주고 이민을 끌어들이려 했다. 그러나 이 퍼트룬제도는 자영농이 아니라 소작인에게 의지하는 제도였기에, 이민을 끌어들이는 데 큰 효과가 없었다. 영국은 그와 달리 토지를 커다란 규모의 장원으로 나누어 주면서도 인두권 제도를 통해 이민을 끌어들이는 적극적인 자세를 취했다. 더욱이 영국의 정치체제를 이식하는 한편, 재판권을 비롯해 주민에 대한 통치권을 총독에게 집중시켰다. 결국, 뉴욕에서도 대지주들은 봉건 영주가 누리던 통치권을 가질 수 없었다.[24]

그렇게 해서 북미대륙에 정착한 영국인은 원주민과 특징적인 관계를 맺게 되었는데, 이는 가까운 곳에 자리 잡은 다른 유럽인들과 비교할 때 뚜렷하게 나타난다. 스페인인들은 마야 문명을 정복하고 금은보화를 약탈한 데 이어, 16세기 중엽에는 오늘날의 플로리다에서 텍사스를 거쳐 캘리포니아까지 탐험했다. 그렇지만 거기서 귀금속을 발견하지 못하자, 몇몇 요새에 약간의 수비대와 선교사를 남겨둔 채 오늘날의 멕시코로 되돌아갔다. 이 지역은 스페인이 아메리카에 수립한 "누에바 에스파냐"Nueva España에 편입되었지만, 집중적인 이주와 개발의 대상으로 간주되지 않았다. 따라서 거기에 머무르던 소수의 스페인인도 원주민과 간헐적으로 접촉하는 데 그쳤다. 프랑스인들은 비슷한 시기에 오늘날의 뉴펀들랜드에서 오대호를 거쳐 루이지애나까지 탐험하고는, 이 광대한 지역에 "누벨 프랑스"Nouvelle France라 불리는 식민지를 건설했다. 그들도 거기서 금은보화를 발견하지 못했지만, 그 대신 모피가 풍부하다는 점을 깨달았다. 원주민은 아마포 이외에 다른 옷감을 알지 못했고, 추위를 막는 데 곰, 들소, 사슴, 비버beaver 등의 가죽을 흔히 이용했다. 그것은 유럽에서 비싼 값에 팔리는 상품으로 거래되었던 만큼, 프랑스인들의 관심을 끌었다. 따라서 그들은 선교사와 함께 모피 상인을 중심으로 북미대륙

---

24 Sung Bok Kim, *Landlord and Tenant in Colonial New York: Manorial Society, 1664–1775* (Chapel Hill: Univ. of North Carolina Pr., 1973), 3–86.

의 내륙에 접근했다. 특히, 원주민 부족 사이의 복잡한 관계를 파악하고, 우호적인 부족과 접촉하면서 서로 선물을 주고받으며 우의를 다지는 오랜 관습에 의지했다. 그래서 일부 원주민 부족에게 기독교를 전파하는 동시에 무기와 장신구, 술과 옷감 등을 선물로 주고 모피를 받는 관계를 맺을 수 있었다. 결국 애팔래치아산맥에서 미시시피강 유역까지 이르는 중부 저지에서는, 프랑스인들이 식민 사업을 벌이는 대신, 모피 상인을 중심으로 다양한 원주민 부족과 교역 관계를 수립했다.

그에 비하면, 영국인들은 귀금속이나 모피를 구하는 대신에 위에서 살펴본 것처럼 담배를 비롯한 작물을 재배하며 식민 사업을 추진했다는 점에서 특징을 지녔다. 더욱이, 바로 그렇기 때문에 원주민과 맺은 관계에서도 지속적 갈등을 겪었다. 영국인들은 기독교를 전파할 때와 마찬가지로 토지를 확보할 때에도, 원칙적으로 원주민과 개별적으로 접촉하지 않고 일종의 단체로서 교섭하는 방식을 취했다. 식민 사업의 주체가 회사든 영주든, 또는 국왕이 임명한 관리든 간에, 대표를 임명하고 그에게 먼저 원주민과 교섭해서 토지를 확보한 다음에 그로부터 토지를 분할, 인수하는 절차를 밟았다. 그것은 자신들 사이에서 벌어질 수 있는 치열한 경쟁을 방지하며 원주민으로부터 헐값으로 토지를 매입하는 방법이었고, 또 영국에서 수립되고 있었던 근대적 재산권을 북미대륙에서도 확립하는 방법이었다. 특히 오늘날에는 당연한 것으로 여겨지지만 당시에는 생경한 것으로 보였던 관념, 즉 토지에 대한 소유권에는 그것을 처분하는 권리뿐 아니라 거기서 수렵이나 경작을 하는 등, 그것을 이용하는 권리도 포함된다는 원칙을 구현하는 방법이기도 했다. 그러나 원주민은 그런 관념을 받아들이지 않았고, 또 자신들의 전통에 따라 토지를 양도한 다음에도 거기서 수렵은 물론이요 경작도 계속하려 했다. 따라서 영국 식민지에서는 원주민과 이주민 사이의 갈등이 지속되었다.[25]

---

25 Francis Jennings, *The Invasion of America: Indians, Colonialism, and the Cant of Conquest*

그런 갈등은 영국 식민지 가운데서도 변경 지대에서 집중적으로 일어났다. 변경 지대는 이주민이 원주민과 접촉하던 식민지의 주변 지역으로서, 대서양 연안에서 서서히 내륙으로 이동했다. 그것은 바꿔 말하면 원주민이 식민지의 팽창에 밀려 내륙으로 후퇴함에 따라 이동을 계속하는 지역이었다. 그렇지만 거기서 이주민의 진격과 원주민의 후퇴가 일방적으로 진행되었던 것은 아니다. 변경 지대는 본질적으로 이주민이 적었을 뿐 아니라 그들을 보호하는 군사력도 충분하지 않았다. 더욱이, 그 너머에는 사실상 이주민이 없었다. 내륙으로 깊숙이 들어갔던 프랑스인들을 제외하면, 중부 저지에서 대평원을 거쳐 산간 지역까지 광대한 내륙에서는 원주민이 전통적 생활방식에 따라 살고 있었다. 그렇기 때문에 변경 지대에서 식민지는 영국의 지원이 없이 스스로 자신을 보호해야 했는데, 거기에 필요한 인력과 재원을 마련하는 데 어려움을 겪었다. 따라서 흔히 민병대를 조직하고, 원주민과 본격적인 갈등이 벌어질 때에 소집, 운용하는 데 그쳤다. 그 결과, 변경 지대에서는 이주민이 군사적 우위를 확보하지 못한 채, 불안한 가운데서 정착하고자 노력해야 했다.

거기서 원주민은 영국 식민지의 팽창에 대처하기 위해 고심해야 했다. 그

(New York: Norton, 1975); James Axtell, *The Invasion Within: The Conquest of Cultures in Colonial North America* (Oxford: Oxford Univ. Pr., 1985); Patricia Nelson Limerick, *The Legacy of Conquest: The Unbroken Past of the American West* (New York: Norton, 1987); James H. Merrell, *The Indians' New World: Catawbas and Their Neighbors from European Contact through the Era of Removal* (Chapel Hill: Univ. of North Carolina Pr., 1989); Colin G. Calloway, *Our Vast Winter Count: The Native American West before Lewis and Clark* (Lincoln, NE: Univ. of Nebraska Pr., 2003); Ned Blackhawk, *Violence over the Land: Indians and Empires in the Early American West* (Cambridge, MA: Harvard Univ. Pr., 2006); Katherine DuVal, *The Native Ground: Indians and Colonists in the Heart of the Continent* (Philadelphia: Univ. of Pennsylvania Pr., 2007); Peter Silver, *Our Savage Neighbors: How Indian War Transformed Early America* (New York: Norton, 2009); Daniel K. Richter, *Before the Revolution: America's Ancient Pasts* (Cambridge, MA: Harvard Univ. Pr., 2011).

들은 서서히 내륙으로 후퇴했으나, 거기에는 이미 다양한 부족이 자리를 잡고 있었기에 부족 사이의 관계에서 긴장을 겪어야 했다. 이는 원주민과 이주민 사이의 관계에도 중요한 영향을 끼쳤다. 예를 들어, 이로쿼이 연맹은 뉴욕과 펜실베이니아에서 내륙으로 후퇴하면서도 이들 식민지와 우호적인 관계를 유지하기 위해 노력했다. 특히, 경쟁 관계에 있던 알공퀴언Algonquian 인들을 견제하고자 했다. 이 부족이 프랑스와 제휴하면서 오늘날의 캐나다에서 뉴잉글랜드까지 광대한 지역에서 세력을 확대하고자 했기 때문이다. 그러므로 이로쿼이 연맹은 영국 식민지와 타협하고 그 "문명"을 받아들이며 스스로 세력을 강화하는 길을 선택했다. 구체적으로 말하자면, 무기를 도입하는 데서 멈추지 않고 영국인들이 지닌 제도와 문화를 받아들이고자 했다. 특히, 토지를 양도하는 대신에 임대하는 방안을 통해 토지에 대한 소유권을 유지하면서 이주민과 공존할 수 있는 길을 찾으려 했다. 이처럼 상대방을 이해하고 서로 공존하는 지대는 대서양 연안에 자리 잡은 이주민과 광대한 내륙으로 물러난 원주민 사이에 있었는데, 오늘날 역사학계에서는 "중간 지대"middle ground나 "경계 지대"borderland라 불린다.[26]

그런 지대와 달리, 17세기 북미대륙의 영국 식민지에서는 문명이 형성되었다고 할 수 있다. 문명이라는 용어는 전문가에 따라 서로 다른 뜻으로 사용된다. 더욱이, 종래의 개념들은 문명의 다양성이나 발전 과정을 파악하는 데 도움이 되지 않는다. 지금까지 문명이라는 용어는 주로 인간의 물질적 성취를 자연이나 야만, 또는 미개 상태와 분별하는 데 쓰였기 때문이다. 따라서 아래 〈부록: 문명의 개념〉에서는 문명이라는 용어의 기원과 용법을 점검하고, 그것이 유럽 중심주의적 함의를 지닌다는 점을 지적한다. 그리고 그런

---

26 Richard White, *The Middle Ground: Indians, Empires, and Republics in the Great Lakes Region, 1650–1815*, 10th anniversary ed. (New York: Cambridge Univ. Pr., 2011), 1-268; Alan Taylor, *The Divided Ground: Indians, Settlers, and the Northern Borderland of the American Revolution* (New York: Vintage Books, 2007).

함의에서 벗어나기 위해 문명의 본질에 주목한다. 종래의 용법에서는 문명을 구성하는 요소가 부각되는 반면에 문명이 지니는 기능과 의미가 경시되었기 때문이다. 사실, 근래에 일부 학자들은 문명이 자연이나 외적外敵을 통제하는 기능을 지닌다는 점에 주의를 환기한다. 필자는 이와 같은 근래의 용법을 수용하면서 문명이란 넓은 뜻에서 권력구조라고 규정한다. 그것은 주권을 기능에 따라 입법권, 행정권, 사법권으로 나누고 그 사이에 일정한 관계를 수립하는 좁은 뜻의 권력구조보다 훨씬 커다란 것이다. 구체적으로 말해, 문명은 사람들이 자연이나 외적을 제어하기 위해 자신들을 조직하고 다양한 자원을 활용하며 수립하는 힘의 결집체라고 할 수 있다. 그런 문명의 개념에 비추어 보면, 17세기 말에 이르러서 미국 문명의 초석이 마련되었다고 할 수 있다. 그때까지 도시와 사회적 분업에서 학문의 발전에 이르기까지 문명의 특징적 양상들이 모두 형성되었다. 더욱이, 그런 양상은 영국을 비롯한 당대의 유럽 문명과 뚜렷한 차이를 보였다. 이주민은 유럽 사회를 그대로 재현하고자 하지 않았다. 그들은 대체로 자신들의 필요나 이상에 맞는 사회를 창조하려고 했고, 그래서 근대적 제도뿐 아니라 중세적 전통에도 의지했다. 무엇보다도 근대적 기업의 조직과 기법을 이용하는 동시에 봉건제의 유산을 이식하고자 시도했다.

그런 시도는 북미대륙의 낯선 환경에 부딪혀 굴절한 다음에 예상하지 못한 결과로 이어졌다. 특히, 토지가 풍부하고 비옥한 반면에 노동력이 부족한 환경 때문에 봉건적 지배-예속관계가 수립되지 않았다. 여러 식민지에 부과된 면역세에서 드러나듯이, 봉건제의 잔재가 자리 잡았을 뿐이다. 그 결과, 식민지 미국에서는 귀족이 뿌리를 내리지 못하고 평민이 높은 임금과 자유로운 신분을 누리는 사회, 심지어 평민이 주역으로서 무대의 중심을 차지하는 사회가 형성되었다. 그리고 정치체제는 외형상 영국과 유사했지만, 실제로는 미국의 보통 사람들이 영국의 평민보다 더 강한 발언권을 누리게 되었다. 더욱이, 식민지 미국은 다양한 종교와 문화가 혼재하는 다문화 사회였을 뿐 아니라 원주민 이외에 백인과 흑인으로 구성되는 다인종 사회이기도 했다. 그렇지만 흑인을 종신 노역과 제도적 억압에 묶어두는 폭력적인 노예제 사회이기도 했다. 근대 유럽에 없었던 이 다채로운 양상은 이후 북미대륙 식민지의 발전에 커다란 영향을 끼치며 미국 문명의 기본적 특징으로 자리를 잡는다.

--- ★ **부록: 문명의 개념** ---

문명이라는 용어는 오늘날 세계 어디서나 널리 쓰이는데, 그 기원은 18세기 중엽 유럽에 있다. 프랑스인들은 1750년대부터 civil 또는 civilised를 명사로 바꿔 civilisation이라는 단어를 쓰기 시작했고, 영국인들도 곧 그렇게 했다. 이 신조어는 자연이나 야만과 대비되는 의미를 지니고 있었다. 그것은 아프리카나 아메리카의 낙후 상태를 나타내는 동시에 유럽의 기술적 우위와 물질적 발전을 드러내었다. 그런 용법은 당대 유럽인들에게 친숙했다. 그들은 이미 16세기 초부터 해외로 팽창하면서 자신들과 비유럽인들을 대비시키며 유럽의 기술적·물질적 성취를 확인하고 과시했기 때문이다. 따라서 문명이라는 단어는 태생적으로 유럽 중심주의라는 이데올로기를 함축한다.[27]

그러나 20세기 중엽까지 200년 동안, 그것은 용법에서, 또 함의에서, 상당한 변화를 겪었다. 특히, 단수 이외에 복수 형태로 사용되는 경향이 뚜렷하게 나타났다. civilisation이나 civilization은 원래 개명開明 상태를 의미하는 추상명사였고, 따라서 복수로 쓰이지 않았다. 다시 말하면, 이들 단어는 근대 유럽의 기술적·물질적 성취를 가리키는 동시에 그것을 기준으로 다른 지역을 폄하하는 데 쓰였다고 할 수 있다. 그러나 19세기부터 복수 형태로도 쓰이기 시작했는데, 이는 다른 문명에 대한 이해가 깊어짐에 따라 나타난 용법이었다. 특히 중국 문명이 유럽에 비해 크게 뒤떨어지지 않았을 뿐 아니라 역사적으로도 유럽에 앞서 발전했다는 점에서, 유럽인들은 종래의 문명/야만

---

27 Lucien Febvre, "Civilisation: Evolution of a Word and a Group of Ideas," in *A New Kind of History from the Writings of Febvre*, ed. by Peter Burke (London: Routledge & Kegan Paul, 1973), 219-257; Bruce Mazlish, *Civilization and Its Contents* (Stanford: Stanford Univ. Pr., 2004); 라인하르트 코젤렉 외, 『코젤렉의 개념사 사전 1: 문명과 문화』, 안삼환 역 (푸른역사, 2010).

이분법을 재고하지 않을 수 없었다. 그래서 등장한 해법은 다양한 문명의 존재를 인정하는 한편, 문명이 발전하는 단계를 설정하고 유럽을 정점에 올려놓는다는 관념이었다. 물론, 다른 문명들은 낮은 발전 단계에 머물러 있는 것으로 여겨졌다. 특히 중국 문명은 일찍부터 발전해서 중세에 꽃을 피운 다음에 근대에 들어와서 정체 상태에 빠졌다는 해석이 19세기 유럽 지성계에 널리 자리 잡았다. 그리고 이 해석은 흔히 중국 문명이 서양 문명에서 충격을 받고 정체 상태에서 깨어나기 전에는 새로운 발전의 가능성을 보이지 않을 것이라는 전망으로 연결되었다. 그런 관념이 20세기까지 이어지는 전통으로 뿌리내렸다는 사실에 대해서는 따로 설명할 필요가 없을 것이다.[28]

따라서 문명이라는 용어는 동서고금의 수준 높은 기술적·물질적 성취를 가리키는 데 널리 쓰이지만 아직도 유럽 중심주의라는 함의를 지니고 있다. 그 예로 이미 언급한 바 있는 윌리엄 맥닐의『서양의 대두』를 살펴보자. 이 책은 1963년에 출간된 이래 세계사 이해에 커다란 영향을 끼쳤는데, 이미 지적한 것처럼 세계사의 전개 과정을 문화적 확산으로 설명하면서 문화가 수준이 높은 곳에서 낮은 곳으로 흐른다고 주장한다. 그렇지만 수준이 낮은 곳에서 문화가 어떻게 발전하는지 설명하지 않는다. 따라서 그가 서술하는 세계사에서는 후진 지역이 선진 지역으로 발전하는 사례도 부각되지 않는다. 근래에 진행되는 동양의 부상도 "서양의 대두" 아래서 벌어지는 일종의 촌극처럼 보일 뿐이다. 여기에 들어 있는 유럽 중심주의에 관해, 맥닐은 스스로 잘못을 고백한 바 있다.[29] 그렇다고 해서 그가 서술하는 세계사에서 유럽 중심주

---

28 Gregory Blue, "China and the Writing of World History in the West," paper prepared for the XIXth International Congress of Historical Sciences, Oslo, 6–13 August 2000, http://www.oslo2000.uio.no/program/papers/m1a/M1a-blue (2015년 2월 14일 접속); Victor Kiernan, *The Lords of Human Kind: European Attitudes to Other Cultures in the Imperial Age* (London: Serif, 1995).

29 William H. McNeil, *The Rise of the West: A History of the Human Community with a Retrospective Essay* (Chicago: Univ. of Chicago Pr., 1992), xv–xxxii.

의의 문제가 해결되지는 않는다. 왜냐하면 그것은 세계사를 바라보는 맥닐의 안목에 내재하는 문제이기 때문이다.

맥닐의 안목은 이미 설명한 것처럼 문화적 확산이라는 개념에 토대를 두고 있는데, 이 개념은 원래 고고학자 고든 차일드가 제시한 것이다. 이미 소개한 것처럼 차일드는 선사시대의 중요한 발전을 신석기 혁명과 도시 혁명으로 규정하고, 그런 발전이 문화적 확산을 통해 앞선 지역에서 뒤진 지역으로 전파되었다고 설명한다. 이어서 확산은 질적 저하를 수반한다고 부연한다.

그러나 이 확산의 과정에서 문화는 질적으로 저하되었다. 새로운 기술을 배운 사람들은 대개 그것을 서투르게 사용한다. 능숙하게 되는 데는 몇 세대에 걸치는 연습과 훈련이 필요하다. 또 수준 높은 문명은 전체적으로 채용되지 않는다. 받아들이는 사람들은 새로운 문화적 품목 속에서 일부만 필요성을 느끼고 수용할 수 있다. 예를 들면 야금술을 충분히 익히고 무기를 만드는 데 필요한 광석도 충분히 얻을 수 있지만, 문자를 배우지 않거나 문자를 배운다고 해도 필수불가결한 교역 조직을 만들지 않을 수도 있다. 따라서 여러 수준의 문명이 생기고, 원래의 중심지에서 만들어진 기준에 가까운 정도도 달라진다. 그리고 이런 수준은 원래의 중심지에서 거리가 멀어질수록 낮아지는 경향이 있다.[30]

그렇다면 과연 문명이 세계사를 이해하는 데 유용한 개념인가 하는 의문이 떠오른다. 이것은 유럽 중심주의에 관한 논쟁과 연관되어 있는 중대한 의문이다. 세계 역사학계에서 유럽 중심주의를 비판하고 그 대안을 모색하는 논쟁은 1980년대부터 진행되었고, 근래에는 국내에서도 적잖은 관심을 끌었다. 이미 소개한 바 있듯이 논쟁은 "서양의 대두"라는 주제를 중심으로 전

---

30 V. Gordon Childe, *Man Makes Himself* (1936; Bulwell Lane: Spokesman, 2003), 177.

개되었는데, 유럽 중심주의의 대안을 모색하는 작업으로 가장 관심을 끈 것은 인도의 역사학자 디페쉬 차크라바티Dipesh Chakrabarty의 『유럽의 변방화』이다. 그 요점은 유럽의 역사를 세계사를 바라보는 기준으로 여기지 말고 다양한 지역사 가운데 하나로 보자는 데 있다. 그러면 다양한 지역사를 어떻게 포괄해서 세계사로 통합할 수 있는가 하는 문제가 떠오른다. 왜냐하면 다양한 지역사를 나란히 놓는다고 하면, 그것을 하나로 묶을 수 있는 길이 보이지 않기 때문이다. 이에 대해 차크라바티는 답답한 해답을 내놓는다. 인류의 역사를 이해하기 위해서는 유럽의 정치사상에 의지할 수밖에 없다는 것이다. 더 정확하게 말하면, 자신이 옹호하는 마르크스의 정치사상에 의지할 수밖에 없다는 것이다.[31] 그러나 마르크스는 유럽 중심주의에 빠져 있었고 말년에 가서야 거기서 벗어나야 한다고 생각했을 뿐이다. 특히 산업의 발전에서 앞선 나라는 뒤처진 나라의 미래를 보여 준다는 명제를 놓고 고민을 거듭했지만, 거기에 아무런 수정도 가하지 못했다. 바꿔 말해, 근대로 발전하는 과정에서 유럽이 거친 것과 다른 경로가 있는지 확신하지 못했다고 할 수 있다.[32] 차크라바티는 그 점을 고려하지 않은 채로 마르크스에게 의지하면 유럽 중심주의적 역사관에서 벗어날 수 있다는 가망 없는 견해를 내놓는 것으로 보인다.

---

31 Dipesh Chakrabarty, *Provincializing Europe: Postcolonial Thought and Historical Difference* (Princeton, NJ: Princeton Univ. Pr., 2000).

32 Karl Marx, Preface to the first German edition, *Capital: A Critique of Political Economy*, Vol. 1, trans. Samuel Moore and Edward Aveling, *Marx & Engels Collected Works*, Vol. 35 ([London]: Lawrence & Wishart, 2010), 7–11; Gareth Stedman Jones, "Radicalism and the Extra-European World: The Case of Karl Marx," in *Victorian Visions of Global Order: Empire and International Relations in Nineteenth-Century Political Thought*, ed. Duncan Bell (Cambridge: Cambridge Univ. Pr., 2007), 186–214; Kevin B. Anderson, *Marx at the Margins: On Nationalism, Ethnicity, and Non-Western Societies* (Chicago: Univ. of Chicago Pr., 2010), esp. 154–195; Kolja Lindner, "Marx's Eurocentrism: Postcolonial Studies and Marx Scholarship," *Radical Philosophy* 161 (2010), 27–41.

곰곰이 생각해 보면, 그것은 당연한 귀결이 아닌가 싶다. 왜냐하면 정치 사상이란 역사적 경험을 토대로 구성된 사고 체계이므로, 탄생 지역을 벗어나면 한계를 드러낼 수밖에 없기 때문이다. 그렇다면, 유럽 중심주의적 역사관에서 벗어나기 위해서는 유럽의 정치사상을 버려야 한다는 결론에 이르게 된다. 바로 여기에 커다란 난관이 있다. 오늘날 세계사를 이해하는 데 동원되는 온갖 설명 체계와 그것을 구성하는 개념은 거의 모두 근대 유럽에서 형성된 것이라 해도 과언이 아니다. 그런 개념이나 설명 체계를 버리고 나면 대체 무엇을 가지고 아시아나 아메리카, 또는 아프리카의 역사를 설명할 수 있을까? 과연 어떻게 새로운 방식으로 세계사를 이해할 수 있을까? 아니 근대 세계를 이해할 수나 있을까? 오늘날 세계 역사학계는 이런 의문에 빠져 있다. 그런 뜻에서 차크라바티의 『유럽의 변방화』 이후에 대안을 모색하는 작업이 정체 상태에 빠진 것도 납득할 만한 일이다.[33]

그런 의문을 해결하는 길은 근대 유럽에서 형성된 개념과 설명 체계를 면밀하게 살펴보며 거기서 유럽 중심주의적 요소를 걸러 내는 데 있다. 이것은 물론 하루 이틀 사이에 할 수 있는 간단한 일이 아니다. 그렇지만 주요 개념부터 하나씩 재검토하면서 새로운 설명 체계를 모색할 필요가 있다.

여기서 다루어야 할 것은 문명의 개념이다. 그것은 유럽 중심주의를 모태로 탄생했지만, 이제는 다양한 문명의 존재를 포괄할 수 있을 만큼 유럽 중심주의에서 벗어나기 시작했다고 할 수 있다. 그래도 문명의 개념에 남아 있는 유럽 중심주의는 윌리엄 맥닐의 『서양의 대두』에서 드러나는 바와 같은 문화적 확산이라는 관념이다. 그것은 고든 차일드가 주목하는 질적 저하를 수반하며, 따라서 주변 지역에서 발전하는 문명을 모두 중심 지역의 아류로 취급하기 때문이다. 그들의 논의에서 문화는 인류학자들 사이에서 널리 쓰이는 생활양식이라는 정의보다 더 넓은 개념이다. 그것은 문명과 선명하게 구분되

---

33 배영수, 「"서양의 대두"와 인간의 본성」, 『역사학보』 216 (2012), 81–108, 특히 95–103.

지 않고, 문명에 들어있는 기술, 예술, 지식, 종교, 이데올로기 등, 지적, 예술적, 정신적 자산을 포괄하는 부분으로 간주된다. 중요한 것은 그들이 문화를 높은 데서 낮은 곳으로 흐르는 물처럼 취급한다는 점이다.

그러나 주변 지역에 사는 사람들은 수동적인 존재가 아니라 펌프를 써서 물을 끌어들이는 것처럼 주체적이고 능동적인 존재이다. 이미 제2장에서 소개한 바 있듯이, 인류학자 페르디난도 오르띠스는 쿠바 같은 주변 지역에서도 사람들이 그저 앞선 문화를 뒤좇은 것이 아니라 기왕에 지녔던 문화를 자신들의 환경과 필요에 따라 바꾸며 새로운 문화를 만들어 냈다고 지적했다. 그리고 그것을 문화적 확산이나 접변이 아니라 문화적 변용으로 보자고 제안했다. 필자는 이 제안을 수용하면서도, 문화적 변용에서 사람들이 담당하는 역할을 분명하게 밝혀낼 필요가 있다고 생각한다. 또 그것을 드러내는 데 채용adoption이라는 용어가 적절하다고 생각한다. 사람들은 스스로 지녔던 문화이든 남에게서 배운 문화이든 간에 가용한 문화적 자원 가운데서 쓸모 있을 만한 것을 선택하고 필요하다면 거기에 적절한 변형을 가하며 사용하기 때문이다. 앞으로 필자는 이 용어를 사용하며 미국 문명의 발전 과정을 설명할 것이다.

그래도 남아 있는 문제는 문명의 개념이 모호하다는 점이다. 역사학자들은 흔히 고든 차일드의 문명 개념을 사용하는데, 앞에서 소개한 바 있듯이 그것은 신석기 혁명과 도시 혁명을 통해 일어난 획기적 발전을 가리킨다. 실제로, 그는 그런 발전의 양상을 적시하며 문명이 무엇인지 규정한다. 그에 따르면 문명의 탄생은 다음과 같은 특징적 양상을 수반한다―도시, 사회적 분업, 잉여 생산물의 사회적 축적, 잉여 생산물의 불평등 분배와 지배 집단의 등장, 혈연관계보다 거주 지역을 토대로 삼는 국가조직, 필수품과 사치품의 원거리 교역, 기념비적 건축물, 예술 양식의 대두, 문자의 사용, 수학과 과학의 발전.[34] 이런 특징적 양상은 분명히 인류의 역사에서 나타나는 비약적 발

---

34 V. Gordon Childe, "The Urban Revolution," *Town Planning Review* 21.1 (1950),

전 단계를 분별하는 데 도움이 된다. 그러나 차일드의 개념은 그런 양상들이 함께 모여 어떤 기능을 발휘하는지, 또 그것들이 서로 관계를 맺으며 하나의 전체로서 어떤 의미를 지니는지 다루지 않는다. 바꿔 말하면, 문명의 본질을 파헤치지 않는다.[35]

그런 문제점은 그다음으로 널리 사용되는 문명 개념에도 들어 있다. 고고학자 콜린 렌프루Colin Renfrew는 고든 차일드와 달리 문화의 확산에 관심을 기울이지 않는다. 오히려 유럽 문명의 기원을 탐구하면서, 이집트나 오리엔트의 영향보다 크레타섬과 에게해 도서 지역의 자생적 요소에 주목한다. 그래서 이미 기원전 3000년경에 미노아 문명이 특징적 양상을 띠기 시작했고, 그것이 나중에 미케네 문명으로, 또 그리스 문명으로 전승되었다고 주장한다. 이 견해에서는 문명의 출현에 수반되는 양상이 많은 사람들이 집중적으로 거주하는 도회지가 대두하고 거대한 제의용 건축물이 건립되며 문자가 사용되는 것으로 집약된다. 렌프루는 이 간단한 목록에 문명의 의미를 덧붙여 말한다. "문명이란 인간이 만드는 복잡한 인공 환경이다. 그것은 인간이 창조하는 격리 구조, 즉 인간과 자연 세계 사이에 존재하는 인공물이다. 인간을 둘러싸고 있는 환경이 여러 차원을 지니고 있으므로, 문명도 다차원적인 성격을 띠고 있다."[36] 이런 뜻에서 렌프루의 개념은 문명이 어떤 의미를 지니는지 말해 준다. 그렇지만 그것도 차일드의 개념과 마찬가지로 문명이 어떤 기능을

3-17.

35 이하 몇 개 문단에서 서술하는 내용은 필자가 이미 논문을 통해 발표한 견해를 조금 풀어서 옮겨 쓴 것이다. 해당 논문과 해당 견해가 기술되어 있는 부분은 다음과 같다. Youngsoo Bae, "Rethinking the Concept of Capitalism: A Historian's Perspective," *Social History* 45.1 (2020), 1-25, 4-5.

36 Colin Renfrew, *The Emergence of Civilisation: The Cyclades and the Aegean in the Third Millennium BC* (1972; Oxford: Oxbow, 2011), 13. 또한 다음 문헌도 참고하라. Felipe Fernández-Armesto, *Civilizations: Culture, Ambition, and the Transformation of Nature* (New York: Free Pr., 2001), 11-35.

발휘하는지 묻지 않는다.

차일드와 렌프루의 개념에서 부족한 것은 사회학자 마이클 맨의 연구에서 어느 정도 보충할 수 있다. 그는 사람들이 만들어 내는 집단적인 힘이 어떻게 발전해 왔는지 탐구하면서 문명의 개념을 거론한다. 그에 따르면, 문명의 출현은 집단적 힘이 발전하는 과정에서 하나의 획기적 단계를 가리킨다. 인류는 집단을 구성하기 전까지 원시적 자유를 누렸지만, 위계질서를 수립하고 사회구조를 구축함으로써 원시적 자유 대신에 전례 없이 강한 힘을 얻을 수 있었다. 예를 들어 국가는 구성원들을 구속하는 규칙을 제정하고 물리적 폭력을 장악함으로써 일정한 영토 안에서 막강한 권위를 확보할 수 있었다. 맨은 선사시대에 등장한 많은 국가 가운데 대부분은 퇴보하고 일부만이 문명 단계로 발전했다는 사실에 주의를 환기하면서, 문명이 규정하기 어려운 개념이라고 지적한다. 그리고는 자신의 연구에는 차일드의 개념보다 렌프루의 개념이 유용하다고 부연한다. 그것은 인공 환경으로서 자연을 지배하는 힘으로 기능하기 때문이다. 더욱이, 맨은 그것이 다른 사람들을 지배하는 힘으로 기능한다는 점도 덧붙여 말한다.

렌프루에 따르면, 문명은 세 가지 사회제도, 즉 제의 중심지와 문자, 그리고 도시를 결합한다. 이들 제도가 결합된 곳에서는 자연을 지배하고 다른 사람들을 지배하는 인간의 집단적 힘이 비약적으로 강화되기 시작하는데, 이는 선사시대는 물론이요 역사시대에도 증거가 아무리 부실하고 일정치 않다 해도 무엇인가 새로운 것이 나타났음을 뜻한다. 렌프루는 이것을 가리켜 "격리"의 비약적 발전이라 부른다. 그것은 인간을 분명하고 고정되어 있으며 제한되어 있는 사회적·영토적 경계선 안에 가두어 놓는 것이다. 나는 사회적 우리라는 비유를 쓰고자 한다.[37]

---

37 Michael Mann, *The Sources of Social Power*, Vol. 1: *A History of Power from the*

이 견해는 문명이 어떤 기능을 지니고 있는지 이해하는 데 도움이 된다. 그러나 맨은 문명이 등장하면 자연에 대한 지배력뿐 아니라 외적外敵에 대한 통제력도 크게 강화된다고 주장하면서도 그 근거를 제시하지 않는다. 자연에 대한 지배력에 관해서는 이미 렌프루가 거론한 바 있으므로 따로 근거를 제시할 필요는 없다. 그렇지만 외적에 대한 통제력에 관해서는 차일드는 물론이요 렌프루도 거론한 적이 없는 만큼, 근거를 들어 가며 설명해야 한다. 그런데도 맨이 그렇게 하지 않기 때문에, 그 구절은 설득력이 부족한 것으로 보인다.

그렇지만 이 문제는 쉽사리 해결할 수 있다. 문명은 차일드나 렌프루가 지적하듯이 도시의 대두와 함께 등장하는데, 많은 사람들이 모여 살던 이 공간은 두터운 방벽으로 둘러싸여 있었다. 정치학자 아자르 가트Azar Gat에 따르면, 그것은 거기에 살던 사람들이 외적으로부터 자신들을 안전하게 보호하는 중요한 시설이었다. 그 예로 『길가메쉬』에서 배경으로 등장하는 우루크Uruk를 생각해보라. 기원전 4000년경에 형성되어 수메르 문명을 밑받침했던 이 고대 도시에 대해, 『길가메쉬』의 시인들은 언제나 "거대한 방벽으로 둘러싸여 있는 도시"라고 찬양한다.[38] 그 방벽이 도시 주민을 보호하는 시설, 그 것도 자연이 아니라 외적으로부터 보호하는 시설이라는 점은 따로 설명할 필요도 없다. 이런 뜻에서는 탁월한 사회학자 노르베르트 엘리아스가 『문명화과정』에서 제시한 견해도 참고할 만하다. 그는 중세 유럽의 기사들이 야만적 폭력을 버리고 예의범절을 배우며 근대 유럽의 귀족으로 변모하는 역사를 추적하면서, 그 역사가 절대군주를 중심으로 근대 국가가 대두하며 폭력에 대

Beginning to A.D. 1760 (Cambridge: Cambridge Univ. Pr., 1986), 38. 강조는 원문.

38 Azar Gat, *War in Human Civilization* (Oxford: Oxford Univ. Pr., 2006), 278–289; *The Epic of Gilgamesh: The Babylonian Epic Poem and Other Texts in Akkadian and Sumerian*, trans. Andrew George (London: Penguin, 2003).

한 통제력을 확보하는 과정과 밀접하게 연관되어 있었다고 지적한 바 있다.[39] 그렇다면 문명의 기능은 렌프루가 지적한 자연에 대한 지배력뿐 아니라, 맨이 근거도 제시하지 않고 언급한 외적에 대한 통제력도 강화하는 데 있다고 할 수 있다.

문명의 기능을 그렇게 이해하면, 문명의 본질에도 접근할 수 있다. 문명이 자연과 외적을 제어하는 기능을 지닌다면, 그것은 그런 기능을 발휘하도록 구축된 인위적 건조물이라 할 수 있다. 맨이 주장하듯이 사람들이 집단을 형성하고 힘을 모으는 것은 자연과 외적으로부터 자신들을 보호하며 생명을 지키고 나아가 번영을 누리는 데 목적이 있다. 그런 목적을 달성하기 위해 인류는 일찍부터 씨족이나 부족, 또는 국가 같은 집단을 형성했지만, 오직 일부만 문명을 건설하는 단계, 즉 자연에 변형과 제어를 가하며 집단을 보호하는 지속적 건조물을 수립하는 단계에 도달할 수 있었다. 차일드가 문명의 특징적 양상이라 주장한 열 가지 현상—도시와 분업에서 문자와 학문까지 이르는 현상—은 그런 건조물을 구성하는 요소들이다. 바꿔 말하면, 문명이란 사람들이 외적은 물론이요 자연까지 제어하기 위해 여러 유형의 힘을 모아 만들어 내는 집단적 건조물이라고, 한마디로 줄여 권력구조의 일종이라고 할 수 있다.

문명은 권력구조 가운데서도 매우 넓은 뜻을 지니는 것이다. 권력구조라 하면, 사람들은 흔히 주권을 기능에 따라 입법권, 행정권, 사법권으로 나누고 그것들을 서로 견제하면서 균형을 이루게 만드는 제도적 장치를 생각한다. 그렇지만 그것은 좁은 뜻의 권력구조다. 그와 달리, 필자가 말하는 넓은 뜻의 권력구조는 주권처럼 정치의 영역에서 형성되는 권위를 넘어서 사회, 경제, 문화 등, 다른 영역에서도 성립하는 권위까지 포괄한다. 이는 무엇보다 필자가 생각하는 권력 내지 권위의 개념이 매우 넓다는 점과 연관되어 있다.

---

39 노르베르트 엘리아스, 『문명화 과정 1』, 박미애 역 (한길사, 1996).

필자가 말하는 권력 내지 권위는 우리가 일상생활에서 힘이라 부르는 것에 가깝다. 물론, 그것은 본질적으로 폭력과 긴밀한 관계를 지닌다. 오래전에 토머스 홉스Thomas Hobbes가 『리바이어던』에서 설파한 바 있듯이, 그것은 가만히 있는 것을 움직이게 만드는 요인이다. 홉스가 주목하던 개인의 차원에서 볼 때, 권력은 완력과 권위를 넘어 지식과 위신, 그리고 매력도 가리킨다. 그렇지만 권력은 사람들 사이에 형성되는 사회적 관계에 달려 있다고도 할 수 있다. 먼저, 이 책에서 관심을 기울이는 경제 권력, 즉 돈을 가지고 다른 사람들을 움직이는 힘이 그렇다. 게다가 여러 사람들이 집단을 만들어서 얻는 물리적 폭력과 조직된 노동력과 제도적 권위도 그렇다. 그 외에, 지력이나 수력, 중력이나 풍력처럼 자연을 이용해서 얻는 힘도 흔히 사회적 관계의 산물이다. 더욱이, 권력에 대한 이해도 미셸 푸코 덕분에 크게 깊어졌다. 그것은 더 이상 사람을 움직이는 요인으로서 그 바깥에 존재하는 어떤 객관적인 것으로 간주되지 않는다. 오히려 사람들 사이의 사회적 관계에 내재하면서, 그들 사이에 형성되는 이해 내지 지식과 얽혀 서로 영향을 주고받는 것으로 해석된다.[40]

그처럼 다종다양한 권력이 필자가 말하는 넓은 뜻의 권력구조를 구성한다. 사람들은 그런 권력을 그냥 내버려 두지 않고, 그 사이에 일정한 관계를 수립하기 때문이다. 특히, 물리적 폭력과 정치적 권위, 경제 권력과 종교적 권위 등, 주요 권력 사이에 일정한 관계를 수립하고 하나의 구조를 조직하기 때문이다. 다시 말하자면, 사람들은 서로 흩어져 사는 대신에 함께 모여 집

---

40 Hannah Arendt, *On Violence* (New York: Harcourt, 1970); Hans J. Morgenthau, *Politics among Nations: The Struggle for Power and Peace* (New York: Knopf, 1948), 13-20, 73-108; Thomas Hobbes, *Leviathan*, ed. C. B. Macpherson (New York: Penguin, 1981), 150-160; Michel Foucault, *Discipline and Punish: The Birth of the Prison*, trans. Alan Sheridan (New York: Vintage, 1995); idem, *Power/Knowledge: Selected Interviews and Other Writings, 1972-1977*, trans. Colin Gordon et al. (New York: Vintage, 1980).

단을 구성하면서 다종다양한 권력 사이에 일정한 상호 관계를 수립하고 하나의 체계를 구축하며 권력을 효과적으로 결집하는데, 그 결과로 형성되는 조직체가 문명이라고 할 수 있다. 이 조직체는 렌프루가 주장하듯이 인간과 자연을 격리시키는 인공 환경으로서는 물론이요 하나의 집단과 그 외적을 격리시키는 건조물로서도 중요한 의미를 지닌다.

그 문명 개념은 문명의 다양성을 파악하는 데 도움이 된다. 문명의 본질이 한 무리의 사람들이 여러 종류의 힘을 효과적으로 결집하기 위해 집단적으로 구성하는 조직체라면, 현실 속에 존재하는 문명은 힘을 결집하는 방식이나 집단을 구성하는 방식에서 서로 다른 방향으로 발전한다. 왜냐하면 문명은 사람들이 자연과 외적으로 구성되는 다양한 여건 속에서 스스로 당면하는 상이한 필요에 따라 힘을 결집하는 방식과 집단을 구성하는 방식을 결정하기 때문이다.

예를 들면, 오늘날 많은 사람들은 정치적 권위가 시민의 권리를 침해하지 않도록 제한되어야 한다고, 특히 이른바 "경제 논리"를 왜곡할 정도로 경제 분야에 영향을 끼치지 않도록 제한되어야 한다고 생각한다. 여기에는 두 가지의 힘, 즉 우리가 알고 있는 정치적 권위와 재산에 토대를 두고 형성되는 경제 권력을 구분하고 또 분리해야 한다는 관념이 들어 있다. 이런 관념은 근대 유럽에서 발전해서 세계적으로 확산되었지만, 전근대 사회에서는 찾아볼 수 없다. 중세 유럽에서는 정치적 권위와 경제 권력이 통치권으로 통합되어 있었고, 또 통치권은 형식상 군주에게 귀속되어 있었지만 실제로는 지방 영주가 행사하고 있었다. 반면에 중국에서는 고대에서 근대까지 전란 시기를 제외하면 대체로 정치적 권위가 경제 권력을 압도했고, 또 황제 일인에게 집중되었다. 이처럼 다른 구조를 가진 중국 문명의 발전 과정을 이해하는 데는 유럽의 역사를 설명하는 틀이 한계를 지닐 수밖에 없다. 그 대안으로 정치적 권위의 압도적 위상과 집중적 경향에 초점을 맞추고 그것을 중심으로 중국 문명의 발전 과정을 해명하는 틀이 필요한 듯하다. 이는 중국사 전문가들이 해결해야 할 과제이다. 우리에게 중요한 것은 필자의 문명 개념이 유럽 중심주의적 역사관에서 벗어나는 데 활용될 수 있다는 점이다.

필자의 문명 개념은 물론 이 책에서 설정되는 과제를 해결하는 데도 필요하다. 미국 문명은 유럽 문명의 외연으로 출발했지만 그것과 다른 경로를 따라 발전하며 새로운 구조를 만들어내었고, 따라서 미국 문명의 발전 과정도 유럽의 역사를 설명하는 종래의 틀로는 올바르게 해명할 수 없다. 그렇다면 미국 문명이 유럽 문명과 다른 구조를 지닌다는 점을 밝혀내면서 그것이 형성되고 발전하는 과정을 파헤칠 필요가 있다. 나아가 문명의 기능이 자연과 외적에 대한 제어 능력을 확보하는 데 있다면, 미국 문명이 그런 기능을 효과적으로 발휘하는지, 또 그에 따르는 부작용에 적절하게 대처하는지도 살펴볼 필요가 있다.

그런 점을 염두에 두고, 제3장에서는 먼저 북미대륙에서 문명이 형성되는 과정을 살펴보며 특징적 양상을 알아내는 데 초점을 맞춘 바 있다. 거기서 드러난 식민지 사회를 위에서 살펴본 문명의 개념에 비추어 보면, 17세기 말에 이르러 미국 문명의 초석이 마련되었다고 할 수 있다. 이제 그 위에서 미국 문명이 발전하는 과정을 살펴보자.

제4장

제국과 식민지

북미대륙의 영국 식민지는 일찍이 문명의 초석을 마련한 데 이어 18세기에는 빠른 속도로 성장하는 시기를 맞이했다. 그에 따라 본국과의 관계도 적잖은 변화를 겪었다. 식민지는 여러 측면에서 본국과 비슷하면서도 매우 다른 사회로 발전했고, 영국은 거대한 제국으로 팽창함에 따라 여러 대륙에 건설된 다양한 식민지에 어떤 위상을 부여하고 그와 어떤 관계를 수립할 것인가 하는 문제를 놓고 일관성 없는 태도를 보였기 때문이다. 그렇게 해서 영국과 식민지 사이에는 긴장 관계가 조성되었고, 그것은 특히 북미대륙에서 심화되었다. 거기서는 이주민이 스스로 영국인이라 생각하면서 영국과 유사한 정치체제를 세우고 영국인으로서 온갖 권리를 누리려 했던 반면에, 영국은 그들을 어디까지나 식민지인으로 취급하면서 어떻게든 통제하고 복속시키려 애썼기 때문이다.

그런 긴장 관계는 기본적으로 식민지의 성장에서 초래된 결과이므로, 그 관계를 올바르게 파악하기 위해서는 영국의 정책과 함께 식민지의 성장에 주목해야 한다. 그러자면 오랫동안 미국 역사학계를 지배했던 견해부터 살펴보지 않을 수 없다. 오늘날에도 미국의 많은 역사학자들은 미국에서는 일찍부터 자본주의가 발전했다는 명제를 받아들인다. 이런 견해를 가장 선명하게 보여 주는 저술은 칼 데글러Carl N. Degler의 『현대 미국의 성립』이다. 한국에도 번역, 소개된 이 책은 1959년에 초판이 나왔고 1984년에 3판이 나왔는데, 아직도 널리 읽힌다. 저자는 제1장 "기원"에서 제1절에 "자본주의는 첫 배를 타고 왔다"는 제목을 붙이고 미국 자본주의의 기원을 서술한다. 그에 따르면 북미대륙에는 유럽의 봉건제나 신분제가 이식되지 않았고, 그래서 반자본주의 정서와 같은 장애물도 없었다. "17세기 영국인들은 거래와 사업을 하면 품위가 깎인다는 중세적이고 귀족적인 관념 대신에 청교도 신앙과 퀘이커 신앙, 즉 막스 베버가 프로테스탄트 윤리라 부른 두 가지 형태의 부르주아 정신을 아메리카에 갖고 왔다."[1] 이어서 데글러는 그런 신앙이 어떻게 식민지의 경제성장에 기여했는지 밝히기 위해 노력한다. 그에 따르면, 미국은 이미 17세기부터 자본주의 사회였다.

그런 통설에는 간과하기 어려운 문제점이 있다. 데글러나 그의 견해를 수용하는 학자들은 무엇보다도 자본주의가 무엇인지 명확하게 규정하지 않는다. 그들은 대개 베버처럼 정신적 측면에 주목하면서 자본주의를 자유로운 시장경제로 느슨하게 규정한다. 이 개념에 따르면, 자본주의가 발전하는 과정을 올바르게 이해하기 어렵다. 시장이 얼마나 자유롭게 작동해야 자본주의의 성립을 말할 수 있는지 분명하지 않기 때문이다. 더욱이, 그들은 자본주의를 경제체제로 취급하면서 경제 이외의 영역을 상대적으로 경시하는 경향을 보인다. 특히, 정치적, 사회적 변화가 자본주의의 발전 과정에 끼치는 영향을 과소평가하는 경향을 보인다. 따라서 미국 역사학계의 통설에 따르

---

1 Carl N. Degler, *Out of Our Past: The Forces That Shaped Modern America*, 3r ed. (New York: Harper, 1984), 6.

면, 18세기 북미대륙 식민지가 어떤 사회였는가 하는 의문에 올바르게 대답하기 어렵다.

그 의문이 제4장의 주제이다. 북미대륙의 영국 식민지는 17세기 말에 안정을 달성한 데 이어 18세기에는 유례를 찾기 어려운 번영을 누렸다. 번영은 경제적 풍요뿐 아니라 문화적 변동과 정신적 혼란도 가져다주었다. 식민지 주민은 18세기 중엽부터 소비문화에 젖어들기 시작했으나 새로운 종교적 열정에 휩싸이기도 했다. 또 "아메리카인은 누구인가?"라는 의문을 던지며 자신들의 정체성에 대해서도 성찰하기 시작했다. 이미 17세기 중엽부터 원주민 대신에 자신들을 가리켜 아메리카인이라 불러 왔지만, 그로부터 한 세기가 넘는 세월이 지난 다음에야 그 함의를 천착하며 의식의 차원에서도 아메리카인으로 변신하는 과정에 들어서 있었던 것이다. 제4장은 그처럼 다양한 변화를 이해하기 위해 먼저 영국의 식민지 정책, 특히 북미대륙에 대한 정책을 살펴보고, 이어서 북미대륙 식민지의 발전 과정과 그 요인을 파헤친 다음에 식민지의 문화적 변동과 아메리카인의 정체성 문제를 다룬다. 끝으로 18세기 식민지 미국 사회의 성격을 어떻게 규정할 것인지 생각하며 자본주의의 개념을 논의한다.

1. 영국의 북미대륙 정책

북미대륙의 영국 식민지는 18세기에 들어와서 빠른 속도로 성장하는데, 이에 관한 설명에는 오래전부터 전해지는 지배적 학설이 존재한다. 그 요점은 이미 18세기 말에 경제학자 아담 스미스가 『국부론』에서 제시한 바 있다. 그는 이 유명한 고전 제4권에서 중상주의를 주제로 설정하고 제7장에서 유럽의 식민지를 전반적으로 취급하면서, 북미대륙의 영국 식민지에 대해 이렇게 지적한다. "북미대륙의 영국 식민지보다 더 빠르게 발전한 식민지는 없다. 홀

량한 토지가 풍부하다는 것, 또 내정을 그 나름대로 운영하는 자유가 있다는 것은 근래에 수립된 모든 식민지의 번영 요인 가운데 가장 중요한 것으로 보인다." 이어서 스미스는 토지 측면에서 볼 때 영국 식민지가 스페인이나 포르투갈, 또는 프랑스 식민지보다 더 낫다고 할 수 없지만, "영국 식민지의 정치 제도는 다른 세 나라의 제도보다 토지의 개량과 경작에 더 유리했다"고 부연한다. 그리고는 제도상의 특징을 열거한다. 특히, 영국 식민지가 주민에게 토지를 분배한 다음에 소유자가 그것을 개량하지 않으면 그에 대한 소유권을 인정하지 않았다는 것, 총독을 비롯한 식민지 관리들에게 봉급을 주는 데 필요한 금액만 과세를 통해 확보할 정도로 세금을 적게 부과했다는 것, 그리고 영국이 식민지 무역에서 일부 품목에 대해 규제를 가하는 반면에 특정 기업에 독점권을 주지 않고 영국인이면 누구든지 자유롭게 교역을 할 수 있게 허용했다는 것.[2]

그러나 아담 스미스에서 출발한 학설은 식민지 주민이 번영을 추구한 이유를 거론하지 않는다. 스미스 자신이 『국부론』에서 경제활동의 요인으로 개인의 이기심을 지적한 것처럼, 그를 따르는 학자들은 그것을 식민지 주민이 지녔던 동기로 간주하고, 영국의 중상주의 정책과 그에 대한 식민지의 반응을 탐구하는 데 주력한다. 이런 시각과 접근 방법에는 인간의 본성에 관한 하나의 암묵적 전제가 깔려 있다. 구체적으로 말해, 이미 제2장에서 언급한 바 있는 호모 에코노미쿠스가 깔려 있다. 이것은 한마디로 줄이면 인간이 본성에 있어서 타인을 배려하지 않는 이기적 존재이며, 그래서 자신의 이해관계에 따라 합리적으로 행동한다는 관념이다. 이 관념을 수용하는 학자들은 인간이 무엇보다도 생존에 필수불가결한 물질적 필요를 중시하며 기본적으로 그에 따라 자신의 행동을 결정한다고 생각한다.

---

2 Adam Smith, *The Wealth of Nations*, ed. Edwin Cannan (New York: Modern Library, 2000), 609–637. 인용문은 616–617.

그러나 필자는 18세기의 식민지 미국인들을 경제동물로 간주하는 낡은 가설을 버려야 한다고 생각한다. 그리고 그들이 지녔던 동기를 올바르게 파악하기 위해 노력할 필요가 있다고 본다. 그런 필요에 따라 먼저 해야 할 일은 식민지의 발전을 염두에 두고 그들을 둘러싸고 있던 구조부터, 즉 제도와 문화부터 살펴보는 것이다. 그래서 제1절에서 영국의 식민지 정책을 추적하고, 제2절에서 영국에서 식민지로 이식된 문화를 관찰한다. 이어서 제3절에서는 식민지에서 일어난 문화의 변형을 탐구한다. 그렇게 접근할 때, 식민지 미국인들이 지녔던 다양하고 복잡한 동기를 이해할 수 있고, 또 그들이 건설한 사회의 성격도 올바르게 파악할 수 있을 것이다.

　먼저 영국의 식민지 정책을 살펴보자. 그것은 상황에 따라 적잖은 변화를 보이지만, 그 기조는 아담 스미스의 지적처럼 중상주의에 있었다. 중상주의란 부강한 국가를 건설하기 위해 무역수지를 유리하게 유지하는 데 초점을 맞추는 정책이다. 바꿔 말하면 해외무역에서 수출을 장려하고 수입을 억제함으로써 무역차액이 증가하도록 노력하면, 결국 금과 은을 비롯한 금전적 수익이 늘어나고 따라서 국부도 늘어난다고 보고 무역수지에 관심을 기울이는 정책이다. 이것은 근대 초기에 영국뿐 아니라 다른 유럽 국가들도 널리 채택했던 정책으로서, 그 시기에 유럽에서 벌어지던 치열한 국제적 경쟁의 산물이다. 당시 유럽의 주요 국가들은 대외적으로 세력을 확장하기 위해 군사력을 증강하는 데 주력했다. 그것을 주도한 것은 봉건 영주를 제압하고 중앙집권적 통치 체제를 구축하던 각국 군주들이었고, 그것을 지원한 것은 봉건적 규제에서 벗어나 해외무역에서 독점적 이익을 기대하던 각국 상인들이었다. 군주들은 군사력 증강에 필요한 자금을 마련하기 위해 국내에서 새로운 세원을 발굴하는 동시에 대외적으로는 식민지와 해외무역에서 수익을 확보하고자 했다. 구체적으로는 식민지가 다른 나라와 무역하는 것을 금지하고 자국으로 값싼 원자재를 수출하도록 규제하며, 자국의 공산품 생산과 해외 수출을 장려했다. 또 해외무역에서는 자국 상선의 이용을 독려하며 해운업이 발전하기를 기대했을 뿐 아니라 잠재적 해군력을 확충하고자 기도하기도 했다.

중상주의는 흔히 알려져 있는 바와 달리 광범위한 합의에 토대를 두고 일관성 있게 추진된 정책이라 보기가 어렵다. 그것은 특히 근대 초기의 영국에서 상당한 논쟁과 혼선을 불러일으키기도 했다. 영국 정치에서 전통을 정책의 지침으로 삼던 토리Tory파와 보수적 인사들은 대개 부의 원천이 토지에 있다고 생각했고, 따라서 국제무역이 토지처럼 제한되어 있는 부를 나누어 가지는 제로섬 게임이라 여기며 될 수 있는 대로 많은 금전적 이익을 남기는 데 관심을 기울였다. 반면에 개혁을 외치던 휘그Whig파와 진보적 인사들은 대체로 부를 창조하는 것은 노동과 기술이라고 믿었기 때문에 국제무역이 제로섬 게임이라고 보지 않았다. 그들의 눈에는 상공업이 농업에 못지않게 중요한 부의 원천이었고, 그래서 국제무역에서 중요한 것도 영토를 확보하는 일이 아니라 공산품을 수출하고 원자재를 수입하는 데 적합한 교역 대상을 확보하는 일이었다. 이런 견해 차이는 북미대륙 식민지에 대한 인식에서도 나타났다. 토리파가 거기서 금은보화가 나오지 않는다는 데 실망하고 북미대륙에 큰 관심을 기울이지 않았던 반면에, 휘그파는 그 상업적 가치에 주목하며 영국의 이익을 위해 식민지의 경제와 교역을 규제하고자 노력했다.[3] 따라서 영국의 북미대륙 정책은 일관성을 띠기가 어려웠다.

물론, 중상주의적 기조는 일찍부터 뚜렷하게 확립되었다. 1651년 오랜 내전이 의회의 승리로 끝난 직후, 의회 지도자 올리버 크롬웰Oliver Cromwell은 항해법Navigation Act을 제정했다. 그 취지가 당시 유럽 해운업에서 패권을 쥐고 있던 네덜란드를 견제하며 영국의 해운업과 상공업을 보호하는 데 있었던 만큼, 그 골자는 영국의 교역은 영국의 선박을 이용해서 수행해야 한다는 데 있었다. 구체적으로 말해 아시아나 아프리카, 또는 아메리카에서 생산해서

---

3 Steve Pincus, "Rethinking Mercantilism: Political Economy, the British Empire, and the Atlantic World in the Seventeenth and Eighteenth Centuries," *William and Mary Quarterly* 69.1 (2012), 3-34.

영국이나 그 식민지로 수입하는 상품은 오직 영국 선박이나 식민지 선박으로 수송해야 한다는 것, 유럽에서 생산해서 영국이나 그 식민지로 수입하는 상품은 영국 선박이 아니면 생산국 선박으로 수송해야 한다는 것, 그리고 이를 어길 경우에는 해당 상품과 함께 선박까지 몰수한다는 것이었다.[4] 따라서 북미대륙을 비롯한 영국의 식민지는 제국 경제권에 긴밀하게 통합되었다. 이 법이 1660년대와 70년대에 몇 차례 개정된 다음에 영국 무역정책의 근간이 되었기 때문에, 북미대륙 식민지는 독립할 때까지 영국의 중상주의적 규제 아래서 살아가야 했다.

영국은 또한 북미대륙 식민지에 대해 절대주의적 통제도 가했다. 절대주의란 근대 유럽에서 군주가 부르주아지의 지원을 얻으며 봉건 귀족을 견제하고 전국에 걸쳐 통치권을 장악함으로써 영토와 주민에 대해 막강한 권력을 행사하던 정치체제를 말한다. 그것은 17세기 영국에서 내전과 공화정, 그리고 왕정복고로 이어지는 정치적 격변을 가져왔다. 영국이 어느 정도 정치적 안정을 누리던 1676년, 국왕 찰스 2세는 다시 절대주의로 되돌아가면서 식민지 문제를 전담하는 기구를 설치했다. 국왕의 자문기구인 추밀원Privy Council에 무역·식민지위원회Lords of Trade and Plantation를 세우고 산하에 몇몇 관리를 두도록 했던 것이다. 이 새로운 기구는 기존 식민지를 모두 왕령 식민지로 개편하면서 세 개의 커다란 영역으로 통합하려는 목표를 갖고 있었다. 그렇지만 상당한 난관에 부딪혀 목표를 제대로 달성할 수 없었다. 예를 들어 캐롤라이나는 1663년 국왕이 자신의 복위를 도운 신하들에게 포상으로 준 땅에서 만들어진 영주 식민지였으나, 그것도 왕령 식민지로 개편하지 못했다. 또

---

4 An Act for increase of Shipping and Encouragement of the Navigation of this Nation, Acts and Ordinances of the Interregnum, 1642–1660, British History Online, Institute of Historical Research, University of London, https://www.british-history.ac.uk/no-series/acts-ordinancesinterregnum/pp.559-562 (2021년 10월 21일 접속).

1681년에는 펜실베이니아가 영주 식민지로 설치되는 것도 막지 못했다. 다만 1679년 매서추세츠에서 북부의 도읍들을 분리해 뉴햄프셔라는 별개의 식민지를 설치할 수 있었을 뿐이다. 더욱이, 무역·식민지위원회는 1686년 북부 식민지들을 뉴잉글랜드령Dominion of New England으로 통합하려 했지만 식민지의 저항과 영국에서 일어난 명예혁명 때문에 실패하고 말았다.[5]

그때에 이르면 영국의 통제와 식민지의 저항이 팽팽하게 맞서는 긴장 양상을 보이는데, 그것은 나중에 미국혁명으로 이어지는 갈등의 전조라 할 수 있으므로 구체적으로 살펴볼 필요가 있다. 추밀원이 뉴잉글랜드령을 설치하며 추진하던 정책은 기본적으로 북부 식민지에서 자치를 제한하고 국왕의 지휘 아래 효율적으로 움직이는 행정 체계를 수립하는 데 취지가 있었다. 또 "태양왕" 루이 14세 치하에서 착실하게 세력을 확장하고 있던 북쪽의 프랑스 식민지를 견제한다는 취지도 있었다. 식민지 주민은 그런 정책에 반대했다. 매서추세츠를 비롯한 뉴잉글랜드 식민지는 앞에서 살펴본 것처럼 처음부터 자치를 지향했다. 더욱이 1675-76년에 원주민과 이른바 필립왕전쟁King Philip's War을 치르며 많은 인명과 재산을 잃어버렸기 때문에, 원주민이 프랑스 식민지의 도움을 받으며 다시 전쟁을 일으키지 않을까 하는 두려움에 휩싸여 있었다. 이런 두려움은 국왕이 루이 14세와 우호적인 관계를 맺고 가톨릭교회의 세력을 확장하면서 유럽은 물론이요 북미대륙에서도 프로테스탄트 교회를 탄압할지도 모른다는 의구심과 연결되어 있었다. 한마디로 줄이면, 뉴잉글랜드 주민은 추밀원의 조치를 커다란 맥락에 비추어 보면서 저항하고 있었다.[6]

---

5 Thomas C. Barrow, *Trade and Empire: The British Customs Service in Colonial America, 1660-1775* (Cambridge, MA: Harvard Univ. Pr., 1967), 1-38; Jack P. Greene, *Peripheries and Center: Constitutional Development in the Extended Polities of the British Empire and the United States, 1607-1788* (New York: Norton, 1988), 12-15.

6 Owen Stanwood, "The Protestant Moment: Antipopery, the Revolution of 1688-

더욱이 추밀원과 뉴잉글랜드는 영국과 식민지의 관계에 대해서도 서로 다른 생각을 갖고 있었다. 추밀원의 방침은 한때 뉴욕 총독으로 지내면서 식민지 사정을 익힌 에드먼드 안드로스Edmund Andros 경이 1688년 뉴잉글랜드령의 최고 행정관으로서 받은 훈령에서 나타난다. 거기서 눈길을 끄는 것은 안드로스를 비롯해 영국에서 파견한 행정관들이 세금을 부과, 징수하고 공금을 지출하는 권한을 장악해야 한다는 것, 그리고 토지 소유자들에게 새로 소유권을 등록하고 면역세를 납부하게 하라는 것이다. 전자는 여러 식민지에서 의회가 재정에 관한 권한을 장악하고 총독을 통제하던 관행을 뿌리 뽑는 데 목표를 두고 있었고, 후자는 식민지에서 국왕의 권위를 확립하면서 왕실의 재정 수입을 늘리려는 의도를 지니고 있었다. 매서추세츠를 비롯한 식민지 주민은 그런 조치에 저항했다. 그들은 안드로스가 주민의 의견을 고려하지 않고 기존 법령을 개정하고 세금을 부과하는 데 대해 비판했다. 더욱이, 그가 주민의 토지 소유관계가 기록되어 있던 기존의 토지 등기부를 부정하고 새로 등기를 요구하는 데 대해 크게 분노했다. 그들의 입장은 매서추세츠 가운데서도 입스위치에서, 제3장에서 언급한 것처럼 17세기 중엽에 진보적 지식인들이 수립했던 작은 도읍에서, 뚜렷하게 표출되었다. 거기서 주민은 결의를 통해 영국의 정치적 전통에 따라 "주민 대표로 구성된 의회의 동의 없이는 어떤 세금도 부과되어서는 안 된다"고 주장했다. 반면에 안드로스와 추밀원의 태도는 "당신들은 노예로 팔리지 않는 것 이외에는 아무런 권리도 없다"는 것이었다. 식민지 주민이 영국인의 권리를 주장한 데 반해, 영국 정부는 식민지를 모국에 종속되는 존재로 간주했던 것이다.[7]

1689, and the Making of an Anglo-American Empire," *Journal of British Studies* 46.3 (2007), 481-508.

7 Commission of Sir Edmund Andros for the Dominion of New England, April 7, 1688, The Avalon Project: Documents in Law, History and Diplomacy, Yale Law School, http://avalon.law.yaled.edu/17th_century/mass06.asp (2015년 3월 23일 접

그런 이견과 긴장은 본질적으로 영국이 거대한 제국으로 팽창하는 과정에 수반된 현상이었다. 그 과정은 널리 알려져 있듯이 16세기 중엽에 잉글랜드가 웨일즈를 통합한 데 이어 18세기 초까지 아일랜드를 정복하고 스코틀랜드를 통합하는 한편, 아프리카와 아시아, 그리고 아메리카에서 다양한 식민지를 수립하는 데까지 이어졌다. 그에 따라 영국은 이 광대한 영역을 하나의 제국으로 통합해야 한다는 과제를 안게 되었다. 그것은 이미 잉글랜드에 수립되어 있던 국가 체제를 수정해서 웨일즈에서 아메리카까지 포괄하는 새로운 제국 체제로 개편해야 한다는 과제였다. 더욱이, 영국은 외부로 팽창하는 동시에 내부에서 근대 국가로 변모하는 과정도 겪었다. 영주들이 자신의 영지에서 주민에 대해 통치권을 행사하던 봉건제에서 벗어나, 군주가 영국 전역에 군림하며 모든 국민을 통치하는 최고 권력, 즉 주권을 장악하는 체제로 이행하고 있었던 것이다. 다른 한편에서 의회는 그런 체제가 군주정에서 전제정으로 타락하는 것을 방지하기 위해, 통치의 전제로서 국민의 동의를 강조하며 스스로 주권을 장악하고자 기도했다. 그에 따라 영국은 헌정 질서에서 중대한 문제점에 봉착하게 되었다. 제국을 구성하는 방대한 영역을 어떻게 하나의 국가로 통합할 것인가, 거기에 거주하는 다양한 주민에게 어떤 지위를 부여할 것인가, 그리고 그들에 대한 통치권을 군주와 의회가 어떻게 분담할 것인가 하는 문제를 해결해야 했다.

그런 문제는 북미대륙에서 특히 심각한 양상을 띠었다. 북미대륙은 지리적으로 너무 멀리 떨어져 있어서 웨일즈나 스코틀랜드처럼 잉글랜드에 통합하기 어려웠고, 같은 이유에서 아일랜드처럼 정복에 이어 통합의 과정을 거치게 하기도 어려웠으며, 아프리카나 아시아에 수립된 식민지처럼 일방적인

속); Narrative of the Proceedings of Andros, 1691, in *Narratives of the Insurrections, 1675–1690*, ed. Charles M. Andrews (New York: Scribner's, 1915), 239–249; Clinton L. Rossiter, "John Wise: Colonial Democrat," *New England Quarterly* 22.1 (1949), 3–32. 인용문은 Rossiter, "John Wise," 7, 8에서 재인용.

지배와 착취의 대상으로 취급하기도 어려웠다. 북미대륙은 식민지 가운데서도 영국인들이 원주민을 몰아내고 토지를 차지하며 만들어 낸 정주定住 식민지였기 때문이다. 따라서 그것은 분명히 영국에 종속되는 식민지였으나, 그 주민이 영국인과 같은 지위를 지닌다고 주장하는 특수한 식민지였다. 거기에 정착한 식민지인들은 자신들이 해외에서 거주하고 있으나 그래도 어디까지나 영국인이라고 생각했다. 이 관념은 칙허장에 못지않게 보통법普通法에 근거를 두고 있었다. 보통법은 중세 영국에서 군주가 봉건 귀족의 세력을 견제하기 위해 스스로 법원을 설치하고 법관을 임명한 다음, 그들로 하여금 전국에 걸쳐 보편적으로, 또 공통적으로 적용되는 판례를 축적하게 함으로써 나타난 결과였다. 그래서 일찍부터 군주의 권력을 강화하는 수단으로 간주되었지만, 인신의 자유와 재산 소유권, 그리고 배심원 재판제도를 보장하는 등, 귀족 대신에 평민의 권리를 신장시키는 데 크게 기여하기도 했다. 이런 함의는 왕정복고 이후에 점차 뚜렷하게 드러났다. 영국 군주들이 식민지에 대해 절대적 권위를 주장하며 보통법의 확립을 강조한 반면에, 식민지인들은 그에 따르면서도 과거의 판례에 의지해 자신들의 자유와 권리를 신장시키는 데 관심을 기울였다. 한마디로 줄이면 영국인의 권리를 주장했다고 할 수 있다.[8] 앞으로 살펴보겠지만, 그들은 실제로 자신들의 주장을 뒷받침하기 위해 영국의 보통법을 탐구하는 데 그치지 않고 자연법을 천착하는 데까지 나아간다.

더욱이, 그들의 주장은 영국과 식민지의 관계라는 더 크고 어려운 문제와도 연관되어 있었다. 사실, 18세기 중엽에 이르면 식민지인들은 영국이 북미대륙을 식민지로 취급하지 말고, 내부 문제에 관해서는 모국으로부터 간섭을 받지 않는 자율적 정치체로 대우해야 한다는 견해까지 내놓는다. 이는 영국을 주권이 한 곳에 집중되지 않고 여러 곳으로 분산되는 연방국가로 재편

---

8 William E. Nelson, *E Pluribus Unum: How the Common Law Helped Unify and Liberate Colonial America, 1607-1776* (Oxford: Oxford Univ. Pr., 2019), 1-128.

해야 한다는 견해로 이어진다. 반면에 영국은 그런 견해를 받아들일 수 없었다. 영국에서 주권이 점차 군주에게서 의회로 이전됨에 따라, 그리고 일시적으로 의회에서 다수를 차지하는 정파에게 장악됨에 따라, 식민지 정책에서 일관성을 기대하기는 어려웠다. 위에서 언급한 문제점이 근본적으로 해결하기 어려운 것이었고, 또 권력을 장악하는 정파에 따라 온건한 타협에서 강경한 대결까지 다양한 해법이 번갈아 제기되었기 때문이다. 그러나 어느 정파도 영국이 다양한 정치체로 구성되어 있으므로 주권을 분할하고 식민지에 자율성을 부여한다는 방안을 받아들이지는 않았다.[9]

17세기 말에는 누구도 그처럼 크고 어려운 문제를 예상하지 못했다. 절대주의로 되돌아가려던 스튜어트 왕조 아래에서 뉴잉글랜드령을 수립하고자 했던 정파에게, 식민지는 어디까지나 식민지일 뿐이었다. 그래도 팽창하

---

9 Jack P. Greene, *Peripheries and Center: Constitutional Development in the Extended Polities of the British Empire and the United States, 1607-1788*, revised ed. (New York: Norton, 1990); idem, *Negotiated Authorities: Essays in Colonial Political and Constitutional History* (Charlottesville: Univ. of Virginia Pr., 1994); idem, *The Constitutional Origins of the American Revolution* (Cambridge: Cambridge Univ. Pr., 2011); John Phillip Reid, *Constitutional History of the American Revolution: The Authority to Tax* (Madison: Univ. of Wisconsin Pr., 1987); idem, *The Concept of Representation in the Age of American Revolution* (Chicago: Univ. of Chicago Pr., 1989); idem, *Constitutional History of the American Revolution: Abridged Edition* (Madison: Univ. of Wisconsin Pr., 1995); Mary Sarah Bilder, *The Transatlantic Constitution: Colonial Legal Culture and the Empire* (Cambridge, MA: Harvard Univ. Pr., 2004); Akhil Reed Amar, *America's Constitution: A Biography* (New York: Random House, 2005); Daniel J. Hulsebosch, *Constituting Empire: New York and the Transformation of Constitutionalism in the Atlantic World, 1664-1830* (Chapel Hill: Univ. of North Carolina Pr., 2005); Eric Slauter, *The State as a Work of Art: The Cultural Origins of the Constitution* (Cambridge, MA: Harvard Univ. Pr., 2009); Alison L. LaCroix, *The Ideological Origins of American Federalism* (Cambridge, MA: Harvard Univ. Pr., 2010); Craig Yirush, *Settlers, Liberty, and Empire: The Roots of Early American Political Theory, 1675-1775* (Cambridge: Cambridge Univ. Pr., 2011); James T. Kloppenberg, *Toward Democracy: The Struggle for Self-Rule in European and American Thought* (New York: Oxford Univ. Pr., 2016).

는 제국과 그 식민지 사이의 갈등은 계속해서 발전하지 않고 오히려 완화되었다. 1688년 12월 명예혁명을 계기로 안드로스가 영국으로 소환되고 뉴잉글랜드령이 해체되자, 식민지 주민은 여기저기서 봉기해 국왕이 파견한 관리들을 쫓아내면서 절대주의적 통제가 없던 시절로 되돌아가고자 했다. 특히, 왕정복고 이후에 취소되었던 과거의 칙허장을 복원해야 한다고 주장했다. 그러나 영국은 식민지가 본국의 통제에서 벗어나는 것을 바라지 않았다. 결국 타협이 성립했다. 국왕은 총독을 임명하는 권한과 함께 식민지의 입법에 대해 거부권을 행사하는 최종 권한을 확보하는 반면, 식민지는 주민 대표로 구성되는 의회를 통해 입법권과 과세권을 유지하게 되었다. 그와 함께 영국의 내정에도 커다란 변화가 일어났다. 1689년 영국은 권리장전을 제정하고 입헌군주정을 수립했다. 이제 군주는 국가를 대표하는 존재로서 군림하면서도 통치하지는 않았고, 국민을 통치하는 역할은 입법권과 과세권을 장악한 의회가 떠맡았다. 이런 체제 안에서도 군주는 해외 팽창을 통해 영향력을 확대하고자 기도하는 반면에, 의회는 그에 맞서 군대와 재정에 대한 통제력을 강화하는 데 주력했다. 그런 알력 속에서도 영국은 17세기와 달리 정치적 안정을 누릴 수 있었고, 덕분에 추밀원은 무역과 식민지에 관한 업무를 전담하는 기구를 개편하고 또다시 적극적인 자세를 취했다. 그렇지만 개편된 기구는 추밀원 산하에서 주로 무역과 식민지에 관한 정보를 수집하고 보고서를 작성하는 업무를 수행하는 데 그쳤다. 정책의 수립은 의회에서 주도했다. 그리고 의회는 중상주의라는 기조를 유지하면서도, 무역과 식민지에 대해 체계적으로 접근하지 않고 상황에 따라 필요한 조치만 취하는 소극적인 자세를 보였다.[10]

그런 자세는 영국의 역사에서 처음으로 수상이 되었고 또 가장 오랫동안 수상으로 지냈던 로버트 월폴Robert Walpole이 대변했다. 그는 젠트리gentry —

---

10 David S. Lovejoy, *The Glorious Revolution in America* (New York: Harper & Row, 1972).

궁정 귀족보다 지위가 낮지만 농촌에서 영지를 갖고 높은 위신을 누리던 지방 귀족—의 아들로 태어났다. 그렇지만 자라면서 거기에 걸맞은 삶을 살아가지 않을 것으로 보였다. 그는 이튼 칼리지를 거쳐 케임브리지대학에서 수학하고 부유한 목재 상인의 딸과 결혼한 다음에, 아버지로부터 영지와 함께 하원 의원직을 물려받았다. 그리고 명예혁명 이후에 득세한 휘그파의 일원으로서 정부 요직을 맡았는데, 유능하고 원만한 자질 덕분에 주목을 끌기 시작했다. 월폴은 온건한 태도로 대결을 회피하며 타협을 선호했기 때문에 토리파 사이에서도 지지를 얻을 수 있었다. 더욱이 1721년 수상이 된 다음에는 21년 뒤에 물러날 때까지, 지방 귀족 사이에서 유지하던 넓은 인맥을 바탕으로 다양한 책략을 쓰면서 국왕과 의회 사이에 원만한 관계를 수립했다. 그 시기에 월폴에게 중요했던 것은 무엇보다 영국이 유럽의 국제적 분쟁에 휘말려들지 않고 평화를 유지하는 일이었다. 그리고 가능하면 세금을 적게 부과하고 산업의 발전을 지원하는 일이었다. 이런 관점에서 볼 때, 식민지에 대해 엄격한 규제나 통제를 가해 원활한 교역을 방해하는 것은 적절한 조치가 아니었다. 바람직한 것은 식민지가 번영을 누리며 영국과 교역을 늘림으로써 영국의 경제 성장에 도움이 되도록 유도하는 일이었다. 나중에 "유익한 방치"salutary neglect라 불리게 되는 이 정책은 월폴 이후에도 한동안 지속되었다.

그와 같은 정책은 몇몇 품목을 지정하고 생산과 판매를 규제하는 조치로 나타났다. 1699년 의회는 영국의 모직물 산업을 보호하기 위해 양모법Wool Act을 제정하고 북미대륙 식민지에서 생산되는 양모 제품이 영국이나 다른 식민지로 수출되지 않도록 저지했다. 또 1732년에는 모자법Hat Act으로 북미대륙 식민지에서 제조되는 모자의 해외 수출을 억제했다. 게다가 1750년에는 제철법Iron Act을 통해 북미대륙 식민지가 영국으로 괴철을 수출하는 것을 장려하는 반면에 그것을 완제품으로 제조, 수출하지 못하도록 억제했다. 그런 법률이 영국의 산업을 보호하기 위해 북미대륙 식민지의 산업을 억제한다는 취지를 지니고 있었다면, 다른 법률은 프랑스를 견제하려는 목적을 갖고 있었다. 특히 1733년에 제정된 당밀법Molasses Act의 취지는 북미대륙 식민지가 카리브해의 프랑스 식민지에서 생산되는 값싼 당밀을 수입하지 못하게 억제하고 그 부근에 있는 영국 식민지에서 비싼 당밀을 수입하도록 유도하는데 있었다.[11]

의회의 입법이 식민지 경제에 어떤 영향을 끼쳤는지 말하기는 어렵다. 경제사 전문가들은 대체로 항해법을 비롯한 중상주의적 규제가 식민지의 교역에 제약을 가하기만 한 것이 아니라 상당한 도움을 주기도 했다고 생각한다. 양모나 모자, 또는 철제품 같은 품목을 제외하면, 그런 규제 덕분에 식민지인들이 영국의 보호를 받으며 영국이 지배하는 제국 전체에 접근할 수 있었다는 것이다. 실제로, 그들은 경쟁 국가인 네덜란드나 프랑스가 영국의 제국 시장을 파고드는 공세에 대해 염려할 필요도 없었다. 그리고 담배와 곡물, 생선과 목재 등, 주요 생산물을 영국을 비롯한 제국 시장에 수출할 수 있었고, 또 영국을 거쳐 유럽 시장에도 수출할 수 있었다. 게다가 당밀법처럼 식민지의 이익을 침해하는 조치에 대해서는 영국의 해군이나 세관을 회피하며 밀수로 대응할 수 있었다.

그러나 경제사 전문가들은 식민지인들이 입은 피해를 과소평가하는 경향을 보인다. 특히, 식민지인들이 무역을 장악하고 독점적 지위를 누리던 영국 상인으로부터 입은 피해를 경시한다. 예를 들어 담배는 영국이 지정한 주요 품목 중 하나인데 오직 영국에 수출해야 했으며, 따라서 식민지인들은 프랑스나 네덜란드 상인에게 팔지 못하고 영국 상인에게 헐값에 넘겨야 했다. 카리브해나 유럽 대륙에 직접 수출할 때 얻을 수 있던 수익을 생각하면, 그들은 상당한 손해를 보았다고 할 수 있다. 그러므로 영국의 중상주의 정책은 북미대륙 식민지에 적잖은 혜택과 함께 상당한 제약을 가져다준 것으로 보인다.[12]

---

11 Barrow, *Trade and Empire*, 39-159.

12 John J. McCusker, "British Mercantilist Policies and the American Colonies," in *The*

그러나 그런 정책은 지속되지 않았다. 1763년 영국이 프랑스와 벌인 7년 전쟁에서 승리를 거두며 오랜 경쟁 상대를 물리쳤을 때, 오히려 반전되기 시작했다. 어떤 일이 벌어졌는지, 왜 그랬는지는 제5장에서 다룬다. 여기서 기억해야 할 것은 명예혁명 이후에는 영국이 절대주의적 통제를 적극적으로 추진하지 않았고 중상주의적 규제도 "유익한 방치"라 부를 수 있을 만큼 느슨하게 수행했다는 사실이다.

2. 북미대륙 식민지의 번영

영국의 느슨한 정책 덕분에 북미대륙 식민지가 번영을 누렸다는 사실은 무엇보다 인구 증가에서 뚜렷하게 나타난다. 인구는 1700년부터 1775년까지 75년 사이에 25만 명에서 250만 명으로 10배 늘어났다. 이런 증가 속도는 근대 초기의 세계에서 유례를 찾기 어려울 만큼 빠른 것인데, 그 요인은 괄목할 만한 자연증가와 활발한 이민에 있다.

자연증가는 주로 높은 출산율에 기인한다. 18세기 전반기에 영국의 출산율은 대체로 인구 1,000명당 35명이었는데, 북미대륙 식민지의 출산율은 지역에 따라 다르지만 대체로 1,000명당 40명 내지 50명으로 영국에 비해 뚜렷하게 높았다. 오늘날 한국에 비하면 4배 내지 5배나 되는 놀라운 비율이다. 사실, 식민지인들은 유럽에 비해 2-3년 일찍 결혼하는 경향을 보였다. 처음부터 가족 단위로 이주한 북부 주민은 이미 17세기부터 20대 전반기

Cambridge Economic History of the United States, Vol. 1: *The Colonial Era*, ed. Stanley L. Engerman and Robert E. Gallman (Cambridge: Cambridge Univ. Pr., 1996), 337-362; Woody Holton, *Forced Founders: Indians, Debtors, Slaves, & the Making of the American Revolution in Virginia* (Chapel Hill: Univ. of North Carolina Pr., 1999), 39-73.

에 결혼하는 경향을 보였고, 이런 경향은 18세기에 들어와 남녀 성비가 비슷해지면서 정상에 접근하던 남부에서도 나타났다. 더욱이 결혼한 여성은 대개 30대 말까지 2년마다 한 번씩 출산을 계속했고, 그래서 흔히 6-8명의 자녀를 두었다. 유럽과 달리, 북미대륙 식민지에서는 결혼과 출산에 따르는 경제적 부담을 해결하기가 어렵지 않았다. 노동력 부족에 시달리는 사회에서는 일자리를 얻고 생계를 꾸리는 데 큰 어려움이 없었기 때문이다. 게다가 자녀가 크면, 일손을 덜어 주며 생계에 보탬이 되기도 했다.[13]

반면에 사망률은 역시 지역에 따라 다르지만 대체로 인구 1,000명당 20명 내지 40명으로 영국과 비슷했다. 오늘날 한국의 사망률이 1,000명당 5명이라는 사실에 비추어 보면 놀라운 비율이다. 오늘날에는 가장 뒤떨어져 있는 후진국에서도 사망률이 1,000명당 20명을 넘지 않는다. 이는 18세기 북미대륙에서 의사가 부족했을 뿐 아니라 의학도 전통적 지식을 넘어서지 못했기 때문이다. 그래서 평균 수명도 30대에 머물러 있었다. 바꿔 말해 어린 나이에 목숨을 잃는 사람이 많았는데, 특히 유아 사망률이 높았다. 의료 서비스가 미비했고, 따라서 유아는 탄생 과정이나 그 직후에 적절한 보호를 받지 못했다. 임산부도 같은 처지에 있었다. 북미대륙 식민지의 여성은 결혼한 뒤에는 늘 출산의 고통과 위험에 시달리며 살았다. 결국 그들의 희생 덕분에, 식민지는 괄목할 만한 인구 증가를 경험할 수 있었다.

이민은 18세기에 들어와 새로운 양상을 보였다. 1700년부터 1775년까지 북미대륙 식민지에 도착한 이민은 대략 35만 명으로, 17세기와 비슷한 규모였다. 그렇지만 그 구성에서는 큰 차이가 있었다. 먼저, 잉글랜드 출신은 8만 명에 지나지 않았다. 17세기에는 그들이 대부분을 차지했다는 사실에 비추어 보면, 이는 급격한 감소라 할 수 있다. 그 이유는 18세기 잉글랜드에서 인구

---

13 Michael Haines, "Fertility and Mortality in the United States," EH.net Encyclopedia, Economic History Association, http://eh.net/encyclopedia/fertility-and-mortality-in-the-united-states/ (2015년 3월 26일 접속).

를 밀어내는 압력이 줄어들었다는 데서 찾을 수 있다. 거기서는 인구가 별로 늘어나지 않은 반면에, 경제가 착실하게 성장하고 임금이 점차 상승했다. 그 대신, 스코틀랜드 출신이 크게 늘어났다. 1707년 스코틀랜드가 잉글랜드와 통합되자, 1775년까지 무려 14만여 명이 북미대륙으로 이주했다. 이들은 북부 잉글랜드에서 건너간 이민과 함께 주로 애팔래치아산맥에 가까운 남부 내륙에 정착했고, 뉴잉글랜드나 중부 식민지는 물론이요 남부 해안과도 뚜렷이 구분되는 지역 문화—특히 빈곤과 폭력에 시달리면서도 국가의 개입을 거부하고 개인의 자율성에 집착하는 문화—를 형성했다. 그다음으로 많은 사람들은 10만 명에 이르는 독일인이었다. 오랫동안 봉건적 착취와 정치적·종교적 분쟁에 시달리던 독일인들은 무엇보다 펜실베이니아의 관대한 정책에 이끌려 이민의 물결에 뛰어들었으며 주로 중부 식민지에 정착했다. 그 외에 아프리카에서 노예로 끌려간 다수의 흑인이 있었다. 이에 관해서는 나중에 따로 살펴본다.[14]

이런 이민과 강제 이주, 그리고 자연증가 덕분에, 식민지 미국의 역동성과 다양성이 뚜렷하게 부각되었다. 가장 역동적인 지역은 최남단에 있는 식민지였다. 조지아는 1732년 왕령 식민지로 뒤늦게 출발했는데, 거기서는 인구가 1740년 2,000명에서 1770년에 56,000명으로 28배나 늘어났다. 비슷한 "폭발"은 노스캐롤라이나와 사우스캐롤라이나에서도 일어났다. 이들 식민지의 인구는 1700년 각각 10,000명과 6,000명에 지나지 않았으나, 70년 후에는 모두 20배나 늘어났으니 말이다. "폭발"의 요인은 주로 흑인 노예의 증가에 있었다. 카리브해나 중남미와 달리, 노예 인구는 강제 이주 이외에 자연증가를 통해서도 성장했고, 그 결과 1775년에는 50만 명으로 전체 인구의 20

---

14 Alan Taylor, *American Colonies: The Settling of North America* (New York: Penguin, 2001), 314-323; David W. Galenson, "The Settlement and Growth of the Colonies: Population, Labor, and Economic Development," in Engerman and Gallman, eds., *Cambridge Economic History*, 135-207, 특히 169-174; David Hackett Fischer, *Albion's Seed: Four British Folkways in America* (New York: Oxford Univ. Pr., 1989), 605-782.

%나 차지하게 되었다. 다양성이 가장 뚜렷한 지역은 중부 식민지였다. 특히 펜실베이니아는 1700년에서 1770년 사이에 인구가 18,000명에서 240,000명으로 급증하는 현상을 경험했는데, 독일계 이민이 가져온 루터파 개신교 이외에 유아 세례를 인정하지 않는 메노파Mennonite와 전통적 생활방식을 고수하는 아만파Amish 등, 다양한 교파의 정착을 보게 되었다. 그 외에 이들 식민지보다 일찍 출발했던 버지니아와 매서추세츠는 상대적으로 느린 속도로 성장했지만, 규모 측면에서 볼 때 지역의 중심지로 자리 잡았다. 버지니아는 1700년에서 1770년 사이에 60,000명에서 450,000명으로 늘어난 인구를 확보하며 남부의 중심지로 확고한 위치에 올랐다. 매서추세츠도 같은 시기에 인구가 60,000명에서 240,000명으로 늘어났고, 그와 함께 북부의 중심지로 자리를 잡았다.

그처럼 다양하고 역동적인 식민지는 경제생활에서도 지역에 따라 다른 양상을 보였다. 이미 언급한 바 있듯이 매서추세츠를 중심으로 뉴잉글랜드에서는 자급자족이 우선적인 목표로 여겨졌는데, 거기서는 주민이 대개 경제적 동기와 함께 종교적 이유에서 정치적 자치를 지향하면서 외부 세계에 대한 의존을 경계했다. 따라서 그들은 토지를 개척하고 농업에 주력하면서, 자신들에게 필요한 물품을 생산하고 지역 시장에서 교환, 소비하는 데 치중했다. 그렇지만 사치품은 물론이요 직물이나 가구, 또는 철물 같은 필수품도 수입에 의존하지 않을 수 없었다. 그런 제품을 생산하는 데에는 영국의 중상주의적 규제가 있었을 뿐 아니라 제조업에 필요한 인력과 시설도 부족했기 때문이다. 따라서 뉴잉글랜드는 수입 대금을 치르기 위해 생선과 모피, 목재와 괴철 같은 물품을 수출했고, 그래도 부족한 자금은 조선과 해운에서 확보하고자 노력했다.

중부 식민지는 그보다 개방적이고 외향적인 지역이었다. 중부에 속하는 뉴욕과 펜실베이니아, 그리고 각각 거기서 분리된 뉴저지와 델라웨어는 정치적으로나 사회적으로 단일 지역으로 취급하기가 어렵지만, 문화적, 경제적 측면에서는 보통 하나의 권역으로 간주된다. 이들 식민지는 종교적 관용과 문화적 다양성이라는 특징을 지녔고, 또 비옥한 토지와 풍부한 삼림을 개발하는 데 주력했기 때문이다. 그곳의 주민은 서로 인정하고 함께 공존하는 생활방식을 수립하며 외부 세계에 대해 개방적이고 새로운 변화에 대해 진취적인 자세를 취하는 경향을 보였다. 그들은 밀, 옥수수, 호밀 등 곡물을 재배하고 제분소를 통해 그것을 가공했으며, 참나무, 소나무 같은 나무를 베어 내고 제재소에서 목재로 가공했다. 그와 함께 방직업과 제철업도 일찍부터 개척했다. 따라서 중부는 곡물과 목재, 그리고 괴철의 생산을 중심으로 빠르게 성장하는 수출 지향적인 경제를 건설했다.

메릴랜드에서 조지아까지 남부 식민지는 환금작물의 생산과 수출에 주력하는 지역이었다. 거기서는 일찍부터 담배 같은 수출 품목의 생산에 집중하고 식량이나 의복 같은 필수품은 수입해서 해결하는 경제생활이 자리 잡았다. 생산하는 품목은 쌀, 사탕수수, 물감, 타르 등으로 늘어났으나, 생산하는 방식은 언제나 대농장plantation 농업에 머물러 있었다. 대서양을 따라 펼쳐져 있는 넓은 평원과 온난한 기후 덕분에, 규모가 큰 농장을 건설하고 많은 노동력을 투입하며 높은 수익을 기대하는 기업형 영농이 자리 잡았다. 거기에 필요한 노동력은 물론 노예가 메웠고, 따라서 1770년에 이르면 흑인이 40만 명을 넘어서 남부의 전체 인구 가운데 41 %를 차지하게 되었다. 그렇지만 많은 노예를 거느리고 커다란 농장을 운영하는 농장주planter는 소수에 지나지 않았다. 다수의 자유인은 대개 스코틀랜드계 소농으로서, 애팔래치아산맥에 가까운 구릉지대에 자리 잡고 곡물과 가축을 기르며 자급자족하는 데 주력했다. 따라서 남부는 비인간적인 노예제 이외에 부유한 농장주와 빈곤한 소농 사이에 존재하는 커다란 빈부 격차의 문제에 부딪히게 되었다. 이런 폐단은 나중에 남부를 넘어 미국 전체에 커다란 영향을 끼치게 된다.

지금 여기서 주목해야 할 것은 식민지의 경제성장이며, 이 측면에서 가장 눈길을 끄는 것은 대영 무역이다. 장기적 안목에서 볼 때, 눈에 띄는 것은 식민지가 18세기 중엽부터 역조 현상에 시달리게 되었다는 사실이다. 1700년 식민지의 대영 수출액이 40만 파운드였던 데 비해 수입액이 34만 파운드였으니, 무역수지는 대단히 유리했다고 할 수 있다. 그러나 1740년에는 수출액이 80만 파운드로 2배 늘어났지만 수입액은 87만 파운드로 2.5배나 늘어났고, 따라서 무역수지는 7만 파운드의 적자를 보였다. 그런 추세는 개선되지 않고 오히려 악화되었다. 1770년에는 수출액이 135만 파운드였으나 수입액은 무려 241만 파운드였으니, 무역수지가 106만 파운드의 적자를 보였다.[15]

대영 수입이 1740년대부터 빠르게 늘어났다는 것은 식민지 주민의 소비가 활발해졌다는 것을 뜻한다. 실제로 일부 상품의 소비는 폭발적으로 급증했다. 예를 들면, 차를 수입하는 데 지출한 금액은 1700년 8천 파운드에서 70년 뒤에는 80만 파운드로 100배 증가했다. 또 수입하는 품목이 계속 늘어나기도 했다. 직물과 철물 이외에, 침대나 찬장 같은 가구, 다기를 비롯한 다양한 도자기, 플랑드르 레이스나 벨벳 장갑 같은 장식품과 장신구, 또 신문과 책과 종이 등등, 일일이 나열할 수 없을 만큼 다양한 품목이 수입되었다. 그리고 식민지 상업도 발전했다. 상점은 수출입 항구를 비롯한 도시를 벗어나 농촌으로 확산되었고, 상점주들은 새로운 상품이 들어오면 상점 전면에 진열하며 품목을 드러낼 뿐 아니라 신문 광고를 통해 널리 알리기도 했다. 또 행상인들은 상점이 없는 오지를 찾아다니며 상품과 함께 소식을 전하기도 했다. 이런 변화는 흔히 "소비자 혁명"consumer revolution이라 불린다.[16]

그 "혁명"은 화폐의 부족이라는 제약 속에서 진행되었다. 금화나 은화 같은 정화는 영국을 포함하는 여러 유럽 국가들의 중상주의 정책 때문에 식민

---

15 U.S. Bureau of the Census, *Historical Statistics of the United States: Colonial Times to 1970*, Bicentennial ed., Part 2 (Washington, DC: U.S. Government Printing Office, 1975), Series Z 213-244.

16 T. H. Breen, *The Marketplace of Revolution: How Consumer Politics Shaped American Independence* (Oxford: Oxford Univ. Pr., 2004), 33-147.

지에 충분히 공급되지 않았다. 게다가 빠르게 성장하는 경제 때문에 식민지에 필요한 통화량이 늘어남에 따라, 그런 상황은 더욱 악화되었다. 그래서 식민지 주민은 흔히 물물교환이나 외상 장부에 의지했고, 화폐가 필요한 경우에는 정화를 쪼개어 썼다. 그리고 식민지 정부는 만기가 도래하면 이자를 지급하는 태환 지폐를 발행함으로써 화폐 공급량을 크게 늘렸다. 이런 지폐는 이후 미국의 역사에서 중요한 역할을 하게 된다. 그런 화폐 부족이 얼마나 심각했는지, 또 그것이 식민지의 경제성장을 얼마나 제약했는지에 관해서는 전문가들 사이에서 의견이 엇갈린다.[17]

그래도 18세기 북미대륙 식민지에서 시장경제가 확립되었다는 사실은 분명하다. 시장경제란 경제체제의 일종으로서 자원의 할당, 재화의 생산, 그리고 상품의 유통을 비롯한 경제활동이 시장에서 수요와 공급의 원리에 따라 조정, 지배되는 경제를 가리킨다. 시장은 인류의 역사에서 문명과 같이 상당한 수준까지 발전한 사회에서 언제나 존재했지만, 근대 서양에서는 경제활동을 지배하는 기제로 자리 잡았고 18세기 북미대륙 식민지에도 뿌리를 내렸다. 특히 문화적 측면에서 보면, 북미대륙 식민지가 시장경제의 선진국인 영국보다 앞서 있었다고 할 수 있다. 18세기 영국에서는 시장경제가 빠르게 확산되었고, 그래서 곡물 상인들이 매점매석을 통해 폭리를 취하는 경향도 나타났다. 그것은 기근이 들었을 때 곡물 가격의 폭등을 불러왔고, 또 거기에 항의하는 민중의 식량 폭동으로 이어졌다. 민중은 기근이 들었을 때도 곡물이 공정한 가격으로 거래되어야 한다고 생각했다. 가격이란 무엇보다도 상품을 생산하는 데 들어간 노동력에 따라 결정되어 있으며, 시장의 수요와 공급에 따라 지나치게 오르내려서는 안 된다고 생각했다. 따라서 기근이 들었을

---

17 Jonathan Hughes and Louis P. Cain, *American Economic History*, 5th ed. (Boston: Addison-Wesley, 2011), 52-59. 자본주의 발전에서 화폐가 차지하는 역할이라는 커다란 주제에 관해서는 다음 문헌을 참고하라. Christine Desan, *Making Money: Coin, Currency, and the Coming of Capitalism* (Oxford: Oxford Univ. Pr., 2014).

때, 민중은 매점매석을 하는 것으로 보이는 상인에게서 곡물을 빼앗은 다음에 사람들에게 공정한 가격으로 팔고 그 대금을 모아 상인에게 주었다. 이런 식량 폭동은 18세기 북미대륙 식민지에서 자주 일어나지 않았다. 무엇보다도 거기서는 식량이 부족한 사태가 거의 없었다. 그런 사태는 혁명기에도 국지적이고 일시적인 현상에 지나지 않았다. 더욱이, 식민지 주민은 가격에 대해 다른 관념을 지녔다. 이미 17세기 보스턴에서 나타났듯이, 그들은 시장에서 수요와 공급에 따라 형성되는 가격을 공정한 가격으로 받아들이는 모습을 보였다.[18]

시장경제의 발전과 더불어 늘어난 소비와 적자는 다른 지역에 대한 수출로 대부분 메울 수 있었다. 북미대륙의 영국 식민지는 영국 경제에 묶여 있으면서도 대서양 경제라는 더 큰 틀과도 깊은 교역 관계를 맺고 있었다. 그 관계는 흔히 삼각무역triangular trade이라 불린다. 실제로 북미대륙 식민지는 영국에 담배와 생선 등, 일차산품을 수출하고 다양한 공업 제품을 수입하는 한편, 카리브해에는 곡물과 목재를 수출하고 당밀과 설탕을 수입했다. 그렇지만 실상은 그보다 훨씬 복잡했다. 교역 품목이 몇몇 주요 생산물에 그치지 않고 비단과 인삼에 이르기까지 매우 다양했고, 교역 대상도 영국과 그 식민지에 머무르지 않고 남부 유럽까지 넓게 확대되었다. 식민지의 교역은 기본적으로 중상주의적 규제에 따라 영국을 중심으로 전개되었지만, 그런 규제는 지정된 품목에만 엄격하게 적용되었기 때문이다. 따라서 북미대륙 식민지는 영국 경제권 이외의 지역과 교역함으로써 대영 적자를 대부분 메울 수 있었다.[19]

---

18 E. P. Thompson, "The Moral Economy of the English Crowd in the Eighteenth Century," *Past and Present* 50 (1971), 76-136; Barbara Clark Smith, "Food Rioters and the American Revolution," *William and Mary Quarterly* 51.1 (1994), 3-38; Stephen Innes, *Creating the Commonwealth: The Economic Culture of Puritan New England* (New York: Norton, 1995), 160-191.

19 다음 인터넷 도판을 참고하라. "British-Atlantic Trade, c. 1750," American Horizons: U.S. History in a Global Context, Oxford University Press, https://global.oup.

〈도표 4-1. 교역 대상별 수출입 총액, 1769년〉 (단위: 파운드)

	수출액	수입액
영국	1,531,516	1,604,976
카리브해	747,910	789,754
남부 유럽과 아프리카	573,015	228,682
총액	2,852,441	2,623,412

출처: U.S. Bureau of the Census, *Historical Statistics of the United States: Colonial Times to 1970*, Bicentennial ed., Part 2 (Washington, DC: U.S. Government Printing Office, 1975), Series Z 253-265.

다른 지역 가운데서는 남부 유럽이 중요한 교역 대상이었는데, 이 지역은 역사학계에서 오랫동안 경시되다가 최근에야 관심을 끌기 시작했다. 〈도표 4-1〉은 1769년 한 해의 무역통계에 불과하지만, 남부 유럽의 중요성을 분명하게 보여 준다. 그에 따르면 북미대륙 식민지는 대영 무역에서 7만 파운드 이상 적자를 보았지만, 남부 유럽과 아프리카에서 34만 파운드 이상 흑자를 보았다. 덕분에 카리브해를 포함한 전체 무역수지에서 23만 파운드의 흑자를 낼 수 있었다. 여기서 아프리카는 중요한 교역 대상이 아니었다. 북미대륙 식민지는 아프리카에 주로 럼을 수출하고 노예를 수입했으나, 노예무역에서는 독점적 지위를 누리던 영국 상인들 때문에 큰 몫을 차지할 수 없었다. 반면에 남부 유럽과는 활발하게 교역했다. 스페인과 포르투갈에 밀과 쌀을 비롯한 곡물, 말린 대구 같은 생선, 그리고 목재를 수출했고, 주로 소금과 와인을 수입했다. 영국은 거기에 규제를 가하지 않고 허용하거나 심지어 장려했다. 교역 품목이 영국의 무역에서 중요하지 않았고, 또 북미대륙 식민지가 남부 유럽과 교역하면서 내는 흑자가 대영 무역에서 보는 적자를 메우는 데 중요한 역할을 한다는 점을 알고 있었다.[20]

com/us/companion.websites/fdscontent/uscompanion/us/static/companion.websites/9780199389315/maps/ch5/map05_00400.jpg.

20 James G. Lydon, *Fish and Flour for Gold, 1600-1800: Southern Europe in the Colonial*

〈도표 4-2. 주요 수출품의 금액과 물량, 1770년〉

(금액 단위: 파운드, 물량 단위: 품목별 표시)

품목	금액	수송 물량 총량	영국	남부 유럽	카리브해	아프리카
생선(퀸털)	375,394	660,003	22,086	431,386	206,081	
밀(부셸)	131,467	751,240	11,739	588,561	955	
물감(파운드)	131,552	584,672	584,593		83	
빵·밀가루(톤)	504,553	45,868	263	18,501	23,449	72
쌀(배럴)	340,693	151,418	74,073	36,296	40,932	
판자(피트)	58,618	42,756,306	6,013,519	486,078	35,922,168	4,800
통널(개)	61,619	20,546,326	4,921,020	1,680,403	11,116,141	
담배	906,638		904,982		1,569	
미국산 총액	3,356,160		1,686,654	685,920	844,179	

출처: U.S. Bureau of the Census, *Historical Statistics of the United States*, Series Z 294.

그렇지만 남부 유럽에 대한 수출이 식민지 경제에서 가장 중요한 비중을 차지했던 것은 아니다. 남부 유럽에 대한 수출액은 대영 수출액에 비하면 3분의 1이 조금 넘을 뿐이다. 이런 사정은 식민지의 수출을 품목별로 살펴보면 분명하게 드러난다. 〈도표 4-2〉에서 나타나듯이, 북미대륙 식민지의 수출에서 가장 큰 비중을 차지하는 것은 담배였다. 게다가 쌀과 물감―쪽에서 뽑은 푸른 물감―도 적잖은 비중을 차지했다. 이들 품목의 비중은 1770년도의 수출 총액에서 41 %에 이른다. 그런 품목이 남부에서 생산되었다는 사실에 비추어 보면, 남부가 북미대륙 식민지를 번영으로 이끈 견인차였다는 것을 짐작할 수 있다.

사실 식민지는 전반적으로 번영을 누렸지만, 지역에 따라 상당한 차이가 있었다. 북미대륙 식민지가 전반적으로 번영을 누렸다는 것은 주민 가운

Balance of Payments (Philadelphia Library: Company of Philadelphia, 2008), http://www.librarycompany.org/economics/PDF%20Files/lydon_web.pdf (2015년 3월 30일 접속).

데 자유인의 소득이 영국인이나 프랑스인의 소득보다 높았다는 사실에서 드러난다. 예를 들면 1774년 한 해 동안, 식민지 자유인이 평균 13 파운드를 벌었는데 영국인과 프랑스인은 각각 11 파운드와 6 파운드밖에 벌지 못했다.[21] 식민지 내부의 지역 격차는 주민의 개인 재산을 살펴보면 뚜렷하게 드러난다. 뉴잉글랜드의 자유인은 평균 38.2 파운드의 재산을 지니고 있었고, 중부 식민지의 자유인 재산은 그보다 조금 많은 41.9 파운드였다. 반면에 남부의 자유인 재산은 평균 92.7 파운드로서 다른 지역보다 2배 이상 많았다. 가장 큰 차이는 노예제에 있었다. 남부 평균 가운데 3분의 1에 해당하는 31.1 파운드가 거의 모두 흑인 노예의 재산 가치였다.[22]

이런 지역 격차는 식민지 미국의 경제성장을 이해하는 데 중요한 함의를 지닌다. 그것은 서두에서 소개한 데글러의 견해가 적절한 설명이 아니라는 점을 시사한다. 데글러는 자본주의 정신에 주목하면서 청교도와 퀘이커의 역할을 강조하지만, 그들은 경제성장에서 상대적으로 뒤처져 있던 북부와 중부 식민지를 무대로 활동했기 때문이다. 그렇다면 어떻게 해서 남부가 성장 동력을 제공했는가 하는 의문이 떠오른다. 그 해답은 남부 경제의 주역에게서 찾을 수 있다. 18세기 남부에서 경제성장을 주도한 세력은 영국계 이민이었다. 당시 남부 주민의 출신 배경은 조사 자료가 없어서 명확하게 분별하기 어렵지만, 대체로 남서 잉글랜드에서 건너간 영국계 이민이 해안 지방에 정착하고 대농장을 경영했다는 사실은 널리 알려져 있다. 그들은 해안 지방에서 커다란 농장을 건설하고 많은 노예를 동원하며 환금작물의 생산에 주력했다. 그리고 스코틀랜드계 이민은 앞에서 서술한 것처럼 북부 잉글랜드 출신과 함께 내륙 지방에 정착하며 독특한 지역 문화를 형성했으나, 자급자족에 주력하는 경제생활에 머물러 있었다. 따라서 남부 경제에서 주도권을

---

21 Taylor, *American Colonies*, 307.

22 Galenson, "Settlement and Growth of the Colonies," 190-196.

쥐고 있던 것은 영국계 이민과 그 후손이었다.

그들의 경제활동을 해명하는 단서는 근대 초기의 영국 사회에서 발견할 수 있다. 그 사회는 이미 역동적인 양상을 보이고 있었다. 영국은 1760년대에 이르러서야 비로소 산업혁명에 진입했지만, 그보다 훨씬 전부터 근대적인 모습을 갖추기 시작했다. 프랑스를 비롯한 대륙 국가에서는 봉건제의 잔재가 남아 있었을 뿐 아니라 심지어 다시 강화되기도 했으나, 영국에서는 농민이 자유로운 신분을 지니고 있었고 또 토지에 대한 소유권도 갖고 있었다. 그들의 토지는 개인의 재산이었다. 전통 사회에서 소농이 지니는 토지는 흔히 가계나 가문의 재산이었지만, 영국에서는 개인이 자유롭게 처분할 수 있었다. 더욱이, 근대 초기의 영국은 시장에서 거래를 통해 수익을 얻고 부를 축적하는 데 적극적인 사회였다. 신분 질서가 엄격하지 않았기 때문에, 영국인들은 부를 통해 신분 상승을 기도할 수 있었다. 역사인류학자 앨런 맥팔레인Alan Macfarlane에 따르면, 그들은 대부분 "사나운 개인주의자, 즉 지리적으로나 사회적으로나 매우 유동적이고, 경제생활에서는 '합리적'이고 시장 지향적이고 탐욕스러우며, 친족 관계와 사회생활에서는 자기중심적인 존재"였다. 게다가 역사학자 얀 드 브리스Jan de Vries는 근대 초기에 영국인들이 생활수준의 향상을 위해 커다란 관심과 노력을 기울였다고 주장한다. 그들은 노는 시간을 줄이고 일하는 시간을 늘리면서 가계의 생산 활동을 강화했을 뿐 아니라 더 많은 것을 사들이며 여유 있는 소비생활을 누리려 했다. 산업혁명이 일어나기 전에 이른바 "근면 혁명"Industrious Revolution이 있었다는 것이다.[23]

---

23 Alan Macfarlane, *The Origins of English Individualism* (Oxford: Blackwell, 1978), 163; Jan de Vries, *The Industrious Revolution: Consumer Behaviour and the Household Economy, 1650 to the Present* (New York: Cambridge Univ. Pr., 2008); Joyce Appleby, *The Relentless Revolution: A History of Capitalism* (New York: Norton, 2010), 87-120. 미국에 관해서는 다음 문헌을 참고하라. Richard Lyman Bushman, *The Refinement of America: Persons, Houses, Cities* (New York: Vintage, 1993); Breen, *Marketplace of Revolution*.

그런 사회가 영국계 이민의 모태였다. 그렇지만 이미 제3장에서 살펴본 것처럼 그들이 그 모태를 떠난 이유는 다양했다. 북부나 중부를 선택한 이민이 대개 경제적 동기와 함께 종교적 이유에서 출발한 반면에, 남부에 정착한 이민은 주로 경제적 동기에서, 바꿔 말하면 더 나은 생활이나 더 많은 부를 찾아서 새로운 세계로 이주하는 모험을 감행했다. 그렇다고 해서 남부 주민이 물질적 이익에만 집착한 것은 아니다. 아래에서 언급하듯이 고귀한 품위는 남부의 농장주들에게도 소중한 가치였다. 더욱이, 그것은 물질적 풍요를 수단으로 삼아 성취해야 하는 미덕이었다.[24] 그런 배경을 고려하면, 남부 식민지가 경제성장에서 적극적인 역할을 수행한 것은 당연한 것으로 보인다.

그들 가운데서 가장 눈에 띄는 인물은 버지니아의 거부 로버트 카터 Robert Carter이다. 그는 1664년 농장주의 아들로 태어나서, 아버지의 뜻에 따라 영국으로 건너가 고전 교육을 받으며 식민지 무역의 실무를 익혔다. 아버지 존John은 혈연 덕분에 버지니아 컴퍼니와 관계를 맺고 그것을 이용해 이미 1630년대에 버지니아로 이주해 재산을 모았다. 그는 국왕과 국교에 충성하는 보수적 인물이었으나, 1665년에는 흑인 21명을 포함해 모두 80명을 이주시킴으로써 인두권 제도에 따라 4,000 에이커를 확보하는 등, 이재에 뛰어난 능력을 발휘했다. 로버트는 그런 아버지의 뜻에 따라 영국에서 축재에 필요한 지식과 경험을 쌓았다. 그리고 1680년경 버지니아로 돌아온 이후에는, 아버지로부터 물려받은 농장을 돌보며 토지 거래에 나섰고 또 빠른 속도로 재산을 늘리기 시작했다. 특히, 담배 이외에 곡물과 가축을 길러 노예의 식량을 확보하는 동시에 토지 투기에 각별한 노력을 기울였다. 1732년 그가 세상을 떠나며 남긴 재산은 결국 토지 295,000 에이커와 노예 750명이었다. "킹"이라는 별명에서 짐작할 수 있듯이, 그는 식민지에서 가장 부유한 인물이었

---

24 Michael Greenberg, "William Byrd II and the World of the Market," *Southern Studies* 16.4 (1977), 429-456.

다. 그는 또한 독실한 국교도였다. 자신의 저택 인근에 화려한 교회를 지어 놓고 자신과 가족을 위해 별도의 묘역을 꾸며 놓을 정도였다.[25] 이런 점에서 로버트 카터의 행적은 식민지의 경제성장을 견인했던 남부의 역할을 분명하게 보여 준다.

3. 문화적 변동

경제적 번영은 사회적·문화적 변동과 함께 진행되었다. 사회구조는 이미 17세기 말에 뚜렷한 위계질서로 재편되었는데, 18세기에는 그런 추세가 심화되어 유럽의 신분제와 유사한 양상을 띠기도 했다. 번영은 식민지인들에게 부를 가져다주었으나, 두말할 나위도 없이 모든 사람이 그것을 고르게 나누어 가진 것이 아니라 로버트 카터를 비롯한 몇몇 사람들이 그 대부분을 차지했으니 말이다. 이런 불평등과 빈부 격차는 지역적으로 볼 때 북부보다 중부와 남부에서 더 심했다. 뉴욕에서 조지아까지 이르는 대서양 해안 지역에서는 일찍부터 대토지 소유제가 뿌리 내렸고, 그 위에 노예제를 이용하는 대농장이 자리 잡았다. 그리고 대농장주들은 식민지 의회 의석을 비롯한 관직을 얻는 데 많은 노력을 기울였다. 특히, 자문회의에 위원으로 참석하며 총독과 가까운 관계를 맺는 데 공을 들였다. 그것은 좋은 토지를 헐값에 차지하는 데, 또 자신의 위신을 높이는 데 필수적인 요소였기 때문이다. 그처럼 대농장주를 중심으로 부와 함께 관직을 차지한 소수의 사람들은 식민지 미국의 지배

---

25 Edmund Berkeley, Jr., ed., The Diary, Correspondence, and Papers of Robert "King" Carter of Virginia, 1701-1732, Historic Christ Church and Museum, Foundation for Historic Christ Church, http://carter.lib.virginia.edu (2015년 3월 31일 접속); idem, "Robert Carter (ca. 1664-1732)," Encylopedia Virginia, http://encyclopediavirginia.org/Carter_Robert_ca_1664_1732 (2015년 3월 31일 접속).

계급이라 할 수 있다.

　"지배계급"ruling class이라는 용어는 오늘날 매우 느슨하게 쓰이며, 그래서 적잖은 혼란이 일어나기도 한다. 오늘날에는 지배계급이 존재한다고 해도, 어떤 집단이 실제로 지배를 담당하는지 분별하기가 어렵다. 특히, 정치권력이 국민에게서 나오는 나라에서 그렇다. 이런 현상을 설명하기 위해, 어떤 학자는 오늘날 지배계급은 지배하지 않는다고 주장한다. 지배계급은 국가를 매우 효율적으로 통제하기 때문에, 실제로 지배를 수행하는 데 큰 관심을 기울이지도 않는다고 부연한다.[26] 그렇다면 그 계급은 다른 이름으로 불러야 한다. 그런데도 그 학자는 지배계급이라는 명칭을 고수한다.

　그에 따르는 혼란에서 벗어나기 위해서는, 지배계급이 원래 전통 사회에서 뚜렷하게 나타났던 현상이라는 점을 기억할 필요가 있다. 거기서 지배계급은 문자 그대로 지배를 담당하던 계급을 의미했다. 즉, 국사國事를 관장하고 법률을 비롯한 여러 가지 규칙을 제정하며 그에 입각해 국민을 제어하는 계급을 의미했다. 그런 역할은 바꿔 말하면 주권자의 통치 행위이다. 따라서 지배계급은 본질적으로 정치적 권위를 토대로 성립한다. 그것은 재상에서 서기까지 이르는 관직을 차지하고 주권자의 명령을 수행하는 사람들로 구성된다. 이들은 정치적 권위 이외에 강력한 경제 권력도 지닌다. 주권자가 그들의 위상과 역할을 뒷받침하기 위해 제공하는 경제적 자원, 특히 토지와 노동력에 접근할 수 있기 때문이다. 그렇지만 그들의 권력이 본질적으로 주권자가 부여하는 정치적 권위에서 유래한다는 점을 기억할 필요가 있다.[27] 이는 미국

26　Fred L. Block, "The Ruling Class Does Not Rule: Notes on the Marxist Theory of the State," *Socialist Revolution* 33 (1977), 6-28. 또한 다음 문헌도 참고하라. Göran Therborn, "What Does the Ruling Class Do When It Rules?: Some Reflections on Different Approaches to the Study of Power in Society," *Insurgent Sociologist* 6.3 (1976), 3-16.

27　John P. LeDonne, "The Ruling Class: Tsarist Russia as the Perfect Model," *International Social Science Journal* 136 (1993), 285-300.

의 자본주의 문명이 발전하는 과정에서 중요한 의미를 지니므로 유념할 필요가 있다.

그런 뜻을 지닌 지배계급은 식민지 미국에서 젠트리의 성격을 띠었다. 젠트리는 원래 영국의 귀족 가운데서 장자상속제 때문에 아버지로부터 작위를 물려받지 못하는 아들들로 구성되는 신분이었다. 이들은 공작이나 백작, 또는 남작 같은 작위를 지닐 수 없었을 뿐 아니라, 그런 작위에 수반되는 커다란 영지에 대한 보유권이나 거기서 살아가는 농민에 대한 지배권도 가질 수 없었다. 따라서 영지를 물려받는 사람들을 제외하면, 대개 사업에 뛰어들어 경제적 여유와 함께 사회적 위신을 누리고자 했다. 그들 가운데 일부는 식민지에서 기회를 찾았다. 일찍이 버지니아를 비롯한 여러 식민지로 이주하고 넓은 토지를 차지했을 뿐 아니라 식민지 의회로 진출하는 등, 관직도 차지했다. 그리고 그런 지위를 얻기 위해 흔히 혈연이나 혼인을 통해 형성된 인맥에 의지하는 한편, 토지와 함께 관직도 아들들에게 물려주며 가문의 위신을 높이고자 했다. 물론, 경쟁은 치열했다. 좋은 토지가 적은 것과 마찬가지로, 탐나는 관직도 많지 않았기 때문이다. 그렇기 때문에 토지와 관직을 장악한 사람들은 야심을 지닌 새로운 인물을 받아들이기보다 자신들끼리 서로 도와 가며 오랫동안 영화를 누리고자 했다. 따라서 "버지니아의 제일 가문"First Families of Virginia이라는 어구에서 드러나듯이, 여러 식민지에는 영국의 젠트리와 비슷한 집단이 형성되었다.

식민지 미국의 젠트리는 뚜렷한 특징도 지녔다. 무엇보다도, 좋은 토지와 관직을 차지한 사람이라면 누구든 혈통과 관계없이 젠트리가 될 수 있었다. 영국과 달리 미국에서는 신분제가 확립되지 않았기에, 미국의 젠트리는 기본적으로 열려 있는 집단이었다. 더욱이, 토지를 경영하는 데 차지농이나 소작농보다 노예에 의지했다. 그리고 노예제에 기대어 절대적 권력을 누리며 마치 중세의 봉건귀족처럼 행세했다. 미국의 젠트리는 분명히 환금작물을 기르고 시장에 내다 팔면서 근대적인 방식으로 농장을 경영하는 데 관심을 기울였으나, 생활방식에서는 영국의 선조들보다 더 봉건적인 취향을 지녔다. 사실, 그들은 주택과 복색, 그리고 언행에서 영국 귀족을 모방했다. 그래서 주변 사람들을 위해 호화로운 연회를 베풀고 값비싼 선물을 나누어 주며 경제적 여유를 즐기려 했다.[28]

젠트리를 비롯한 부유한 사람들은 고귀한 품위를 갖추려 했다. 무엇보다 호화로운 저택을 짓고 우아하고 조화로운 복색과 섬세하고 세련된 태도를 갖추고 자신의 위신을 과시하고자 했다. 그들은 개척기의 목조 가옥을 버리고, 정원을 산책할 수 있을 만큼 부지를 넓게 잡고 그 일부를 대지로 사용하면서 보는 사람을 압도하는 규모의 석조 건물을 지었다. 대개 1층 중앙에 손님을 맞이하는 넓은 공간을 두고 그 주변에 응접실, 서재, 식당, 주방 등, 용도에 따라 다양한 방을 넣었으며 2층에는 가족을 위한 침실과 손님을 재우는 객실을 만들어 놓았다. 그리고 화려한 의복과 까다로운 예절을 지키며 다과회나 무도회 같은 연회를 열어 같은 부류의 사람들과 어울리며 런던이나 파리의 유행을 따라잡으려고 노력했다. 반면에 보통 사람들과 거리를 두었을 뿐 아니라 그들의 사치품 소비에 대해 개탄하기도 했다.

보통 사람들 가운데 상당수는 그런 젠트리를 모방했다. 약간의 여유가 있던 중간 부류는 여전히 목조 가옥에서 살았지만, 식탁과 의자, 거울과 장식장 같은 가구 이외에 금속이나 도자기로 만든 식기를 갖추고 친지들과 함께 모여 차를 마시기도 했다. 게다가 사치스러운 의복과 장신구를 갖추고 유행에 뒤떨어지지 않도록 노력했다. 그렇지만 가난한 사람들—여전히 단칸방 통나무집에 살며 흙바닥에 놓인 긴 의자에 걸터앉아 나무 그릇을 들고 식사를 하

---

28 Rhys Isaac, *The Transformation of Virginia, 1740-1790* (Chapel Hill: Univ. of North Carolina Pr., 1982); Woody Holton, *Forced Founders: Indians, Debtors, Slaves, and the Making of the American Revolution in Virginia* (Chapel Hill: Univ. of North Carolina Pr., 1999); Michael McConnell, *The Politics of War: Race, Class, and Conflict in Revolutionary Virginia* (Chapel Hill: Univ. of North Carolina Pr., 2007).

던 사람들—은 그런 소비생활을 따라갈 수 없었다. 더욱이 항구를 중심으로 성장하던 도시에는 빈곤에서 벗어나지 못하는 빈민층이 형성되어 있었는데, 이들은 물론 생계를 잇기에 바빴다. 그 외에 흑인도 번영의 혜택을 누리지 못했다.

풍요로운 소비생활 덕분에, 중간 부류의 여성은 발언권을 확보하기 시작했다. 영국과 마찬가지로 식민지에서도 여성은 법률상 권리를 누리지 못했다. 결혼한 다음에도 미성년자처럼 남편의 후견에서 벗어날 수 없었고, 남편의 사후에는 재산을 물려받는 아들에게 의지하는 수밖에 없었다. 그러나 18세기에 들어와서 처분할 수 있는 소득이 늘어나자, 여성은 육아와 가사를 중심으로 가정을 꾸리는 데 필요한 물품을 구매하고 자신과 가족을 치장하며 발언권을 확대했다. 그들이 물품의 선택과 구매를 사실상 결정한다는 것은 식민지 상점주 사이에서 널리 알려져 있었다. 소비는 그들에게 자아를 표현하고 자신을 과시하는 통로였다. 그렇지만 젠트리를 비롯한 상층 사람들은 그로 인해 가부장의 권위가 훼손되는 것이 아닌지 우려했다.[29]

결국 번영과 풍요 덕분에 식민지의 생활방식과 사회질서에 뚜렷한 변화가 일어났는데, 이는 주민의 내면세계에도 나타났다. 유럽 국가들이 국교를 갖고 있었듯이, 북미대륙 식민지도 각기 특정 교파를 공식 종교로 지정하고 주민의 세금으로 교회를 지원했다. 덕분에 18세기 중엽에 이르면, 북미대륙 식민지에는 대략 1,500개의 교회가 있었다. 교회의 숫자는 교파에 따라 차이가 컸다. 가장 큰 교파는 교회를 450개나 거느리고 있던 뉴잉글랜드의 회중파였다. 다만, 회중파는 교회를 신도 회중會衆으로 간주하고 개별 교회를 각각 자율적 집단으로 취급하므로, 하나의 통합된 세력으로 규정하기는 어렵다. 그다음으로는 남부에 자리 잡은 영국교회가 300개, 그리고 중부에 정착한 퀘이커 회합과 장로교회가 각각 250개와 160개 있었다. 그 외에 중부에

---

29 Bushman, *Refinement of America*, 3-203.

는 침례교회, 루터교회, 네덜란드 개혁교회, 독일 개혁교회가 있었고, 특히 메릴랜드와 뉴욕에는 각각 가톨릭교회와 유대교회도 있었다. 따라서 다양한 프로테스탄트 교회가 식민지에서 지배적인 위상을 차지했다.[30]

그런 교회의 수요에 따라, 성직자 양성에 주력하던 대학이 빠른 속도로 늘어났다. 회중파는 하버드에 이어 예일(1701년)과 다트머스(1769년)를, 그리고 영국교회는 윌리엄 앤드 메리(1693년), 컬럼비아(1754년), 펜실베이니아(1755년)를 설립했다. 그 외에 장로교회가 프린스턴(1746년), 침례교회가 브라운(1764년), 네덜란드 개혁교회가 럿트거스(1766년)를 설립했다. 그러니까 식민지 미국에는 자유인 인구가 200만에 불과했지만 대학은 모두 9개나 있었다. 이는 당대의 영국에 비하면 놀라운 현상이다. 18세기 중엽 영국에는 인구가 대략 1,000만 명이었는데도 대학이 6개밖에 없었으니 말이다. 물론, 식민지 대학은 규모가 작았다. 대개 한 해에 졸업생을 수십 명밖에 배출하지 못했다. 그래도 대학이 9개나 운영되었다는 사실은 식민지 미국이 고등교육에 커다란 관심을 기울이며 적잖은 자금을 쏟아부었다는 것을 뜻한다.

프로테스탄트 교회가 유능한 목사를 양성하는 데 그토록 정성을 기울였던 것은 목사가 가톨릭교회의 신부와 다른 역할을 수행했기 때문이다. 프로테스탄트 교회는 공통적으로 성직자의 권위와 신도의 공덕보다 교리에 대한 이해와 하느님의 계시를 중심으로 개인의 신앙을 강조했다. 내세의 구원은 오로지 하느님의 은총 덕분에 이루어지고, 그 은총을 받을 수 있는 사람은 미리 결정되어 있으며, 믿음을 지닌 사람은 은총을 잃지 않도록 현세에서 살아가는 동안 수양에 정진해야 한다는 것이었다. 그러므로 신도들은 성경을 읽고 그 내용을 이해하려고 노력하는 동시에 자신의 몸과 마음을 다스리고 영성을 가꾸며 하느님의 계시를 기다려야 했다. 그런 수양은 청교도들에게 더욱 중요했는데, 이는 그들이 동료 신도 앞에서 자신의 종교적 경험을 술회

---

30 Taylor, *American Colonies*, 342.

하면서 하느님에게 귀의하는 개심改心 과정을 설명해야 했기 때문이다.[31] 그처럼 제도와 의례 대신에 계시와 이해가 중시되는 신앙생활에서, 목사는 안내자로서 중요한 역할을 수행했다.

그런 성직자들의 노력 덕분에, 프로테스탄트 교회는 18세기 중엽에 들어와서 다시 세력을 확장할 수 있었다. 그것은 이른바 "대각성 운동"Great Awakening 덕분이었다. 이 운동은 1730년대와 40년대에 북부와 중부를 휩쓸었고 그다음에는 남부까지 뒤덮었는데, 19세기와 20세기에도 다시 등장하는 부흥 운동의 제1막이었다. 그 요체는 세속적 관심을 버리고 영적으로 갱생更生함으로써 다음 세상에서 구원의 은총을 입을 수 있도록 살아가야 한다는 데 있었다. 이는 본질적으로 칼뱅의 교리였고, 따라서 청교도 교회를 포함하는 다양한 프로테스탄트 교파에서 쉽사리 수용할 수 있는 메시지였다. 차이가 있다면, 이 운동이 과격한 근본주의적 성격을 띠고 있었다는 점이었다. 그것은 주로 대규모 부흥 집회와 열광적인 기도에서 나타났다. 부흥 집회에는 많은 사람들이 모여들었고, 흔히 설교를 들으며 기도하다가 목 놓아 울거나 큰 소리를 지르거나 심지어 실신하기도 했다. 그런 집회에서 성직자들은 하느님의 계시를 더욱 강조하면서, 내세의 구원을 바란다면 당장 온갖 악덕을 벗어던지고 새로 태어나야 한다고 역설했다. 이 운동의 구심점이었던 조너선 에드워즈Jonathan Edwards 목사는 불을 뿜는 지옥이 가까이 있으며 사악한 사람들은 당장 그리로 떨어질 것이라고 소리 높여 꾸짖었다. 영국의 국교도 성직자 조지 휘트필드George Whitefield는 그런 부흥 운동을 돕기 위해 대서양을 건너 식민지 전역을 돌며 부흥 집회를 열기도 했다.[32]

---

31 Edmund S. Morgan, *Visible Saints: The History of a Puritan Idea* (Ithaca: Cornell Univ. Pr., 1963); Innes, *Creating the Commonwealth*, 107-159.

32 Wilson H. Kimnach, Kenneth P. Minkema, and Douglas A. Sweeney, eds., *The Sermons of Jonathan Edwards: A Reader* (New Haven: Yale Univ. Pr., 1999); Sydney E. Ahlstrom, *A Religious History of the American People* (New Haven: Yale Univ. Pr.,

"대각성 운동"은 기존 질서에 도전하는 요소를 지니고 있었다. 부흥 집회는 흔히 야외에서 열렸고, 거기서는 기성 교회와 달리 위계질서에 따라 좌석을 배정할 수 없었다. 더욱이, 부흥 운동가들은 가난한 농민과 억눌린 여성을 환영했고 심지어 원주민과 흑인 노예에게도 전도하고자 했다. 그리고 설교 가운데서 악덕을 질타했는데, 흔히 교만이나 허영을 꾸짖음으로써 계층 사이에 구분선을 그으려는 행태를 간접적으로 비판했다. 실제로 어느 부흥 집회에서는 신앙생활을 저해하는 서적과 함께 사치스러운 장신구를 벗어서 한곳에 모아 놓고 불태워 버리는 일이 벌어지기도 했다. 반면에 많은 성직자들은 그처럼 과격하고 소란스러운 집회를 환영하지 않았다. 그들은 대개 온건하거나 보수적인 인물로서, 이성적 접근과 위계적 사회질서가 경시되는 데 대해 우려했다. 그러나 에드워즈를 비롯한 부흥 운동가들은 많은 사람들이 그런 집회를 통해 속죄와 은총을 비춰 주는 "새로운 빛"New Lights을 본다고 주장했다. 따라서 부흥 운동에 참여하지 않는 성직자들은 "낡은 빛"Old Lights으로 폄하되었고, 그 결과로 두 파벌 사이에 알력도 조성되었다.

그래도 "대각성 운동"은 칼뱅의 교리를 중심으로 프로테스탄트 신앙을 식민지 전역에서 확립하는 데 크게 기여했다. 그것은 무엇보다 자연재해는 물론이요 인위적 재앙도 흔히 종교적 관점에서 이해하는 사고방식을 강화하는 데 일조했다. 예를 들면, 18세기 중엽의 식민지 주민은 흔히 가톨릭 국가인 프랑스가 원주민과 손을 잡고 식민지를 압박하는 데 대해 군사적으로 대비하는 데 그치지 않고 종교적 무장도 강화해야 할 필요가 있다고 생각했다. 그들은 유럽의 프로테스탄트 신도처럼 가톨릭교회에 대해 뿌리 깊은 두려움을 안고 있었던 만큼, 7년전쟁 같은 식민지 쟁탈전도 종교적 각도에서 바라보았던 것이다. 더욱이 1760년대부터 영국이 식민지에 대해 정치적 통제와 경제적 규제를 강화하자, 그런 정책의 변화가 신의 섭리에 따라 자신들이 겪는

1972), 280-329.

시련의 일환이 아닌가 하고 생각했다. 그리고 결국에 가서는 자신들이 온갖 시련을 이겨 내고 북미대륙에 새로운 이스라엘을 건설하게 될 것이라고 믿었다. 이는 미국혁명에 기여한 사상적 기원이자 미국을 예외적인 국가로 간주하는 이념의 토대가 된다.[33]

그렇지만 "대각성 운동"에 개의치 않는 사람들도 많이 있었다. 그 대표적 인물로는 벤저민 프랭클린Benjamin Franklin을 들 수 있다. 그는 1739년 조지 휘트필드의 감동적인 설교에 깊은 감명을 받았고, 이후 오랫동안 그와 가까운 관계를 맺고 지내며 그를 돕기 위해 애썼다. 휘트필드가 조지아에 고아원을 설립한다는 계획을 세우고 모금 운동을 벌였을 때에는, 거기에 문제가 있다고 생각하면서도 모금 운동을 돕기도 했다. 심지어 어느 집회에서는 휘트필드가 설교를 시작하자 프랭클린은 조금도 기부하지 않겠다고 결심했지만, 설교를 듣는 동안 주머니에 있던 돈을 조금씩 내놓게 되었고 결국에는 한 푼도 남기지 않고 모두 내놓은 적도 있었다. 그러나 프랭클린은 속죄나 구원에 큰 관심을 기울이지 않았다. 그는 독실한 장로교 가정에서 태어났으나, 성장하면서 종교적 권위를 부인하며 이성적 사고를 강조하는 범신론으로 경도되었다. 그에 못지않게 프랭클린의 관심을 끈 것은 현세를 살아가는 지혜였다. 사실 프랭클린은 자서전에서 술회하듯이 젊은 시절에 그런 지혜를 모으고 그것을 실천에 옮겼으며, 그 덕분에 많은 재산을 모았을 뿐 아니라 당대부터 미국인들 사이에서 귀감으로 여겨지기도 했다. 그렇기 때문에 그는 "대각성 운동"과는 다른 문화적 변동을 대변한다고 할 수 있다.

벤저민 프랭클린은 18세기 중엽 식민지 미국에서 대두하던 새로운 가치 체계를 선명하게 드러낸다. 1706년에 태어나서 1790년에 세상을 떠날 때까지 84년에 이르는 그의 일생은 정확하게 절반으로 나뉜다. 1748년 42세에 이르

---

33 John Howard Smith, *The First Great Awakening: Redefining Religion in British America, 1725-1775* (Madison, NJ: Fairleigh Dickinson Univ. Pr., 2015).

자, 그는 자신의 직업이던 인쇄·출판업에서 손을 떼었고 그 이후에는 여러 공직을 맡으며 봉사하는 데 열중했다. 보스턴에서 비누를 만들어 팔던 아버지는 벤저민을 겨우 2년 동안 학교에 보냈지만, 그는 지적 호기심을 채우기 위해 다양한 책을 섭렵하는 데 빠져 있었다. 덕분에 형이 운영하는 인쇄소에서 일찍부터 견습공으로 일하기 시작했고, 결국 처우에 불만을 품고는 17세가 되던 1723년 필라델피아로 도주해 독립했다. 그리고 3년 후에는 자신의 방황에 대해 반성하며 이후에는 이성적 인간으로 살아가겠다고 굳게 결심했다.

나는 체계적인 인생 계획을 세운 적이 없었다. 상황이 바뀔 때마다 아무렇게나 대처했다. 이제 새로운 인생을 시작하려 한다. 그러므로 몇 가지를 결심하고 일정한 행동방식을 만들어서, 앞으로는 모든 점에서 이성적 존재처럼 살아갈 수 있기를 바란다.

1. 내가 빚지고 있는 것을 모두 갚을 때까지 당분간 극도로 절약할 필요가 있다.
2. 언제든 진실을 말하려고 노력해야 한다. 누구도 내가 채워 주기 어려운 기대를 품지 않도록 주의해야 한다. 모든 언행에서 진정성을 품어서, 이성적 존재가 지닐 수 있는 가장 매력적인 미덕을 갖추도록 노력해야 한다.
3. 손을 대는 일은 무엇이든 열심히 하고, 일확천금을 노리는 어리석은 계획에 마음을 빼앗겨 내가 맡은 일에 신경을 쓰지 않는 일이 없어야 한다. 근면과 인내는 풍요를 얻는 가장 확실한 수단이기 때문이다.
4. 다른 사람에 대해 조금이라도, 심지어 그것이 진실이라 해도, 나쁘게 말하지 않기로 결심한다. 남을 헐뜯는 말을 듣는다 해도 어떻게든 잘못을 너그럽게 봐 넘기고, 적당한 기회가 오면 누구에 대해서든 내가 아는 장점을 모두 이야기하도록 노력한다.[34]

---

34 Benjamin Franklin, *The Autobiography and Other Writings*, ed. L. Jesse Lemisch (New

더욱이, 프랭클린은 스스로 실행하고 습득해야 할 미덕을 정리했다. 진정성과 절약, 근면성과 칭찬을 기본 원칙으로 삼고 구체적인 행동 지침을 만들었다. 거기에는 절제와 침묵, 청결과 평정 등, 13가지 미덕이 나열되어 있었는데, 진정성과 근면성, 그리고 절약은 또다시 포함되어 있었다. 프랭클린은 자신의 행동을 스스로 점검하는 도표를 만들어 놓고 언제나 이들 미덕을 실행하며 수양을 계속하고자 했다. 물론, 바라는 만큼 생각을 실천으로 옮기지는 못했다. 그래도 자신의 생각을 전파하고 또 상업적 성공도 거두려는 노력을 기울였다. 실제로, 1730년대부터 그런 미덕을 일상적이고 구체적인 어휘로 다양하게 표현해서 『가난한 리차드의 일력Poor Richard's Almanack』에 게재했다. 그 결과, 대단한 성공을 거두었을 뿐 아니라 다른 사업에서도 승승장구하는 모습을 보였다.

그러나 프랭클린은 버지니아의 로버트 카터와 달리 막대한 재산을 모으려고 하지 않았다. 1748년 그는 여생을 보내는 데 충분한 재산을 모았다고 생각하고, 도회지 생활을 청산하고 농촌에 가서 농장을 가꾸며 살려고 했다. 그러나 필라델피아 주민은 그의 힘이 필요했다. 프랭클린은 이미 소방대를 조직하고 우체국을 운영하는 등, 공공의 이익을 위해 봉사한 상당한 경력을 지니고 있었다. 게다가 전기와 해류 등, 자연현상을 탐구하며 대학과 학회의 설립에 기여하기도 했다. 결국 그는 은퇴하던 해에 필라델피아 시의회에 진출했고, 1757-75년간에는 주로 런던에 머물며 펜실베이니아 의회의 대리인으로 활동했으며, 1776-85년간에는 파리에서 미국을 대표하는 외교관으로서 역할을 수행했다. 따라서 그런 역할에 대한 보상으로 급여를 받기는 했으나, 사업을 벌이고 재산을 모으는 일에 손을 대지는 않았다. 프랭클린은 자신이 쓸 수 있는 것보다 많이 가지려고 하지 않았다. 재산이란 사용할 때 가치를 발휘한다는 것이었다.

York: New American Library, 1961), 183.

더욱이, 그는 재산이 지니는 정치적 함의를 파악하고 있었다. 재산은 오랫동안 귀족이 누리는 특권의 경제적 토대로 취급되었다. 서양의 전통적 관념에 따르면, 재산은 그것을 지닌 사람에게 사업을 벌이고 영리를 꾀하지 않아도 될 만큼 경제적 자율성을 가져다주며, 또 그렇기 때문에 공평무사한 자세를 갖추고 국사를 돌보는 정치적 발언권을 누릴 수 있게 해 준다는 것이었다. 프랭클린은 그런 전통적 관념 위에다 자신의 경험에서 얻은 지혜를 덧붙였다. 오랫동안 펜실베이니아 영주의 면세 특권에 맞서 싸운 그의 경력에서 드러나듯이, 그는 소수에게 집중된 거대한 부가 다수의 권리를 위협한다고 경계했다. 프랭클린에 따르면, 그런 부는 개인이 만들어 낸 것이 아니라 사회가 만들어 낸 것이었다. 원래 야만인은 몸에 지닐 수 있는 것밖에 가지지 못했다. 그러나 사회가 형성되고 법률이 제정되자, "일부 구성원들이 처음 제정된 법률에 의지해 부를 축적하고 권력을 장악한 다음에, 그보다 더 가혹한 법률을 제정하고서는 인륜을 어기면서까지 자신의 재산을 보호하고자 했다. 이는 그들이 권력을 악용하는 것이요 폭정을 도입하는 것이다."[35] 과도한 재산은 정치적으로 위험한 물건이었다.

그렇기 때문에 벤저민 프랭클린을 "자본주의 정신"의 화신으로 간주하는 막스 베버의 견해는 받아들이기 어렵다. 프랭클린은 분명히 베버가 지적한 것처럼 금욕, 근면, 절약과 같은 가치를 체득하고 설파하는 데 앞장선 사람이었다.[36] 그렇지만 이는 프랭클린의 일생에서 전반기를 지배했던 모습이다. 베버가 간과한 후반기에는, 프랭클린이 위에서 살펴본 바와 같이 물욕을 절제하

---

35 Edmund S. Morgan, *Benjamin Franklin* (New Haven: Yale Univ. Pr., 2002), 308; Sophus A. Reinert, "*The Way to Wealth* around the World: Benjamin Franklin and the Globalization of American Capitalism," *American Historical Review* 120.1 (2015), 61-97, 94-97.

36 Max Weber, *The Protestant Ethic and The Spirit of Capitalism*, trans. Talcott Parsons (Los Angeles: Roxbury, 1966), 47-78.

며 자연현상을 탐구하는 미덕을 지녔을 뿐 아니라 주색잡기에 빠지는 악덕을 보이기도 했다. 그래도 18세기 미국인들은 그의 미덕에 주목했다. 프랭클린은 특히 보통 사람들의 우상이었다. 그의 경력에서 드러나듯이, 그는 펜실베이니아를 넘어 식민지 미국 전역에서 널리 존경받는 인물이었다. 물론, 적잖은 사람들이 그의 악덕과 함께 능수능란한 처신과 누구에게든 거리를 두는 태도를 비난했다. 그렇지만 대다수는 알고 있었다―그가 변변찮은 집안에서 태어나 대단한 재산을 모았다는 것, 그것도 스스로 근면, 절약, 진정성 같은 미덕을 갖추도록 수양을 계속한 결과였다는 것, 그래도 축재에 매달리지 않고 일찍 은퇴한 다음에 공익을 위해 봉사했다는 것, 결국 미국의 탄생에 중요한 기여를 했다는 것. 그런 뜻에서 프랭클린은 18세기 중엽에 미국인들이 갖고 있던 가치관을 대변하는 인물이라 할 수 있다.[37] 특히, 그가 과도한 재산이 다수의 권리를 위협한다는 신념을 갖고 있었다는 점을 기억할 필요가 있다. 그것은 혁명기에 부각되는 공화주의 사상의 핵심적 요소이므로, 나중에 상론할 것이다. 지금 확인해야 할 것은 무엇보다도 프랭클린이 과도한 축재를 경계했다는 사실이다. 그는 "킹" 카터와 다른 부류의 사람이었다.

그렇지만 프랭클린도 18세기 미국의 전형적 인물이라 보기는 어렵다. 식민지 미국에서 대다수는, 정확하게 말하면 전체 인구 가운데 95 %는 필라델피아 같은 도시가 아니라 농촌에서 살아가는 농민이었다. 그들은 기본적으로 자신들이 영국의 한 지방에 거주하는 주민이라고 생각했다.[38] 그렇지만 영국에 거주하는 영국인이나 다른 유럽인과 다르다는 점도 분명하게 느끼고 있었다. 바로 이것이 프랭클린과 같은 시대에 살았던 프랑스계 이민 헥터 세인트

---

37 Esmond Wright, *Franklin of Philadelphia* (Cambridge, MA: Harvard Univ. Pr., 1986), 354-360.

38 James Truslow Adams, *Provincial Society 1690-1763* (New York: Macmillan, 1927); Carl Bridenbaugh, *Cities in Wilderness: The First Century of Urban Life in America, 1625-1742* (1938; New York: Knopf, 1955).

존 드 크레브쾨어J. Hector St. John de Crévecoeur의 화두였다. 그는 1735년 프랑스에서 하급 귀족의 자손으로 태어나 고전 교육을 받았고, 성년이 되어서는 공병대 장교가 되어 북미대륙 식민지에 왔다가 전투 중에 입은 부상 때문에 퇴역하고서는, 1759년 보상금으로 토지를 사서 뉴욕에 정착했다. 그리고 1760년대에 측량기사로 일하면서 식민지 미국을 두루 여행하고 미국인의 정체성에 관해 생각했다. 그의 생각은 서신 형태로 정리되었는데, 세 번째 서신에서 "그러면 아메리카인이라는 이 새로운 사람은 누구인가?"라는 유명한 질문을 던졌다. 그가 보기에 아메리카인은 여러 나라 사람들이 뒤섞여서 나타난 존재이기 때문에 혈통으로 규정할 수 없는 인물이었다. 그 대신에 유럽의 정치적 억압과 종교적 박해, 그리고 신분적 예속에서 벗어나 아메리카의 풍부하고 비옥한 토지에서 열심히 일하면서 풍요를 누리는 사람이었다. 크레브쾨르는 이렇게 선언했다.

아메리카인은 새로운 사람으로서 새로운 원칙에 따라 행동한다. 그러므로 새로운 관념을 수용하고 새로운 견해를 제기한다. 그는 스스로 할 일을 갖지 못하고 남의 땅을 얻어 부치며 굽신거리고 가난에 시달리며 아무 쓸모도 없는 일을 하던 곳에서 벗어나, 성격이 매우 다른 일을 하며 땀을 흘리고 풍부한 수확물을 거두어들이는 곳으로 옮겨갔다. 이것이 아메리카인이다.[39]

그런 낙관적 규정을 크레브쾨르는 끝까지 견지할 수 없었다. 이어지는 서신에서 북부의 자연과 문화를 소개했으나, 아홉 번째 서신에서는 남부로 방향을 바꾸었다. 거기서는 도시에서 풍요를 누리는 부유한 백인과 농촌에서 예속 상태에 묶여 있는 흑인을 날카롭게 대비시켰다. 그리고 부유한 백인의

---

39 J. Hector St. John Crévecoeur, *Letters from an American Farmer and Sketches of 18th-Century America*, ed. Albert E. Stone (New York: Penguin, 1981), 70.

호사스러운 생활이 흑인 노예에 대한 비인간적 억압과 착취의 소산이라고 비난했다. 그러면서도 크레브쾨르는 전체 인구의 20 ％를 차지하는 흑인이 미국인의 정체성에 어떤 함의를 지니고 있는가 하는 문제를 제기하지 않았다. 그들이 처한 참혹한 현실은 그가 앞에서 던졌던 저 유명한 질문에서 간과되어 있었다. 바꿔 말하면, 그의 의식에서 흑인은 아메리카인에 포함되지 않았다. 이는 두말할 나위도 없이 흑인을 열등한 존재로 여기는 인종주의의 소산으로서, 이후 미국의 사회적 쟁점 가운데 핵심적인 것이 된다.

그와 같은 문화적 변동까지 고려할 때, 18세기 중엽 식민지 미국 사회의 성격을 어떻게 규정할 것인가 하는 의문이 떠오른다. 앞에서 언급한 것처럼, 기존의 지배적 해석은 18세기 식민지의 경제성장에서 북부의 역할을 과대평가하고 남부의 역할을 과소평가한다는 문제점을 지닌다. 더욱이, 그것은 막스 베버를 따라 자본주의 정신에 주목하면서도 자본주의가 무엇인지 명확하게 규정하지 않는다는 문제점도 안고 있다. 그런 문제점을 해결하기 위해서는, 아래 〈부록: 자본주의의 개념〉에서 살펴보듯이 다시 생각해야 한다. 종래의 개념은 자본주의를 시장기제가 지배하는 경제체제로 규정하거나, 인간의 노동 능력을 비롯해 만물을 상품으로 취급하는 경향을 지니며 사회를 자본가와 무산자로 나누어놓는 사회·경제체제로 정의한다. 물론, 문화에 주목하는 개념도 있고, 또 최근에는 정치과정을 비롯한 다양한 측면에 초점을 맞추는 개념도 제기된다. 그렇지만 오늘날 우리가 경험하는 자본주의는 경제와 사회뿐 아니라 정치와 문화까지 포괄하는, 심지어 자연환경과도 영향을 주고받는 전반적 현상이다. 이에 비추어 보면, 기존 개념은 모두 자본주의 가운데 특정 국면에 주목하는 반면에 다른 국면을 경시한다고 할 수 있다. 더욱이, 기존 개념은 유럽에 초점을 맞추는 반면에 다른 지역을 경시하는 경향을 지닌다. 그래서 자본주의가 다양한 양상을 띤다는 점을 올바르게 설명하지 못한다.

그런 문제점에서 벗어나기 위해, 필자는 자본주의를 문명의 한 유형으로 보자고, 그러니까 이미 설명한 바 있듯이 매우 넓은 뜻에서 권력구조의 일종으로 보자고 제안한다. 그리고 하나의 권력구조로서 자본주의에서는 경제 권력이, 즉 재산에 토대를 두고 형성되는 권력이, 정치권력이나 종교적 권위, 또는 물리적 폭력으로부터 상당히 자율적인 위치를 차지한다고 주장한다. 그와 달리, 그 외의 모든 문명에서는 중세 유럽에서 드러나듯이 경제 권력이 종속적인 위치를 차지한다. 따라서 경제 권력의 분립은 자본주의 문명의 주요 특징이라 할 수 있다. 바꿔 말하면, 자본주의에서는 어떤 사람이 돈을 마음껏 벌고 마음 내키는 대로 쓰며 돈을 가지고 힘을 휘둘러도, 정치인이나 성직자, 또는 폭력배로부터 아무런 제재를 당하지 않을 수 있다는 것이다. 이런 권력구조는 저절로 형성되지 않는다. 그것은 사람들이 자신들을 조직하고 국가를 건설하며 그 일원으로서 정치과정에 참여할 때야 비로소 성립한다. 이런 뜻에서 자본주의는 정치적 토대를 지닌다. 18세기의 식민지 미국에서는 그와 같은 토대가 조성되지 않았으며, 따라서 거기서는 자본주의의 발전 과정도 본격적으로 전개되지 않았다. 그러므로 18세기 미국을 자본주의 사회로 간주하는 것은 받아들이기 어려운 해석이다.

위에서 간략하게 정리한 요점을 올바르게 이해하기 위해서는, 논쟁의 출발점인 18세기의 식민지 미국으로 되돌아가야 한다. 사회경제사 전문가들은 18세기 뉴잉글랜드를 자본주의 사회로 볼 수 있는가 하는 문제를 놓고 1970년대 말부터 한 세대 동안 논쟁을 벌였다. 당대의 중부나 남부 식민지가 자본주의 사회였다는 기존 해석에 대해 이의를 제기하지 않았지만, 뉴잉글랜드에는 논쟁의 소지가 있었기 때문이다. 그렇지만 필자가 다른 글에서 지적한 바있듯이, 18세기 뉴잉글랜드에 관한 논쟁도 정체 상태에 빠져 있다. 논객들은 무엇보다 자본주의의 개념에 관해 합의하지 못하기 때문이다. 한편에서 아담 스미스를 따라 자본주의를 자유로운 시장경제로 느슨하게 이해하고, 다른 한편에서는 그것이 시장경제를 넘어 사회가 자본가와 노동자를 중심으로 재편되는 사회·경제체제라는 칼 마르크스의 개념을 채택한다. 따라서 논객들은 18세기 뉴잉글랜드를 서로 다른 각도에서 바라보게 되고, 결국에는 서로 공감하지 못하는 결론에 이르게 된다.[40]

　자본주의를 명확하게 정의하기는 어려운 일이다. 이는 자본주의라는 용어가 등장해서 널리 사용되는 과정, 바꿔 말하면 자본이라는 어근에서 출발해서 새로운 단어가 형성, 통용되는 과정에서 드러난다. 자본주의의 어근 capital은 원래 머리를 가리키는 라틴어 caput에서 왔는데, 그것은 인간이나 가축의 수효를 헤아리는 데 흔히 쓰이던 단위였다. 그렇지만 중세 말엽에 이르러 재산이나 자본이라는 뜻으로 사용되기 시작했다. 그리고 17세기 중엽에 이르면 자본을 가진 사람을 자본가capitalist라 부르는 사례도 나타났다. 자본주의capitalism라는 단어는 19세기 중엽에야 등장했는데, 처음에는 자본가처

─────────────────────

40　배영수, 「제3차 자본주의 이행 논쟁을 매듭짓는 길」, 『역사학보』 197 (2008), 247-271.

럼 자본을 가진 상태를 가리켰을 뿐이다. 오늘날 우리가 이해하는 의미로 사용되기 시작한 것은 1850년대에 이르러서야 나타난 현상이다. 프랑스의 무정부주의자 프루동Pierre-Joseph Proudhon이 자본주의를 가리켜 "자신의 노동을 통해 자본을 운용하는 사람들 가운데 대부분이 소득의 원천인 자본을 갖지 못하는 사회경제적 체제"라고 규정했다. 그러나 자본주의라는 단어는 널리 사용되지 않았고, 심지어 마르크스의 저술에도 거의 등장하지 않았다. 그것이 본격적으로 사용된 것은 20세기 초 유럽에서 벌어진 이데올로기 논쟁 덕분이었다. 논객들은 자본주의를 사회주의와 대립되는 체제로 취급하기 시작했고, 따라서 자본주의라는 단어는 강한 정치적 색채를 띠게 되었다.[41]

자본주의 개념을 올바르게 규정하기가 어려운 이유는 또한 그것이 가리키는 현상을 전체적으로 파악하기가 매우 어렵다는 데 있다. 자본주의는 오랜 세월에 걸쳐 서서히 발전한 체제이며, 경제를 넘어 사회와 문화, 그리고 정치까지 다양한 영역을 아우르는 거대하고 복잡한 현상이다.[42] 그렇기 때문에 오늘날 널리 사용되는 개념들은 특정 측면에 초점을 맞추고 거기서 포착되는 현상을 강조하는 경향이 있다. 그런 개념의 원천을 되돌아보면, 이는 분명하게 드러난다.

잘 알려져 있듯이, 스미스는 『국부론』에서 18세기 영국을 중심으로 자본주의가 발전하는 과정을 관찰하면서 시장기제에 주목했다. 그의 주요 논

---

41 Fernand Braudel, *Civilization and Capitalism, 15th-18th Century*, Vol. 2: *The Wheels of Commerce*, trans. Siân Reynolds (New York: Harper & Row, 1979), 232-239. 인용문은 237쪽. 그 외에 다음 글도 참고하라. Michael Merrill, "How Capitalism Got Its Name," *Dissent* 61.4 (2014), 87-92.

42 Frederic C. Lane, "Meanings of Capitalism," *Journal of Economic History* 29.1 (1969), 5-12; C. B. Macpherson, "Capitalism and the Changing Concept of Property," in *Feudalism, Capitalism and Beyond*, ed. Eugene Kamenka and R. S Neale (London: E. Arnold, 1975), 105-124; R. M. Hartwell, "The Origins of Capitalism: A Methodological Essay," in *Philosophical and Economic Foundations of Capitalism*, ed. Svetozar Pejovich (Lexington, MA: Lexington Books, 1983), 11-23.

적은 18세기 유럽에서 상업을 규제함으로써 국부를 증진하고자 노력하던 중상주의자들이었다. 스미스는 그들을 겨냥해 국부가 국내에 쌓여 있는 화폐와 자산에 있는 것이 아니라, 국민이 얼마나 윤택한 생활을 하는가에 따라 좌우된다고 주장했다. 국민이 얼마나 많은 재화를 향유할 수 있는가는 재화가 국내에서 생산하는 것이든 해외에서 구매하는 것이든 간에 얼마나 풍부한가에 따라 결정된다. 재화는 모두 인간이 자연에 노동을 가해 얻는 것이므로, 재화를 생산하는 능력은 국부에 결정적인 영향을 끼친다. 그 능력은 우선 노동의 효율성에 따라 좌우된다. 그래서 국부를 늘리려면 많은 사람들이 분업을 통해 생산기술 가운데 일부를 익힘으로써 민첩하게 노동하며 생산성을 끌어올려야 한다. 재화를 생산하는 능력은 또한 생산재에 따라 좌우된다. 생산재란 생산에 활용되는 도구, 기계, 설비 등을 가리키는데, 이런 요소가 노동 생산성을 높여 주기 때문이다. 따라서 국부를 늘리기 위해서는 분업의 발전과 생산재의 축적을 추진해야 하는데, 이는 자유롭고 활발하게 움직이는 시장을 요청한다. 인간은 이기심을 갖고 있기 때문에 편리하고 윤택한 생활을 위해 더 많은 재화를 생산하고 시장에서 교환하고자 한다. 그러기 위해 사람들은 세밀한 분업과 충분한 생산재에 의지하며 생산성을 끌어올린다. 그렇다면 국가는 시장이 원활하게 기능할 수 있도록 중상주의적 규제를 철폐하는 등, 시장에 대한 개입을 억제해야 한다. 결국, 국부는 "보이지 않는 손"에 의해 늘어난다.[43]

그렇다고 해서 시장기제가 국가의 지원이 없어도 발전한다는 것은 아니다. 스미스는 『국부론』 이외에 도덕이나 법률을 다루는 다른 저술에서도 국부에 대해 언급하며, 국가가 군대와 사법기관을 갖추고 평화와 치안, 그리고 질서를 유지해야 한다고 지적했다. 또 도로나 항구 같은 공공시설을 건설하고 교육기관을 비롯한 공공 제도를 운영해야 한다고 부연했다. 더욱이, 그는

---

43 Smith, *Wealth of Nations*.

국부가 인간의 이기심 때문에 자연스럽게 발전한다고 생각하지도 않았다. 이기심은 인류의 역사에서 오래전부터 존재했지만, 근대 영국에서 본격적으로 대두하기 시작했다. 근대 영국에서는 인신의 자유와 재산 소유권을 비롯해 국민의 권리가 보장되는 동시에 그것을 뒷받침하는 입헌 군주정이 수립되었기 때문이다.[44] 스미스는 시장에 대한 국가의 개입을 경계하면서도 시장기제에 대한 국가의 지원을 간과하지 않았다.

그러나 그는 시장기제를 움직이는 동력을 천착하지 않았다. 시장이 "보이지 않는 손"에 의해 움직이며 그것을 움직이는 동력이 인간의 이기심이라고 선언하지만, 언제 어디서나 존재하는 이 본원적 욕구가 어째서 근대 영국에서 강력한 동인으로 작용하게 되었는지 설명하지 않았다. 철학자 잭 러셀 와인스틴Jack Russell Weinstein은 스미스의 사상을 종합적으로 검토하면서, 그가 『국부론』에서 빵집이나 정육점 주인이 고객에게 상품을 파는 것은 자비심 때문이 아니라 자기애 때문이라고 지적하는 유명한 구절을 인용한 다음에 이렇게 덧붙여 말한다.

철학적으로, 이것은 도덕적 규범에서 지각변동 같은 구조적 변화이다. 지배적인 기독교 신조에서는 이기적 행위란 어떤 것이든 죄악이요 수치라고 간주되었다. 이상적 인간은 전적으로 타인의 필요에 관심을 쏟아야 했다. 스미스의 상업사회[바꿔 말하면 자본주의]는 그와 다른 어떤 것을 가정한다. 그것은 자기 자신의 필요에 따라 움직이는 인간이 실제로는 공공선에 기여하며, 따라서 그런 이기심이 육성되어야 한다고 이해한다.[45]

44 James E. Alvey, "Adam Smith's Three Strikes against Commercial Society," *International Journal of Social Economics* 25.9 (1998), 1425–1441.

45 Jack Russell Weinstein, "Adam Smith," The Internet Encyclopedia of Philosophy, The Internet Encyclopedia of Philosophy and Its Authors, http://www.iep.utm.edu/smith (2015년 4월 11일 접속).

그러나 그 "지각변동 같은 구조적 변화"는 스미스의『국부론』에서 해명이 필요한 문제가 아니라 당연한 것으로 여겨지는 암묵적 전제였다. 인간은 물론 이기적 존재이다. 그러나 아메리카의 원주민 문화에서 드러나는 것처럼, 인간은 경제적 한계나 사회적 필요 때문에 이기심을 억누르기도 한다. 그렇다면 언제, 어떻게 그런 제어 요인에서 벗어나 이기심이 인간의 심성과 행동을 지배하게 되었는지 설명할 필요가 있다. 스미스는 그런 의문을 제기하는 대신, 인간이 호모 에코노미쿠스라는 가설을 자신의 전제로 수용했다. 따라서 자본주의 발전의 사회적 차원과 함께 문화적 차원도 간과하게 되었다.

그 문제는 칼 마르크스에게서 훨씬 복잡한 형태로 나타난다. 그는 자본주의라는 용어를 거의 사용하지 않았고, 따라서 스미스와 마찬가지로 그 개념도 명확하게 규정하지 않았다. 그래도『자본론』에서 19세기 유럽의 주류 사상가들을 비판하면서 자본주의 발전의 경제적, 사회적 차원에 주목했다. 그에 따르면, 자본주의는 시장기제에 의존하는 경제체제인 동시에 일정한 사회적 조건을 수반하는 사회체제이기도 하다. 그것이 작동하는 기제를 해명하기 위해, 마르크스는 상품의 생산과 순환을 면밀하게 분석한다. 자본주의는 만물이 상품화되는 경향을 보이는 상품경제이기 때문이다. 상품과 거기에 들어 있는 가치는 자연의 선물이 아니라 노동의 산물이다. 그런데 그 가치를 차지하는 것은 노동자가 아니라 자본가이다. 자본가는 가치를 생산하는 데 필요한 재료와 도구는 물론이요 건물과 설비도 포함하는 생산수단을 소유하고, 노동자들로부터 노동 능력을 사들여서 상품을 생산하기 때문이다. 물론 노동자에게는 임금을 지불하지만, 그것은 언제나 노동자가 생산하는 가치보다 적다. 따라서 자본가는 시장에서 상품을 판매함으로써 잉여가치를 확보하고 자본을 축적한다. 그리고 축적된 자본을 이용해 다시 상품의 생산·순환 과정에 돌입한다. 그러므로 자본주의는 인간의 노동 능력을 비롯해 만물이 상품으로 취급, 유통되는 시장을 전제 조건으로 성립한다. 그것은 새로운 생산력—강력한 동력 기계와 복잡한 분업 체계에 의지하며 상품을 대량으로 생산하는 근대적 공장의 생산 능력—을 토대로 발전한다. 그것은 또한 한편에서 생산 수단을 장악하는 소수의 자본가와 다른 한편에서 임금을 받고 노동 능력을 제공하는 다수의 노동자 사이에 수립되는 새로운 생산관계를 수반한다.

마르크스는 그처럼 새로운 생산력과 생산관계를 뭉뚱그려 자본주의 생산양식이라 부르면서, 그것이 역사적 발전의 소산이라고 설명한다. 중세 유럽을 지배하던 봉건제가 과도한 착취와 지속적 저항 때문에 해체됨에 따라, 생산관계는 점차 영주-농노 관계에서 지주-소작 농민 관계로 변형되었다. 더욱이 지주는 소작 농민을 쫓아내고 울타리를 쳐서 넓은 농토를 마련한 다음에, 밀을 심지 않고 양을 길러 양모를 팔며 많은 수익을 올리기 시작했다. 농토를 잃은 농민은 지주에게 품을 팔아 생계를 잇는 빈민으로 전락하거나, 방직업을 비롯해 농촌에서 발전하던 수공업에 종사하게 되었다. 상인들이 생산 활동을 규제하는 도시에서 벗어나 농촌의 노동력을 활용하며 충분한 상품을 확보하고자 했던 것이다. 그렇지만 농촌에서 수공업자들이 생산하는 상품의 물량이나 품질은 일정하지 않았다. 따라서 상인은 작업장을 설치해 그들을 모아 놓고 생산 활동을 통제하며 제조업자로 변모하기 시작했다. 나아가 동력 기계와 분업 체계를 도입하며 근대적 공장을 수립하고 산업 자본가가 되었다. 반면에 수공업자들은 도시 빈민과 함께 공장에서 일자리를 얻어 살아가는 임금 노동자가 되었다. 이들은 자신이 생산하는 가치에 미치지 못하는 임금에 대해 불만을 품었고, 또 생산에 종사하면서 자본가의 통제에서 벗어나지 못하게 됨에 따라 소외 현상에 시달리게 되었다. 결국에는 그런 문제점이 자본주의 생산양식을 해체하는 동력으로 발전할 것이라고 마르크스는 전망한다.[46]

이 짤막한 요약에서 나타나듯이, 마르크스가 생각하는 자본주의 발전

---

46 Karl Marx, *Communist Manifesto*, trans. Samuel Moore (Chicago: Henry Regnery, 1969); idem, *The Capital*, Vol. 1, trans. Ben Fowkes (New York: Vintage, 1977).

과정에서 인간은 복잡한 역할을 담당한다. 그는 자본주의를 경제체제로 좁게 규정하지 않고 기술적, 사회적 차원에 이르기까지 확장해서 분석하며, 따라서 영주-농노 관계가 자본가-노동자 관계로 대체되는 역사적 과정도 탐구했다. 그것은 수백 년에 걸쳐 수많은 사람들을 끌어들이며 진행된 과정이었으므로, 그 동인을 찾는 것은 매우 어려운 일이었다. 더욱이, 마르크스는 그것을 비롯한 역사의 전개 과정을 전반적으로 탐구하고 변증법적 유물론이라는 포괄적 설명 체계를 수립했다. 필자가 다른 글에서 소개한 것처럼, 그것은 대단히 복잡하고 미묘한 관념이어서 전문가들 사이에서 커다란 논쟁을 불러일으킨 바 있다.[47] 여기서 확인해야 할 것은 마르크스의 설명 체계에서 인간은 역사를 만들어가는 주체인 동시에 역사에 의해 만들어지는 제물이라는 점이다. 그는 인간을 원래의 본성에 따라 스스로 움직이는 자율적 존재가 아니라 환경에 따라 변화를 거듭하는 사회적 존재로 취급한다. 바꿔 말하면, 인간을 주어져 있는 사회적·물질적 조건에 적응하는 동시에 그것을 변화시키는 존재로 간주한다. 그러므로 자본주의 발전을 비롯한 역사의 전개 과정을 다루며 궁극적 동인을 오로지 인간에게서만 찾는다면, 그것은 마르크스의 설명 체계에서 크게 벗어나는 일이다.

그 설명 체계에서 문화와 정치처럼 인간이 스스로 생각하고 행동하는 영역은 상대적으로 경시된다. 마르크스의 변증법적 유물론에서 문화나 정치가 어떤 비중을 차지하는가 하는 문제는 전문가들 사이에서 커다란 논쟁거리이지만, 분명한 것은 그런 것이 자율적 영역으로 간주되지 않는다는 점이다. 변증법적 유물론에서는 종교나 이데올로기, 법률이나 국가기구가 지배 집단의 이해관계에 따라, 특히 경제적 이해관계에 따라 좌우되는 것으로 취급된다. 그런 것들은 지배 집단이 그 이익을 지키기 위해 기존 질서라는 한계를 설정하고 피지배 집단이 거기서 벗어나지 못하도록 통제를 가하는 장치에 지나지

---

47 배영수, 「계급의 개념」, 『미국 예외론의 대안을 찾아서』 (일조각, 2011), 51-84.

않는다. 그렇다면 역사의 전개에서 일차적인 비중을 차지하는 것은 문화적, 정치적 요인이 아니라 경제적, 물질적 요인이다. 따라서 마르크스와 그의 후예들은 역사를 유물론의 관점에서 해석하며 문화나 정치에 대해서는 부차적 관심을 기울인다.

그들과 달리, 자본주의의 개념을 다루면서 문화에 주목하는 학자들이 있다. 막스 베버는 자본주의 개념을 규정하는 데 큰 관심을 기울이지 않았으나, 마르크스의 견해를 염두에 두고 거기서 간과되는 자본주의 정신을 규명하는 데 중요한 기여를 했다. 널리 알려져 있듯이 20세기 초에 출간된 『프로테스탄트 윤리와 자본주의 정신』에서, 그는 프로테스탄트 교회가 직업을 하느님의 소명이라 역설하며 부를 근면이나 절약 같은 미덕의 산물로 취급했다고 지적했다. 그리고 그런 관념이 이윤을 추구하는 "자본주의 정신"으로 발전했다고 주장했다.[48]

베버의 명제는 지난 한 세기 동안 논쟁의 주제로 취급되었지만, 필자의 관점에서 볼 때 중요한 문제는 그것이 호모 에코노미쿠스라는 가설을 전제로 삼는다는 점이다. 베버는 인간이 이성과 함께 이기심을 지니는 존재이므로 경제적 이익을 얻기 위해 합리적으로 행동한다고 간주하고, 그런 심성과 행동양식을 종교개혁과 연관시키며 프로테스탄트 윤리가 호모 에코노미쿠스를 정당화시키는 근거를 제공했다고 주장했다. 그러나 종교개혁 이외에 다른 요인은 없었는지 거론하지 않았다. 앞에서 지적한 것처럼 호모 에코노미쿠스를 역사적 존재로 취급하면서도, 그것이 대두하는 과정과 요인을 전반적으로 파악하는 데 관심을 기울이지 않은 것이다.

---

48 Weber, *Protestant Ethic*.
　　이하 논의 내용은 필자가 다른 논문에서 개진한 바 있는 견해를 거의 그대로 옮겨 놓은 것이다. 해당 논문과 해당 내용은 다음과 같다. Youngsoo Bae, "Rethinking the Concept of Capitalism: A Historian's Perspective," *Social History* 45.1 (2020), 1-25, 5-9.

이 문제를 풀기 위해서는 사회과학자 앨버트 허쉬먼Albert O. Hirschman의 견해를 살펴볼 필요가 있다. 그는 1977년에 간행된 『정념과 이욕』에서 "자본주의 정신"이 탄생하는 과정을 탐구했다. 그에 따르면 중세 유럽에서 이익을 추구하는 욕심은 권력이나 색정에 대한 욕구와 더불어 주요 악덕 가운데 하나로 취급되었으나, 근대 초기에 들어와서 전쟁이나 약탈, 또는 폭정을 제어하는 수단으로 간주되기 시작했다. 그 과정은 마키아벨리를 비롯한 르네상스 사상가들이 통치술을 개선하기 위해, 종교적 교훈을 배제하고 현실주의적 입장에서 인간을 이해하는 데서 시작되었다. 그들은 인간이 오랫동안 악덕으로 여겨지던 다양한 욕구를 채우기 위해 행동한다는 점을 인정하고, 그런 욕구를 "정념情念"으로 규정하면서 그것을 억압하거나 제어하는 방법을 찾아내려 노력했다. 그렇지만 18세기에 들어오면 억압이나 제어 대신에 다양한 욕구를 서로 견제하게 만들어서 순치하는 방안에 주목했다. 그 시기에 이르면 사상가들은 대개 "정념" 가운데서도 "이욕利慾"에 관심을 기울였다. 그것은 이익에 대한 욕심을 넘어 정치적으로, 사회적으로, 또는 다른 방면으로 인간에게 이득이 되는 것을 널리 포괄하는 뜻으로 쓰였다. 그렇기 때문에 그것은 인간이 다른 "정념"에 휩쓸려 전쟁을 벌이거나 폭정을 일삼는 등, 평화나 안정, 또는 성장을 해치는 행위를 자제하는 데 효과를 지니는 것으로 여겨졌다. 그렇지만 "이욕"은 점차 물질적, 경제적 이득을 가리키는 좁은 뜻으로 쓰였다. 근대 초기 사상가들은 그런 이득을 추구하는 상업이 오랫동안 유럽을 괴롭히던 전쟁과 폭정을 방지하는 데 효과가 있다는 점에 착안했던 것이다. 결국 18세기 말에 이르면, 그처럼 좁은 뜻의 "이욕"이 합리적으로 계산하고 행동하는 냉정한 자세를 요청하며 모든 "정념"을 제어하는 요인으로 간주되었다.[49]

---

49 Albert O. Hirschman, *The Passions and the Interests: Political Arguments for Capitalism before Its Triumph* (1977; Princeton, NJ: Princeton Univ. Pr., 2013).

허쉬먼의 견해는 정치사상을 중심으로 근대 유럽에서 호모 에코노미쿠스가 대두하는 과정을 보여 준다. 바꿔 말하면, 스미스의 『국부론』에서 나타난 "지각변동 같은 구조적 변화"를 설명한다. 물론, 그것이 베버의 명제와 더불어 "자본주의 정신"에 대한 설명으로서 충분하다고 보기는 어렵다. 아래에서 언급하는 바와 같이, 개인이 이성을 지닌 자율적 존재로 간주되고 공동체의 통제에서 벗어나 경제생활의 주체로 등장하는 등, 개인과 사회에 대한 인식에서 일어난 변화도 고려해야 한다. 그래도 베버와 허쉬먼이 자본주의 발전 과정의 문화적 차원에 주의를 환기했다는 점은 분명하다.

최근에는 몇몇 학자들이 자본주의 발전 과정의 정치적 차원에 주목한다. 경영학자 브루스 스코트Bruce R. Scott는 2009년 『자본주의 개념』을 발표하고, 경제적 차원과 함께 정치적 차원을 고려해야 한다고 역설한다. 경제학자 조프리 호지슨Geoffrey M. Hodgson은 2015년에 발표한 『자본주의 개념의 정의』에서 자본주의의 발전에서 법률과 국가가 핵심적 역할을 했다는 점을 강조한다. 또 역사학자 위르겐 코카Jürgen Kocka는 2016년에 간행된 『자본주의 약사』에서 사유재산이나 금융제도 등, 자본주의에 필수적인 제도들이 국가에 의해 유지되었다는 사실에 주의를 환기한다. 이처럼 정치적 차원에 주목하는 경향은 새로운 현상이 아니다. 이미 1970년대부터 노벨상 수상자 더글러스 노스Douglas C. North를 비롯한 경제사 전문가들이 헌법이나 재산권, 또는 경제조직 같은 제도가 경제발전에 중요한 영향을 끼친다고 강조해왔다. 스코트와 호지슨, 그리고 코카는 노스와 그를 추종하는 이른바 "신제도학파"의 견해를 수용하면서도 인간의 능동성을 부각시킨다. 이제 자본주의는 국가와 함께 기업이 "보이는 손"으로서 시장을 움직이는 단계에 와 있으며, 따라서 제도를 수립하고 시장을 규제하는 정치적 권위를 자본주의의 본질적 부분으로 간주해야 한다는 것이다.[50]

---

50 Bruce R. Scott, *Capitalism: Its Origins and Evolution as a System of Governance* (New

최근 동향은 조심스럽게 이해할 필요가 있다. 그것을 선도하는 학자들은 정치적 차원에 주목하면서도 자본주의를 본질적으로 경제체제나 사회·경제 체제로 규정하며, 따라서 정치적 차원의 중요성을 올바르게 부각시킨다고 할 수 없다. 더욱이 자본주의에서 시장이 정치로부터 커다란 영향을 받는다는 주장은 새로운 발상이 아니다. 정치학자 찰스 린드블룸Charles E. Lindblom은 이미 1977년에 『정치와 시장』이라는 중요한 저술을 발표하면서 그 점을 강조한 바 있다. 그에 따르면 사회가 존립하기 위해서는 자원을 생산, 분배해야 하고, 그런 경제활동을 수행하기 위해서는 조직에 의존해야 하며, 또 조직을 수립하고 운영하기 위해서는 권위에 의존할 수밖에 없다. 더욱이 재산과 계약에 관한 권리를 비롯해 자본주의에 필요한 제도적 토대는 정치적 권위가 없으면 확립되지 않는다.[51] 이런 린드블룸의 주장을 고려할 때, 자본주의에서 정치와 경제가 얽혀 있다는 점을 새삼스럽게 강조할 필요는 없다.

York: Springer, 2011); Geoffrey M. Hodgson, *Conceptualizing Capitalism: Institutions, Evolution, Future* (Chicago: Univ. of Chicago, 2015); Jürgen Kocka, *Capitalism: A Short History* (Princeton, N.J.: Princeton Univ. Pr., 2016); Jürgen Kocka and Marcel van der Linden, eds., *Capitalism: The Reemergence of a Historical Concept* (London: Bloomsbury, 2016). 최근에는 자본을 구조가 아니라 과정으로 보고 그것이 지니는 경제 논리와 그에 따르는 함의를 천착함으로써 자본주의의 발전 과정을 더 깊이 이해할 수 있다는 견해도 나와 있는데, 이에 관해서는 다음을 보라. Jonathan Levy, "Capital as Process and the History of Capitalism," *Business History Review* 91.3 (2017), 483-510.

신제도학파에 관해서는 다음 문헌을 참고하라. Douglas C. North and Robert Paul Thomas, *The Rise of the Western World: A New Economic History* (Cambridge: Cambridge Univ. Pr., 1973); Oliver E. Williamson, *The Economic Institutions of Capitalism: Firms, Markets, Relational Contracting* (New York: Free Pr., 1985); Douglas C. North and Barry R. Weingast, "Constitutions and Commitment: The Evolution of Institutions Governing Public Choice in Seventeenth-Century England," *Journal of Economic History* 49.4 (1989), 803-832; Douglas C. North, *Institutions, Institutional Change and Economic Performance* (Cambridge: Cambridge Univ. Pr., 1990).

51 Charles E. Lindblom, *Politics and Markets: The World's Political-Economic Systems* (New York: Basic Books, 1977).

그에 못지않게 주목할 만한 것은 정치적 차원을 넘어 자본주의를 매우 포괄적인 체제로 파악하는 견해이다. 철학자 낸시 프레이저Nancy Fraser는 정치는 물론이요 젠더와 자연까지도 포괄할 수 있도록 자본주의의 개념을 확대하자고 제안한다. 이 제안은 마르크스의 개념에서 출발한다. 프레이저에 따르면 마르크스는 자본주의를 생산양식으로 취급하고 그것이 작동하는 비밀을 규명하는 데 주력했고, 그래서 그 비밀이 사유재산과 시장기제, 그리고 자유로운 노동시장과 자본의 지속적 축적에 있다는 점을 발견했다. 그렇지만 마르크스는 이런 "핵심적 요소"가 움직이는 데 필요한 조건까지 거론하지는 않았다. 그런 조건 가운데서 프레이저가 보기에 필수불가결한 것은 평화와 치안을 유지하는 공권력, 사회와 노동력을 유지하는 사회적 재생산, 그리고 인간을 둘러싸고 있는 자연이다. 프레이저는 이들 세 가지 조건을 자본주의 생산양식의 "배경적 조건"으로 간주하면서, "핵심적 요소"와 함께 특징적 사회질서를 형성한다고 주장한다. 그에 따르면, 자본주의는 "제도화된 사회질서"라 할 수 있다.[52]

그렇지만 프레이저의 "확장된 자본주의 개념"은 역사적 시각에서 볼 때 중요한 문제점을 안고 있다. 그는 오늘날의 자본주의를 어떻게 이해할 것인가 하는 문제에 초점을 맞춘다. 특히 자본주의가 사회주의와 노동운동의 견제에서 벗어난 반면에 경제 측면에서 중대한 위기에 빠졌다고 전제하고, 그것의 작동 기제를 넘어 "배경적 조건"을 파헤치는 데 주안점을 둔다. 그럼으로써 여성운동과 환경운동을 비롯한 다양한 세력이 자본주의에 대한 비판과 저항에서 중요한 역할을 할 수 있다는 점을 강조한다. 그러나 그는 자본주의의 발전 과정을 면밀하게 검토하지 않는다. 그것을 검토할 때에 "배경적 조건"에 관해 언급하면서도, 기본적으로 기존의 친숙한 설명 체계를 그대로 수용한

---

52 Nancy Fraser, "Behind Marx's Hidden Abode: For and Expanded Conception of Capitalism," *New Left Review* 86 (2014), 55-72.

다. 자본주의의 발전 과정이 "먼저 상인 내지 상업 자본주의, 이어서 이른바 '자유'(경쟁) 자본주의, 다음에 국가 관리(내지 사회민주) 자본주의, 그리고 끝으로 금융 주도 자본주의"로 요약된다고 본다.[53]

그러나 이 설명 체계는 자본주의가 다양한 경로를 거치며 다양한 형태로 발전했다는 사실을 드러내지 못한다. 그것은 마르크스가 지적한 "핵심적 요소"를 토대로 구성되었기 때문이다. 사실, 마르크스는 『자본론』 독일어본 초판에 붙인 서문에서 "산업의 발전에서 앞선 나라는 그보다 뒤처진 나라에 미래의 모습을 보여 준다"고 선언한 바 있다. 그렇지만 영국의 역사학자 가레스 스테드먼 존스Gareth Stedman Jones가 지적하듯이, 그는 인도와 중국을 비롯한 비유럽 세계를 깊이 있게 이해함에 따라 이 문장에 여러 차례 손질을 가하게 되었다. 사회학자 케빈 앤더슨Kevin B. Anderson은 그의 세계관을 면밀하게 검토하고, 그가 중년 이후에 비유럽 세계에 관심을 기울이며 전근대 사회의 다양성을 깨닫게 되었다고 지적한다. 그래도 그가 자본주의를 오직 유럽에서만 발전한 생산양식으로 보았다고 인정한다. 정치학자 콜야 린드너Kolja Lindner의 연구에 따르면, 마르크스는 만년에 이르러서야 비로소 인도와 중국을 비롯한 비유럽 세계에 관심을 기울이면서, 자신이 지녔던 오리엔탈리즘을 극복하고자 노력하기 시작했다. 그래도 그 이전에 자본주의의 발전 과정에 대해 제시했던 자신의 설명 체계를 수정하지는 못했다.[54] 따라서 그것은 유럽 중심

53 Nancy Fraser and Rahel Jaeggi, *Capitalism: A Conversation in Critical Theory* (Cambridge: Polity, 2018), 13-114, 64.

54 Marx, Preface to the first German edition, *Capital: A Critique of Political Economy*, Vol. 1, trans. Samuel Moore and Edward Aveling, *Marx & Engels Collected Works*, Vol. 35 ([London]: Lawrence & Wishart, 2010), 7-11, 9; Gareth Stedman Jones, "Radicalism and the Extra-European World: The Case of Karl Marx," in *Victorian Visions of Global Order: Empire and International Relations in Nineteenth-Century Political Thought*, ed. Duncan Bell (Cambridge: Cambridge Univ. Pr., 2007), 186-214; Kevin B. Anderson, *Marx at the Margins: On Nationalism, Ethnicity, and Non-Western Societies* (Chicago: Univ. of Chicago Pr., 2010), esp. 154-195; Kolja

주의에 토대를 두는 보편주의적 성격을 지니게 되었다.

그런 설명 체계는 오늘날 사회과학계에서 화두로 취급되는 자본주의의 다양성을 해명하는 데 도움이 되지 않는다. 지난 한 세대 동안, 사회과학자들은 "자본주의가 어떻게, 그리고 왜 다른 형태로 발전하는가" 하는 문제에 커다란 관심을 기울였다. 그들은 무엇보다도 동아시아에서 유럽이나 미국에서 나타나는 것과 다른 양상을 지닌 자본주의가 발전했다는 사실에 주목했다. 그리고 그 지역의 경제발전에서 국가가 수행한 선도적 역할을 탐구했다. 그 결과, 일본, 대만, 싱가포르, 그리고 한국에서는, 국가가 장기적 발전 전략을 수립하고 전략적으로 중요한 산업을 지정하며, 나아가 행정 지도와 세제 혜택, 그리고 금융 지원 등, 다양한 방법으로 해당 산업에 종사하는 기업들을 지원했다는 점을 강조했다. 그리고 경제발전에서 국가가 담당하는 역할과 함께 권위주의 문화가 지니는 의미에 대해 재고해야 한다고 주장했다. 바꿔 말하면, 동아시아에서 자본주의가 발전한 경로와 양상은 유럽이나 미국에서 나타난 것과 다르다고 할 수 있다.[55] 그런데도 프레이저는 유럽을 모델로

Lindner, "Marx's Eurocentrism: Postcolonial Studies and Marx Scholarship," *Radical Philosophy* 161 (2010), 27-41. 또한 다음 문헌도 참고하라. Sobhanlal Datta Gupta, "Marxism, Modernity, and Revolution: The Asian Experience," in *The Dynamics of Transculturality: Concepts and Institutions in Motion*, ed. Antje Fluechter and Jivanta Schoettli (Cham: Springer, 2015), 27-38.

55 Peter A. Hall and David Soskice, eds., *Varieties of Capitalism: The Institutional Foundations of Comparative Advantage* (Oxford: Oxford Univ. Pr., 2001); Bruno Amble, *The Diversity of Modern Capitalism* (Oxford: Oxford Univ. Pr., 2003); Robert Boyer, "How and Why Capitalisms Differ," *Economy and Society* 34.4 (2005), 509–557; Bob Hancké, Martin Rhodes, and Mark Thatcher, eds., *Beyond Varieties of Capitalism: Conflict, Contradictions, and Complimentarities in the European Economy* (Oxford: Oxford Univ. Pr., 2007); "Special Issue: Asian Capitalisms: Bringing Asia into Comparative Capitalism Perspective," *Socio-Economic Review* 11.2 (2013), 217–408; Murat Yülek, ed., *Economic Planning and Industrial Policy in the Globalizing Economy: Concepts, Experience and Prospects* (Cham: Springer, 2015).

삼는 마르크스의 설명 체계를 추종하는 반면에, 다른 지역에서 나타나는 자본주의의 다양성을 전혀 고려하지 않는다.

그러므로 필자는 자본주의 개념에 관한 기존 논의를 종합하며 새로운 개념을 제안하고자 한다. 위에서 지적한 것처럼, 기존 개념에서는 특정 측면이 부각되는 반면에 다른 측면이 경시된다. 더욱이, 자본주의의 다양성도 고려되지 않는다. 이런 단점에서 벗어나기 위해, 필자는 한때 자본주의가 본질적으로 경제체제이면서도 정치, 사회, 그리고 문화적 차원을 지니는 복합적 현상이라고 생각했다.[56] 그러나 곰곰이 따져 보면, 그것은 경제주의적 사고방식에서 완전히 탈피한 것이라 할 수 없다. 이제 필자는 자본주의를 문명으로 이해해야 한다고 생각한다. 이는 완전히 새로운 생각이라 할 수 없다. "자본주의 문명"이라는 어구는 이미 20세기 초부터 사용되기 시작했으니 말이다. 그렇지만 그것이 문명으로서 어떤 특징을 지니는지 밝혀진 적은 없다. 예를 들면 사회학자 이매뉴얼 월러스틴Immanuel Wallerstein은 그것을 마르크스가 말하는 자본주의 생산양식이 국가를 넘어 지역으로, 심지어 세계로 확장되는 현상으로 간주한다.[57] 그렇지만 그 실체에 대해서는 구체적으로 언급하지 않는다. 이는 마르크스와 마찬가지로 자본주의의 문화적, 정치적 차원을 탐구하는 데 도움이 되지 않는다. 필자가 말하는 문명은 그런 차원까지 포괄한다. 이미 제3장에서 제안한 바 있듯이, 문명이란 사람들이 자연과 외적을 제어하며 생존과 번영을 확보하기 위해 집단을 구성하고 다양한 힘을 결집하며 건립하는 지속적 구조물이라 할 수 있다. 따라서 거기에는 사회와 경제, 문화

---

56 배영수, 「제3차 자본주의 이행 논쟁」, 265-270.

57 Sidney Webb and Beatrice Webb, *The Decay of Capitalist Civilization* (New York: Harcourt, Brace and Co., 1923); Immanuel Wallerstein, "Civilizations and Modes of Production: Conflicts and Convergences," *Theory and Society* 5.1 (1978), 1-10; 이매뉴얼 월러스틴, 『역사적 자본주의/자본주의 문명』, 나종일·백영경 역 (창작과비평사, 1993).

와 정치, 자연환경 등, 다양한 차원이 모두 포함된다.

자본주의는 하나의 문명으로서 유럽의 중세 문명을 비롯해 다른 문명과 구분되는 특징을 지닌다. 문명이란 필자가 보기에 다양한 힘을 결집하는 조직체인데, 힘을 조직하는 방식은 문명에 따라 다르다. 예를 들어 중세 유럽에서는 정치권력이 종교적 권위와 함께 문명을 유지하는 핵심적인 힘이었다. 이들 힘은 기사들이 사제와 함께 나누어 가졌는데, 그들은 중세 유럽을 전반적으로 포괄하면서도 지방 단위로 분할하여 지배했다. 로마제국의 쇠망과 함께 시장경제가 쇠퇴함에 따라, 기사와 사제들은 봉건 영주로서 농민으로부터 경제적 잉여를 직접 수취하고자 했다. 농민은 그들에게 노동 능력이나 생산물을 제공하는 대신, 지배 집단이 자연재해나 외적의 침략을 제어해 주기를 기대했다. 이런 관계는 지배 집단이 폭력 이외에 토지도 독점하고 있었기에 유지될 수 있었다. 기사와 사제는 중세 유럽에서 가장 중요한 생산수단이던 토지를 장악하고 있었고, 따라서 농민에게 토지의 경작을 허용하며 지배적 지위를 유지했다. 바꿔 말해 지배 집단은 주민에 대한 지배권을 넘어 토지에 대한 통제권까지 장악하고는, 지배 영역을 여러 지방으로 분할하고 각각 그 복합적 권력을 행사했다고 할 수 있다.[58]

---

58 Marc Bloch, *Feudal Society*, trans. L. A. Manyon (London: Routledge & Kegan Paul, 1962), 163-175, 241-274; idem, *French Rural History: An Essay on Its Basic Characteristics*, trans. Janet Sondheimer (Berkeley: Univ. of California Pr., 1966), 64-234; Georges Duby, *Rural Economy and Country Life in the Medieval West*, trans. Cynthia Postan (Columbia, SC: Univ. of South Carolina Pr., 1968), 28-58, 197-231; idem, *The Early Growth of the European Economy: Warriors and Peasants from the Seventh to the Twelfth Century* (London: Weidenfeld & Nicolson, 1974); idem, *The Chivalrous Society*, trans. Cynthia Postan (Berkeley: Univ. of California Pr., 1977); idem, *The Three Orders: Feudal Society Imagined*, trans. Arthur Goldhammer (Chicago: Univ. of Chicago Pr., 1980); B. H. Slicher can Bath, *The Agrarian History of Western Europe, A.D. 500-1800*, trans. Olive Ordish (London: Edward Arnold, 1963); M. M. Postan, *Essays on Medieval Agriculture and General Problems of the Medieval Economy* (Cambridge: Cambridge Univ. Pr., 1973). 또한 다음 문헌도 참고하라. Ellen

바로 그 점에서 자본주의는 유럽의 중세 문명과 뚜렷이 구분된다. 그것은 토지를 정치권력에서 해방시키고 시장에서 거래되는 상품으로 취급한다. 토지를 비롯한 재산은 인간이 생명을 부지하고 자유를 향유하는 데 필요한 물질적 조건이지만, 그 조건을 충족시키는 수준을 넘어서면 타인을 지배하는 권력으로 기능한다. 그것은 한 사람이 다른 사람들에게 먹고사는 데 필요한 자원을 제공하며 그들을 자신의 뜻에 따라 움직이게 강제하는 능력이 될 수도 있다. 이런 뜻에서 재산은 인간의 기본적 권리를 넘어 경제 권력으로 변모하기도 한다. 이 권력은 중세 유럽을 포함하는 전근대 문명에서 언제나 다른 권력에 종속되어 있었다. 그것은 흔히 정치적·종교적 권위의 공격 대상이거나 물리적 폭력의 제물이었다. 그러나 자본주의는 인신의 자유와 함께 재산과 계약에 대한 권리를 보장함으로써, 경제 권력을 정치적·종교적 권위에서, 그리고 그 외의 다른 권력에서 해방, 분립시킨다. 경제 권력을 분립시키는 데는 다양한 방식이 있으며, 이는 자본주의가 단일한 형태가 아니라 다양한 형태로 발전하는 데 중요한 영향을 끼친다. 그것은 미국 문명이 자본주의 문명 가운데서도 어떤 특징을 지니는지 파악하는 데 도움이 되는데, 이에 관해서는 나중에 논의한다. 여기서 주목해야 할 것은 자본주의가 경제 권력을 분립시킴으로써 이전과 다른 방식으로 힘을 결집하는 문명이라는 점이다.

경제 권력의 분립은 자본주의의 본질을 뚜렷이 드러내는 두 번째 특징과 깊이 연관되어 있다. 그것은 재산을 추구하고 축적하는 데 따르던 다양한 제약이 약화되는 현상과 함께 진행되었다. 정치적 권위는 스미스가 주장한 것처럼 평화와 치안을 유지하고 재산과 계약에 관한 권리를 보장하는 반면에 시장에 대한 개입을 자제했다. 사회적 제약은 마르크스가 강조하듯이 봉건제의 해체와 시장경제의 발전에 따라 노동 능력을 사고파는 노동시장이 확대

Meiksins Wood, *The Origin of Capitalism: A Longer View* (London: Verso, 2002), 166–181.

된 덕분에 해결되었다. 경제 권력의 분립은 또한 축재에 유리한 경제적 환경 덕분에 진척되기도 했다. 중상주의 정책에서 드러나듯이 근대 유럽에서는 각국이 치열한 국제 경쟁을 벌이며 국력을 늘리기 위해 시장경제의 발전에 주력했고, 이는 상업의 발달과 상업적 농업의 대두 등, 경제적 기회의 확산을 가져왔다. 나아가 근대 유럽은 아시아, 아프리카, 아메리카 등, 세계 전역에서 우월한 군사력을 동원하며 넓은 교역 체계를 구축하고, 유럽 바깥에서 노동력을 착취하며 설탕, 곡물, 생선, 모피, 면화, 목재 등, 다양한 생산물을 수입, 활용했다.[59]

그러나 경제 권력의 분립을 둘러싸고 있던 문화적 변동은 아직 부분적으로 밝혀져 있을 뿐이다. 베버가 지적한 바 있듯이, 종교적 권위는 근대에 들어와서 재산을 물욕의 결과로 보지 않고 근면과 절약 같은 미덕의 소산으로 여기며 축재에 정당성을 부여하는 방향으로 옮겨갔다. 또 허쉬먼이 입증한 바 있듯이, 근대 유럽의 사상가들은 전쟁이나 폭정을 제어하는 효과를 기대하며 물질적 욕구를 중세의 악덕에서 근대의 미덕으로 승격시켰다. 그래도 물질적 욕구가 어떻게 해서 성직자와 사상가를 넘어 일반인 사이에서 지배적인 심성으로 대두했는가 하는 문제가 남아 있다. 인류학자 앨런 맥팔레인은 자본주의 문화를 탐구하는 저술에서 그 문제를 거론한다. 그리고 자본주의의 개념을 천착하면서 자본주의가 "돈에 대한 사랑"에 뿌리를 두고 있다고 진

---

59 Eric Eustace Williams, *Capitalism and Slavery* (Chapel Hill: Univ. of North Carolina Pr., 1944); Sidney Wilfred Mintz, *Sweetness and Power: The Place of Sugar in Modern History* (New York: Viking, 1985); Kenneth Pomeranz, *The Great Divergence: China, Europe, and the Making of the Modern World Economy* (Princeton, NJ: Princeton Univ. Pr., 2000); Prasannan Parthasarathi, *Why Europe Grew Rich and Asia Did Not: Global Economic Divergence, 1600-1850* (Cambridge: Cambridge Univ. Pr., 2011). 또한 다음 문헌도 참고하라. Immanuel Wallerstein, *The Modern World-System*, 3 vols. (New York: Academic, 1974-89).

단한다.[60] 그것은 이기심보다 구체적인 심성을 가리킨다는 점에서 환영할 만하나, 그것 역시 고대부터 존재하던 심성이므로 적절한 해답이라 하기는 어렵다. 결국, 자본주의 발전 과정에 수반된 문화적 변동은 아직도 충분히 밝혀지지 않았다고 할 수 있다.

이 과제를 해결하는 데 필요한 단서는 개인주의의 대두에서 찾을 수 있다. 자본주의 발전에서 궁극적인 주체는 개인이기 때문이다. 위에서 언급한 정치적, 사회적, 종교적, 사상적 변화의 주인공으로서 개인은, 정확하게 말하면 백인 남성이 대표하는 개인은, 근대에 들어와서 나타났다. 중세 유럽에서 개인은 공동체에서 버림받은 가련한 존재였다. 거기서 사람들은 가계의 일원으로서, 그리고 촌락 공동체나 동업조합의 일원으로서, 언제나 사회적 협력과 통제에 얽매여 있었다. 그러나 근대에 들어와서는 개인이 봉건적 예속에서 벗어나 자신의 주인이 되었고, 또 도덕적 주체로서 자신의 행동을 스스로 통제하고 그 결과에 대해 책임을 지게 되었다. 더욱이, 재산을 지니고 계약을 맺으며 자신의 이익을 돌볼 수 있게 되었다.[61] 특히 영국인들은 맥팔레인이 지적하는 바와 같이 중세 말부터 "사나운 개인주의자"로서 합리적 방식으로 자신의 이익을 추구하는 행동방식을 보이기 시작했다. 또 근대에 들어와서는 토지를 "개량"하기 위해 노력하는 한편, 더 많이 생산하고 더 많이 소비하기 위해 더 열심히 일하는 "근면 혁명"을 일으키기도 했다.[62]

---

60 Alan Macfarlane, *The Culture of Capitalism* (Oxford: Blackwell, 1987), 170-190.

61 C. B. Macpherson, *The Political Theory of Possessive Individualism* (Oxford: Clarendon Pr., 1962); Charles Taylor, *Sources of the Self: The Making of the Modern Identity* (Cambridge: Cambridge Univ. Pr., 1989), 1-390; Dror Wahrman, *The Making of the Modern Self: Identity and Culture in Eighteenth-Century England* (New Haven: Yale Univ. Pr., 2004); 리하르트 반 뒬멘, 『개인의 발견』, 최윤영 역 (현실문화연구, 2005); Lynn Hunt, *Inventing Human Rights: A History* (New York: Norton, 2007). 다음 문헌에서는 대조적인 견해가 제시된다. 래리 시덴톱, 『개인의 탄생: 양심과 자유, 책임은 어떻게 발명되었는가?』, 정명진 역 (부글북스, 2016).

62 주 20 참조.

그런 개인을 축재에 주력하게 만든 것은, 그래서 자본주의 발전 과정을 주도한 동력은, 물론 맥팔레인이 말하는 "돈에 대한 사랑"이다. 중요한 것은 그 사랑이 오래전부터 존재했으나 근대 유럽에 와서 커다란 힘을 발휘했다는 점이다. 그 이유는 위에서 살펴본 정치적, 사회적, 문화적 변화에서 찾을 수 있다. 스미스와 마르크스, 베버와 허쉬먼은 각각 정치권력과 사회구조, 그리고 종교적 권위와 이데올로기에 주목하며 자본주의 발전 과정을 제약하던 요인을 탐구했다. 필자가 보기에는 그런 제약이 근대 유럽에서 완화됨에 따라, "돈에 대한 사랑"이 자라나기 시작했다. 그리고 그것은 거기서 확산되고 있던 경제적 기회를 만나 달아올랐다. 그렇다면 영국을 비롯한 근대 유럽에서는 돈에 대한 사랑을 가로막던 다양한 제약이 서서히 완화되었다고 할 수 있다. 이는 전근대 문명에서 찾아볼 수 없는 특징이다.

이들 두 가지 특징을 묶어서 필자는 나름대로 자본주의의 개념을 규정하고자 한다. 그것은 돈에 대한 사랑을 풀어주고 돈이 독립된 힘으로 움직일 수 있도록 길을 열어주는 것, 그래서 결국 이전과 다른 방식으로 힘을 조직하며 새로운 문명을 가져오는 것이라 할 수 있다. 이것은 완전히 새로운 개념이 아니다. 사실 존 메이너드 케인즈John Maynard Keynes는 1920년대 중엽에 "자유방임의 종언"을 선언하면서, 자본주의의 본질적 특징이 "돈을 벌고 돈을 사랑하는 개인의 본능에 열렬히 호소하면서 그것을 경제라는 기계를 움직이는 주요 동력으로 삼고 거기에 의존하는 데 있다"고 설파한 바 있다.[63] 그렇지만 필자는 그와 달리 자본주의를 사회·경제체제를 넘어 그것을 포괄하는 매우 넓은 뜻의 권력구조로 규정하고, 그에 입각해 종래에 취급되지 않았던 문제를 제기한다. 필자의 관점에서 볼 때 자본주의를 이해하는 데 중요한 문제는 돈에 대한 사랑을 얼마나 풀어주는가, 또 돈이 독립된 힘으로 움직일 수 있도록 어떤 길을 열어주는가 하는 것이다. 그 해답은 문화적 변동과 정치적

---

63 Keynes, *The End of Laissez-Faire* (London: Leonard & Virginia Woolf, 1926), 50.

권위에 따라 결정되며, 그 결과는 자본주의의 다양성으로 나타난다. 그에 덧붙여, 필자는 낸시 프레이저가 자본주의 개념을 확장하면서 주의를 환기하는 "배경적 조건"도 고려하고자 한다. 더욱이, 그가 주목하는 공권력을 자본주의 개념에서 핵심적 요소로 간주하고자 한다. 다른 한편, 필자는 "배경적 조건"에 국제관계를 포함시켜야 한다고 생각한다. 그것은 프레이저의 개념에서 경시되지만, 명백하게 자본주의 발전 과정과 얽혀 있으니 말이다.

위에서 언급한 문제 가운데 전자에 대한 해답으로서 극단적인 것은 돈을 마음껏 벌고 마음 내키는 대로 쓸 수 있게 풀어 주는 경우이다. 베버는 "자본주의 정신"을 논의하면서 그것이 극단적으로 발전하면 스포츠처럼 돈을 얼마나 잘 버는지 경쟁하는 양상을 띤다고 지적한 바 있다. 이 지적은 20세기 초의 미국을 두고 한 것인데, 이 책에서 나중에 살펴보겠지만 당대 미국의 기업계에 대한 적절한 관찰이라 할 수 있다. 더욱이, 필자가 보기에는 일반화시킬 만한 것이기도 하다. 앞에서 살펴본 인물 가운데 버지니아의 로버트 카터는 돈을 마음껏 벌어들이는 구체적인 사례에 해당한다. 반면에 같은 시대에 미국에는 벤저민 프랭클린 같은 인물도 있었다. 이미 살펴본 것처럼, 그는 과도한 재산이란 보통 사람들의 권리를 침해하는 권력이라고 경계하는 공화주의적 재산관을 지니고 있었다. 18세기 중엽 북미대륙에서는 이들 가운데 카터가 예외적인 반면에 프랭클린이 대표적인 인물이었다고 할 수 있다. 사실, 그가 지녔던 관념은 당대 미국에 자리 잡았던 공화주의 이데올로기에서 핵심적 요소로서, 공화정의 주체인 시민의 개념과 역할을 규정하는 데 큰 영향을 끼친다. 그리고 식민지 미국인들이 영국으로부터 독립하고 이어서 군주정 대신에 공화정을 수립하는 과정에서 중요한 역할을 맡는다.[64] 지금 여기서 중요한 것은 프랭클린이 카터와 더불어 18세기 미국인들이 지녔던 축재에 대한

---

64 공화주의적 재산관에 관해서는 다음 문헌을 보라. Stanley N. Katz, "Thomas Jefferson and the Right to Property in Revolutionary America," *Journal of Law and Economics* 19.3 (1976), 467–488.

관념을 뚜렷하게 보여 준다는 점이다.

돈을 마음 내키는 대로 쓸 수 있게 풀어주는 것은 베버가 다루지 않는데, 이것은 오늘날 미국에서 찾아볼 수 있다. 근래에 미국의 권투 선수 플로이드 메이웨더Floyd Mayweather는 가진 돈을 자랑하는 동영상을 만들어 인터넷으로 퍼뜨리고 있는데, 이는 개인의 기행을 넘어서는 문화적 함의를 지니는 것으로 보인다. 미국에서는 1980년대 중엽부터 10년 넘게 『거부와 명사의 생활방식Lifestyles of the Rich and Famous』이라는 TV 프로그램이 방영된 적이 있다. 그것은 제목 그대로 유력자들의 호화로운 저택과 생활방식을 소개했는데, 오늘날 새로운 형태로 부활하고 있다. 이런 문화는 다른 나라에서 찾아보기 어려운 것이 아닌가 싶다. 그 프로그램이 한국에서 방영된다면 당장 '위화감을 조성한다'는 비난을 받을 것이다. 바꿔 말해, 오늘날 미국에서는 돈을 쓰는 데 대한 문화적 제약이 극단적이라 할 수 있을 정도로 미약하다고 할 수 있다. 그렇지만 그런 제약은 18세기 중엽 북미대륙에서 상당히 분명하게 존재했다. 앞에서 살펴본 것처럼 부유층은 고귀한 품위를 추구하며 호화로운 저택을 건설했고, 다른 계층에서는 사치스러운 장식품을 사들였다. 그러면서도 식민지인들은 법령을 통해 사치스러운 복색을 규제하고자 했고, 또 "대각성 운동"에서 드러났듯이 사치에 대한 종교적 제재를 용인하기도 했다. 두말할 나위도 없이, 오늘날 미국에서는 그런 제도나 문화를 찾아볼 수 없다.

돈이 독립된 힘으로 움직일 수 있도록 어떤 길을 열어 주는가는 돈에 대한 사랑을 얼마나 풀어 주는가 하는 것보다 훨씬 중요한 문제이다. 그것은 경제 권력이 해방을 넘어 여러 권력 사이에서 어떤 위상과 역할을 차지해야 하는가 하는 문제로 이어지기 때문이다. 바꿔 말하면, 권력구조의 개편 문제가 떠오른다고 할 수 있다. 권력구조는 보통 정치권력을 기능에 따라 구분하고 그 사이에 수립하는 체계를 가리킨다. 그렇지만 여기서 그것은 매우 넓은 뜻으로 쓰인다. 필자가 문명 개념을 제안하며 언급한 것처럼, 힘—흔히 정치권력을 가리키는 권력을 넘어, 사람을 움직이는 모든 종류의 힘—은 완력이나 매력 같은 개인적인 힘에서 제도화된 무력이나 문화적 영향력 같은 사회적인 힘까지 매우 다양한 현상이다. 재산에 토대를 두고 성립하는 경제 권력은 린드블럼이 지적한 것처럼 자원의 생산과 분배에 결정적인 영향을 끼친다. 따라서 그것은 해방되는 순간부터 다른 권력과 어떤 관계를 맺을 것인가 하는 문제를 일으킨다. 그리고 이 문제에 대한 해답이 마련되고 실천에 옮겨지면, 공식적 권력구조를 비롯하여 넓은 뜻의 권력구조에 중요한 변화가 일어난다. 이 변화는 본질적으로 정치과정이며, 그 결과도 정치체제의 변화로 나타난다. 그러므로 자본주의 문명은 정치적 토대 위에서 성립한다고 말할 수 있다.

자본주의의 정치적 토대는 종래의 연구 업적에서 간과되었다. 제도와 법률, 그리고 국가가 자본주의에 필수적인 조건이라는 점은 널리 알려져 있지만, 그런 요소가 정치과정의 산물이라는 점은 제대로 인식되지 않았다. 필자는 자본주의가 정치적 결정의 결과라는 점을 강조한다. 그것은 사람들이 오랜 시간에 걸쳐 내린 다양한 결정이 집적되어 나타난 현상이다. 따라서 자본주의는 그런 결정을 내리는 주체인 정치조직과 그것을 구성하는 시민의 존재를 전제로 삼는다. 이는 종래의 자본주의 개념에서 부각되지 않았다. 종래에는 심지어 정치에 주목하는 개념에서도 재산과 계약에 관한 권리가 중시되는 반면에, 그것을 밑받침하는 권력구조가 경시되기도 했다. 바꿔 말해 제도나 법률, 또는 국가의 중요성에 주의를 환기해 온 학자들조차 사유재산과 시장기제가 보장되는가, 그렇지 않은가 하는 문제에 관심을 기울이면서도, 그런 것들이 어떻게, 또 얼마나 보장되는가 하는 문제를 천착하지 않았다고 할 수 있다. 특히 정치권력, 종교적 권위, 물리적 폭력 등, 재산권을 침해하는 전통적 요소들이 효과적으로 제어되는가, 그렇지 않은가 하는 문제를 취급하지 않았다. 따라서 국가가 재산과 계약에 관한 권리를 보장하면서도, 정당한 보상 없이 토지를 강제로 수용하거나 과도한 세금을 자의적으로 부과함으로써 국민의 재산권을 침해하는 사례에도 본격적인 관심을 기울이지 않았다. 근대 서양에서는 절대군주가 권력을 확대하기 위해 걸핏하면 그런 일을 자행했는데, 그런 군주의 자의적 권력에 제동을 걸었던 것은 결국 국민이 수립한 입헌 체제였다. 그러므로 필자는 재산과 계약에 관한 권리를 넘어 권력구조의 발전 과정까지 고려할 때야 비로소 자본주의의 본질을 제대로 파악할 수 있다고 생각한다. 바꿔 말하면 자본주의의 본질적 특징은 재산과 계약의 권리를 보장하는 데 있는 것이 아니라, 그것을 보장하기 위해 권력구조까지 개편하는 데 있다는 것이다. 구체적으로 말하자면, 경제 권력의 자율성을 위해 정치권력이나 종교적 권위, 또는 물리적 폭력을 제어할 수 있는 정치적 토대를 수립하는 데 있다는 것이다.

자본주의의 정치적 토대는 내부와 외부를 구분하는 경계선을 지닌다. 그 경계선은 국가 사이에 설정되는 국경선에 한정되지 않는다. 나중에 살펴보겠지만, 자본주의는 미국에서도 흑인을 비롯한 일부 주민을 시민으로 취급하지 않음으로써 내부 식민지를 구축하고 노동력을 착취했다. 따라서 내부와 외부를 구분하는 경계선은 국경선 이외에도 존재할 수 있다. 자본주의는 그런 경계선을 따라 내부와 외부 사이에 관계를 설정하고, 또 발전 과정에서 필요에 따라 그것을 변경하기도 한다. 이는 앞으로 이 책에서 취급되는 주제의 일부이다.

그런 경계선을 식민지 미국으로 한정한다면, 거기서는 자본주의의 정치적 토대가 형성되지 않았다고 할 수 있다. 흑인 노예를 제외하면, 재산과 계약에 대한 권리는 인신의 자유와 더불어 영국에 못지않게 잘 보장되고 있었다. 그리고 젠트리를 비롯한 상층 사람들은 식민지 의회에 참여하면서 강력한 발언권을 행사할 수 있었다. 그러나 식민지의 정치체제는 어디까지나 영국의 통제 아래에 있었다. 식민지인들이 누리던 권리와 권력은 이미 17세기 말에 영국이 뉴잉글랜드령을 설치했을 때 드러났듯이 불안한 기반 위에 있었다. 사실, 그들은 토지 소유권을 새로 등록해야 했을 정도로 안정을 누리지 못했다. 또 혁명기에는 영국의 자의적 과세로 인해 식민지인들이 재산권을 침해당하는 것이라 비판하며 영국 의회에 항의하는 처지에 놓이게 되었다.

이는 결국 식민지 미국을 자본주의 사회로 간주하기 어렵다는 점을 뜻한다.

그러나 식민지 미국이 여러 측면에서 근대적이고 특징적인 면모를 갖추고 있었다는 점은 분명하다. 이미 제3장에서 드러난 바 있듯이, 유럽의 봉건제가 제대로 이식되지 않았고, 따라서 토지와 주민을 함께 지배하는 통치권도 정착되지 않았다. 토지가 풍부하고 비옥한 반면에 노동력이 부족한 북미대륙에서는 토지에 대한 통제권이 주민에 대한 지배권과 분리되었고, 이는 자본주의가 발전하는 데 유리한 조건이 되었다. 그리고 여기서 살펴본 것처럼 영국의 느슨한 식민지 정책 덕분에, 북미대륙 식민지는 주민 대표로 구성되는 의회를 중심으로 상당한 자치를 누릴 수 있었다. 게다가 영국이 구축한 넓은 시장을 넘어 남부 유럽과도 교역하면서 폭발적인 인구 증가와 더불어 유례를 찾기 어려운 경제성장도 누릴 수 있었다. 유럽과 달리, 거기서는 사회적 상승이나 하강이 활발하게 진행되었다. 개인의 지위가 부모로부터 물려받은 신분에 따라 결정되지 않고 자신이 지니는 재력이나 직업에 따라 변동했다. 또 유럽과 달리, 다양한 인종과 함께 다양한 교파가 공존하며 다원적인 문화를 형성하기도 했다. 결국 18세기 중엽에 이르면 북미대륙 식민지는 유럽과 같은 불평등 사회에 접근하면서도, 사회적 유동성과 문화적 다양성 등, 유럽과 뚜렷이 구분되는 독특한 면모를 띠고 있었다.[65] 식민지 미국인들은 유럽에서 가져온 문명을 아메리카의 자연환경과 사회적 상황에 맞춰 바꾸어 가며 미국 문명의 초석을 놓고 있었다고 할 수 있다. 거기에 들어 있는 특징을 올바르게 파악하게 위해서는, 이 책에서 시도하는 바와 같이 유럽 중심주의에서 벗어나고자 노력하지 않을 수 없다.

---

65 Jon Butler, *Becoming America: The Revolution before 1776* (Cambridge, MA: Harvard Univ. Pr., 2000).

제5장

미국혁명

미국 문명이 18세기에 형성된 초석 위에서 자본주의로 변형되는 과정은 매우 복잡한 양상을 띠며 전개된다. 이 과정은 한마디로 줄이면 자본주의가 정치적 토대를 갖추는 과정이라 할 수 있다. 그것은 크게 볼 때 미국혁명과 연방헌법의 제정으로 나뉜다. 이 둘은 깊이 있게 다루어야 하는 중대한 사건이므로, 두 개의 장으로 나누어 따로 살펴본다. 이 장에서는 먼저 전자를 집중적으로 다룬다.

　미국혁명은 한국인처럼 식민지 경험을 갖고 있는 사람들에게는 유난히 이해하기 어려운 사건이다. 이들은 외국의 지배나 간섭 때문에 고통을 겪었던 만큼, 여러 측면을 지니고 있는 저 복잡한 사건 가운데서 유독 독립이라는 하나의 측면에 주목하는 경향을 보이기 때문이다. 이 점에서 유념해야 할 것은 식민지 미국이 일제 치하의 한국과 다른 위상을 지니고 있었다는 사실이다. 미국은 한국이나 필리핀, 또는 멕시코 같은 정복 식민지가 아니라, 영국인들이 이주해서 건설하고 영국의 일부로 간주하던 정주定住 식민지였다.

물론, 이런 구분은 역사에 엄격하게 적용되지 않는다. 식민지 미국만 해도, 원래 정복에서 출발해서 점차 정주로 변형된 경우라 할 수 있다. 더욱이, 식민지 미국은 영국인 이외에 다양한 국민과 인종을 포괄하고 있었다. 그렇지만 영국계 이민과 그 후예가 인구 가운데 다수를 차지하고 있었을 뿐 아니라 정치, 경제 등, 여러 영역에서 주도적 위상도 차지하고 있었다. 따라서 미국혁명은 정복자와 피정복자 사이의 갈등이 아니라 본국인과 해외 이주민 사이의 분쟁이라는 성격을 지닌다.

미국혁명은 또한 혁명적 성격을 지닌다. 그것은 분명히 군주정을 거부하고 공화정을 수립하는 급격하고 근본적인 변화를 수반했다. 이런 뜻에서 미국혁명을 정치혁명으로 규정하는 견해는 오늘날 미국 역사학계의 정설이다. 바꿔 말하면, 미국혁명은 사회구조의 변화를 수반하는 사회혁명이 아니라고 할 수 있다. 특히, 그 직후에 일어난 프랑스혁명과 달리 봉건제의 폐지 같은 거대한 변화가 일어나지 않았다고 할 수 있다. 더욱이 그런 사회혁명이 20세기에 러시아와 중국에서도 일어났고, 따라서 미국혁명은 상대적으로 혁명적 성격이 약한 것으로 보인다. 이는 흔히 "미국혁명은 얼마나 혁명적인가?" 하는 물음으로 나타난다.

그에 대한 답변은 철학자 해나 아렌트Hannah Arendt가 명료하게 제시한 바 있다. 1963년에 출간된 『혁명론』에서, 그는 미국혁명과 프랑스혁명을 계기로 혁명이라는 단어가 새로운 의미를 얻었다고 지적한다. 그것은 원래 정상 궤도로 되돌아간다는 뜻을 지녔는데, 18세기 말에 이르러 새로운 질서를 수립한다는 근대적 의미를 띠게 되었다고 설명한다. 그렇지만 그 후에 지식인들 사이에서 프랑스혁명이 혁명의 모델로 간주된 반면에, 미국혁명은 국지적인 사건으로 취급되었다고 부연한다. 전자가 대규모 폭력 사태를 수반하는 과격하고 근본적인 변화였다면, 후자는 온건하고 심지어 보수적인 운동이었다고 주장한다. 이어서 아렌트는 그 차이가 "사회문제"에 달려 있었다고 진단한다. 프랑스에서는 빈곤에 시달리던 농민층이 폭력적이고 급진적인 변화에 동력을 제공했으나, 미국에서는 그런 "사회문제"가 없었다는 것이다.

미국의 경우에 없었던 것은 빈곤이라기보다 곤궁이었다. '부유한 사람과 가난한 사람, 근면한 사람과 나태한 사람, 배운 사람과 못 배운 사람, 이들 사이의 알력'은 미국의 경우에도 상당히 뚜렷하게 존재했고, 건국 지도자들의 마음속에 자리 잡고 있었기 때문이다. 그들은 미국이 번영을 누리고 있다 해도 이런 구분—'천지창조만큼 옛날에 시작되었고 지구 전역에 널리 퍼져 있는' 구분—은 영원히 사라지지 않을 것이라고 굳게 믿었다. 그렇지만 미국의 일하는 사람들은 가난하지만 곤궁하지는 않았다. 영국이나 유럽 대륙에서 아메리카를 다녀간 사람들의 관찰은 하나같이 똑같았고 하나같이 놀라움을 나타내었다. '나는 2,000 km 가까이 가는 동안 구걸하는 거지를 한 사람도 보지 못했다'(앤드루 버나비Andrew Burnaby). 미국의 가난한 사람들은 곤궁에 쫓기지 않았고, 미국혁명은 그들에 따라 좌우되지 않았다. 그들이 제기한 문제는 사회적인 것이 아니라 정치적인 것이었고, 그것은 사회질서에 관한 것이 아니라 정부 형태에 관한 것이었다.[1]

아렌트의 견해는 미국 역사학계의 연구 동향과 깊이 연관되어 있다. 특히, 미국혁명을 넘어 미국사 전반을 이해하는 종합적 해석 틀의 변천 과정과 연관되어 있다. 그것은 먼저 20세기 전반기에 미국 역사학계를 지배했던 진보적 해석에 반대하고, 제2차 세계대전 이후에 대두하던 보수적 해석에 동조하는 성격을 띤다. 진보적 학자들은 미국혁명이 영국의 식민지 정책에 대한 저항인 동시에 식민지에 존재하던 사회·경제적 갈등의 분출이라고 보았다. 식민지 내부에는 빈부 격차가 존재했을 뿐 아니라 오래전에 유럽에 뿌리 내렸던 위계질서처럼 하나의 사회구조로 고착되는 경향까지 보였으며, 혁명기에

---

1 Hannah Arendt, *On Revolution* (Harmondsworth: Penguin, 1963), 68.

이르러 농민과 장인 등, 보통 사람들이 엘리트에 대해 반기를 드는 결과로 이어졌다고 해석했다. 반면에 보수적 학자들은 그런 사회·경제적 갈등의 중요성을 부정했다. 미국인들은 유럽에서와 달리 처음부터 자유와 평등을 누렸고 그와 같은 주요 가치에 관해 대체로 합의했으며, 그래서 영국이 그것을 경시하고 식민지에 대해 간섭과 억압을 기도하자 그런 가치를 지키기 위해 혁명을 일으켰다고 해석했다. 더욱이, 건국과 그 이후의 발전 과정에서도 갈등과 분열보다 합의와 협력을 통해 부강한 국가를 건설할 수 있었다고 부연했다.[2] 이런 역사학계의 동향에 비추어 보면 아렌트의 견해는 갈등 대신에 합의를 강조하던 보수적 해석을 반영하는 동시에, 그것이 역사학계를 넘어 미국 지식인 사이에서 널리 확산되고 있었다는 사실을 증명한다고 할 수 있다.

그런 이해는 1960년대에 대두하는 새로운 해석의 출발점이 된다. 새로운 해석은 미국혁명이 "사회문제"에 관한 갈등이 아니라 정치와 사상에 관한 논쟁이었다는 데서 출발한다. 그에 따르면, 혁명기에 미국인들은 영국과 결별할 것인가 하는 문제뿐 아니라 독립한 다음에 어떤 정치체제를 수립할 것인가 하는 문제를 놓고 논쟁을 벌이며 심각한 갈등을 겪었다. 그래서 유럽의 유구한 정치사상에 의지하며 해답을 찾으려 했지만, 식민지 미국이 유럽과 구분되는 차이점을 지녔기 때문에 쉽사리 합의에 도달할 수 없었다. 따라서 그런 논쟁과 갈등 때문에 혁명과 건국은 결과를 예견할 수 없는 역동적인 과정이 되었다. 이와 같은 정치·사상적 해석은 오늘날에 이르기까지 반세기 동안

---

2 이들 해석 틀을 대변하는 저술로는 다음과 같은 것을 들 수 있다. J. Franklin Jameson, *The American Revolution Considered as a Social Movement* (Princeton, NJ: Princeton Univ. Pr., 1926); Charles A. Beard and Mary Beard, *The Rise of American Civilization*, 2 vols. (New York: Macmillan, 1930); Richard Hofstadter, *The American Political Tradition and the Men Who Made It* (New York: Vintage, 1948); idem, *The Age of Reform: From Bryan to F. D. R.* (New York: Vintage, 1955); Louis Hartz, The Liberal Tradition in America (New York: Harcourt, Brace & World, 1955).

미국 역사학계를 지배했다고 할 수 있다.[3]

그렇지만 아렌트의 견해는 조심스럽게 받아들일 필요가 있다. 이미 살펴본 것처럼, 식민지 미국에서는 봉건제가 제대로 이식되지 않았고, 따라서 유럽과 달리 "곤궁"에 시달리는 농민도 거의 없었다. 그렇다고 해서 식민지 미국에 사회·경제적 갈등이 없었다고 생각한다면, 그것은 오해이다. 또 그런 갈등이 있었다고 해도 미국혁명의 기원으로서 중요한 역할을 하지 않았다고 생각한다면, 그것도 진실과 거리가 있는 견해이다. 아래에서 살펴보겠지만, 근래의 연구 성과는 식민지 내부에 심각한 사회·경제적 갈등이 있었다는 점, 그리고 그것이 혁명의 전개 과정에 중요한 영향을 끼쳤다는 점을 보여 주기 때문이다.[4]

더욱이, 아렌트가 사회와 정치를 지나치게 엄격하게 구분하는 것은 아닌가 하는 생각이 든다. 사회와 정치는 우리가 이해의 편의를 위해 구분하지만, 실제로는 따로 떼어 놓을 수 없을 만큼 복잡하고 긴밀하게 연관되어 있다. 이들 영역은 경제 및 문화와 더불어 서로 깊이 얽혀 있으며 직접, 또는 간접적

---

3 Bernard Bailyn, *The Ideological Origins of the American Revolution* (Cambridge, MA: Harvard/Belknap, 1967); Gordon Wood, *The Creation of the American Republic, 1776-1787* (Chapel Hill: Univ. of North Carolina Pr., 1969); idem, *The Radicalism of the American Revolution* (New York: Knopf, 1992); Joyce Appleby, *Capitalism and a New Social Order: The Republican Vision of the 1790s* (New York: New York Univ. Pr., 1984); idem, *Liberalism and Republicanism in the Historical Imagination* (Cambridge, MA: Harvard Univ. Pr., 1992); Isaac Kramnick, *Republicanism and Bourgeois Radicalism: Political Ideology in Late Eighteenth-Century England and America* (Ithaca: Cornell Univ. Pr., 1990); Lance Banning, *The Sacred Fire of Liberty: James Madison and the Founding of the Federal Republic* (Ithaca: Cornell Univ. Pr., 1995); Jack N. Rakove, *Original Meanings: Politics and Ideas in the Making of the Constitution* (New York: Knopf, 1996).

4 종래의 견해에 관해서는 다음 문헌을 보라. Rowland Berthoff and John M. Murrin, "Feudalism, Communalism, and the Yeoman Freeholder: The American Revolution as a Social Accident," in *Essays on the American Revolution*, ed. Stephen G. Kurtz and James H. Hutson (Chapel Hill: University of North Carolina Pr., 1973), 256-288.

으로 영향을 주고받는다. 그 모든 영역 사이의 관계에 대해, 유물론자를 포함해 경제주의자들은 물질을 취급하는 경제의 영역이 결정적 중요성을 지닌다고 생각하지만, 필자는 그들과 달리 다양한 영역이 초가집 지붕의 볏짚처럼 서로 뒤엉키며 겹쳐져 있다고 본다. 이런 관점에서 볼 때, 미국혁명에서 부각되는 정치에 다른 영역이 어떻게 얽혀 있었는지 살펴볼 필요가 있다. 특히, 정치적 언어에 사회적, 경제적, 또는 문화적 관심이 어떻게 녹아들어 있었는지 파헤쳐 볼 필요가 있다. 이는 미국혁명의 성격을 깊이 있게 이해하는 데 도움이 된다.

더욱 중요한 것은 국가 체제에 주목할 필요가 있다는 점이다. 영국은 16세기 중엽부터 잉글랜드에서 출발해 다른 국가와 연합하고 식민지를 건설하는 등, 크게 팽창했고, 그에 따라 국가 체제를 단일한 왕국에서 거대하고 복합적인 제국으로 개편했다. 이런 변화는 근래에 법학과 역사학 분야에서 중요한 주제로 떠올랐고, 그 결과 미국혁명에 대한 연구 동향에도 뚜렷한 영향을 끼쳤다. 이제 학자들은 미국혁명에서 영국의 국가 체제에 대한 이견과 갈등을 발견하고, 나아가 그런 알력이 미국의 헌정 질서에 끼친 영향도 파악하기 시작했다. 그러므로 이 새로운 측면에도 관심을 기울일 필요가 있다.

그에 못지않게 중요한 것은 미국혁명이 자본주의 발전 과정에 어떻게 기여했는지 살펴보는 일이다. 앞에서 언급한 것처럼 그것은 미국인들이 자본주의의 정치적 토대를 구축하는 과정의 일환이었기 때문이다.

1. 혁명의 기원

미국혁명의 기원은 위에서 언급한 것처럼 식민지 미국의 빈곤과 곤경이 아니라 성장과 번영에 있었다고 할 수 있다. 식민지는 지속적 번영을 위해 서부 팽창을 갈망했고, 영국은 그것을 저지하고 식민지를 통제하고자 시도했으며,

양자는 제국 체제 안에서 이견을 해결하는 방안을 찾아내지 못했다고 할 수 있다.

혁명의 기원에 관한 해석 가운데 고전적인 것은 7년전쟁이 끝나는 1763년을 출발점으로 본다. 그에 따르면, 오랫동안 번영을 누리며 모국과 다른 방향으로 발전하던 식민지는 전쟁이 끝나자 더 이상 낡은 규제를 받아들이려 하지 않았고, 거기서 혁명에 이르는 갈등이 시작되었다.[5] 그러나 새로운 연구 성과는 7년전쟁에 주의를 환기한다. 전쟁이 영국과 프랑스 사이의 대결인 동시에 식민지와 원주민 사이의 갈등이었다는 점, 그리고 종전 후에는 영국이 제국 체제를 정비하고자 한 반면에 식민지가 거기에 반발했다는 점에 주목한다.[6] 미묘한 차이를 보이는 두 해석 가운데 어느 것이 더 설득력이 있는지 여기서 밝혀내기는 어렵다. 그렇지만 새로운 해석이 영국과 식민지 사이의 갈등을 넓은 맥락에서 살펴볼 수 있도록 도와준다는 점은 분명하다.

넓은 맥락에서 볼 때, 혁명의 기원은 1754년 5월 두케인 요새Fort Duquesne에서 있는 듯하다. 나중에 미국의 초대 대통령이 되는 스물한 살의 버지니아 민병대 장교 조지 워싱턴George Washington은 그때 거기서 프랑스인과 원주민으로 구성된 혼성 부대를 대상으로 전투를 벌였다. 오하이오강은 오늘날 펜실베이니아의 주요 도시인 피츠버그에서 시작해서 서쪽으로 흘러가는 만큼, 그곳은 애팔래치아산맥을 넘어 광활한 중부 저지로 진출하는 데 중요한 요충지였다. 거기에는 이미 프랑스가 건설한 두케인 요새가 있었다. 프랑스는 북미대륙 북부에 누벨 프랑스라는 식민지를 건설하고 남쪽으로 진출하며 중부 저지에 대해 영유권을 주장했지만, 인구가 90,000명을 넘지 못하는 등, 개척 단계에 머물러 있었다. 따라서 실효적 지배권을 확보하기 위해,

---

5 Lawrence Henry Gipson, *The Coming of the Revolution, 1763-1775* (New York: Harper & Row, 1962).

6 Fred Anderson, *Crucible of War: The Seven Years' War and the Fate of Empire in British North America, 1754-1766* (New York: Vintage, 2000).

1750년대부터 원주민의 도움을 받아 가며 곳곳에 요새를 건설했던 것이다.[7]

영국 식민지의 주민은 프랑스의 지배를 인정하지 않으려 했다. 그들은 이미 18세기 중엽에 애팔래치아산맥까지 진출했고, 이제 산맥을 넘어 중부 저지를 차지하려 했다. 그들에게 토지는 생존과 번영의 전제 조건이었다. 담배를 비롯한 그들의 농작물은 빠른 속도로 지력을 고갈시켰으나, 지력 회복에 필요한 퇴비는 충분히 확보할 수 없었고, 따라서 대개 농사를 시작한지 3년이 지나면 새로운 토지로 옮겨 가서 다시 시작해야 했기 때문이다. 실제로 1750년대에는 버지니아와 메릴랜드를 비롯한 여러 식민지에서 대농장주를 비롯한 유력자들이 애팔래치아산맥 서쪽에서 토지를 확보하기 위해 몇몇 회사를 수립하고 소유권을 확보하기 위해 노력하고 있었다. 워싱턴은 그들과 간접적으로 연관되어 있었고, 그래서 버지니아 총독이 그들의 영향을 받아 파견 명령을 내렸을 때 기꺼이 부응했다.[8]

1754년 5월에 그가 벌인 전투는 영국 식민지 주민이 프랑스인과 원주민을 상대로 치른 프렌치 앤드 인디언 전쟁French and Indian War의 일환이었다. 그런 전쟁이 이미 17세기 말부터 세 차례나 있었던 만큼, 이번에는 효과적 대책을 마련하려는 움직임이 있었다. 영국 정부는 뉴욕 서부의 원주민 문제를 중심으로 식민지와 원주민의 관계를 전반적으로 논의하는 회의를 소집했다. 1754년 7월 뉴욕의 올버니Albany에서 모인 대표들은 대체로 북부와 중부에서 파견되었는데, 영국 정부의 희망에서 한 걸음 더 나아가는 조치를 취했다. 무엇보다도, 식민지 전체에 걸쳐 원주민 관계를 관장하는 기구를 만드는 방

---

7 다음 인터넷 도판을 참고하라. Simeon Netchev, "European Colonization of North America c.1750," World History Encyclopedia, World History Encyclopedia, https://www.worldhistory.org/image/14633/european-colonization-of-north-america-c1750/.

8 Thomas C. Abernathy, *Western Lands and the American Revolution* (1937; New York: Russell & Russell, 1959), 1-39.

안을 놓고 논의하기 시작했다. 그들이 주목한 것은 펜실베이니아 대표 벤저민 프랭클린의 올버니 통합안Albany Plan of Union이었다. 그 요점은 원주민과 조약을 체결하거나 전쟁을 선포하는 권한을 지니는 별도의 기구—국왕이 임명하는 일인의 총재와 개별 식민지에서 선출되는 대표 48인으로 구성되는 최고회의—를 수립하자는 데 있었다.[9] 프랭클린은 식민지의 단결을 호소하기 위해 글을 써서 발표하고, 거기에 미국 최초의 정치 만평이라 불리는 그림까지 곁들여서 의미 있는 성과를 거두려 했다. 그러나 뉴욕의 원주민 문제가 해결되자, 영국 정부는 물론이요 식민지도 소극적 태도를 취했다. 원주민이 장악하고 있던 애팔래치아산맥 서쪽의 토지에 관해서는, 식민지마다 이해관계가 달랐기 때문이다.

그래도 1754년 5월부터 7월까지 일어난 일들은 중요한 의미를 지닌다. 그것은 원주민과 서부 토지를 놓고 식민지와 영국, 그리고 프랑스가 복잡한 이해관계를 갖고 있었고, 또 식민지가 통합 가능성에 대해 생각하기 시작했다는 것을 보여 준다. 더욱이 그것은 이후에 전개되는 중요한 사태의 단초였다. 실제로 애팔래치아산맥을 넘어 토지를 확보하려는 영국의 북미대륙 식민지는 원주민의 지원 아래 남진하는 누벨 프랑스와 계속해서 충돌했다. 따라서 다음 해에는 영국과 프랑스가 각각 원정대를 보내 식민지의 군사작전을 통제하기 시작했다. 그다음 해인 1756년에는 두 나라가 유럽에서 전쟁을 벌이며 사실상 유럽 전역을 전장으로 바꿔 놓았다. 두 나라의 패권 경쟁이 절정으로 치닫는 이른바 7년전쟁이 시작되었던 것이다.[10]

---

9 Albany Plan of Union 1754, The Avalon Project: Documents in Law, History and Diplomacy, Yale Law School, http://avalon.law.yale.edu/18th_century/albany.asp (2015년 5월 3일 접속).

10 서부가 혁명 및 건국의 과정에서 지니는 중요성에 관해서는 다음 문헌을 보라. François Furstenberg, "The Significance of the Trans-Appalachian Frontier in Atlantic History," *American Historical Review* 113.3 (2008), 647–677.

7년전쟁은 북미대륙의 상황을 크게 바꿔 놓았다. 영국은 누벨 프랑스를 빼앗았다. 바꿔 말하면 동서로 애팔래치아산맥에서 미시시피강까지, 남북으로 퀘벡에서 플로리다까지 중부 저지를 새로운 영토로 확보했다. 뒤늦게 프랑스 편에서 싸웠던 스페인은 영국에 플로리다를 내주고 그 대신에 루이지애나라 불리던 미시시피강 서쪽의 대평원을 얻었다. 이제 프랑스는 북미대륙에서 사실상 사라졌다. 따라서 영국은 광활한 영토를 얻었고, 또 북미대륙 식민지가 프랑스나 스페인으로부터 공격당하지 않을까 하는 걱정을 덜었다. 식민지의 입장에서 보면, 그것은 이제 프랑스를 두려워할 필요가 없이 서부의 원주민을 통제할 수 있다는 것, 바꿔 말하면 서부 토지를 확보하는 데 유리한 여건이 조성되었다는 것을 의미했다. 실제로 1760년 영국 군대가 결정적 승리를 거두고 애팔래치아산맥 서부를 장악하자, 식민지 주민은 산맥을 넘어가기 시작했다. 그들은 대개 토지 회사와 달리 개별적으로 적당한 토지를 물색하고 무단 점거하는 방식으로 접근했다. 원주민은 그들을 저지하는 데 커다란 어려움을 겪었다. 프랑스라는 동맹을 잃었을 뿐 아니라 자신들을 피정복자로 취급하는 영국 군대로부터 보호는 고사하고 오히려 냉대를 받았다. 절망에 빠진 원주민은 1763년 5월 추장 폰티악Pontiac의 지휘 아래 오대호 남쪽 여러 곳에서 봉기하고, 전쟁이 끝난 뒤에도 남아 있던 1만 명의 영국 군대에 맞서 새로운 전쟁을 벌였다. 결국, 영국은 프랑스와 스페인에 승리를 거둔 뒤에도 북미대륙에서 평화와 치안을 확립하지 못했다.[11]

영국은 일련의 단편적 조치를 취했는데, 전반적으로 볼 때 식민지에 대해 제국주의적 통제를 강화하는 방향으로 나아갔다. 이미 1750년대에 인도에서 프랑스 세력을 물리치고 아대륙 전체를 장악한 데서 한 걸음 더 나아가 북미대륙에서도 경쟁 상대를 제압했으니, 이제 거대한 제국을 유지, 관리하

---

11 Richard White, *The Middle Ground: Indians, Empires, and Republics in the Great Lakes Region, 1650–1815*, 20th anniversary ed. (Cambridge: Cambridge Univ. Pr., 2011), 269–314.

는 데 주력하기 시작했다. 우선, 1763년 10월 국왕 조지George 3세의 이름으로 포고령Proclamation of 1763을 발표하고 북미대륙에서 식민지인과 원주민의 충돌을 막으려 했다. 그 요점은 북미대륙에서 새로 얻은 영토에 퀘벡, 이스트 플로리다, 웨스트 플로리다 등, 세 개의 식민지를 수립하고, 이들 새로운 식민지에서 원주민과 그들의 토지를 보호하기 위해 원주민 아닌 사람의 이주나 토지 매입을 금지한다는 것이었다. 식민지인들은 분노했다. 7년전쟁에서 서부 토지를 바라보며 영국 군대를 도왔지만, 그 대가는 영국의 냉대였던 셈이다. 그들은 포고령을 무시하고 애팔래치아산맥 너머에서 무단 점거를 계속했다. 그리고 영국 군대는 그것을 저지하지 못했다.

영국 정부는 포괄적인 대책을 강구했다. 영국의 부채는 7년전쟁으로 인해 7,500만 파운드에서 1억 2,300만 파운드로 늘어났는데, 1764년에는 1억 3,000만 파운드로 불어났다. 조지 그렌빌George Grenville 수상과 그의 내각은 그런 부채를 해결하는 동시에 상비군을 유지해야 한다고 생각했다. 그것은 프랑스나 스페인 같은 경쟁 국가들을 상대로 거대한 제국을 방어하는 데 필요한 일이었다. 그렇지만 영국에는 전쟁이 끝나면 군대를 해산한다는 전통이 있었다. 상비군은 국왕이 봉건 영주의 세력을 제압하고 막강한 권력을 장악하는 데 사용된 도구였고, 따라서 그것은 군주가 의회를 무시하고 영국을 자의적으로 지배할지도 모른다는 우려의 대상이었다. 그러므로 만약 군대를 유지한다면, 정치적 파장이 크지 않을 듯이 보이는 해외에서 유지해야 했다.

해외에서도 북미대륙이 적합한 지역이었다. 북미대륙 식민지는 인구나 경제 측면에서 볼 때 더 이상 경시하거나 방치할 수 없는 지역이었다. 더욱이 그것이 애팔래치아산맥을 넘어 내륙으로 팽창한다면, 영국의 해군력으로 통제하기가 어려운 상황에 부딪히게 될 수도 있었다. 7년전쟁에서 식민지인들이 프랑스 군대에도 서슴지 않고 물건을 팔고 돈을 챙겼다는 사실을 기억할 때, 대서양 연안의 식민지가 내륙으로 팽창하는 사태는 저지할 필요가 있었다. 그렌빌 내각은 병력 10,000명 수준의 군대를 퀘벡에 주둔시키면서, 매년

350,000 파운드에 이를 것으로 예상되는 소요 비용을 북미대륙 식민지에서 염출해야 한다는 결론에 도달했다. 그리고 식민지가 그만한 부담을 감당할 수 있다고 생각했다. 사실 조세 측면에서 볼 때, 특히 관세를 제외하고 재산세나 인두세 같은 내국세의 측면에서 볼 때, 식민지는 영국에 비해 매우 가벼운 부담을 지고 있었다. 식민지인들이 내던 세금은 지역에 따라 큰 차이를 보였지만, 전체적으로 볼 때 영국인의 부담에 비해 대략 10분의 1에 지나지 않았다. 따라서 그렌빌 내각은 1764년 4월 흔히 설탕법Sugar Act, 또는 아메리카 관세법American Duties Act이라 불리는 조치를 취했다. 설탕과 당밀의 수입 세율을 이전에 비해 절반으로 삭감하는 등, 여러 품목의 세율을 인하하고 새로운 품목을 추가하는 한편, 관세를 효과적으로 징수하기 위해 세관의 권한을 강화한다는 것이었다.[12]

식민지인들은 불평했다. 상인은 새로운 조치 때문에 전후의 경기 침체가 심화될 것이라며 우려했다. 그런 우려는 당밀을 수입해 럼으로 가공한 다음에 해외로 수출하던 뉴잉글랜드 상인 사이에서 더욱 심각했다. 정치인은 영국이 식민지의 동의를 구하지 않고 세금을 부과한다는 사실에 주목했다. 영국에서 세금은 군주의 권력 기반이었다. 그것은 군주가 봉건 영주에 맞서 상비군을 육성하는 데 필요한 재원이었기 때문이다. 사실, 영국 군주들은 중세 말부터 언제나 세원을 발굴하고 세수를 확대하는 데 많은 노력을 기울였다. 반면에 의회는 오랜 투쟁을 거쳐 의회의 동의가 없이는 세금을 부과하지 못한다는 전통을 수립했다. 바꿔 말해 입법권과 함께 과세권을 장악했다. 그러자 17세기에 들어서면서 왕좌를 차지한 스튜어트 가문의 왕들은 의회의 동의 없이 부과할 수 있는 세금을 찾아내기 위해 애썼다. 특히 전시에 해안 지방

---

12 Anderson, *Crucible of War*, 557-580; Thomas C. Barrow, *Trade and Empire: The British Customs Service in Colonial America, 1660-1775* (Cambridge, MA: Harvard Univ. Pr., 1967), 160-185; Alvin Rabushka, *Taxation in Colonial America* (Princeton, NJ: Princeton Univ. Pr., 2008), 437-439.

에 부과하던 선박세를 평시에, 그것도 내륙에까지 부과하려 했고, 결국 의회와 부딪히며 내전에 휘말려 들어갔다. 그리고 오랜 혼란을 거친 끝에, 영국은 1688년 명예혁명을 통해 입헌 군주정을 수립하며 의회의 과세권을 확인한 바 있었다. 그런 역사를 되돌아보면, 영국이 식민지의 동의 없이 식민지에 세금을 부과한다는 것은 유구하고 확고한 정치적 전통에 어긋나는 일이었고, 또 앞으로 어떤 결과로 이어질지 알 수 없는 일이었다. 1764년 5월, 보스턴의 급진적 정치인 새뮤얼 애덤스Samuel Adams는 이렇게 규탄했다.

> 우리의 우려를 더욱 증폭시키는 것은 [영국이 취하는] 이러한 의외의 조치들이 우리에게 새로운 세금을 부과하는 예비 단계일지도 모른다는 점입니다. 우리의 상업에 과세한다면 우리의 토지에는 그렇게 하지 못하겠습니까? 우리의 토지에서 생산되는 것과 우리가 소유하거나 사용하는 모든 것에는 그렇게 하지 못하겠습니까? 우리는 이것이 매서추세츠 칙허장에 쓰여 있는 스스로 통치하고 과세하는 권리를 무효화시키지 않을까 우려합니다. 그것은 우리가 갖고 있는 영국인의 권리를 침해하는 것입니다. 우리는 지금까지 그 권리를 박탈당한 적이 없고, 영국에서 태어난 우리의 동료 신민과 함께 공동으로 그것을 보유하고 있습니다. 만약 세금이 어떤 형태로든 우리에게 부과되는데 거기에 우리의 법률상 대표가 없다면, 우리는 자유로운 신민이라는 지위를 잃고 굴종적인 노예라는 비참한 상태로 떨어지지 않습니까?[13]

애덤스의 연설은 영국과 식민지 사이의 갈등이 어디서 시작되었는지 보여 준다. 연설의 핵심은 영국의 새로운 조치가 "우리가 갖고 있는 영국인의 권

13 Samuel Adams's Instructions to Boston's Representatives, Famous Documents and Speeches, Samuel Adams Heritage Society, http://www.samuel-adams-heritage. com/documents/samuel-adams-instructions-to-bostons-representatives.html (2015년 5월 4일 접속).

리를 침해하는 것"이라는 데 있다. 그런 조치로 인해 식민지인들이 "자유로운 신민이라는 지위를 잃고 굴종적인 노예라는 비참한 상태로" 떨어질지도 모르기 때문이었다. 이에 관해 미국의 역사학자들은 흔히 영국인의 권리를 개인의 권리로 간주하고 노예 상태를 정치적 수사로 취급한다. 그러나 필자가 보기에 그것은 식민지인들이 집단적으로 처한 구체적 현실을 가리키는 듯하다. 그들이 어떤 지위를 지니는가 하는 문제는 근래의 연구에 따르면 근대 영국의 국가 체제와 연관되어 있는 복잡한 쟁점이었기 때문이다.

그것을 이해하기 위해서는, 근대 영국의 국가 체제에 관한 근래의 연구 성과를 살펴볼 필요가 있다. 국가 체제, 또는 줄여서 국체國體는 먼저 주권의 주체가 한 사람인가, 아니면 여러 사람인가에 따라 군주제 국가와 공화제 국가로 나뉜다. 여러 사람 가운데서도 소수의 유력자들인가, 아니면 다수의 보통 사람인가에 따라 과두제 국가와 민주제 국가로도 나뉜다. 이런 뜻에서 국체는 흔히 정체政體와 혼동된다. 정체는 정치체제 가운데서도 기본 골격을 가리키는데, 대개 정부 형태에 따라 전제정, 과두정, 민주정으로 나뉜다. 이는 주권의 주체와 함께 주권의 행사 방식과도 밀접하게 연관되어 있는 분류 방법이다. 그렇지만 국체는 정체와 달리 주권의 소재, 즉 주권이 한 곳에 집중되어 있는가, 아니면 여러 곳으로 분산되어 있는가에 따라 나뉘기도 한다. 오늘날 많은 국가는 권력이 중앙에 집중되어 있는 단일單一 내지 단방單邦 국가의 체제를 지니고 있으나, 적잖은 국가가 주권이 여러 지방으로 분산되어 있는 연방 국가의 체제를 갖추고 있다. 이렇게 국체는 주권의 주체를 넘어 소재까지 포괄하는 개념으로 사용된다.

그런 뜻의 국체는 근래에 미국혁명에 대한 연구에서 주요 관심사로 취급되었다. 지난 한 세대 동안 많은 연구자들은 근대 영국에서 국체가 발전하는 과정을 추적하고, 거기서 미국혁명이 지니는 함의를 탐구했다. 그들에 따르면, 영국은 잉글랜드에서 출발해 웨일즈와 스코틀랜드, 그리고 아일랜드를 흡수하고 나아가 북미대륙으로 팽창하면서, 다양한 정치조직을 하나의 제국으로 긴밀하게 통합하고자 노력했다. 그것을 주도한 것은 군주를 견제하며 주권을 장악하고자 기도하던 의회였다. 의회가 제국의 통합을 위해 채택한 접근 방법은 잉글랜드가 웨일즈와 스코틀랜드, 그리고 아일랜드와 연합하는 반면에, 북미대륙은 인도, 오스트레일리아와 함께 식민지로 통합한다는 것이었다. 따라서 의회는 제국에 적합한 새로운 브리튼 국체British Constitution를 수립하며 그 권위를 강화하는 데 주력했다.

1764년에 제정된 설탕법은 바로 그런 정책의 산물이었다. 그렌빌이 이끌었던 내각과 의회는 식민지인이 영국 군주의 신민이지만, 영국을 떠나 식민지에서 살기 때문에 영국인과 달리 낮은 지위를 지닌다고 생각했다. 그것은 북미대륙의 원주민을 영국 군주의 "친애하는 신민"이라 부르면서도 열등한 존재로 취급하던 것과 같은 생각이었다. 나아가 식민지는 그처럼 종속적인 위치에 있으므로 영국 의회에 대표를 보낼 수 없지만, 주권을 지니는 의회의 권위를 존중해야 한다는 것이었다. 그리고 의회는 제국 전체를 지배하는 주권을 확립하면서 식민지에 대한 통제를 강화하고자 노력했다. 이제 "유익한 방치" 정책을 그만두고 중상주의적 규제를 강화하기 시작했던 것이다.[14]

---

14 Barbara A. Black, "The Constitution of Empire: The Case for the Colonists," *University of Pennsylvania Law Review* 124.5 (1976), 1157-1211; Jack P. Greene, *Peripheries and Center: Constitutional Development in the Extended Polities of the British Empire and the United States, 1607-1788*, revised ed. (New York: Norton, 1990); idem, *The Constitutional Origins of the American Revolution* (Cambridge: Cambridge Univ. Pr., 2010); John Phillip Reid, *Constitutional History of the American Revolution: The Authority to Tax* (Madison: Univ. of Wisconsin Pr., 1987); idem, *The Concept of Representation in the Age of the American Revolution* (Chicago: Univ. of Chicago Pr., 1989); idem, *Constitutional History of the American Revolution: Abridged Edition* (Madison: Univ. of Wisconsin Pr., 1995); Larry D. Kramer, *The People Themselves: Popular Constitutionalism and Judicial Review* (Oxford: Oxford Univ. Pr., 2004); Mary Sarah Bilder, *The Transatlantic Constitution: Colonial Legal Culture and the Empire* (Cambridge, MA: Harvard Univ. Pr., 2004); Akhil Reed Amar, *America's Constitution: A Biography* (New York: Random House, 2005); Daniel J. Hulsebosch, *Constituting Empire: New York and the Transformation of Constitutionalism in the Atlantic*

그러나 북미대륙의 식민지인들은 스스로 영국에서 멀리 떨어진 지방에 살고 있지만 어디까지나 영국인이라고 생각했고, 또 영국인으로서 자유와 권리를 지닌다고 생각했다. 따라서 그들은 의회가 제국 전체에 걸쳐 관할권을 지닌다고 주장하며 북미대륙의 주민을 식민지인으로 취급하는 데 대해 동의하지 않았다. 오히려 오래전부터 영국인의 자유와 권리의 토대로 간주되었던 잉글랜드 국체English Constitution로 되돌아가고자 했다. 그리고 마침내 의회가 통제하지 못하는 자율적 정치조직을 만들 수 있다는 생각에 이르게 되었다. 그런 관념은 처음부터 자치의 전통이 자리 잡았던 매서추세츠와 그 인접 지역에서 유난히 확고했다. 거기에 비추어 볼 때, 1763년 이후에 영국이 취한 조치는 북미대륙 식민지에서 영국인의 자유와 권리를 제한함으로써 그 주민에게 종래와 다른 종속적 지위를 강제하는 결과를 가져올 수 있었다. 애덤스가 거기서 지위 하락의 위기를 본 것은 자연스러운 일이라 할 수 있다.[15]

그의 우려는 얼마 지나지 않아 "대표 없는 과세 없다"는 혁명 구호로 변형되며 미국혁명을 관통하는 핵심적 관념으로 부각되는데, 그것은 새로운 생각이 아니었다. 그 기원은 영국인들이 중세 이래 군주의 자의적 과세에 대항해 의회의 소집과 주민의 동의를 요구한 데 있었다. 이 오랜 전통은 제4장에서 살펴본 것처럼 1688년 매서추세츠에서 뚜렷하게 나타났다. 입스위치 주민이 소유하고 있는 토지를 다시 등기부에 등록하라는 영국 정부의 요구에 대해 자신들의 동의 없이는 과세할 수 없다는 입장을 천명했던 것이다. 그렇지

World, 1664–1830 (Chapel Hill: Univ. of North Carolina Pr., 2005); Eric Slauter, *The State as a Work of Art: The Cultural Origins of the Constitution* (Chicago: Univ. of Chicago Pr., 2009); Alison L. LaCroix, *The Ideological Origins of American Federalism* (Cambridge, MA: Harvard Univ. Pr., 2010); Craig Yirush, *Settlers, Liberty, and Empire: The Roots of Early American Political Theory, 1665–1775* (Cambridge: Cambridge Univ. Pr., 2011); James T. Kloppenberg, *Toward Democracy: The Struggle for Self-Rule in European and American Thought* (New York: Oxford Univ. Pr., 2016).

15 Robert A. Gross, *The Minutemen and Their World* (New York: Hill & Wang, 1976).

만 거기에 함축되어 있는 의미는 달랐다. 입스위치 주민이 토지 재등기에 반대했던 반면에, 애덤스는 새로운 세법을 비판했다. 같은 구절이 사용되는 맥락에 따라 다른 함의를 지니고 있었던 셈이다. 그렇다면 "대표 없는 과세 없다"는 혁명 구호가 어떤 함의를 지니고 있는지 다시 생각해 볼 필요가 있다.

그 함의는 곧 드러났다. 그렌빌 내각은 식민지의 불만을 심화시키는 조치를 취했다. 설탕법에 대한 불만이 이해관계가 깊은 뉴잉글랜드를 넘어 식민지 전역으로 확산되지 않았던 만큼, 자신들이 생각하던 식민지 정책을 밀어붙였다. 무엇보다도, 1765년 3월에는 인지법Stamp Act을 제정하고 다양한 문서에 인지를 붙이도록 요구했다. 변호사 면허증이나 토지 양도증서 같은 법률 문서뿐 아니라 책과 신문과 잡지, 주류 판매 허가증, 심지어 놀이 카드에도 인지를 붙이라고 했다. 바꿔 말해, 거의 모든 식민지인들이 새로운 부담을 져야 했다. 그것은 영국이 오래전부터 식민지에 부과하던 관세가 아니라 내국세에 해당하는 전례 없는 부담이었다. 그리고 인지는 반드시 정화로 구매하게 되어 있었다. 식민지에서 널리 사용되던 지폐는 가치가 불안했기 때문에, 구하기 어렵지만 가치가 보장되는 정화만 내야 한다는 것이었다. 게다가 인지법을 위반하면 해사심판소admiralty court에서 재판을 받게 되어 있었다. 거기서는 판사가 배심원 없이 판결을 내리기 때문에, 그 벌칙은 영국인들이 보통법에 따라 누리는 권리 가운데 하나를 빼앗는다는 것을 뜻했다. 더욱이 그렌빌 내각은 인지법이 제정된 직후에 인지 판매인을 임명하는 등, 인지 대금을 징수하는 준비에 착수함으로써 식민지에 대해 제국주의적 통제를 가하는 작업을 추진했다.

식민지는 저항했다. 이미 인지법이 거론되던 1764년 봄부터, 신문이 새로운 경제적 부담에 관해 소식을 전하며 비판적인 태도를 취했다. 행동에 나선 것은 식민지 입법부였다. 매서추세츠가 설탕법에 관해 소식을 주고받는 통신위원회committee of correspondence를 구성하자, 다른 식민지도 뒤따랐다. 1765년 여름에는, 일반 주민이 시위에 나섰다. 그들은 인지 판매인으로 임명된 사람들을 찾아가서 그만두라고 말하고, 버티는 사람에게는 몸에 타르를 칠하고 깃털을 붙이며 모욕을 주거나 집에 돌을 던지며 위협을 가했다. 그런 움직임은 각지에서 "자유의 아들"Sons of Liberty이라는 조직의 결성으로 이어졌다. 그것은 대개 상층과 중간층에 속하는 사람들의 모임으로서, 다른 식민지의 조직과 연락을 주고받으며 군중행동을 조정, 통제하려고 노력했다. 이 자발적 비밀결사는 이후 혁명에서 중요한 역할을 수행한다.

그런 소란 속에서 인지법회의Stamp Act Congress —11년 전에 있었던 올버니회의의 선례에 따라 소집되었고, 9년 후에는 다시 구성되어 미국혁명을 선도하게 되는 대륙회의의 전례—가 개최되었다. 1765년 10월 뉴욕시에서 소집된 이 회의에는 9개 식민지에서 대표를 파견했지만, 나머지 식민지도 회의 결과를 추인하며 거기에 참여했다. 12일 동안 계속된 회의는 식민지인들이 영국인으로서 모든 권리를 누린다고 선언하면서 "대표 없는 과세 없다"고 강조하는 결의안을 발표했다. 그에 따르면

이들 식민지에 거주하는 폐하의 신민은 영국 국내에서 출생하여 거주하는 모든 신민과 마찬가지로 영국 군주에 대해 동일한 충성심을 지니고 있으며 영국 의회에 대해서도 마땅히 존경심을 지니고 있다.

이들 식민지에 거주하는 폐하의 충성스러운 신민은 영국 국내에서 출생한 신민이 본래 지니는 모든 권리와 자유를 지닌다.

영국에서는 신민이 직접, 또는 대표를 통해 동의하지 않으면 세금을 부과할 수 없다는 것은 영국인이 누리는 자유와 확고한 권리 가운데서 필수불가결한 부분이다.[16]

---

16 Resolutions of the Continental Congress, October 19, 1765, Avalon Project, http://avalon.law.yale.edu/18th_century/resolu65.asp (2015년 5월 9일 접속).

결의안의 요체라 할 수 있는 "대표 없는 과세 없다"는 원칙은 분명히 영국의 헌정 사상에 토대를 두고 있었다. 그렇기 때문에 그것은 흔히 미국혁명의 원인을 헌정상의 쟁점에서 찾는 해석에서 중요한 근거로 취급된다.[17] 그러나 저 혁명 구호는 그 이상의 의미를 내포하고 있었다. 우선, 그것은 새로운 과세에 대한 두려움을 담고 있었다. 그 구호에 들어 있는 헌정상의 원칙은 위에서 살펴본 것처럼 이미 새뮤얼 애덤스의 연설에서 나타났다. 그는 당밀에 대한 세금이 다른 여러 품목으로 확대될지도 모른다고 두려워하며 식민지인의 동의 없이는 과세할 수 없다고 강조했고, 그의 주장은 매서추세츠의 신문에 널리 소개되며 주목을 끌었다. 애덤스는 덕분에 정치인으로서 두각을 나타낼 수도 있었다. 그런데도 그의 견해는 설탕법 때문에 경제적 타격을 받는 뉴잉글랜드에서 호응을 얻었으나 그 외의 지역에서는 그렇지 않았다. 식민지 전역의 호응은 인지법이 제정된 다음에야 나타났다. 그 시기에는 7년전쟁이 끝난 뒤에 시작된 경기 침체로 인해, 식민지인들이 새로운 부담이라면 아무리 적은 것이라 해도 받아들이지 않으려 했다. 바꿔 말해, 식민지인 대다수가 인지법 때문에 새로운 세금을 떠안게 되었을 때야 비로소 애덤스가 말한 헌정상의 원칙에 관심을 기울였다. 이는 저 유명한 원칙 아래에 경제적 고려가 깔려 있었다는 것을 뜻한다.

더욱이, 그것은 역사적 맥락에 비추어 볼 때 식민지인들의 다른 불만도 함축하고 있었다. 애덤스의 연설을 촉발한 설탕법은 이미 언급한 것처럼 세금 수입으로 식민지 방위비를 충당한다는 취지를 지녔다. 이것은 식민지인들에게 군사비를 부담시킨다는 것을 뜻했다. 그 이유도 식민지의 군사적 필요보다는 제국의 정치적 필요에 있었다. 북미대륙에 영국 군대를 주둔시킨다는 것은 군대 해산에 불만을 품은 군인들을 달래면서 국왕의 권력을 강화하는

---

17 Edmund S. Morgan and Helen M. Morgan, *The Stamp Act Crisis: Prologue to Revolution* (Chapel Hill: Univ. of North Carolina Pr., 1953).

시도로 보였다. 게다가 영국 정부는 식민지인들에게 그런 부담을 지우면서도 그들이 소망하던 서부 이주를 금지했다. 더욱이 인지법 위반자를 해사심판소에서 재판한다는 벌칙도 이제 영국이 식민지에 대한 통제를 강화한다는 것을 보여 주었다. 이런 맥락에 비추어 보면, "대표 없는 과세 없다"는 원칙은 영국의 제국주의적 통제에 대한 불만도 함축하고 있었다고 할 수 있다. 그것은 영국이 식민지인을 영국인으로 간주하지 않고 그보다 열등한 존재로 강등시키려는 데 대한 항의였던 셈이다.

그렇다면, 미국혁명의 기원은 다시 생각해볼 필요가 있는 듯하다. 새로운 연구 성과에서 밝혀진 것처럼, 영국은 오랫동안 식민지를 느슨하게 방치하다가 7년전쟁을 계기로 식민지에 제국주의적 통제를 가하며 강력한 제국 체제를 수립하고자 기도했다. 북미대륙 식민지인들은 그 때문에 식민지가 애팔래치아산맥을 넘어 서부로 진출하기가 어렵게 되었다고 분노했다. 나아가 영국인으로서 누리던 권리를 빼앗기고 식민지인이라는 종속적 지위로 떨어질지도 모른다고 반발했다. 바꿔 말해, 미국혁명의 기원은 헌정 질서에 관한 이견뿐 아니라 경제적 이해관계가 걸린 갈등에도 있는 것으로 보인다.

2. 갈등의 심화

그런 기원을 지닌 영국과 식민지의 알력은 쉽사리 해소되지 않았다. 영국은 제국 체제를 강화하려는 기도를 그만둘 수 없었고, 식민지는 그에 대한 저항을 멈출 수 없었기 때문이다. 오히려 갈등은 더욱 심화되었고, 쟁점은 원칙 문제로 압축되었다. 그리고 식민지인들이 생각하던 원칙은 영국인의 권리에서 인간의 기본권으로 점차 변형, 확대되었다. 더욱이, 영국과 식민지의 알력으로 인해 식민지 내부에 존재하던 사회·경제적 갈등이 심화되었다. 식민지인들은 다른 대규모 집단과 마찬가지로 동질적인 사회를 형성하지 못했으며,

따라서 영국의 조치에 대한 대처 방안을 놓고 쉽사리 합의할 수 없었고, 오히려 더욱 심각한 갈등에 빠지게 되었다.

식민지의 저항은 위에서 살펴본 것처럼 헌정상의 원칙뿐 아니라 경제적 고려와 정치적 불만에도 근거를 두고 있었기에, 식민지인들 사이에서 폭넓은 지지를 받으며 조직적으로 전개되었다. "자유의 아들"은 식민지 전역에서 서로 연락을 주고받으며, 때때로 과도한 폭력을 행사하는 군중을 통제하고 영국 상품의 수입에 반대하는 운동을 벌였다. 그로 인해 타격을 입은 영국 상인들은 의회에 인지법을 철회해 달라는 청원서를 보냈다. 내각과 의회는 인지법이 식민지는 물론이요 영국에도 적잖은 파장을 가져온다는 점에 대해 우려하면서 철회하기로 결정했다. 그런 결정을 이끌었던 로킹엄Rockingham 수상과 진보적 휘그파는 영국의 해외무역을 활성화시키는 데 초점을 맞추고 있었다. 그러나 그들도 과세에 대해 식민지의 동의를 얻어야 한다는 요구는 받아들이지 않았다. 영국 의회에서는 식민지인을 포함하여 모든 영국인의 이해관계가 고려되기 때문에, 식민지가 "실질적 대표"를 갖고 있는 셈이라는 것이었다. 결국 영국은 1766년 3월 선언법Declaratory Act을 제정하고 영국 의회가 식민지에 대해 과세권을 지닌다는 점을 분명히 했다. 바꿔 말하면 식민지는 영국에 종속되는 존재이므로, 헌정상의 쟁점에 관해서는 타협하지 않겠다는 뜻을 밝혔다. 따라서 원칙에 관한 이견이 남아 있었다.

그러므로 원칙이 실천에 옮겨졌을 때, 이견도 다시 불거졌다. 영국은 공식적으로 선언한 원칙에 따라 1767년 6월 타운전드법Townshend Acts이라 불리는 일련의 법률을 제정했다. 이들 법률은 재무상 찰스 타운전드Charles Townshend의 발의로 만들어졌지만, 윌리엄 피트William Pitt가 이끄는 내각을 넘어 의회에서도 널리 지지를 받으며 통과되었다. 그 골자는 세입을 늘리기 위해 종이, 도료, 유리, 차, 납 등, 다양한 품목에 관세를 부과한다는 것, 관세를 효과적으로 징수하기 위해 아메리카 관세국American Customs Board을 설치하고 세관을 강화한다는 것, 또 밀수를 억제하기 위해 북미대륙에 새로운 해사심판소를 설치한다는 것이었다. 나아가, 세관원에게 밀수 혐의가 있는 선박이나 창고를 사실상 아무 규제 없이 수색할 수 있는 권한을 부여하고, 또 관세 수입으로 총독과 판사 등, 식민지의 관리들에게 보수를 지급한다는 내용도 담고 있었다. 새로운 내용은 식민지의 오랜 관행─상인이 밀수를 통해 중상주의적 규제를 회피하고, 하원이 과세권을 쥐고 총독과 판사에게 영향력을 행사하는 관행─을 깨뜨리는 조치였다. 타운전드법은 결국 영국이 제국으로서 식민지에 대해 통제력을 확보하겠다는 정치적 의도를 담고 있었다.[18]

식민지는 신중하지만 단호하게 저항했다. 이번에도 새뮤얼 애덤스가 나서서 보스턴을 중심으로 매서추세츠에서 반대 여론을 이끌었고, 1768년 2월 매서추세츠 하원은 동의 없는 과세를 비롯해 타운전드법의 골자를 비판하는 회람 서한을 만들어 다른 식민지로 보내고 저항운동에 동참하라고 촉구했다. 영국 정부는 매서추세츠 하원에 회람 서한을 철회하라고 지시했으나, 매서추세츠 하원은 응하지 않았고 영국 정부의 지시에 따라 결국 해산당하고 말았다. 상인들은 역시 영국 상품의 수입에 반대하는 운동을 벌이며, 런던 상인들에게 의회에 타운전드법을 철회해 달라는 청원서를 보내 달라고 요청했다. 수입 반대 운동에는 다른 식민지도 동참했고, 런던 상인들은 경제적 타격─실제로 수출은 다음 해에 38 %나 줄어들었지만, 그다음 해부터는 정상으로 회복되었다─을 우려해 의회에 접근했다.

그래도 영국 정부는 보스턴에 아메리카 관세국을 설치하며 식민지에 대한 통제를 강화했다. 이 새로운 기구는 1768년 5월 보스턴의 대표적 상인 존 핸콕크John Hancock의 선박을 나포하고 그를 밀수 혐의로 기소했다. 핸콕크는 나중에 미국 대통령이 되는 유력 정치인 존 애덤스John Adams를 변호사로 선임하고 해사심판소에서 벌어질 배심원 없는 재판에 대비했다. 이 사건

---

18 Peter D. G. Thomas, *British Politics and the Stamp Act Crisis: The First Phase of the American Revolution, 1763–1767* (Oxford: Oxford Univ. Pr., 1975).

은 식민지에서 널리 주목을 끌며 저항운동에 활기를 불어넣었다. 그러자 영국 정부는 보스턴에 군대를 주둔시키고 저항운동을 억누르며 세관의 활동을 뒷받침하려 했다. 이 조치는 영국군과 보스턴 주민 사이에 마찰을 가져왔고, 결국 1770년 3월 사소한 몸싸움에서 시작된 충돌 끝에 주민 5명이 사망하는 사건으로 이어졌다. 저항운동의 지도자들은 이를 "보스턴 학살"Boston Massacre 사건으로 규정하며 규탄했고, 영국군의 만행을 비난하는 여론이 매서추세츠를 넘어 식민지 전역에서 들끓게 되었다.

영국은 또다시 후퇴했다. 1770년 4월, 타운전드법 가운데서 세입을 늘리기 위해 부과하는 관세를 철폐하기로 결정했다. 그것은 노스North 경이 수상으로서 내각을 구성하면서 토리파를 중용한 결과였다고 할 수 있다. 토리파는 해외무역의 확대보다 제국의 원만한 운영을 중시했던 만큼, 식민지에 대한 통제력을 확보하는 데 초점을 맞추었으니 말이다. 이런 노선은 1782년 노스 내각이 해체될 때까지 유지된다. 그렇기 때문에 노스 내각은 관세를 철폐하면서도 차만은 예외로 남겨 놓았는데, 이는 그것이 적잖은 세원이어서 유지할 가치가 있었을 뿐 아니라 영국 의회가 식민지에 대해 과세권을 지닌다는 점을 보여줄 필요도 있었기 때문이다. 이번에도 소요 사태가 가라앉았다.

그러나 관세에 관한 법률 이외에 타운전드법은 그대로 남아 있었고, 따라서 새뮤얼 애덤스 같은 급진파는 저항운동을 지속시키려 애썼다. 급진파는 영국의 급진 운동에서, 특히 반권위주의에서 직접적인 영향을 받았다. 17세기 중엽 영국에서는 소수의 과격한 정치인들이 스튜어트 왕가의 권력 강화에 저항하면서, 군주의 궁정을 드나드는 부패한 정객들이 관직을 비롯한 다양한 은전을 베풀며 의원들을 매수하고 의회를 조종한다고 비판했다. 그리고 언론의 자유를 확립하고 선거권을 확대하는 등, 정치 개혁을 추진해야 한다고 주장했다. 그들의 생각은 내전기에 군주정을 폐지하고 공화정을 수립하는 실험으로 실현되었지만, 왕정복고 이후에 위축되면서 휘그파로 계승되었다. 그들이 남긴 유산 가운데서도 권위에 대해 경계하는 태도가 뚜렷한 전통이 되었다. 영국의 급진파는 권위란 자유를 제물로 삼아 팽창하므로 언제나 경계심을 늦추지 말아야 한다는 관념을 가슴 깊이 간직했다. 그것은 19세기까지 이어지는 급진주의radicalism의 전통에서 핵심적 관념으로 자리 잡는다(여기서 급진주의라는 용어는 오늘날 흔히 보이는 용법과 달리, 즉 사회주의, 무정부주의 등, 기존 체제의 근본적이고 급격한 변화를 주장하는 이데올로기를 통칭하는 용법과 다르게, 쓰인다는 점에 유의할 필요가 있다).

그 전통은 18세기 북미대륙 식민지에서 면면하게 유지되었는데, 미국에서 자유주의가 대두하는 데 기여했다. 영국에서 급진주의는 궁정이나 의회에 권위가 집중되는 경향에 주목하면서, 그것을 저지하기 위해 정치체제를 비롯해 제도를 개혁하는 데 관심을 기울였다. 그렇지만 북미대륙 식민지에서는 자유와 권리, 그리고 그 주체로서 개인이 지니는 자율성을 강조하는 색다른 전통으로 자리 잡았다. 이미 언급한 바와 같이, 거기서는 영국의 권위가 직접적으로 효력을 발휘하지 못했고, 또 식민지 자체에서 수립된 권위도 유럽에 비해 훨씬 취약했다. 거기서도 특히 뉴잉글랜드에서는 급진주의 문헌이 널리 보급되었을 뿐 아니라, 르네상스 이래 중시되던 유럽의 고전과 함께 새로 부각되던 계몽사상가들의 저술도 주목을 끌었다. 그리고 그 지역의 급진파는 영국에서 급진 운동이 탄압당하는 것을 지켜보면서, 그것이 식민지에서 영국인의 권리가 침해당하는 것과 관계가 있는 사태가 아닌가 하고 의심했다. 특히 청교도들이 "언덕 위의 도시"로 건설한 매서추세츠에서는, 자유가 영국에서 박해를 당한다면 이제 뉴잉글랜드가 신의 섭리에 따라 자유의 피난처가 되어야 한다는 관념이 자라났다. 바꿔 말하면, 나중에 자유주의라 불리게 되는 사조가 형성되었다고 할 수 있다.[19]

식민지의 급진파는 저항운동을 조직하는 경향을 보였다. 저항운동에서

---

19 Bernard Bailyn, *The Origins of American Politics* (New York: Vintage, 1965); 버나드 베일린, 『미국혁명의 이데올로기적 기원』, 배영수 역 (새물결, 1999).

는 민중이 직접 행동을 통해 주도권을 장악했는데, 그것은 때때로 무리한 요구를 넘어 과도한 폭력으로 분출되기도 했다. 따라서 급진파 가운데서도 지도자들은 조직을 갖춤으로써 민중에 대한 통제력을 놓치지 않으려 했다. 실제로 1772년 가을 영국 정부가 아메리카 관세국의 수입으로 총독과 판사의 보수를 지급하려고 하자, 애덤스는 보스턴에서 주민을 설득해 임시 조직으로 수립되었던 통신위원회를 상설 기구로 개편하는 데 성공했다. 21인의 위원으로 구성되는 이 기구는 매서추세츠의 수많은 도읍과 읍민회의를 통해 소식을 주고받으며 영국의 조치에 조직적으로 대처할 수 있었다. 다음 해에는 버지니아, 로드아일랜드 등, 다른 식민지가 뒤따랐고, 1774년 봄까지 펜실베이니아와 노스캐롤라이나를 제외하고 11개 식민지가 통신위원회를 수립했다. 이 기구는 매서추세츠를 비롯해 하원이 없는 식민지에서 하원을 대신하며 사실상 식민지 전역에서 혁명을 선도하는 기구로 대두하기 시작했다. 한마디로 줄이면, 공식적 성격을 띠는 혁명 조직이 수립되었다고 할 수 있다.

따라서 영국이 다시 식민지에 대해 과세하려 하자, 식민지는 조직적인 저항운동을 펼칠 수 있었다. 1773년 5월 영국 정부는 차법Tea Act을 제정하고, 동인도회사가 막대한 재고품을 식민지에서 처분할 수 있는 길을 열어주었다. 영국의 제국주의 정책을 실행하는 데 앞장섰던 이 기구가 북미대륙에 차를 수출하면 관세를 면제하거나 환급하고, 또 식민지에서 상인에게 차를 넘겨주는 대신에 수탁 판매인을 통해 직접 판매할 수 있게 허용했다. 거기에는 식민지인들이 차를 싼 값으로 사면서 차에 대한 세금은 물론이요 식민지에 대한 영국 의회의 과세권도 받아들이게 하려는 의도가 들어 있었다. 급진파는 차를 취급하는 상인과 밀수업자를 동원하며 수탁 판매인에게 판매를 포기하라고 위협했다. 이런 움직임은 특히 보스턴에서 활발했고, 결국 1773년 12월 새뮤얼 애덤스가 이끄는 급진파가 원주민 복장을 입고 동인도회사의 선박에 올라가서 대략 1만 파운드 값어치의 차를 바다에 빠뜨리며 차법에 항의하는 사태로 발전했다. 이는 나중에 "보스턴 다과회"Boston Tea Party라는 해학적인 명칭으로 불리게 된다.

이제 영국과 식민지 사이의 갈등은 악화일로의 단계로 들어섰다. 영국에서 여론은 강경책으로 기울었지만, 타협책을 주문하는 목소리도 있었다. 특히 정치가요 사상가인 에드먼드 버크Edmund Burke는 하원에서 차를 비롯한 관세를 폐지하고 과거처럼 교역을 통해 상호 이익을 도모해야 한다고 역설했다. 그러나 강경파가 압도적 다수를 차지하고 있었다. 결국, 의회는 1774년 봄 보스턴 항구를 폐쇄하고 매서추세츠에서 읍민회의를 금지하는 등, 강압적인 법률들을 제정했다. 또 여름에는 퀘벡법Quebec Act을 제정하고 퀘벡의 영토를 확대하는 동시에 가톨릭교회의 부활을 지원하는 조치들을 명시했다. 이는 분명히 북미대륙 식민지의 서부 진출을 저지하려는 취지를 지니고 있었다. 매서추세츠 주민은 그런 법률들을 "용납할 수 없는 법률"Intolerable Acts이라고 규탄하면서, 보스턴과 그 주변의 도읍에서 대표를 소집해 대책을 논의했다. 그 결과는 투쟁 노선을 천명하는 "서포크 결의안"Suffolk Resolves으로 나타났다. 그것은 매서추세츠 주민이 영국의 강압적인 조치를 준수하지 않는다고, 나아가 그런 조치가 철회될 때까지 세금을 납부하지 않고 영국과 교역을 단절한다고 선언하면서 모든 식민지에 대해 민병대를 소집하라고 촉구했다.

다른 식민지도 대체로 그런 방침에 동조했다. 식민지들은 인지법 파동이 있었던 때와 마찬가지로 이번에도 함께 대책을 강구하기 위해 회의를 소집했다. 1774년 9월, 원주민 문제 때문에 영국군의 지원을 기대하던 노스캐롤라이나를 제외하고 12개 식민지에서 파견된 대표 56명은 필라델피아에서 대륙회의Continental Congress를 열었다. 거기에는 새뮤얼 애덤스와 존 애덤스, 그리고 버지니아의 패트릭 헨리Patrick Henry 등, 급진파 이외에 다수의 온건파도 참석했다. 비공개로 진행된 회의에서 투쟁 노선을 천명하는 급진파는 화해와 타협을 주장하는 온건파를 설득하지 못했다. 그 결과, 대륙회의는 "서포크 결의안"을 추인하는 한편, 식민지인들의 권리와 불만에 관한 "선언문과 결의안"Declaration and Resolves을 채택하고 국왕에게 청원서를 보내기로 결정했다. 사태가 매우 심각하지만, 그 원인이 내각과 의회의 잘못에 있으므로 국왕에게 바로잡아 달라고 호소한다는 것이었다. 그리고 영국의 반응을 보고 대책을 다시 논의하기 위해 다음 해 5월에 제2차 회의를 열기로 하고 해산했다.

대륙회의에서 채택된 "선언문과 결의안"은 식민지 지도자들이 지녔던 관념을 분명하게 보여 준다. 그것은 전문에서 "용납할 수 없는 법률"을 중심으로 영국 정부가 취한 조치를 나열한 다음에, 본문에서 그것이 영국인의 권리를 침해하면서 "아메리카를 노예화시키기 위해 채택된 체계적 조치"라고 규탄한다. 그에 따르면

북미대륙에 있는 영국 식민지의 주민은 영원한 자연법과 영국의 헌정 질서, 그리고 개별 식민지의 칙허장 또는 협약서에 의거해서 다음과 같은 권리를 지닌다.

1. 식민지 주민은 생명과 자유와 재산에 대한 권리를 지니고 있으며, 그 가운데 어느 것이라도 처분하는 권리를 식민지 이외의 어느 권력기관에도 양도한 적이 없다.

2. 이들 식민지에 처음 정착한 우리의 조상은 모국에서 이주하던 시기에 영국 내에서 태어난 자유로운 신민이 누리는 모든 권리와 자유와 특전을 지녔다.

3. 그들은 그런 권리 가운데 어느 것도 이주에 의해 박탈당하거나 포기하거나 상실하지 않았고, 거주 지역과 기타 상황이 허용하는 범위 안에서 그 모든 권리를 행사하고 향유하는 권리를 지녔으며, 그 자손도 같은 권리를 지닌다.[20]

이 선언문은 인지법회의 결의문에서 나타났던 관념과 구조에 바탕을 두

---

20 Declaration and Resolves of the First Continental Congress, October 14, 1774, Avalon Project, Yale Law School, http://avalon.law.yale.edu/18th_century/resolves.asp (2015년 5월 9일 접속).

고 있으면서도 중요한 차이를 보인다. 그것은 식민지인이 영국인과 같은 권리를 지닌다고 주장하면서, 그 근거로 영국의 헌정 질서와 식민지의 칙허장 이외에 "영원한 자연법"을 든다는 점이다. 이는 이제 식민지가 영국의 보통법 전통을 넘어 계몽사상에 의지하기 시작했다는 것을 뜻한다. 그것은 결국 독립선언문에서 영국인의 권리 대신에 인간의 기본권을 강조하는 주장으로 이어진다.

영국 정부는 식민지의 항의에 관심을 기울였지만, 의회의 주권을 존중하지 않고 스스로 과세권을 행사하겠다는 식민지의 주장을 수용할 수 없었다. 그 주장은 독립 선언으로 발전할 가능성이 적지 않았고, 또 영국이 확립하고자 하던 제국 체제에 커다란 타격을 줄 수 있었다. 그런 가능성을 차단하기 위해, 1775년 2월 영국 정부는 저항운동의 중심지인 매서추세츠가 반란 상태에 있다고 규정하고 군대를 파견했다. 그래도 온건파는 대결 대신 화해를 역설했다. 특히, 버크는 식민지 주민이 영국인의 후손이라고 주의를 환기하고 영국처럼 자치를 누리며 발전할 수 있도록 유대 관계를 유지해야 한다고 호소했다. 그러나 이번에도 강경론이 압도적으로 우세했다. 이제 매서추세츠는 통신위원회를 중심으로 무장투쟁에 대비해 민병대를 소집했고, 또 거기서 강인하고 민첩하며 열정적인 청년들을 선발해 기동대원minutemen이라 부르며 선봉에 서게 했다. 결국 그들이 영국군과 충돌했다. 1775년 4월 19일, 영국군이 보스턴에서 서쪽으로 20 km 가까이 진군해서 렉싱턴Lexington과 콩코드Concord에서 민병대 무기고를 습격하자 그에 맞서 총격전을 벌였다. 영국군은 국왕의 군대였으므로, 그것은 국왕에게 맞서는 행위였다. 바꿔 말하면, 반란이자 혁명이었다.[21]

그것은 충격적인 사건으로서, 많은 식민지인들에게 자신의 정치적 입장

---

21 Pauline Maier, *From Resistance to Revolution: Colonial Radicals and the Development of American Opposition to Britain, 1765-1776* (1972; New York: Vintage, 1974).

을 되돌아보게 만들었다. 그들은 대개 세 부류 가운데 하나에 속했다. 대다수는 입장을 표명하지 않은 채 사태를 지켜보며 중립을 지켰다. 다음으로는 혁명을 주장하던 급진파를 비롯해 저항운동에 가담하던 애국파patriots가 있었다. 이들은 다양한 교파와 계급으로 구성되어 있었고, 지역적으로도 뉴잉글랜드를 넘어 식민지 전역에서 상당한 세력을 확보하고 있었다. 그들을 묶어 준 공통점이 있다면, 그것은 동의 없는 과세와 배심원 없는 재판 등, 영국인의 권리를 침해하는 조치를 용납하지 않으려 한다는 점이었다.

　나머지는 영국의 제국 체제 안에서 머무르기를 바라던 근왕파loyalists였다. 이들에 대한 연구는 매우 부족해서, 지금까지 겨우 윤곽만 드러나 있을 뿐이다. 그에 따르면 이들도 애국파처럼 다양한 요소로 구성되어 있었지만, 그래도 그 주력은 식민지 관리와 영국교회 목사들이 이끌던 젠트리에 있었다. 이미 언급한 바 있듯이 이 젠트리는 많은 재산과 권력, 그리고 높은 위신도 누리고 있었는데, 정치적 권위와 함께 경제 권력을 장악했다는 점에서 식민지 미국의 지배계급이었다고 할 수 있다. 그들이 이끌던 근왕파는 국가 체제를 비롯해 기존 질서를 뒤흔들려는 변화에 저항했다. 더욱이, 국가 체제의 정점에서 프랑스나 스페인 같은 가톨릭 국가에 맞서 영국의 안전과 번영을 이끌었던 국왕에 대해 깊은 존경심과 애착심을 갖고 있었다.[22] 그 가운데는 뉴저지 총독 윌리엄 프랭클린William Franklin처럼 애국파를 이끌었던 아버지와 결별한 인물도 있었다―그리고 그의 아버지는 죽을 때까지 아들을 없는 사람으로 취급했다. 혁명기 미국에서도 정치는 그처럼 친분 관계뿐 아니라 혈연 관계마저 갈라놓기도 했다.

---

22 Lorenzo Sabine, *Biographical Sketches of Loyalists of the American Revolution, with an Historical Essay*, Vol. 1 (Boston: Little, Brown, 1864), 1−152; Brendan McConville, *The King's Three Faces: The Rise and Fall of Royal America, 1688−1776* (Chapel Hill: Univ. of North Carolina Pr., 2006). 또한 다음 문헌도 참고하라. Bernard Bailyn, *The Ordeal of Thomas Hutchinson* (Cambridge, MA: Harvard/Belknap, 1974).

그렇지만 애국파는 조직을 갖고 있었다. "자유의 아들" 같은 비밀결사 이외에, 우선 통신위원회가 있었다. 유력자들로 구성되어 있던 통신위원회는 식민지 전역에 걸쳐 혁명에 관한 소식을 전파하고 대책을 강구하며 행동을 조율했다. 혁명적 위기가 심화됨에 따라 이 기구는 선거를 관리하는 등, 식민지 정부를 대신하기 시작했다. 그리고 치안위원회committee of safety를 비롯해 다양한 명칭을 가진 기구들이 있었다. 이런 기구는 대개 1774년 제1차 대륙회의의 결정에 따라 영국 상품의 수입을 억제하기 위해 각지에서 조직되었으며, 주로 보통 사람들로 구성되어 혁명을 위해 군중을 동원하는 기능을 발휘했다. 따라서 그것은 식민지의 민병대를 장악하고 대륙회의를 밑받침하는 권력 기구로서 움직이며 식민지인들의 일상생활을 규제했다. 이들 조직은 근왕파를 억누르는 한편, 중립을 지키던 사람들을 혁명 대열에 끌어들이려 노력했다. 그리고 설득보다는 모욕적 언행과 사회적 압력, 심지어 물리적 폭력을 사용했다. 애국파는 소수이면서도 혁명을 이끌고 나가야 하는 부담을 안고 있었던 만큼, 근왕파는 물론이요 노예와 원주민에 대해서도 박해와 약탈, 고문과 방화, 심지어 살인에 이르기까지 폭력을 휘둘렀다. 결국, 근왕파 가운데 60,000명은 혁명과 전쟁에 따르는 혼란과 갈등을 견디지 못하고 노예 15,000명과 함께 미국을 떠난다. 그리고 영국은 물론이요 캐나다와 카리브해, 아프리카와 인도 등, 영제국 전역으로 흩어진다. 영국군이 저지른 만행과 함께 그런 사실을 고려한다면, 미국혁명이 다른 혁명에 못지않은 폭력적 사건이었다고 할 수 있다.[23]

대륙회의는 애국파의 저항운동을 지휘했다. 이미 1774년 10월에 대륙연합Continental Association을 창설하고 애국파의 활동을 조정하고 대영 투쟁을 체계화시키는 데 착수했다. 그리고 1775년 5월에는 이후에 전개된 사태를 진단하고 대책을 강구하기 위해 필라델피아에서 제2차 회의를 소집했다. 거기

---

23 Alan Taylor, *American Revolutions, 1750-1804* (New York: Norton, 2016), 91-128.

에는 조지아를 제외하고 12개 식민지에서 56명의 대표가 참석했다. 1차 회의에 참석했던 유력자들이 이번에도 나타났지만, 벤저민 프랭클린과 존 핸콕크, 그리고 토머스 제퍼슨Thomas Jefferson처럼 처음 참석한 이들도 있었다. 그들은 매서추세츠에서 전개되는 심각한 사태에 촉각을 곤두세우며 영국의 조치에 어떻게 대처할 것인지 숙의했다. 그 결과 7월 5일, 국왕에 대한 충성심을 밝히며 내각과 의회에서 취한 부당한 조치를 시정해 달라고 호소하는 청원서를 보냈다. 그리고는 다음 날, "무기를 드는 이유와 필요에 관한 신언문"Declaration of the Causes and Necessity of Taking Up Arms을 발표했다. 그것은 대륙회의가 독립까지 가지 않고 사태가 해결되기를 희망한다는 것을 뜻했다.

그 문서는 먼저 식민지가 영국과 좋은 관계를 유지했으나 7년전쟁 이후에 관계가 악화되었다고 진단했다. 이어서 전쟁 이후에 내각과 의회가 식민지에 대해 자의적이고 억압적인 조치를 취했다고 지적하고, 그것이 결국 식민지인들에게 종속적 지위를 강요하는 것이라고 비난했다. 그래서 "우리는 무기를 들었지만 영국에서 분리해 독립국가를 수립하려는 야심적인 계획을 갖고 있지 않다"고 선언했다. 여기서 주목할 만한 것은 그런 주장의 근거에서 영국의 보통법 전통이 사라지고 합리주의적 계몽사상이 남는다는 점이다. "선언문"은 서두에서 영국이 식민지에 대해 절대적인 지배권을 행사하려 하는데, 도대체 어디서 그런 권력을 얻었는가 하고 의문을 제기하고는 이런 답변을 제시했다.

그러나 조물주에 대한 경외심과 인간의 도리, 그리고 상식의 지시에 따르면, 이 화두에 대해 성찰한 모든 사람들은 정부란 인간의 복리를 증진하기 위해 수립되었고 그 목적을 달성하기 위해 운영되어야 한다고 확신하게 된다. 그렇지만 영국의 입법부는 도저히 이성적으로 납득할 수 없을 뿐 아니라 스스로 알고 있듯이 자국의 헌정 질서 자체에도 뚜렷이 어긋나는 과도한 권력욕에 휘말려서, 그리고 어떤 형태의 논쟁에서도 진리나 법률, 또는 권리를 존중해야 하는데도 그런 것을 외면하고 승리를 거두는 데 급급해서, 결국에 가서는 이들 식민지를 폭력으로써 예속시키려는 잔인하고 졸렬한 목적을 실현시키고자 시도했고, 또 그럼으로써 우리가 이성 대신에 무력에 호소하며 대응하지 않을 수 없게 만들었다. 그러나 영국 입법부가 무제한 지배권을 향한 과도한 열망 때문에 눈이 멀어서 정의와 세계의 여론을 보지 못한다 해도, 우리는 나머지 세계에 대해 존경심을 지니고 있기 때문에 우리의 대의가 옳음을 널리 알리고자 한다.[24]

이처럼 "선언문"에서 영국의 전통이 경시되는 반면에 계몽사상이 전면에 부각된 것은 식민지인들의 사고에 의미 있는 변화가 있었다는 점을 시사한다. 앞에서 살펴본 것처럼 오랫동안 식민지는 영국에 저항하면서 영국의 보통법과 급진주의, 그리고 청교도 신앙에 의지했으나, 1774년 제1차 대륙회의에서 그런 전통 이외에 인간의 기본권을 거론하며 계몽사상에 호소하기 시작했다. 그런 사실에 비추어 보면, 제2차 대륙회의에서 계몽사상을 전면에 부각시킨다는 것은 식민지인들이 영국의 친숙한 품에서 벗어나고 있다는 점을 뜻한다. 더욱이 그들은 "선언문"을 통해 영국 이외의 세계에 자신들의 대의를 알림으로써 그 뜻을 분명하게 밝힌다고 할 수 있다. 이런 점에서, "선언문"은 식민지가 영국과 결별할 준비를 갖추었다는 사실을 보여 준다.

실제로 식민지는 이미 영국과 결별하고 있었다. 1775년 6월 벙커힐Bunker Hill 전투를 계기로 애국파는 보스턴을 포위하고 매서추세츠를 장악했다. 이어서 다른 식민지에서도 총독과 다른 관리들을 쫓아내면서 기존 정부를 해체했다. 그리고 자신들을 보호하는 권위를 잃어버린 근왕파는 그들과 함께

---

24 A Declaration by the Representatives of the United Colonies of North-America, Now Met in Congress at Philadelphia, Setting Forth the Causes and Necessity of Their Taking Up Arms, Avalon Project, Yale Law School, http://avalon.law.yale.edu/18th_century/arms.asp (2015년 5월 11일 접속).

떠나기 시작했다. 8월, 국왕 조지 3세는 대륙회의 청원서에 대해 언급하며 식민지가 반란 상태에 있다고 규정했다. 이어서 10월에는 식민지가 독립을 지향한다면 무력으로 저지하겠다는 뜻을 내비쳤다. 이제 애국파 가운데서 화해와 타협을 주장하는 온건파는 퇴조했다. 따라서 식민지인들은 주민을 대표하는 새로운 기구를 설치하고 정부를 수립하는 작업에 착수했다.

먼저 해야 할 일은 헌법 제정이었다. 그때까지 헌법이란 문서의 형태를 띠지 않았다. 그것은 영국의 보통법 전통에 따라 그저 토대나 골격처럼 기본적 구조로 여겨졌을 뿐이다. 그러나 영국과 결별하며 국왕의 권위를 부인하는 마당에, 그런 느슨한 관념에 계속 의존할 수는 없었다. 이제 정치적 권위에 관해 기본 원칙을 규정하는 문서가 필요했다. 따라서 1776년 1월부터 뉴햄프셔를 필두로 사우스캐롤라이나, 로드아일랜드 등이 차례대로 헌법을 제정했다. 일부는 기존 칙허장에서 국왕에 대한 언급을 삭제하는 선에서 부분적으로 수정하는 데 그쳤지만, 대다수는 선거권과 피선거권, 입법부와 행정부에 관한 규정을 비롯해 새로운 헌법을 만들었다. 이제 식민지는 하나씩 주권국가로 독립하고 있었다.

새로운 헌법에서는 군주가 없었다. 그 대신 총독이 있었지만, 군주와 달리 총독은 그 직위를 종신토록 갖고 있거나 후손에게 물려줄 수 없었다. 그 직위는 의회에서 선출되어 일정 기간 봉직하게 되는 선출직이었다. 또 그 권위도 종래와 달리 크게 제한되어 있었다. 선거구를 조정하는 권한, 법원을 설치하는 권한, 도읍을 창설하는 권한 등, 다양한 권한이 사라졌다. 과거에 부패의 원천으로 간주되었던 관직 임면권도 상당 부분 없어졌다. 더욱이, 총독은 중요한 결정을 내릴 때 의회에 설치되는 수많은 위원회와 협의하는 과정을 거쳐야 했다. 반면에 의회는 강력한 기구가 되었다. 의회는 주민의 의사를 실제로 대변할 수 있도록 개편되었다. 선거권을 확대하고 선거구를 조정해서 주민이 실제 대표를 의회에 보낼 수 있도록 개혁했다. 그리고 의회는 종래의 입법권과 과세권 이외에 총독에게서 빼앗은 권한을 차지했다. 따라서 새로운

체제는 자연스럽게 공화정으로 이행하고 있었다.[25]

결국 인지법 파동 이후 10년 동안, 식민지인들은 영국의 제국주의적 통제에 맞서 투쟁을 벌이면서 영국의 군주정을 거부하는 데까지 이르렀다. 또 영국의 사상적 전통에 호소하는 데는 한계가 있다는 것을 깨닫고 점차 계몽사상에 들어 있는 보편적 원칙으로 눈을 돌렸다. 그리고 인지법 파동에서 나타났던 다양한 불만을 그 원칙에 압축해 넣었다. 그들은 그 원칙 위에서 이미 영국의 군대에 맞서, 나아가 국왕에 맞서 싸우고 있었다.

3. 독립 선언

그래도 대륙회의는 신중한 태도를 취했다. 그것은 분명히 정부처럼 움직이고 있었다. 이미 대외적으로 식민지를 대표하는 기구였을 뿐 아니라, 대내적으로 군대를 조직하고 사령관을 임명하며 전쟁에 필요한 자금을 마련하기 위해 지폐를 발행하기도 했다. 그렇지만 대륙회의는 개별 식민지 사이의 협의체로 출발했고, 이 지위는 식민지들이 주권국가로 변모함에 따라 더욱 뚜렷해졌다. 대륙회의가 민병대의 동원이나 보급품의 지원을 독자적으로 추진할 수 없었으니 말이다. 이는 전쟁을 치르고 독립을 이룩하는 데 중요한 결함이었다. 그것은 분명히 느리고 비효율적인 기구였다.

대륙회의는 1776년에 들어와서야 분리 독립을 선언하는 방향으로 움직였다. 1월에는 토머스 페인Thomas Paine의 『상식Common Sense』이라는 책자가 발행되었다. 페인은 그때 나이가 마흔에 가까웠지만, 북미대륙에 이주한 지 1년 반밖에 되지 않는 신참이었다. 그래도 보통 사람으로서 다양한 경험을 지닌

---

25 Gordon S. Wood, *The American Revolution: A History* (New York: Modern Library, 2003), 65-70.

인물이었다. 영국에서 아버지를 따라 배에서 쓰이는 밧줄을 만들거나, 어린 시절에 받은 교육을 밑천으로 학생들을 가르치거나 세금을 징수하는 일을 했다. 또 세리의 급료와 노동조건을 개선해야 한다고 주장하는 책자를 써서 출간한 경력도 있었다. 그리고 벤저민 프랭클린의 제안에 따라 필라델피아로 이주한 다음에는, 잡지사에서 일자리를 얻어 편집자로 살아가게 되었다. 페인은 그런 출신 배경과 경험 덕분에 영국과 식민지 사이의 분쟁을 계몽사상가의 안목으로 바라보면서도, 보통 사람들이 이해할 수 있는 평이한 용어와 간명한 문장에다 신랄한 풍자를 섞어 가며 자신의 생각을 표현할 수 있었다.

그에 따르면 사람들은 원래 평등하고 조화로운 사회에서 태어났으나, 인구가 늘어나고 사회가 복잡해짐에 따라 정부를 수립하고 일부 사람들에게 통치를 맡기게 되었다. 그러자 정부는 통치자들의 이익에 따라 운영되었고, 그점에서는 영국도 예외가 아니다. 영국의 헌정 질서가 견제와 균형의 원리에 따라 움직이며 영국인의 자유와 권리를 보호한다고 하지만, 그래도 국왕이 과도한 권력을 쥐고 보통 사람들을 억압한다. 더욱이 왕위가 세습됨에 따라 무능과 부패와 내전 같은 폐단이 쌓여 왔다. 이제 영국의 통치는 북미대륙의 이익보다 영국의 이익에 기여할 뿐이다. 게다가 영국 같은 섬나라가 대서양을 사이에 두고 거대한 북미대륙을 지배한다는 것은 불합리한 일이다. 북미대륙은 영국의 식민지로 출발했지만, 여러 나라에서 건너온 이민과 문화 덕분에 영국과 다른 나라가 되었다. 그리고 장성한 자식처럼 스스로 통치하는 역량을 갖추고 있다. 앞으로 독립을 성취하면 막대한 삼림을 이용해 영국 해군에 못지않은 군사력을 확보하는 등, 강력한 국가로 발전할 수 있다. 북미대륙은 국제 무대에서 아직 국가로 대접을 받지 못하고 있고, 그래서 다른 나라와 동맹 관계를 맺고 도움을 받을 수도 없다. 그러므로 자유를 위한 투쟁에서 외국의 인정과 지원을 얻기 위해서는 독립을 선언해야 한다.

페인의『상식』은 대단한 매력을 지니고 있었다. 1776년 1월 초에 출간되었을 때부터 7월 초에 독립이 선언될 때까지 6개월 동안, 적어도 10만 부가 팔려 나갔다. 당시 인구가 대략 250만 명이었으니 25명 가운데 1명이 사서 읽은 셈이다. 오늘날 미국에서 간행되었다면 1,200만 부가 팔리는 초대형 베스트셀러가 되었을 것이다. 게다가 해적판이 나돌았고 여러 신문이나 잡지에 전부, 또는 일부가 전재되었으니, 얼마나 많은 사람들이 그 책을 읽었는지 가늠하기도 어렵다. 당대의 독서 습관이 혼자서 조용히 읽는 것이 아니라 여럿이 모인 자리에서 한 사람이 소리 내어 읽는 것이었다는 사실을 고려하면, 『상식』은 북미대륙 전역을 휩쓸었다고 해도 과언이 아닐 듯하다. 심지어 대륙군 병사들도 조지 워싱턴의 지시에 따라 동료의 낭독으로 페인의 책자를 접했다.[26] 더욱이, 그것은 독자의 이성적 판단에 못지않게 열렬한 감정에 호소하는 글이었다. 거기에 들어 있는 간명하고 직설적이며 신랄한 표현은 페인의 개인적 취향뿐 아니라 당대에 진행되던 지적 변화도 반영했다. 근대 유럽에서는 인간이 지닌 정신적 능력 가운데서 이성이 중시됨에 따라 감성이 그에 장애를 일으키는 요인으로 폄하되었지만, 점차 사랑과 미움, 분노와 공포, 물욕과 정욕 등, 온갖 정념情念이 인간 본연의 자질로 간주되었다. 특히, 18세기 중엽에는 그런 정념을 비롯한 감성이 군사적 용기나 애국심처럼 인간을 행동에 나서게 만드는 동인으로 평가되기도 했다. 그것도 빈부나 귀천, 또는 남녀를 가리지 않는 평등하고 강력한 동인으로 평가되기도 했다. 이런 사조 속에서 페인의 『상식』은 넓고 깊은 호소력을 지녔던 것으로 보인다.[27]

따라서 대륙회의에서도 분위기가 바뀌었다. 5월까지는 뉴욕, 메릴랜드, 펜실베이니아 등, 중부 식민지만 제외하고, 모든 식민지가 독립 선언에 찬성

26 Thomas Paine, *Common Sense* (1776; Mineola, NY: Dover, 1997); Eric Foner, *Tom Paine and Revolutionary America* (New York: Oxford Univ. Pr., 1976).

27 Albert O. Hirschman, *The Passions and the Interests: Political Arguments for Capitalism before Its Triumph* (1977; Princeton, NJ: Princeton Univ. Pr., 2013); Lynn Hunt, *Inventing Human Rights: A History* (New York: Norton, 2007); Nicole Eustace, *Passion Is the Gale: Emotion, Power, and the Coming of the American Revolution* (Chapel Hill: Univ. of North Carolina Pr., 2008).

했다. 6월 초에는 드디어 버지니아가 움직였다. 이 식민지는 인구와 재력, 그리고 역사에서 가장 앞서 있었고, 그래서 뉴잉글랜드의 매서추세츠와 마찬가지로 남부를 이끄는 지도적 위상을 차지했다. 거기서는 애국파가 심각한 갈등을 겪고 있었다. 애국파는 인지법에서 차법까지 이르는 영국의 과세 조치로 인해, 항해법 때문에 입었던 피해—특히, 담배를 유럽 여러 나라로 직접 수출하지 못하고 영국 상인을 통해 간접적으로 수출하면서 입었던 손해—위에 새로운 부담이 가중된다는 데 대해 공통적으로 불만을 품고 있었다. 그렇지만 애국파 가운데서도 온건파는 기존 질서를 유지하면서 영국과 식민지 사이의 갈등을 해결하고자 했다. 온건파에서 다수를 차지하던 농장주들은 노예들을 통제하는 데 관심을 기울였다. 노예들이 영국과 식민지 사이의 분쟁을 틈타 자유를 얻을 기회를 노리고 있었기 때문이다. 반면에 급진파는 조세와 채무에 시달리던 소농을 중심으로 영국과 완전히 결별함으로써 새로운 과세 조치는 물론이요 오랜 항해법의 제약에서도 벗어나고자 했다. 그들 가운데서도 내륙에서 살고 있었던 소농은 원주민이 영국의 지원을 받으며 습격하지 않을까 하는 두려움까지 갖고 있었다. 따라서 급진파를 대표하던 패트릭 헨리는 이미 1775년 3월부터 "자유가 아니면 죽음을 달라"고 외치며 독립을 주장했다. 그래도 온건파는 오히려 그를 견제하면서 신중한 자세를 유지했다. 그러나 그 해 11월 버지니아 총독 던모어Dunmore 경이 계엄령을 선포하면서 애국파에 저항, 탈출하는 노예에게 해방을 약속하자 사태가 급변하기 시작했다. 그것은 원주민의 습격보다 노예의 봉기를 두려워하던 온건파를 충격에 빠뜨리는 조치였다. 노예들은 실제로 봉기를 일으키지 않았으나, 적어도 수백 명이 애국파의 농장에서 은밀히 빠져나와 근왕파와 영국군을 찾아갔다. 게다가 위에서 살펴본 것처럼 페인의 『상식』이 식민지의 여론을 바꿔 놓았다. 결국 1776년 6월, 온건파는 급진파의 끈질긴 주장에 동조하게 되었다.[28]

---

28 Woody Holton, *Forced Founders: Indians, Debtors, Slaves, & the Making of the American*

이제 대세가 결정되었다. 대륙회의는 버지니아 대표단의 제안을 놓고 토론한 끝에 독립 선언을 추진하기로 결정하고 문안을 기초하는 위원회를 설치했다. 위원회는 벤저민 프랭클린, 존 애덤스, 토머스 제퍼슨 등, 5인으로 구성되었고, 기본적인 내용과 구조를 논의한 다음에 초안 작성을 제퍼슨에게 위임했다.

토머스 제퍼슨은 대농장주이자 변호사로서, 또 정치인으로서 버지니아를 대표해 대륙회의에 참석하고 있었다. 나이가 33살이었으니 소장파에 속했지만, 초안 작업을 감당할 수 있을 만큼 박식한 인물이었다. 대농장주의 아들로 태어나 어린 시절에 라틴어, 그리스어, 프랑스어 등 다양한 언어를 익혔고, 16살에는 윌리엄 앤드 메리대학에 들어가서 철학, 수학, 과학, 법학 등 여러 분야에서 고전을 두루 읽었으며, 당시 유럽을 휩쓸던 계몽사상가들의 주요 저술도 놓치지 않았다. 그리고 버지니아의 헌법을 기초하는 작업에 참여하는 등, 독립선언문을 기초하는 데 도움이 되는 경험을 지녔다. 더욱이, 제퍼슨은 이미 여러 식민지에서 영국의 압제를 규탄하며 발표한 선언문이나 탄원서 같은 문서들을 참고 자료로 활용할 수 있었다. 덕분에 6월 말에 초안을 내놓을 수 있었고, 기초 위원회는 손질을 거쳐 문안을 만들었다. 그리고 7월 초, 대륙회의는 뉴욕 대표단의 기권에도 불구하고 12개 식민지 대표단의 찬성으로 독립을 선언하기로 결정한 다음에, 기초 위원회에서 작성한 문안을 줄이고 다듬어서 7월 4일자로 발표했다.

독립선언문은 크게 네 부분—서문, 전문, 본문, 발문—으로 나뉘어 있다. 서문에서는 미국이 독립을 선언한다는 것을 천명한다. 전문에서는 인간의 기본권을 중심으로 보편적 원칙을 설명하며 독립 선언의 이론적 근거를 제시한다. 이어서 국왕 조지 3세가 북미대륙 식민지에 폭정을 강제했다고 지적하며

Revolution in Virginia (Chapel Hill: Univ. of North Carolina Pr., 1999); Michael A. McDonnell, *The Politics of War: Race, Class, and Conflict in Revolutionary Virginia* (Chapel Hill: Univ. of North Carolina Pr., 2007), 1-244.

독립 선언의 경험적 근거를 제시한다. 분문에서는 동의 없는 과세와 배심원 없는 재판 등, 영국 정부가 취한 조치 스물일곱 가지를 하나씩 열거하며 그 폐단을 고발한다. 덧붙여서 그런 폐단에 대해 영국 국민에게 호소했는데도 반응이 없었다고 개탄한다. 끝으로 발문에서는 미국이 영국과 결별하고 새로운 주권국가를 수립한다고 선포한다.[29]

그런 구조 안에서, 독립선언문은 미국혁명의 사상적 기원을 보여 준다. 그 문안에서는 위에서 언급했던 영국의 보통법 전통과 급진주의, 그리고 고전 철학과 계몽사상의 영향이 뚜렷하게 나타난다. 간략한 서문은 독립 선언의 대의를 천명한다.

인류의 역사가 진행되는 과정에서 하나의 국민이 다른 국민과 맺었던 정치적 관계를 해체하고 자연과 그 신의 법률이 부여한 권리에 따라 세계의 여러 국가 가운데서 별개의 평등한 지위를 차지할 필요가 있을 때, 그 국민은 진정으로 세계 여론을 존중한다면 분리하지 않을 수 없게 된 이유를 선언하는 것이 마땅하다.

전문은 핵심적 내용을 담고 있는데, 인간의 기본권을 천명하는 부분과 이어서 그런 권리 가운데 혁명권에 대해 부연하는 부분으로 나뉜다.

우리가 자명하다고 여기는 진리가 있으니, 그것은 모든 사람은 본래 평등하다는 것, 사람은 조물주로부터 몇 가지 양도할 수 없는 권리를 부여받았다는 것, 그런 권리 가운데에는 생명과 자유, 그리고 행복의 추구가 있다는 것—

---

29 그런 구조는 기본적으로 영국에서 형성된 전통에서 유래한 것이다. 특히, 1689년 권리 선언은 독립선언문의 모델로서 중요한 의미를 지닌다. 이에 관해서는 다음 저술을 보라. Pauline Maier, *American Scripture: Making the Declaration of Independence* (New York: Vintage, 1998), 47–96.

정부는 이러한 권리를 확보하기 위해 사람들 사이에서 수립되고, 정부의 정당한 권력은 피치자의 동의에서 유래한다는 것—어떤 형태의 정부이든 이러한 목적을 저해한다면 국민은 그것을 변경하거나 폐지하고, 국민의 안전과 행복을 실현하는 데 가장 효과적인 것으로 보이는 원칙 위에 기초를 놓고 또 그러한 형태로 기구를 갖추어 새로운 정부를 수립하는 권리를 지닌다는 것이다. 진실로 지혜를 따른다면 오래전에 수립된 정부는 가볍고 일시적인 이유로 변경하지 말아야 하며, 또 숱한 경험에서 드러나듯이 악폐가 견딜 수 있는 것이라면 인간은 자신에게 익숙한 형태를 폐지하고 그 악폐를 바로잡기보다는 그것을 참고 견디는 경향을 보인다. 그러나 오랫동안 지속되는 학대와 강압이 변함없이 같은 목표를 추구하며 국민을 절대적 폭정에 종속시키려는 계획을 드러낼 때, 그런 정부를 타도하고 미래의 안전을 위해 새로운 방책을 세우는 것이 국민의 권리요 의무이다.[30]

전문 가운데서 첫째 문장 둘째 구절은 미국의 역사를 넘어 인류의 역사에서 중요한 의미를 지닌다. "모든 사람은 본래 평등하다"는 명제는 당시 미국에서 한정된 의미를 지니고 있었다. 거기서 "사람"은 백인, 그것도 남성에 국한되어 있었다. 더 좁혀 말한다면, 참정권을 누릴 수 있을 만큼 재산을 지닌 남성에 국한되어 있었다. 바꿔 말하자면, 거기서 "사람"은 시민을 가리켰다. 따라서 원주민은 물론이요 50만 명이나 되는 흑인 노예, 그리고 남성에게 종속되어 있던 1백만 명의 여성도 고려 대상이 아니었다. 그러나 19세기 중엽에 이르면, 흑인과 여성은 기본권을 확보하는 길고 어려운 투쟁에 들어서면서 저 유명한 문장을 확대 해석하기 시작했다. 그리고 그것은 다른 나라로 널리 확산되었다. 바꿔 말하면, 인류는 이들 문장에서 원래 의미를 넘어 폭넓

---

30 The Declaration of Independence, A Century of Lawmaking for a New Nation: U.S. Congressional Documents and Debates, 1774-1875, Library of Congress, http://memory.loc.gov/cgi-bin/ampage?collId=lljc&fileName (2015년 5월 14일 접속).

은 함의를 이끌어 내었다고 할 수 있다.[31]

그에 못지않게 유명한 넷째 구절에서 "생명과 자유, 그리고 행복의 추구"라는 문구는 널리 알려져 있듯이 제퍼슨의 작품이다. 그렇지만 이 문구의 기본적 형태는 이미 오래전에 갖추어져 있었다. "생명과 자유, 그리고 재산"은 17세기 말에 로크가 정부에 관해 논의하면서 사용한 이래, 북미대륙 식민지에서도 널리 쓰였다. 또 그는 다른 글에서 행복을 추구하는 것이 자유의 출발점이라고 하면서 "행복의 추구"가 사회적 공동선이라고 강조한 바 있었다.[32] 더욱이, "생명과 자유, 그리고 재산"이라는 문구는 혁명기 미국에서 변형된 형태로 사용되고 있었다. 예를 들면, 1776년 6월에 발표되어 제퍼슨의 참고 자료로 이용된 버지니아 권리 선언문Virginia Declaration of Rights 제1조에서는 이런 모습으로 나타났다. "모든 사람은 본래 평등하게 자유롭고 독립적인 존재이며 몇 가지 양도할 수 없는 권리를 지닌다. 그것은 사람들이 [자연 상태를 벗어나] 사회 상태에 들어갈 때 어떤 협약을 맺는다 해도 그 후손에게 주지 않거나 빼앗을 수 없는 것으로서, 생명과 자유를 향유하며 재산을 획득하고 소유하는 수단을 지니고 행복과 안전을 추구하고 확보하는 권리이다."[33] 그렇다면 제퍼슨의 작품은 창작이 아니라 수정이라 할 수 있다.

이 수정은 영국의 급진주의 전통에 뿌리를 두고 있으면서도 미국에서 대두하던 자유주의를 반영하고 있는 것으로 보인다. 무엇보다도, "자유주의의

---

31 Durand Echeverria, *Mirage in the West: A History of the French Image of American Society to 1815* (Princeton, NJ: Princeton Univ. Pr., 1957); David Armitage, *The Declaration of Independence: A Global History* (Cambridge, MA: Harvard Univ. Pr., 2007).

32 Carol V. Hamilton, "Why Did Jefferson Change 'Property' to the 'Pursuit of Happiness'?" History News Network, George Washington University, http://historynewsnetwork.org/article/46460. (2015년 5월 14일 접속).

33 The Virginia Declaration of Rights, The Charters of Freedom: "A New World Is at Hand," National Archives, http://www.archives.gov/exhibits/charters/virginia_declaration_of_rights.html (2015년 5월 14일 접속).

아버지"라 불리는 로크에게 의지하며 행복을 추구하는 주체로서 개인의 권리와 자율성을 강조한다는 점에서 그렇다. 그런 수정 덕분에, "행복의 추구"는 생명 및 자유와 더불어 인간의 기본권으로 간주되기 시작했다. 그리고 그것은 재산보다 유연한 문구이기 때문에 폭넓은 해석의 여지를 품고 있었다. 예를 들면, 오늘날 그것은 동성 결혼을 뒷받침하는 근거로 등장할 만큼 넓은 뜻으로 해석되기도 한다. 이는 필자가 보기에 미국의 자유주의가 개인을 유난히 강조하는 방향으로 발전했다는 사실과 연관되어 있는 듯하다.

그래도 이 책의 주제가 미국 자본주의의 발전 과정이라는 점을 생각할 때, 그 기원이 재산이었다는 사실을 명심할 필요가 있다. 독립선언문에서 부각된 핵심적 가치가 생명 및 자유와 더불어 재산 내지 "행복의 추구"라는 것은 미국이 자본주의에 필요한 정치적 토대를 마련하는 과정에 들어섰다는 점을 의미한다. 제4장에서 논의한 바 있듯이, 자본주의는 필자의 개념에 따르면 "돈에 대한 사랑을 풀어주고 돈이 독립된 힘으로 움직일 수 있도록 길을 열어주는 것, 그래서 결국 이전과 다른 방식으로 힘을 조직하며 새로운 문명을 가져오는 것"이다. 따라서 그것은 "인신의 자유와 함께 재산과 계약에 대한 권리를 보장함으로써, [재산을 토대로 성립하는] 경제 권력을 정치권력에서, 그리고 그 외에 다른 권력에서 해방, 분립시킨다." 식민지 미국에서는 제3장에서 확인한 바 있듯이 그런 권리가 불안한 기반 위에 있었고, 그래서 제대로 보장되지 않았다. 그런 상황은 영국과 식민지 사이의 갈등에서, 특히 영국의 과세에 대한 식민지인들의 반응에서 드러나는 것처럼 18세기 중엽까지도 지속되었다. 이제 독립선언문에서 "생명과 자유, 그리고 행복의 추구"를 핵심적 가치로 설정함으로써, 미국은 비로소 자본주의의 정치적 토대를 구축하는 과정에 들어섰다고 할 수 있다.

그 과정에서 미국은 영국과 결별해야 했다. 전문의 두 번째 부분은 그 이론적 근거를 천명한다. 간단히 줄이면, 국민은 기본권을 누리기 위해 정부를 수립하며, 따라서 정부가 그런 목적에 기여하지 못할 때에는 그것을 폐지하고 새로운 정부를 수립할 권리도 지닌다는 것이다. 국왕의 실정을 고발하는 기다란 본문은 식민지가 영국과 결별하는 경험적 근거를 제시한다. 그것은 영국 국민의 무심한 태도를 개탄하는 부분까지 이어진다. 결론은 위에서 소개한 것처럼 미국이 영국과 결별한다고 선언한다.

4. 전쟁과 평화

영국과 결별하고 독립을 쟁취한다는 것은 18세기 세계에서 가장 강력한 제국과 대결해야 한다는 것을 뜻하는 어려운 과제였다. 더욱이, 미국은 국가로서 적절한 체제를 갖추지도 못한 상태에서 그 과제를 수행해야 하는 어려운 처지에 있었다.

대륙회의는 1776년 6월 독립 선언을 추진하기로 결정한 직후에, 헌법 제정도 추진하기로 하고 기초 위원회를 구성했다. 한 달 뒤, 기초 위원회는 초안을 내놓았고, 대륙회의는 그것을 놓고 토론을 시작했다. 토론은 끝없이 이어졌다. 무엇보다 중앙정부에 어떤 권력을 부여해야 할지, 의견이 분분했다. 그것은 기본적으로 개별 식민지가 각각 헌법을 제정하고 주권국가가 되었기 때문에 생기는 문제였다. 식민지들은 이제 지방province이라는 명칭을 버리고 국가state라는 명칭을 사용하고 있었다. 그 명칭은 오늘날에도 사용되지만 오늘날과 달리 주권국가를 가리켰으므로, 이 책에서는 오늘날의 주州와 구분해서 방邦으로 옮긴다. 문제의 본질은 이 방들이 중앙정부가 필요하다고 보면서도 주권을 내놓으려고 하지 않는다는 데 있었다.

초안은 결국 1년 뒤인 1777년 여름에야 마련되었다. 연합헌장Articles of Confederation이라 불리는 이 문안은 오늘날의 유럽연합과 비슷한 기구를 설치하는 방안을 담고 있었다. 그에 따르면

제1조. 본 연합의 국호는 미연합국United States of America으로 한다.

제2조. 각 방은 그 주권과 자유와 독립, 그리고 본 연합에 따라 연합국 정부에 명시적으로 위임되지 않는 모든 권력과 권한과 권리를 보유한다.

제3조. 모든 방은 이로써 각각 공동 방위, 자유 확보, 그리고 공동 복리 및 전체 복리를 위해 상호 우의를 맺고, 본 연합이나 그 일원이 종교, 주권, 교역, 또는 다른 어떤 이유에서든 위협이나 공격을 받을 경우에 대비해 상호 지원하기로 약속한다.[34]

그런 연합이었으므로, 새로운 기구는 제한된 권력을 지니고 있었다. 그것은 외국과 교섭하고 전쟁을 선포하며, 또 화폐를 주조하고 방간 분쟁을 심판하는 권한을 지니고 있었다. 그러나 군대를 설치하거나 세금을 부과하는 권한은 없었다. 그런 측면에서는 각 방이 제공하는 인력과 자금에 의존하는 수밖에 없었다. 새로운 기구는 결국 대륙회의와 같은 협의회였다.

그와 같은 협의회도 순조롭게 창립되지 않았다. 대륙회의는 문안을 검토한 다음에 비준을 위해 각 방으로 보냈다. 다른 한편으로는 미국을 상징하는 국기로 성조기를 제정하는 등, 독립과 함께 건국을 준비하는 데 박차를 가했다. 그러나 방의 이해관계에 따라 반응이 엇갈렸다. 매서추세츠와 버지니아처럼 인구가 많든, 아니면 로드아일랜드나 뉴저지와 마찬가지로 규모가 작든 간에, 모든 방은 의사를 결정하는 과정에서 각각 한 표밖에 행사하지 못했다. 그렇지만 모두 인구 비례에 따라 재정 부담금을 내야 했고, 따라서 인구가 많은 방들이 불만을 품었다. 흑인 노예가 많은 남부의 방들이 특히 그랬다. 부담금은 결국 인구 비례로 분담하되, 노예를 자유인의 5분의 3으로 계산해서 인구를 산정하고 그것을 토대로 분담하기로 타협했다. 서부 토지는

---

34 Articles of Confederation: March 1, 1781, Avalon Project, Yale Law School, http://avalon.law.yale.edu/18th_century/artconf.asp (2015년 5월 15일 접속).

더욱 어려운 문제였다. 매서추세츠와 버지니아는 칙허장에 입각해서 경계선을 서부로 무한히 연장하고자 했다. 게다가 메릴랜드는 서부 토지에 대해 주장하던 관할권을 포기하려고 하지 않았다. 심지어 뉴욕과 버지니아가 포기한 다음에도 미련을 버리지 못했다. 메릴랜드는 결국 1781년 2월에야 비준을 마쳤고, 연합헌장도 그때서야 비로소 법적 효력을 지니게 되었다.

그러나 대륙회의는 이미 연합헌장에 따라 움직이고 있었다. 국가의 운명이 걸린 독립 전쟁을 치르기 위해, 이미 1775년 5월부터 미국 정부로서 기능을 발휘했다. 당시 가장 긴급한 과제는 전쟁 준비였다. 렉싱턴과 콩코드에서 전투가 벌어진 뒤에, 매서추세츠 민병대는 영국군 4,000명이 주둔하고 있던 보스턴을 에워싸고 본격적인 대결 태세를 취했다. 거기서 이른바 벙커힐 전투가 시작되던 6월, 대륙회의는 식민지 민병대로 대륙군Continental Army을 구성하고 워싱턴을 사령관에 임명했다.

그가 적임자라는 데에는 이견이 없었다. 워싱턴은 1732년 버지니아의 유복한 농장주 가정에서 태어났다. 그의 아버지는 대농장주라고 할 수는 없으나, 아들들을 영국으로 보내 학교에 다니게 할 정도로 경제적 여유를 지니고 있었다. 그러나 그는 열한 살에 아버지를 여의는 바람에 그런 기회를 누리지 못했다. 고향에서 중등학교 수준의 교육을 받았을 뿐이다. 그 대신, 군대에 깊은 관심을 갖고 있었다. 장대한 체구에 강인한 체력과 용맹스러운 정신을 지니고 있었던 만큼, 자신이 군대 생활에 맞는 적성을 지니고 있다고 생각했다. 아버지를 대신하던 형이 버지니아의 유력자들과 깊은 관계를 맺고 있던 덕분에, 워싱턴은 스무 살이 되기도 전에 선망의 대상이었던 측량 기사로, 또 민병대 장교로 활동하기 시작했다. 또 그런 연유로 앞에서 언급한 것처럼 이미 1754년에 오하이오강의 발원지까지 가서 전투를 벌이기도 했다. 그리고 다음 해에는 버지니아 연대라는 북미대륙 식민지 최초의 정규군 사령관에 임명되었고, 강도 높은 규율과 훈련을 통해 버지니아 연대를 정예부대로 키웠다. 그리고 서부의 원주민을 대상으로 여러 차례 전투를 벌인 끝에 변경 지대의 안전을 확보함으로써 사령관으로서 명성을 얻을 수 있었다.

워싱턴은 군인으로서 출세하려는 야심을 품고 있었다. 그렇지만 거기에는 대단한 인내심과 자제력이 필요하다고 생각했다. 그래서 자신이 다른 사람들보다 우월한 능력을 갖추고 있다고 믿었지만, 결코 교만한 태도를 보이지는 않았다. 오히려 아랫사람들을 잘 보살펴야 한다고 생각했고, 특히 보좌관을 비롯한 측근을 가족처럼 여겼다. 그런 관념 아래에는 자신을 봉건 영주의 후예로 여기는 남부 대농장주들의 심성이 깔려 있었다. 실제로 워싱턴은 1759년 버지니아에서 가장 부유하다고 소문난 미망인과 결혼함으로써 대농장주 대열에 합류했을 뿐 아니라 농장을 늘리기 위해 많은 노력을 기울였다. 특히 애팔래치아산맥을 넘어 서부 토지를 확보하기 위해 애썼다. 결혼에 대비해 마운트 버넌Mount Vernon으로 알려져 있는 자신의 저택을 수리하면서, 원래 동쪽으로 나 있던 출입구를 없애고 서쪽으로 새로운 출입구를 만들어 놓으며 서부 토지에 대해 꿈을 키워 나갔다. 그래서 1763년 포고령에 대해 분노했고, 많은 사람들처럼 영국의 정책을 무시하고 점유권을 확보하려 했다. 거기서 유래한 반영 감정은 그가 독립 전쟁에서 선봉에 나서는 중요한 이유가 되었다. 그리고 그는 알렉산더대왕을 비롯한 전설적인 영웅을 흠모하며 빛나는 무공을 세우고자 했다.

그러나 워싱턴은 자신의 열망을 실현시키는 데 대륙군이 적합하지 않다고 생각했다. 대륙군은 각 방에서 동원하는 민병대로 구성되어 있었고, 그 규모가 가장 클 때도 20,000명을 넘지 않았다. 그것도 제대로 훈련을 받은 적이 없는 군대였다. 병사들은 대부분 10대와 20대의 젊은이였고, 토지나 기술이 없어서 노동에 의지해 생계를 유지하는 빈곤한 처지에 있었다. 그리고 주인을 대신해 복무하는 계약 하인과, 전쟁이 끝난 뒤에 해방시켜 준다는 약속을 받고 참전한 흑인 노예들이 있었다. 그런 병사들은 훈련이나 규율에 얽매이지 않고 지내다가 짧은 복무 기간이 끝나면 어서 집으로 돌아가기를 기대하고 있었다. 그래도 많은 여성이 환자와 부상자를 돌보고 음식과 의복을 준비하며, 또 때로는 직접 전투에 참여하며 대륙군을 지원했다. 워싱턴이 내린 처방은 병사들을 위해 충분한 보급품을 확보하는 한편, 천연두 예방 접종을 실시하는 등, 전염병을 예방하는 것이었다. 그리고 그들에게 페인의 『상식』뿐 아니라 독립선언문도 읽히면서 사기를 북돋우는 것이었다. 그래도 워싱턴은 당장 5,000명에 지나지 않는 대륙군으로 영국의 정규군에 맞서 싸운다는 것이 얼마나 어려운 과제인지 알고 있었다. 고심 끝에 그가 내린 결론은 수비에 치중한다는 것이었다. 영국군을 맞아 싸워서 미국에서 몰아내는 것이 아니라 싸움을 피하면서 대륙군을 지키고, 또 그럼으로써 미국의 존재를 지킨다는 것이었다. 이는 개인의 야심과 어긋나지만 국가의 대의에 들어맞는 전략이었다.[35]

영국은 훈련이나 규율에서 훨씬 나은 군대를 동원했지만, 대륙군을 압도하고 영국의 권위를 확립해야 한다는 부담을 짊어져야 했다. 영국은 18세기 세계에서 가장 강력한 제국이었으나, 오랫동안 경쟁해 왔던 프랑스, 스페인, 네덜란드 등, 유럽 열강의 위협에도 대비해야 했기 때문에 북미대륙에 전력을 집중시킬 수 없었다. 더욱이, 평시에는 상비군을 유지하지 않는다는 오랜 전통 때문에 대규모 정규군을 동원할 수도 없었다. 따라서 북미대륙에 많을 때는 50,000명에 이르는 군대를 파견할 수 있었지만, 그 가운데서도 무려 30,000명을 독일인 용병으로 채웠다. 용병은 적잖은 정치적 부작용을 낳았다. 미국인들은 영국인과 마찬가지로 상비군에 대한 경계심과 함께 용병에 대한 혐오감을 갖고 있었다. 그들이 보기에 외국인 용병을 동원한다는 것은 동족 내부의 분쟁을 피도 눈물도 모르는 냉혹한 살육전으로 만든다는 것을 뜻했다. 따라서 독립에 대해 미온적인 태도를 취하던 대다수 식민지인들 가운데서도 영국을 외면하고 독립 전쟁에 가담하는 사람이 늘어나기 시작했다.

---

35 Joseph E. Ellis, *His Excellency: George Washington* (New York: Vintage, 2005), 3-109.

더욱이 많은 미국인들이 민간인으로서 평상복을 입고 있다가 전투가 벌어지면 애국파에 가담하며 독립 전쟁을 게릴라전으로 만들었고, 따라서 영국군은 적군을 쉽사리 분별하지 못하는 어려운 처지에서 싸우게 되었다. 사실, 영국군의 공격 목표는 분명하지 않았다. 애국파는 식민지 전역에 흩어져 있었고, 그들을 대표하는 대륙회의도 느슨한 연합에 지나지 않았기 때문이다.

영국군의 전략은 따라서 저항의 거점을 장악하는 데 집중되었다. 1775년 4월에 전투가 시작된 이래, 영국군은 주둔지 보스턴을 점령하고 매서추세츠를 제압하려 했다. 그리고 영국에서 4,500명 가량의 병사들을 이끌고 보스턴에 도착한 윌리엄 하우William Howe 장군 덕분에 전력을 크게 증강할 수 있었다. 반면에 매서추세츠 민병대는 애국파의 도움을 받으며 보스턴을 포위하기 시작했다. 그리고 6월 중순에는 보스턴 외곽의 벙커힐에서 본격적인 공방전을 벌였다. 민병대는 패배했으나, 영국군에 200명 이상이 사망하고 800명 이상이 부상하는 큰 타격을 입혔다. 7월에 워싱턴이 대륙군 사령관으로 부임했을 때, 전투는 교착 상태에 빠져 있었다. 워싱턴은 무엇보다 탄약을 확보하기 위해 많은 노력을 기울였다. 대륙회의는 프랑스로부터 원조를 받아 워싱턴에게 보냈고, 애국파는 대포를 비롯해 뉴잉글랜드의 영국군 요새에서 탈취한 무기를 보태기도 했다. 결국 1776년 3월, 워싱턴은 보스턴이 내려다보이는 언덕에 대포를 설치하고 전투 준비에 들어갔다. 그러자 하우 장군은 영국군이 취약한 입지에 놓이게 되었다는 것을 깨닫고 조용히 보스턴 항구를 벗어나 캐나다로 물러났다.

그다음으로 중요한 거점은 뉴욕시였다. 이 도시는 중부 지역은 물론이요 뉴잉글랜드에도 접근할 수 있는 통로였다. 워싱턴은 보스턴을 떠난 영국군이 뉴욕시를 공격할지도 모른다고 생각하고 대륙군 병력을 그리로 집결시키기 시작했다. 하우는 6월에야 캐나다를 떠나 뉴욕시로 가면서, 거기서 영국에서 오는 지원군과 합류하기로 했다. 7월 초에 뉴욕 항구에 도착한 하우의 병력은 독일인 용병 9,000명을 포함해 32,000명에 이르렀으나, 대륙군은

19,000명에 지나지 않았다. 그래도 워싱턴은 병력을 나누어, 맨해튼, 롱아일랜드 등, 몇 개 지역에서 진지를 지키게 했다. 이는 영국군이 상륙하는 지점을 알지 못해서 선택한 위험한 전술이었다. 8월, 양측은 브루클린에서 대규모 접전을 벌였고, 대륙군은 1,400명이 넘는 사상자를 내고 패배했다. 그리고 영국군이 대륙군을 포위하고 접근하자, 워싱턴은 밤을 틈타 후퇴했다. 얼마 뒤에 하우는 맨해튼을 점령했고, 워싱턴은 다시 교전 끝에 퇴각했다. 이번에도 하우는 퇴각하는 대륙군을 끝까지 추격하지는 않았다. 이 휘그파 장군은 북미대륙을 군사적으로 복속시키는 대신에 정치적 방법으로 제국에 복귀시키는 데 관심을 두고 있었다.

뉴욕시를 장악한 하우는 병력 가운데 일부를 로드아일랜드로 보내는 한편, 다른 일부를 뉴저지로 보내 워싱턴을 뒤쫓게 했다. 그리고 12월에는 퇴각을 거듭하던 워싱턴을 또다시 끝까지 추격하지 않고, 델라웨어강을 건너 펜실베이니아로 넘어가도록 내버려두었다. 이제 대륙군은 5,000명 정도로 줄어들었고, 그나마 3분의 1에 가까운 병사들이 몇 주 뒤에 복무 기간이 끝나서 집으로 돌아갈 날을 기다리고 있었다. 그래도 워싱턴은 크리스마스에 2,400명의 병사들을 이끌고 얼어붙은 델라웨어강을 넘어 독일인 용병 부대를 공격하고 1,000명을 나포하며 뉴저지의 트렌턴Trenton을 탈환하는 전과를 올릴 수 있었다. 더욱이 트렌턴을 다시 공격하는 영국군에게 패배를 안겨 주기까지 했다. 결국, 워싱턴은 얼마 남지 않은 병력을 거느리고 뉴저지에서 겨울을 지냈다. 그 시절에는 겨울이면 전투를 잠시 멈추는 것이 관습이었으므로, 대륙군은 영국군의 추격과 압박에서 벗어나 한숨을 돌릴 수 있었다.

그러나 다음 해에 대륙군은 더 큰 시련을 맞이했다. 1777년 6월, 영국군은 뉴잉글랜드를 고립시키는 작전에 돌입했다. 뉴욕에 있던 하우 장군은 대륙회의가 자리 잡고 있던 필라델피아를 점령한 다음에 북쪽으로 진격한다는 계획을 세웠다. 그러나 그는 가까운 육로를 택하지 않고 멀리 돌아가는 해로를 택했다. 그것은 그가 보기에 15,000명의 병력을 안전하게 이동시키고 필라델피아를 효과적으로 공략하는 데 적절한 경로였다. 그래서 영국군은 9월에야 대륙군과 전투를 벌였고, 승리를 거둔 다음에 필라델피아에 입성할 수 있었다. 그러나 워싱턴의 전략에 따라 대륙회의가 이미 다른 곳으로 사라진 다음이었고, 따라서 독립운동 지도부에 조금도 타격을 가할 수 없었다. 그것은 근본적으로 미국의 분권적 권력구조 때문에 빚어진 일이었다. 필라델피아는 분명히 펜실베이니아를 넘어 식민지 전체의 중심지였으나, 전국을 관할하는 정치적 권위가 집중되어 있고 그 아래에 행정기관도 설치되어 있는 정치 중심지가 아니었고, 따라서 지도부의 지휘에 따라 움직이며 독립운동을 실행하는 하부 기구도 없었다. 결국, 하우의 군대는 필라델피아를 점령하고도 독립운동에 의미 있는 타격을 가하지 못했다. 게다가 대륙군이 접전을 회피하는데도, 그것을 추격하지 않으며 시간을 보내고 있었다.

반면에 캐나다에 머물러 있던 8,000명의 병력은 존 버고인John Burgoyne 장군의 지휘 아래 이미 6월부터 뉴욕의 올버니를 향해 남진했다. 그러나 보급선이 길어짐에 따라 보급품 조달에 어려움을 겪었고, 또 민병대의 공격에 취약한 처지에 놓이게 되었다. 그 결과, 버고인의 병력은 올버니에서 그리 멀지 않은 새러토가Saratoga에 도착했을 때 이미 6,000명 정도로 줄어들었다. 거기에는 8,000명의 대륙군이 호레이쇼 게이츠Horatio Gates 장군의 지휘 아래 전투 준비를 끝낸 채 기다리고 있었다. 더욱이 전투가 시작되던 9월에 이르면, 그의 병력은 민병대의 합류 덕분에 11,000명으로 늘어나 있었다. 결국, 대륙군은 두 차례의 접전에서 승리를 거두었고 영국군의 항복을 받아내었다. 이를 계기로 영국이 승리할 수 있을까 하는 의문이 떠올랐고, 프랑스가 비공식적 지원에서 공식적 참전으로 방향을 바꾸기 시작했다. 이런 뜻에서 새러토가 전투는 독립 전쟁에서 하나의 분수령이 되었다.

실제로 전쟁의 양상과 전략에 중요한 변화가 일어났다. 프랑스는 1778년 2월 미국과 동맹을 맺고 무기와 탄약 이외에 병력을 보내기로 결정했다. 다음 해에는 프랑스의 동맹국이자 오랫동안 영국과 경쟁을 벌였던 스페인도 참전을 선언했고, 그다음 해에는 네덜란드도 참전했다. 그리고 이들 국가는 미국을 지원하는 이외에 카리브해에서 벵골만까지 여기저기서 해전을 벌이기 시작했다. 따라서 영국은 북미대륙 이외에 카리브해와 인도까지 지켜야 하는 부담을 안게 되었다. 그런 부담 때문에, 영국은 미국에 대해 모든 세금을 폐지하고 1763년 이전의 관계를 복원하자며 강화를 제안했다. 그러나 미국은 프랑스가 바라는 대로 영국이 미국의 독립을 인정하고 군대를 먼저 철수하지 않으면 협상에 응하지 않겠다고 거절했다. 이제 영국은 대륙군을 제압하는 대신에 거점을 점령하고 미국을 압박하는 전략을 선택했다. 그에 따라 사령관을 헨리 클린튼Henry Clinton으로 교체하고 병력을 뉴욕시에 집결시켜 프랑스 지원군에 대비했다. 그리고 뉴욕 외곽에 자리 잡은 워싱턴의 대륙군과 소규모 전투를 벌이는 한편, 해안선을 따라 뉴잉글랜드의 여러 지역을 습격함으로써 미국을 괴롭혔다. 게다가 미국에 남아 있던 근왕파와 애팔래치아산맥 너머에 있던 원주민에게 무기를 제공하며 변경 지대에서도 미국을 괴롭히도록 도왔다. 그에 따라 많은 미국인들이 집이나 목숨을 잃거나 식량을 빼앗기는 등, 폭력에 시달리는 피해를 입게 되었다.

영국군은 남부로 눈을 돌렸다. 남부는 근왕파가 많은 지역이어서 큰 어려움 없이 점령할 수 있을 것으로 보였고, 또 지리적으로 카리브해와 가까웠으므로 그 해역을 방어하는 데 도움이 될 것으로 보였기 때문이다. 클린튼 장군은 이미 1778년 12월 조지아의 서배너Suvannah를 장악한 데 이어, 1780년 3월에는 10,000명의 병력을 이끌고 남부에서 가장 큰 항구인 사우스캐롤라이나의 찰스턴Charleston을 공략했다. 그리고 대륙군과 민병대를 합쳐서 5,000명의 병력이 지키던 찰스턴을 포위한 다음, 접전을 벌이지 않고 포격을 가해 항복을 받아 내고 도시를 점령했다. 이제 영국군은 찰스 콘월리스Charles Cornwallis 장군의 지휘 아래 근왕파의 도움을 받으며 조지아와 사우스캐롤라이나를 장악했다. 얼마 남지 않은 대륙군은 노스캐롤라이나로 퇴각해 전열을 가다듬었으나, 추격하는 영국군에게 또다시 패배하고 북쪽으로 퇴각했다.

대륙군은 제대로 저항하지 못하는 상태에 빠졌다. 무엇보다도 보급품이 충분히 지원되지 않았기 때문이다. 방들은 복무 기간을 전쟁 초기의 1년에서 3년으로 연장하면서 병력이 자주 교체되는 것을 막았고, 또 인구 비례에 따라 병력을 동원하며 대륙군의 규모를 17,000명까지 늘렸다. 그러나 그들에게 보급품을 공급하는 데 필요한 자금의 염출에는 소극적인 태도를 취했다. 대륙회의는 채권을 발행해 현금을 마련하는 동시에 지폐를 남발했고, 결국에는 그것을 쓸모없게 만들었다. 워싱턴은 필요한 물품을 징발하며 버티었고, 1780－81년 겨울에는 대륙군을 소규모로 나누어 보급 부담을 줄이려 했다. 그 가운데서 2,400명에 이르는 펜실베이니아 부대의 병사들이 반란을 일으켰다. 다른 방들이 복무를 마치는 병사들에게 수백 달러—화폐 단위로서 달러는 식민지 미국에서 통용되던 유럽의 은화 탈러thaler에서 유래한 것으로, 1785년 연합회의에서 공식적으로 채택되었다—에서 1,000 달러까지 보상금을 지급했지만, 펜실베이니아는 보상금을 20 달러에 묶어 놓고 보급품도 제대로 주지 않았기 때문이다. 반란은 펜실베이니아 정부와 연합회의의 응급조치로 가라앉았고, 병사들은 영국군과 끝까지 싸우겠다고 약속했다.

워싱턴은 그런 위기 속에서 승기를 잡으려 했다. 콘월리스 장군은 퇴각하면서도 반격을 거듭하는 대륙군과 민병대를 섬멸하기 위해 버지니아까지 진격했고, 결국 찰스턴에서 무려 760 km나 떨어져 있는 요크타운Yorktown에 병력을 주둔시키고 전열을 정비했다. 1781년 1월 워싱턴은 영국군의 북진을 막기 위해 프랑스 지원군을 요크타운으로 보내며 라파예트Lafayette 후작에게 지휘를 맡겼다. 이어서 봄에는 대륙군을 보내 연합군을 편성하고, 영국군을 요크타운에서 벗어나지 못하게 막았다. 그 해 여름, 프랑스 해군은 버지니아 해안을 장악하고 요크타운을 봉쇄했고, 체서피크만에서 영국 해군의 도전을 물리치고 요크타운 봉쇄를 늦추지 않았다. 9월, 워싱턴은 뉴욕에서 대결을 준비하는 척하며 클린턴의 영국군을 따돌리고 요크타운을 향해 남진했다.

그는 프랑스군 9,500명을 포함해 15,000명에 가까운 연합군으로 영국군을 포위했다. 10월, 콘월리스 장군은 영국군 7,000명이 규모에서 뚜렷한 열세에 있을 뿐 아니라 완전히 고립되어 있다는 것을 깨닫고 항복했다.

그것은 결정적 승리였다. 영국의 클린턴 장군은 아직도 뉴욕과 찰스턴, 그리고 서배나에 모두 30,000명에 이르는 병력을 거느리고 있었다. 그러나 바다에서 영국 해군은 함선과 대포, 그리고 병력 등, 전력에서 연합군에 비해 열세에 있었다. 실제로 프랑스와 스페인은 카리브해에서 영국의 세력을 밀어 내고 있었다. 이제 영국은 설탕과 노예를 중심으로 카리브해 무역에서 얻던 막대한 수입을 잃을지도 모르는 위기에 부딪혔다. 1782년 2월, 영국 의회는 강화를 결정했다.

평화에 이르는 길은 멀었다. 4월에 강화 협상이 시작되자, 영국은 프랑스를 견제하는 데 관심을 기울이며 미국이 프랑스에 종속되거나 프랑스와 밀착하지 않도록 노력했다. 프랑스는 미국과 협력하며 영국에 최대한 압력을 가해 많은 양보를 얻어내려 했다. 그러나 미국은 프랑스로부터 큰 도움을 받는데도 프랑스를 신뢰하지 않았고, 영국으로부터 독립을 인정받는 동시에 될 수 있는 대로 넓은 영토를 확보하기 위해 노력했다. 미국의 대표는 벤저민 프랭클린과 존 애덤스, 그리고 나중에 초대 대법원장이 되는 존 제이John Jay, 세 사람이었는데, 이들은 모두 친영파였고, 따라서 대영 협상에서 프랑스와 협력하지 않았다. 그들은 북미대륙의 영국 영토를 모두 확보하고자 했다. 대서양에서 애팔래치아산맥을 넘어 미시시피강까지, 또 노바스코샤에서 퀘벡을 거쳐 플로리다까지 요구했다. 영국은 캐나다와 플로리다를 따로 떼어 놓고 애팔래치아산맥에서 미시시피강까지 광대한 영토를 미국에 양보했다. 또 캐나다 수역의 어업권도 허용했다. 그 대신 미국은 영국 상인들의 채권과 근왕파의 생명과 재산을 보장하기로 약속했다.

결국 1783년 9월, 영국은 미국과 파리 조약을, 그리고 프랑스, 스페인, 네덜란드와 베르사이유 조약을 체결했다. 미국은 독립을 얻었을 뿐 아니라 기존 영토만큼이나 넓은 서부 영토도 얻었다. 프랑스는 영국에 대해 복수할 수 있었지만, 잃었던 영토를 다시 찾지 못한 데다가 막대한 부채까지 짊어졌다. 그로 인한 재정 위기는 몇 년 뒤에 다가오는 프랑스혁명의 도화선이 된다. 스페인은 플로리다를 다시 찾았는데, 거기서 뚜렷한 수익을 얻지 못하자 나중에 미국에 도로 넘긴다. 이런 뜻에서 미국의 독립 전쟁은 유럽 열강들 사이에 진행되던 경쟁의 연장이었고, 또 그 경쟁의 휴지(休止)와 함께 종결되었다.[36]

미국혁명은 분명히 커다란 변화를 수반했다. 미국은 전쟁을 치르며 식민지에서 독립국가로 변모하는 동시에 군주정을 폐지하고 공화정으로 이행하기 시작했다. 이는 분명히 정치혁명이라는 용어에 어울리는 근본적이고 급격한 변화이다. 해나 아렌트가 지적한 것처럼, 그것은 사회적 갈등에 따라 전개 과정이 좌우되는 사회혁명과 종류가 다른 변화이다. 그렇다고 해서 미국혁명의 기원이 헌정 질서와 정치체제에 관한 쟁점에 국한되어 있었던 것은 아니다. 그것은 근본적으로 영국의 제국주의적 통제에 대한 식민지인들의 반발이었다. 그렇지만 앞에서 살펴보았듯이 그들이 사용하던 정치적 어휘는 경제적 부담에 대한 불만과 함께 서부 토지에 대한 열망도 담고 있었다. 미국인들은 자신들이 바라는 대로 발전할 수 있는 자율적 위상을 추구했던 것이다. 그런 뜻에서 미국혁명의 경제적 기원도 말할 수 있을 것이다.[37]

미국혁명은 전쟁의 종결과 더불어 중대한 과제를 남겨 놓았다. 파리 조약은 혁명의 핵심적 가치인 "생명과 자유, 그리고 행복의 추구"를 실현하는 데 필요한 선행 조건에 지나지 않았다. 거기서 미국인들이 얻은 주권과 영토는 그런 조건이었을 뿐이다. 그들이 목숨을 걸고 지키던 가치를 어떻게 실현

---

36 Robert Middlekauff, *The Glorious Cause: The American Revolution, 1763-1789* (New York: Oxford Univ. Pr., 1982), 274-311, 333-495, 559-581.

37 Gary B. Nash, *The Urban Crucible: Social Change, Political Consciousness, and the Origins of the American Revolution* (Cambridge, MA: Harvard Univ. Pr., 1979), 309; Taylor, *American Revolutions,* 55-89.

할 것인가 하는 것은 아직 결정되지 않았다. 여러 방에서 독립을 선언하면서 제정한 헌법은 대개 임시방편으로 작성되었고, 또 매우 다양한 양상을 띠고 있었으며, 따라서 영속성과 일관성을 갖추지 못했다. 그것을 해결하는 것이 혁명에서 남은 과제였다. 또 그 과제에 관한 논쟁에서 아렌트가 주목하던 "사회문제"가 불거지기도 했다. 독립을 쟁취한 다음에는, 과연 어떤 정치체제를 수립할 것인가 하는 문제를 놓고 치열한 사회적 갈등이 있었기 때문이다. 바꿔 말하면, 미국 자본주의의 정치적 토대는 아직도 온전히 마련되지 않았다고 할 수 있다.

미국혁명은 다른 중대한 과제도 남겨 놓았다. 그것은 혁명의 핵심적 가치에 대한 해석과 연관되어 있었다. 혁명 지도자들은 독립선언문에서 "모든 사람은 본래 평등하다"고 주장하면서, 누구나 인간의 기본적 권리로서 "생명과 자유, 그리고 행복의 추구"에 대한 권리를 지닌다고 선언했다. 그러나 그들은 이 보편적 선언을 좁게 해석했다. 첫째, 그런 권리를 지니는 주체를 재산을 지닌 백인 남성으로 한정했다. 원주민은 말할 나위도 없고 흑인과 여성, 그리고 재산이 없는 빈민과 노동자도 그런 권리를 누릴 자격이 없는 존재로 취급했다. 그 가운데서도 흑인은 특히 열등한 존재로 간주되었다. 그렇기에 혁명의 지도자들은 영국에 대해 자유를 주장하면서도 흑인에 대해서는 예속을 강제한다는 점에서 위선자라는 비판을 듣고서도, 혁명의 성공을 위해 남부의 요구에 따라 노예제를 존속시키는 데 합의했다. 둘째, 혁명 지도자들은 독립선언문에서 기본권을 강조하면서도 그것을 국가와 공적 영역에 국한시켰다. 따라서 주권과 대의제, 그리고 국교를 비롯한 여러 주제를 거론하며 인간과 시민이 지니는 기본적 권리를 역설한 반면에, 가정이나 직장처럼 사적 영역으로 간주된 공간에서도 존재하는 불평등이나 억압과 착취에 관해서는 언급하지 않았다. 이는 흑인과 여성을 비롯한 소수집단에게 더욱 불리한 여건이 되었다. 따라서 이들 두 한계는 이후에 소수집단이 해결해야 하는 과제가 되었다. 그에 따라 벌어진 투쟁은 커다란 희생을 요구했지만, 결국 중요한 성과로 이어졌다. 이런 뜻에서 혁명이 남겨 놓은 과제는 이후에 미국이 발전하는 과정에서 주목할 만한 주제로 부각된다고 할 수 있다.

그런 과제가 남아 있었으나, 그래도 미국혁명은 미국을 넘어 서양의 역사에서 중요한 의의를 지닌다고 할 수 있다. 그것은 18세기 말에 서양을 휩쓴 거대한 혁명적 조류의 일환이었다. 이 조류는 미국의 역사학자 로버트 로스월 파머Robert Roswell Palmer에 따르면 유럽과 아메리카에서 전반적으로 전개되었는데, 그 본질은 군주와 함께 귀족이 지배하던 구체제가 해체되고 부르주아지는 물론이요 농민과 노동자를 비롯한 보통 사람들도 정치적 주체로 대두하는 "민주 혁명"democratic revolution이었다. 1760년부터 1800년까지 대략 40년 동안, 유럽은 동쪽으로 러시아와 오토만제국을 제외하고 모든 지역에서, 그러니까 스웨덴에서 폴란드와 합스부르크제국, 이탈리아와 에스파냐를 거쳐 영국과 아일랜드에 이르기까지 모든 지역에서, 나아가 유럽 열강이 지배하던 아메리카에서도, 구체제에 도전하는 혁명과 개혁의 조류에 휩쓸렸다. 구체제에서는 오랫동안 귀족이 군주를 보좌하는 지배계급으로서, 사실상 관직과 토지를 독점하며 정치권력과 함께 경제 권력을 장악하고 영화를 누렸다. 그렇지만 부르주아지 가운데서 무역계나 금융계, 또는 법조계에 종사하며 재산을 축적하고 경제 권력을 확대하던 일부 유력자들에게 관직이나 혼인을 통해 귀족 신분을 갖도록 허용하며 사회·경제적 변화에 적응하는 모습을 보이기도 했다. 다른 한편으로는 봉건적 권리를 내세우며 농민에 대한 억압과 착취를 강화하는 등, 퇴행적인 태도를 보였다. 특히 18세기 중엽부터 구체제가 재정 위기에서 벗어나지 못하는데도, 귀족은 면세 특권에 집착하면서 재정 위기를 타개하는 데 필요한 개혁에 협력하지 않았다.

구체제는 결국 근본적 변화를 맞이하게 되었다. 개혁의 실패에 따라 가중되던 부담은 부르주아지와 보통 사람들에게 전가되었다. 그에 대한 불만이 고조되었으나, 그들에게는 군주에게 부담의 경감을 요청하는 청원서를 제출하는 것 이외에는 적절한 방안이 없었다. 구체제는 그들에게 정치적 발언권을 부여하거나 정치과정에 참여하는 경로를 열어주지 않았기 때문이다. 그것은 바꿔 말하면 군주와 귀족이 지배하는 질서였고, 부르주아지와 보통 사람들은 거기서 배제되었다고 할 수 있다. 따라서 부르주아지는 그런 질서의 변경을 요구했다. 귀족이 그것을 거부하자, 농민과 노동자를 비롯한 보통 사람들은 봉기를 통해 봉건적 억압과 착취에서 벗어나는 동시에 정치적 발언권을 확보하고 정치과정에 참여하고자 했다. 그 결과, 구체제가 철폐되고 부르주아지는 물론이요 보통 사람들 가운데서도 일부가 참여하는 민주적 헌정 질서가 수립되었다. 이런 헌정 질서의 변화에서, 미국혁명은 프랑스혁명과 함께 가장 중요한 사건이 되었다. 그것은 영국이 유지하던 기존 체제에 큰 변화를 가져왔을 뿐 아니라 프랑스를 포함하는 유럽 세계에 혁명적 변화의 영감을 주기도 했기 때문이다.[38]

파머의 해석은 미국혁명의 의의를 밝혀주는 반면에 새로운 의문을 낳는다. 민주적 헌정 질서의 수립으로 귀결되는 혁명적 변화가 18세기 말에 서양 전역을 휩쓴 조류였다면, 그것이 서양에서만 일어난 이유는 어디에 있을까 하는 의문이 떠오른다. 예를 들어 아시아에서는 그런 변화가 일어나지 않았으니 말이다. 파머는 이런 의문을 다루지 않는다. 서양 바깥에 있는 세계에 대해서는 거의 언급하지도 않는다. 그러나 그것은 의미 있는 문제인 듯하다. 유럽 중심주의를 비판하는 근래의 연구 동향을 생각할 때 특히 그렇다. 아시아 가운데서도 중국은 그 시대에 유럽과 활발하게 교류하며 그에 못지않은 수준의 사회·경제적 발전을 누리고 있었으니 말이다. 이 문제는 필자의 좁은 식견을 크게 넘어서는 것이다. 그래도 그 해답을 근대화에서 찾아야 한다는 것은 분명하다. 민주적 헌정 질서의 수립은 정치적 근대화의 요체이기 때문이다. 그리고 정치적 근대화를 올바르게 이해하기 위해서는, 사회적, 문화적, 경제적 측

---

38 R. R. Palmer, *The Age of the Democratic Revolution*, 2 vols. (Princeton, NJ: Princeton Univ. Pr., 1959–64).

면의 근대화도 고려해야 한다. 나아가 유럽이 근대 초기에 다른 대륙으로 팽창하면서 유럽을 넘어 세계에 걸쳐 새로운 질서를 수립하는 과정까지 검토해야 한다. 이는 물론 이 책의 주제에서 크게 벗어나는 프로젝트이다.

그래도 간과할 수 없는 것은 그런 과정을 거친 사람들이 어떤 존재인가 하는 의문이다. 역사는 결국 사람들이 만들어 내는 과정, 그것도 앞선 세대로부터 물려받은 제도와 문화, 자연환경 등, 주어진 구조 속에서 만들어 내는 과정이니 말이다. 이런 측면에서 무엇보다 눈에 띄는 것은 근대 서양에서 인간이 역사의 주체로서 지니는 능동성에 대해서 확고한 신념이 형성되었다는 사실이다. 물론, 근대 서양인들 가운데 어느 누구도 서양의 발전 과정에 관해 뚜렷한 생각을 갖고 있지 않았다. 그러나 계몽사상에서 분명하게 나타나듯이, 그들은 자신들이 낡은 폐단에서 벗어나 더 나은 질서를 세울 수 있다고 믿었다. 그렇다면 그런 신념이 어디서 왔는가, 또 어떻게 해서 그들이 그런 신념을 지닌 존재가 되었는가 물어볼 필요가 있다.

문제를 그렇게 설정하면, 결국에는 인간관이라는 주제에 도달하게 된다. 사실, 미국혁명은 많은 한국인들에게 친숙하지 않은 근대적 인간관을 전제로 삼는다. 독립선언문에서 드러나듯이, 미국인들은 자신들이 인간으로서 기본적 권리를 갖고 있으며 정치적 권위의 원천으로서 스스로 정부를 수립하거나 폐지하는 능력을 지닌다고 생각했다. 그렇지만 그들이 어떻게 해서 그런 권리와 능력을 갖게 되었는지 언급하지 않는다. 그것은 이미 18세기 말 서양에 널리 퍼져 있던 신념이었기 때문이다. 그 신념은 필자가 다른 글에서 지적한 바 있듯이 서양에서도 근대 초기에 갑자기 등장한 것이 아니라 중세 말부터 오랜 기간에 걸쳐 서서히 발전했다. 여기서 인간은 물론 인류에 속하는 모든 인간이 아니라 정치적 발언권을 지니는 백인 남성으로 상정된다. 그래도 그런 존재가 중세 말부터 서양에서 서서히 대두했다는 사실은 이미 백여 년 전에 독일의 역사학자 오토 기이르케Otto Gierke가 밝힌 바 있다. 그에 따르면, 중세 말에 여러 군주가 교황의 권력에 도전하며 자신들의 입지를 옹호하는 과정에서 정치 이론에 중대한 변화가 일어났다. 무엇보다도, 지배의 정당성을 해명하는 근거가 종교적 권위 대신에 신민의 동의를 강조하는 방향으로 변형되었다.

　이런 뜻에서 이미 중세의 신조에서 개인은 누구도 침해할 수 없는 천부적 권리를 지닌다는 생각이 자리 잡았다. 그런 권리를 간명하게 정리하고 분류하는 일은 자연법 이론의 발전 과정 가운데 다음 단계에서 진행되었다. 그래도 원칙에 있어서 그런 권리의 존재를 인정하는 일은 이미 중세 법철학에서 일어났다고 할 수 있으니, 이는 거기서 자연법과 신정법神定法 divine law의 최고 격률이 절대적이고 객관적인 정당성을 얻었기 때문이다. 더욱이, 중세의 신조를 가볍게 훑어보기만 해도 드러나는 것은 개인이 절대적이고 영속적인 가치를 지닌다는 관념, 기독교에서 제시되고 게르만 정신에서 포착되어 심오한 수준으로 발전한 이 관념, 이것이 중세의 신조를 관류하며 고대의 이론과 뚜렷한 차이를 보인다는 점이다. 그에 따르면, 개인은 누구나 자신이 지니는 영원한 의미 덕분에 심지어 지엄한 권력자와 맺는 관계에서도 본질적으로 적잖은 존엄성과 영속성을 지니는 존재이고, 가장 조그마한 부분도 어떤 전체의 일부로서는 물론이요 그 자체로서도 가치를 지니는 존재이며, 또 모든 사람은 공동체에서 결코 단순한 도구가 아니라 하나의 목적으로 간주되어야 한다는 것이다. 이 모든 관념은 [중세의 신조에서] 어렴풋이 등장하는 데 그치지 않고 다소 뚜렷하게 표현된다.[39]

　물론 이 견해를 전적으로 받아들이기는 어렵다. 무엇보다도 기이르케는 위의 인용문에서 드러나듯이 "게르만 정신"에 주목하는데, 이 민족주의적

---

[39] Otto Gierke, *Political Theories of the Middle Age*, trans. Frederic William Maitland (1900; Boston: Beacon, 1958), 81-82. 배영수, 「미국 헌정질서의 기원에 대한 재검토」, 『역사학보』 237 (2018), 151-187, 180-181에서 재인용.

해석은 근거가 충분한지 의심스러운 대목이다. 더욱이 그런 대목은 나중에 나치의 대두에 기여했고, 그래서 기이르케는 오랫동안 외면당했다. 그렇지만 그것을 배제한다면 그의 견해는 상당한 설득력을 지니는 것으로 보인다. 이는 20세기 말부터 오늘날까지 이어지는 후속 연구에서 분명하게 나타난다.[40]

그처럼 인간이 정부를 수립하고 폐지하는 등, 정치적 권리와 능력을 지닌 존재로 등장하는 과정은 중세 말부터 근대 초까지 수 세기에 걸쳐 서서히 전개되는데, 그 기원은 기이르케가 지적하듯이 고대 로마법을 거쳐 기독교 경전까지 뻗쳐 있다. 그렇지만 그것이 중세 유럽에서 사실상 잊혔다는 점을 기억할 필요가 있다. 전사가 사제와 함께 지배하던 세상에서는, 대다수의 사람들이 무엇보다도 지배자들이 가하는 억압과 착취의 대상이요 자신들의 생존을 위해 집단적으로 노력하는 공동체의 일원으로 간주되었다. 그러나 중세 말부터 권력구조에 변화가 일어나기 시작하면서, 인간에 대한 인식도 중요한 변화를 겪기 시작했다. 주권재민과 사회계약이라는 관념은 천부인권이라는 개념과 함께 발전했고, 그에 따라 사람들은 공동체의 일원을 넘어 개별적 존재로서 누구나 존엄성을 지닌다는 신조가 부각되었다. 이제 인간은 자신의 주인으로서 다른 사람이 가하는 구속이나 통제에서 벗어나 자신의 뜻대로 생각하고 행동하며 그 결과에 대해 스스로 책임을 지는 자율적 존재라는 것이다. 이는 근래의 연구에서 "자아" 내지 "개인"의 발견이라는 화두로 집약된다.[41]

---

40 Quentin Skinner, *The Foundations of Modern Political Thought*, 2 vols. (Cambridge: Cambridge Univ. Pr., 1978); Brian Tierney, *Religion, Law, and the Growth of Constitutional Thought, 1150-1650* (Cambridge: Cambridge Univ. Pr., 1982); Edmund S. Morgan, *Inventing the People: The Rise of Popular Sovereignty in England and America* (New York: Norton, 1988); Daniel Lee, *Popular Sovereignty in Early Modern Constitutional Thought* (Oxford: Oxford Univ. Pr., 2016).

41 Charles Taylor, *Sources of the Self: The Making of the Modern Identity* (Cambridge: Cambridge Univ. Pr., 1989), 1-390; Dror Wahrman, *The Making of the Modern*

그처럼 개별적이고 자율적인 존재는, 바꿔 말해 근대적 인간은, 현실에서 극복하기 어려운 난관에 부딪혔다. 위에서 간략하게 소개한 데서 드러나듯이 이 존재에 관한 연구는 이론과 관념에 집중되어 있는데, 그 이유는 실제 내지 현실에 관한 탐구가 따로 필요하지 않다는 데서 찾을 수 있다. 왜냐하면 근대인이 실제 내지 현실에서 대두하는 과정은 곧 서양의 역사 전반에 걸쳐 있기 때문이다. 그가 서양의 정치에서 주체로 등장한 것은 파머가 강조한 "민주 혁명"의 시대에 일어난 일이다. 기이르케가 주목한 중세 말에서 시작한다면, 그 시대에 이르기까지 대략 500년의 세월이 걸렸다. 그 동안 유럽인들은 숱한 반란과 전쟁을 겪었고, 또 일일이 헤아리기 어려울 만큼 많은 논쟁과 타협을 거쳤다. 더욱이, 근대적 존재가 대두하는 과정은 필자가 보기에 18세기 말에 완료된 것이 아니라 아직도 계속되고 있다. 왜냐하면 그는 이후에 백인 남성을 넘어 흑인과 여성을 비롯한 여러 소수집단으로 확대되는 과정을 거쳤기 때문이다. 그리고 이 과정에서 미국은 개인의 자율성을 유난히 강조하는 개인주의 전통을 만들어내었는데, 이 전통은 미국의 자유주의에 뚜렷한 영향을 끼쳤다.[42] 따라서 미국에서 저 개별적이고 자율적인 존재가 걸어온 경로는 이 책에서 중요한 관심사로 취급될 것이다.

지금 여기서 중요한 것은 그 존재가 미국혁명에서 뚜렷한 모습을 지니고 나타났다는 사실이다. 그리고 여기에 매우 중대한 의미가 있다는 점이다. 앞

Self: Identity and Culture in Eighteenth-Century England (New Haven: Yale Univ. Pr., 2004); 리하르트 반 뒬멘, 『개인의 발견』, 최윤영 역 (현실문화연구, 2005). 다음 문헌에서는 대조적인 견해가 제시된다. 래리 시덴톱, 『개인의 탄생: 양심과 자유, 책임은 어떻게 발명되었는가?』, 정명진 역 (부글북스, 2016). 미국에 관해서는 다음 문헌을 참고하라. James E. Block, *A Nation of Agents: The American Path to a Modern Self and Society* (Cambridge, MA: Harvard Univ. Pr., 2002); Daniel Walker Howe, *Making the American Self: Jonathan Edwards to Abraham Lincoln* (Oxford: Oxford Univ. Pr., 2009).

42 John Lukacs, "The Triumph and Collapse of Liberalism," *Chronicle of Higher Education*, 10 Dec. 2004, B9–B10.

에서 살펴보았듯이, 그는 미국혁명에서 "생명과 자유, 그리고 행복의 추구"를 비롯한 기본적 권리를 지니는 시민으로 나타났다. 여기서 시민은 부르주아지가 아니라 국가의 구성원으로서 권리와 의무를 지니는 개별적이고 자율적인 존재를 가리킨다. 이 시민은 정치과정에 참여하며 발언권을 행사하는 데서 멈추지 않고, 정치적 속박이나 종교적 제재, 또는 신분제를 비롯한 사회적 제약에서 벗어나 재산과 계약에 관한 권리를 누리며 재산을 마음껏 모으고 또 그것을 마음대로 쓸 수 있는 여건을 만들었다. 바꿔 말하면, 그는 정치적 주체로서 자본주의의 정치적 토대를 구축하는 데 핵심적 역할을 담당했다. 이런 뜻에서 미국혁명은 시민의 탄생으로 귀결하면서 자본주의의 기본 전제를 수립하는 과정이었다. 그것은 미국에서 자본주의 문명이 발전하는 과정 가운데 첫 번째 국면이었다.

제6장

연방헌법

미국이 자본주의의 정치적 토대를 구축하는 과정은 결국 연방헌법을 제정하고 새로운 국가를 수립하는 데서 완결된다. 이 과정은 두말할 나위도 없이 미국혁명에서 시작된 것이다. 따라서 미국혁명과 연방헌법은 서로 이어져 있는 하나의 운동이라 할 수 있다.

이 간단한 명제 아래에는 백 년 넘게 지속된 오랜 논쟁이 깔려 있다. 20세기 초 미국에서 일부 역사학자들은 혁명과 헌법을 서로 다른, 아니 서로 맞부딪히는 두 개의 운동으로 보는 해석을 제기했다. 그들은 진보 학파, 즉 역사가 진보한다고 보고 그 동력을 사회적 갈등에서 찾던 학자들이었다. 그들 가운데서 칼 베커Carl L. Becker는 혁명기 뉴욕의 정당정치에 관한 연구에서 미국혁명이 식민지의 자치에 관한 분쟁인 동시에 "국내에서는 누가 지배할 것인가"에 관한 갈등이라고 규정했다. 그리고 찰스 비어드Charles A. Beard는 헌법이 일부 자산가들의 경제적 이해관계를 보호하는 문서였다고 주장했다. 상업, 금융업, 해운업, 제조업 등에 종사하는 자산가들이 혁명기에 대두한 민주주의의 동력을 저지하고 자신들의 경제적 이해관계를 보호하기 위해 헌법을 제정했다고 부연했다. 따라서 그것은 역사의 진보를 거스르는 반동적 성격을 띤다고 해석했다. 이런 견해는 그로부터 반세기가 흐른 뒤에 신좌파 역사학자들에게 계승되었고, 오늘날에도 상당한 영향을 끼치고 있다.[1]

그러나 20세기 중엽에는 다른 해석이 대두했다. 제2차 세계대전을 전후해 대두한 합의 학파는 갈등이 아니라 합의가 미국사를 움직이는 중요한 동력이라고 주장하며 비어드의 연구를 비판했다. 특히 포레스트 맥도널드 Forrest McDonald는 비어드의 방법론을 면밀하게 검토하고, 그것이 자의적 개념으로 구성되었을 뿐 아니라 적절하게 적용되지도 않았다고 지적했다. 더욱이 그의 방법론을 올바르게 적용하면, 헌법의 제정을 추진한 사람들이 경제적 이해관계에 따라 움직이지 않았다는 사실이 드러난다고 주장했다. 보수적 학자들은 나아가 헌법도 혁명과 마찬가지로 미국인 가운데 다수가 합의를 통해 만들어 낸 것이며, 혁명을 이어받아 미국의 민주정치에 토대를 놓은 문서라 규정했다. 이런 해석은 오늘날 미국 역사학계에서 널리 받아들여진다.[2]

오늘날에는 적잖은 학자들이 그처럼 상반되는 해석에 각각 일리가 있다고 보고 양자를 모두 받아들인다. 근래에 혁명사 연구를 선도해 온 고든 우드 Gordon S. Wood는 자신의 대표적 저술 『미국 공화정의 탄생』에서 미국혁명과 연방헌법 사이에 단절과 연속이 공존한다고 주장한다. 그에 따르면 "본질

---

1 Carl Lotus Becker, *The History of Political Parties in the Province of New York, 1760–1776* (Madison: Univ. of Wisconsin, 1909), 22; Charles A. Beard, *An Economic Interpretation of the Constitution of the United States* (1913; New York: Macmillan, 1935); Merrill Jensen, *The New Nation: A History of the United States during the Confederation, 1781–1789* (1950; Boston: Northeastern Univ. Pr., 1981).

2 Robert E. Brown, *Charles Beard and the Constitution: A Critical Analysis of An Economic Interpretation of the Constitution* (1956; New York: Norton, 1965); Forrest McDonald, *We the People: The Economic Origins of the Constitution* (Chicago: Univ. of Chicago Pr., 1958).

에 있어서 헌법은 귀족적 정치 세력이 민주주의를 지향하는 그 시대의 경향을 저지하기 위해 고안한 문서이다." 그렇지만 그 세력은 반대파와 민중을 설득하기 위해 미국혁명에서 부각된 주권재민과 권력분립 등, 민주정치의 기본 원칙을 강조하지 않을 수 없었다. 그 결과, 정치를 귀족의 전유물로 보던 전통적 관념이 쇠퇴했다. 이제 정치는 모든 시민이 개인의 이익을 추구하며 사회적 동의를 구축하는 공간으로 변모했다. 바꿔 말하면, 헌법은 혁명에서 대두한 원칙을 현실에서 실현하면서 "미국의 정치에서 실재하는 사회적 적대 관계를 누그러뜨리고 때로는 흐리게 만들어 놓는 저 포괄적인 자유주의 전통의 탄생"에 기여했다는 것이다. 따라서 우드는 헌법을 혁명의 귀결로 취급한다.[3]

그러나 우드의 해석은 그 극적 요소에 상응하는 극적 변화를 겪었다. 오늘날 많은 역사학자들은 우드와 마찬가지로 혁명과 헌법을 하나의 이어지는 흐름으로 여기지만, 헌법의 제정을 계기로 자유주의적 정치관이 대두했다는 그의 견해는 받아들이지 않는다. 물론, 우드를 비롯해 공화주의의 쇠퇴와 자유주의의 대두를 주장하는 학자들은 한때 상당한 영향력을 지닌 적이 있었다. 그러나 다른 학자들은 그 명제와 맞아떨어지지 않는 증거에 주의를 환기했고, 그들의 연구 성과가 축적됨에 따라 공화주의가 19세기 미국에서 끈질긴 생명력을 갖고 있었던 반면에 자유주의가 서서히 확산되었다는 사실을 부인할 수 없게 되었다. 결국 1998년에 다시 간행된 『미국 공화정의 탄생』의 서문에서, 우드는 초판에서 자신이 관념과 문화가 너무 극적인 변화를 겪은 것으로 보았다고 인정하고 그런 견해를 철회한다고 고백했다. 더욱이 이즈음에 이르면 많은 학자들이 공화주의와 자유주의의 관계에서 관심을 돌려, 혁명과 건국의 시기에 다양한 이데올로기들이 서로 어떻게 얽혀 있었는가 하는

---

3 Gordon S. Wood, *The Creation of the American Republic, 1776–1787* (1969; New York: Norton, 1972), 513, 562.

의문에 주의를 기울이기 시작했다.[4]

여기서는 그런 동향에 따라 여러 사조가 어떻게 헌법에 투영되었는지 살펴보면서, 권력구조를 중심으로 관념과 제도가 어떻게 얽혀 있었는지 탐구한다. 헌법을 연구하는 역사학자들은 지난 반세기 동안에 관념과 문화에 커다란 관심을 기울였다. 그것도 주도적 인물들이 남겨 놓은 말과 글을 분석하는 데 주력했다. 그러나 우리는 관념이나 문화가 쉽사리 변하지 않으며, 변하는 경우에도 그 구성 요소가 모두 새로운 것으로 깔끔하게 바뀌지 않는다고 알고 있다. 더욱이, 관념이란 낡은 것이든 새로운 것이든 간에 반드시 행동과 일치하지는 않는다는 것도 알고 있다. 이런 이해에 비추어 볼 때, 이미 밝혀져 있는 여러 사조가 헌법이라는 제도에 어떻게 투영되었는지 따져 볼 필요가 있다. 이는 이 책의 관심사인 미국의 자본주의 문명을 깊이 있게 이해하는 데 필요하다. 그것은 특히 그 문명의 정치적 토대를 밝혀내는 데 필수적인 작업

---

4 Gordon S. Wood, *The Creation of the American Republic, 1776–1787*, new ed. (Chapel Hill: Univ. of North Carolina Pr., 1998), v–xiv; Daniel T. Rodgers, "Republicanism: The Career of a Concept," *Journal of American History* 79.1 (1992), 11–38; Alan Gibson, "Ancients, Moderns and Americans: The Republicanism– Liberalism Debate Revisited," *History of Political Thought* 21.2 (2000), 261–307.
　논쟁의 윤곽을 파악하기 위해서는, 이미 언급한 연구 이외에 다음에 소개하는 저술도 참고하라. Bernard Bailyn, *The Ideological Origins of the American Revolution* (Cambridge, MA: Harvard Univ. Pr., 1967); J. G. A. Pocock, *The Machiavellian Moment: Florentine Political Thought and the Atlantic Republican Tradition* (Princeton, NJ: Princeton Univ. Pr., 1975); Joyce Appleby, *Capitalism and a New Social Order: The Republican Vision of the 1790s* (New York: New York Univ. Pr., 1984); idem, *Liberalism and Republicanism in the Historical Imagination* (Cambridge, MA: Harvard Univ. Pr. 1992); Forrest McDonald, *Novus Ordo Seclorum: The Intellectual Origins of the Constitution* (Lawrence, KS: Univ. of Kansas Pr., 1985); Isaac Kramnick, *Republicanism and Bourgeois Radicalism: Political Ideology in Late Eighteen–Century England and America* (Ithaca: Cornell Univ. Pr., 1990); Lance Banning, *The Sacred Fire of Liberty: James Madison and the Founding of the Federal Republic* (Ithaca: Cornell Univ. Pr., 1995); Jack N. Rakove, *Original Meanings: Politics and Ideas in the Making of the Constitution* (New York: Knopf, 1996).

이다. 헌법이란 한마디로 줄이면 권력구조의 설계도이기 때문이다.

1. 남은 과제: 정치체제

독립 전쟁은 강화 협상이 시작되던 1782년 봄에 사실상 끝났지만, 그 여파는 넓고도 깊었다. 이미 살펴본 것처럼 미국혁명은 "사회문제"에서 출발하지 않았고, 그래서 봉건제의 철폐나 귀족의 몰락 같은 사회구조의 변화도 수반하지 않았다. 그래도 그것은 경제와 사회, 정치와 문화 등, 여러 방면에서 커다란 충격을 가져왔고, 미국인들 사이에서 높은 희망과 함께 깊은 좌절을 안겨주며 어려운 과제를 남겨 놓았다.

그 과제는 본질적으로 혁명의 소산이었다. 혁명은 기존 질서를 해체하는 급격한 변혁으로서, 그것을 경험하는 사람들의 의식에 충격적인 변화를 가져오며 또 그들의 사고와 행동을 새로운 패턴으로 끌고 간다. 그리고 결국에 가서는 새로운 질서를 수립하며 막을 내린다. 실제로, 혁명 지도자 가운데서 누구에게도 지지 않을 만큼 예리한 통찰력을 지녔던 존 애덤스는 나중에 혁명을 회고하면서 가장 중요한 변화가 사람들의 가슴과 마음에서 일어났다고 생각했다.

그러나 미국혁명은 어떤 의미를 갖고 있습니까? 독립 전쟁을 뜻합니까? 혁명은 전쟁이 시작되기 전부터 진행되고 있었습니다. 그것은 사람들의 마음과 가슴속에 있었습니다. 종교에 관한 생각, 의무와 책임에 관한 생각……에 변화가 일어났던 것입니다. 사람들이 지녔던 도의, 견해, 소감, 정서에 일어난 이 급격한 변화가 진정한 미국혁명이었습니다. [5]

---

5 1818년 존 애덤스가 헤저키어 나일즈에게 보낸 편지. 버나드 베일린, 『미국혁명의 이데

276

그런 변화는 애덤스의 말처럼 전쟁 이전에 시작되었지만 전쟁이 끝난 뒤에도 계속되었고, 군주에 대한 관념에서 여성과 노예제에 대한 인식까지 매우 폭넓게 진행되었다. 그렇지만 초점은 권위에 집중되어 있었다. 혁명과 전쟁은 독립선언문에서 드러나듯이 궁극적으로 국왕 조지 3세가 북미대륙 식민지에 대해 행사하던 권위를 거부하는 투쟁이었다. 그리고 그 권위가 신분제와 군주정에 토대를 두고 있었기에, 미국인들의 투쟁은 사회질서와 정치체제, 그리고 종교까지 뻗치게 되었다. 기존의 신분제와 군주정, 그리고 그것을 뒷받침하던 교회가 오랜 역사를 지니는 전통이었고 또 18세기 세계에서 보편적인 현상이었던 만큼, 거기서 벗어나는 것은 결코 쉬운 일이 아니었다.

교회는 미국혁명의 진전에 따라 위상의 변화를 겪게 되었고, 결국에는 국가와 분리되는 상태에 이르게 되었다. 북미대륙의 교회는 이미 서술한 바와 같이 식민지에 따라 상이한 위상을 지녔다. 버지니아에서는 영국교회가 국교로서 정부로부터 재정적 지원을 받았고, 매서추세츠에서는 회중교회가 그런 위상을 차지했으나, 펜실베이니아와 메릴랜드에서는 그와 같은 교회가 없었다. 그러나 혁명 지도자들이 영국의 압제에 대해 항의하며 "대표 없는 과세 없다"는 원칙을 강조하자, 소수파 교회들이 영국교회나 그와 유사한 위상을 차지하는 주류 교회에 대해 비판을 제기했다. 버지니아나 메서추세츠 같은 식민지에서는 정부가 주류 교회를 지원하기 위해 주민에게서 세금을 징수했는데, 침례교회를 비롯한 소수파 교회의 견지에서 볼 때 그것은 종교적 신념에 어긋나는 과세였다. 따라서 소수파 교회는 혁명 지도자들이 영국의 압제에 저항하면서도 자신들에게는 압제를 계속하고 있다고 비판했다. 침례교도와 함께 퀘이커 교도들도 수많은 선언문과 소책자를 통해 그런 견해를 전파했고, 1774년 10월에는 대륙회의에 참석하는 지도자들을 면담하고 호소하기도 했다. 그 결과, 1776년 6월 버지니아는 권리장전을 제정하면서 국교

올로기적 기원」, 배영수 역 (새물결, 1999), 197에서 재인용. 강조는 원문.

를 인정하지 않고 종교의 자유를 보장한다고 선언했고, 10년 뒤에는 입법을 통해 그것을 기본 원칙으로 확인했다. 그에 따라 영국교회는 본국으로부터 분리, 독립해 미국성공회Episcopal Church로 개편되었다. 다른 식민지들도 점차 그것을 뒤따랐고, 그에 따라 종교의 자유가 혁명의 결실로 자리 잡았다.[6] 이제 종교는 국가에서 분리되었고, 정치적 권위로부터 억압당하지 않는 자유로운 양심의 영역에서 핵심을 차지하게 되었다.

미국인들은 또한 신분제의 잔재를 청산하고자 했다. 이미 살펴보았듯이 북미대륙 식민지에는 귀족이 정착하지 못했고, 따라서 신분제도 성립하지 않았다. 그래도 영국의 신분제는 그림자를 길게 드리우고 있었고, 또 젠트리가 최상부를 차지하는 위계질서가 형성되어 있었다. 혁명은 이 위계질서를 무너뜨렸다. 애국파는 근왕파에 대해 살해나 방화 같은 테러를 저지르며 압박하기를 서슴지 않았고, 반면에 근왕파는 테러를 피해 숨어 버리지 않으면 영국군에 직접 가담하거나 물자를 제공하는 등, 다른 방법으로 지원하며 혁명을 저지하는 데 나섰다. 그러나 결국 영국군이 패퇴함에 따라, 이미 서술한 바와 같이 무려 6만 명이 넘는 근왕파가 영국군과 함께 식민지를 떠났다. 혁명기 미국의 전체 인구가 250만 내지 300만 명 내외였다는 사실에 비추어 보면, 이는 망명에 나섰던 사람들이 2 %를 넘는다는 것을 뜻한다. 이는 매우 높은 비율이다. 미국혁명보다 훨씬 과격한 양상을 띠었던 프랑스혁명의 경우에는 망명자가 15만 명이나 되지만, 당시 프랑스 인구가 3,000만 명이었다는 점을 감안하면 그 비율은 0.5 %에 지나지 않으니 말이다.[7] 또 프랑스의 경우

---

6 베일린, 『미국혁명의 이데올로기적 기원』, 287-313.

7 프랑스혁명 망명자에 관해서는 다음 자료를 참고하라. Friedemann Pestel, "French Revolution and Migration after 1789," Europe on the Road, European History Online, http://ieg-ego.eu/en/threads/europe-on-the-road/political-migration-exile/ friedemann-pestel-french-revolution-and-migration-after-1789 (2019년 2월 20일 접속).

와 달리, 미국의 망명자들 가운데에는 지배계급에 속하지 않는 장인과 하인이 적지 않았다. 그 외에 흑인 노예도 15,000명이나 있었다. 그래도 망명의 장도에서 앞장선 것은 젠트리였다. 따라서 혁명은 식민지 미국의 지배계급으로서 귀족처럼 거만하게 행세하던 사람들이 사라지는 결과를 가져왔다.

그 결과는 미국 자본주의의 발전에서 중요한 함의를 지닌다. 이 책에서 필자가 제안하듯이 자본주의를 일종의 권력구조로 간주한다면, 그것은 무엇보다도 정치적 권위와 경제 권력을 분립시킨다는 점에서 특징을 지닌다. 사회적 측면에서 볼 때, 이 특징은 그런 권력을 함께 장악하던 전통적 지배계급이 해체된 다음에, 그것들을 나누어 갖고서 따로 누리는, 그렇지만 실제로는 적잖이 서로 뒤얽혀 있는, 근대적 엘리트로 대체된다는 것을 의미한다. 이 과정에서 첫째 국면이 미국혁명에서 완결되었다고 할 수 있다. 식민지 미국을 지배하던 젠트리가 근왕파를 이끌고 미국을 떠났으니 말이다. 그와 관련해 주목할 만한 것은 그들이 혁명이 끝난 뒤에도 미국으로 돌아가지 않았다는 사실이다. 이는 프랑스혁명에 비추어 볼 때 뚜렷하게 나타난다. 프랑스에서는 귀족을 비롯한 망명자들이 전체 인구에 비하면 한줌에 지나지 않았으나, 혁명이 끝난 다음에 고국으로 되돌아갔고 재산과 관직을 되찾으려 애썼으며, 그래서 프랑스를 구체제로 되돌리고자 했다. 따라서 프랑스는 19세기 내내 이 보수 세력과 그에 저항하며 혁명을 밀고 나아가려는 진보 세력 사이에서 벌어지는 치열한 갈등에 시달렸다. 미국에서는 그런 갈등이 없었다. 두말할 나위도 없이 젠트리가 미국으로 돌아가지 않았기 때문이다. 프랑스와 달리, 그래서 미국에서는 정치적 권위와 경제 권력이 분립되는 과정에서 첫째 국면이 혁명을 통해 완결되었다고 할 수 있다. 그래도 젠트리가 완전히 사라졌다고 할 수는 없는데, 이에 관해서는 나중에 언급한다.

혁명과 전쟁은 또한 보통 사람들이 능동적 역할을 떠맡고 나아가 지도적 위상을 차지할 수 있는 기회를 제공했다. 혁명을 추진하던 다양한 기구들은 그들의 적극적 참여가 없으면 영국 상품을 통제하고 영국 관리를 제재하는 등, 영국에 대한 투쟁을 수행할 수 없었다. 더욱이, 전쟁을 수행하던 대륙군과 민병대는 그들이 나서지 않으면 아예 편성조차 할 수 없었다. 실제로 독립전쟁에 참여했던 사람들은 모두 20만 명에 이른다. 당시 미국 인구가 흑인 50만 명까지 포함해서 250만 내지 300만 명이었다는 사실에 비추어 보면, 이 숫자는 아동과 노인을 제외하면 백인 남성 가운데 다수가 참전했다는 것을 뜻한다. 그들이 참여했던 전투에서는 신분을 구분하고 격식을 따지는 것보다 승리와 생존을 위해 노력하는 것이 훨씬 중요한 일이었다. 전장에서는 승리와 생존에 기여한다면 누구나 영웅 대접을 받을 자격이 있었다. 따라서 신분을 구분하던 칭호에 변화가 일어났다. 무엇보다도, 영국의 관습에 따라 자유인 성인 남성을 부를 때 쓰이던 "젠틀먼"gentleman, "요먼"yeoman, 또는 "허즈번드먼"husbandman 같은 용어가 사라졌다. 그 대신, 그런 남성은 누구나 "젠틀먼"을 부를 때 쓰이던 경칭 "미스터"Mister 또는 "에스콰이어"Esquire이라 불렸다. 거기에 들어 있는 평등주의는 주인-하인 관계에도 영향을 끼쳤다. 이제 하인들은 주인을 가리키는 데 주인을 뜻하는 단어 "매스터"master를 쓰지 않고, 네덜란드어에서 "보스"boss라는 단어를 빌려 쓰기 시작했다. 이 낯선 단어도 마찬가지로 주인을 뜻했지만, 인신적 지배-예속 관계 대신에 직업상의 지휘-복종 관계를 가리키는 것으로 여겨졌기 때문이다. 따라서 혁명과 전쟁은 마치 음식을 조리하는 데 쓰이는 믹서처럼 자유인 남성을 뒤섞으며 신분제의 잔재마저 찾아보기 어렵게 만들었다고 할 수 있다.[8]

평등주의는 백인 남성의 사회생활에 국한되지 않고 다른 방면으로도 확산되었다. 그것은 먼저 백인 여성의 위상에 적잖은 영향을 끼쳤다. 여성 가운데서도 주부들은 전장으로 떠난 남편을 대신해 농사를 짓고 가게를 돌보며 혁명과 전쟁을 뒷받침했다. 그처럼 가사에서 능동적인 역할을 떠맡음에 따

---

8 Gordon S. Wood, *The Radicalism of the American Revolution* (New York: Knopf, 1992), 1-243.

라, 그들은 전통적 부부 관계—가장으로서 권위를 쥐고 있는 남편과 그에 순종하는 부인 사이의 관계—에서 벗어나기 시작했다. 그리고 존 애덤스와 그의 아내 애비게일Abigail이 주고받은 수많은 편지에서 드러나는 것처럼, 이제 부부가 서로 사랑하며 존중하는 근대적 동반 관계로 넘어가는 경향을 보였다. 그렇지만 그것은 부분적인 시작에 지나지 않았다. 부부 관계와 넓은 뜻에서 남녀 관계는 얼마 지나지 않아 전통적 모습으로 되돌아갔으니 말이다. 그 모습은 한마디로 줄이면 가부장제라 할 수 있다. 이 제도 아래서 남성은 가계의 수장으로서, 자녀는 물론이요 부인에 대해서도 절대적 권위를 지녔다. 반면에 여성은 미혼일 때는 물론이요 결혼한 뒤에도 재산을 지닐 수 없고 자신의 노동을 통해 벌어들인 소득도 자신의 것으로 만들 수 없었으므로, 가부장에게 종속되는 지위에 놓여 있었다. 이런 가부장제는 적어도 5천 년 전에 형성된 이래, 문명의 발전에 따라 적잖은 변화를 겪으면서도 면면한 전통을 유지하고 있었다. 그것이 미국혁명으로 조성된 특별한 상황에서 일시적으로 흔들렸다가 그런 상황이 사라진 다음에 제 모습을 되찾았다.[9] 그렇지만 미국혁명은 가부장제와 어울리지 않는 이념을 퍼뜨렸고, 그것은 19세기 중엽부터 미국 여성이 가부장제에 도전하는 데 도움을 주었다.

혁명과 전쟁은 노예제에 대한 인식에도 뚜렷한 영향을 끼쳤다. 애국파는 영국에 대해 자유를 요구하면서 스스로 흑인에 대해 예속을 강요하고 있다는 모순에 부딪힐 수밖에 없었다. 특히 독립선언문에서 천명된 인권은 논리상 인종을 가리지 않는 보편적 가치였기에, 퀘이커 교도를 비롯해 인간의 평등을 강조하는 여러 교파가 나서서 혁명 지도자들에게 노예제의 폐지를 요구했

---

9 Mary Beth Norton, *Liberty's Daughters: The Revolutionary Experience of American Women* (Boston: Little, Brown, 1980); Gerda Lerner, *The Creation of Patriarchy* (New York: Oxford Univ. Pr., 1986); Mary Murray, *The Law of the Father? Patriarchy in the Transition from Feudalism to Capitalism* (London: Routledge, 1995). 혁명기 여성의 일상생활에 관해서는 다음 문헌을 보라. 로렐 대처 울리히, 『산파 일기』, 윤길순 역 (동녘, 2008).

다. 더욱이 퀘이커 교도들이 일찍이 펜실베이니아에서 노예제 폐지 운동 단체를 결성하며 실천에 나서자, 북부의 혁명 지도자들이 노예제를 폐지하는 법률을 제정하는 데 착수했다. 북부에서는 농장주가 아니라 자영농이 사회체제의 주축을 이루고 있었고, 소규모 상점과 작업장이 늘어나고 있었으며, 따라서 노예의 존재가 경제에서 주변적 요소에 지나지 않았다. 게다가 북부의 노예들은 혁명 전쟁에 참가하고 노예제의 폐지를 청원하는 등, 자유를 얻기 위해 적극적으로 노력했다. 그 결과, 1777년 버몬트가 노예제를 폐지하는 데 앞장섰고, 펜실베이니아(1780), 뉴햄프셔(1783), 매서추세츠(1783), 코네티커트(1784), 로드아일랜드(1784)가 뒤따랐다. 그리고 나중에는 뉴욕(1799)과 뉴저지(1804)도 가담했다. 따라서 북부에서는 혁명기에 노예제의 폐지—비록 즉각적 철폐가 아니라 점진적 폐지라 해도, 분명히 노예제를 청산의 대상으로 규정하는 조치—가 대세로 자리 잡았다고 할 수 있다. 그러나 그런 흐름은 혁명에 가담한 남부의 노예 소유주들이 용납할 수 없는 것이었다. 그들은 차라리 혁명 대신 노예제를 지키는 데 관심을 기울였다. 따라서 노예제는 살아남았으나, 그것이 도덕적으로 용납하기 어려운 제도이며 궁극적으로 폐지되어야 한다는 인식이 미국인들의 의식 속에 자리 잡았다. 결국 혁명이 끝났을 때, 노예 소유주들은 버려야 할 것을 지켜야 하는 옹색한 처지에 놓이게 되었다.[10]

평등주의는 사회생활을 넘어 정치생활로 퍼지면서, 혁명으로 시작된 변화를 민주정치의 방향으로 끌고 갔다. 새로운 국가는 이미 모든 방에서 드러난 것처럼 공화국이 되었다. 그것은 고전 고대에 나타났다가 사라진 국가 체제였으나, 르네상스 시대에 이탈리아에서 다시 나타난 다음에 근대 유럽에 널리 알려졌다. 그렇게 해서 다시 활력을 얻은 "고전 공화주의"classical republicanism에 따르면, 공화국이란 본질적으로 시민의 자치, 즉 시민이 주권의 주체로서 스스로 통치하는 정치체제였다. 그것은 일인이 주권을 장악하

---

10 베일린, 『미국혁명의 이데올로기적 기원』, 271-286.

는 군주제와 다른 문제점을 안고 있었다. 즉, 다수가 정치에 참여하기 때문에 쉽사리 합의를 도출하지 못하고 이해관계에 따라 파벌을 만들며 결국에 가서는 내분을 일으킨다는 위험을 안고 있었다. 더욱이 외부의 침략이 있는 경우에는, 시민이 단일 권위 아래 단결해 대응하지 못하고 자칫하면 패배하게 된다는 위험도 안고 있었다. 그런 내우외환에 대비하는 방안은 모든 시민이 정치에 참여하는 정치체제를 만들고 또 그것을 원활하게 운영하는 데 필요한 미덕을 갖춘다는 것이었다. 바꿔 말하면 "혼합 정부"mixed government 내지 "균형 정체"balanced constitution를 수립하고, 막강한 권력을 가진 일인과 지혜를 지녔다고 하는 소수 이외에 평범하지만 건전한 다수도 함께 시민으로서 정치에 참여하는 체제를 갖춘다는 것이었다. 그 체제에서 시민은 무엇보다 공동체를 위해 자신의 이익을 양보할 줄 알고 사치와 부패에 빠지지 않도록 탐욕을 경계할 수 있어야 한다. 또 국가를 지키기 위해 스스로 무장을 갖추고 전쟁에 나설 수 있을 만큼 애국심을 지니고 있어야 한다. 나아가 자유인으로서 일정한 규모의 재산을 지니고 경제적 자립도 갖추어야 한다. 자신의 힘으로 생계를 꾸리고 무장을 할 수 있을 때야 비로소 건전한 판단력과 애국심을 지닐 수 있기 때문이다.[11]

그런 미덕을 갖춘 시민을 육성하는 것은 어려운 과제였다. 미국에는 비옥한 토지가 풍부하게 있었으니, 경제적 자립을 보장하는 것은 어렵지 않았다. 또 미국인들이 오래전부터 단순하고 소박한 생활을 해왔고 혁명기에는 애국심을 발휘했으니, 교육을 강화한다면 어렵지 않게 시민적 미덕을 유지할 수 있을 것으로 보였다. 그러나 미국인들이 공동체의 과제를 이해하고 자신의 이해관계를 떠나 국사를 처리할 수 있을 것인지에 대해서는, 많은 지도자들이 의구심을 품었다. 그들이 보기에 수많은 시민이 공동체의 과제를 올바르게 이해하지 못할 만큼 무지하고, 공공 업무를 제대로 수행하지 못할 만큼

---

11 Pocock, *Machiavellian Moment*.

개인의 이익에 얽매여 있었다. 더욱이 혁명기에 대두한 평등주의 때문에, 그런 사람들이 지혜와 양식을 갖춘 사람들을 더 이상 존중하지 않는 태도를 보였다. 실제로 혁명과 전쟁을 거치면서, 흑인 노예를 제외하고 대다수 성인 남성이 참정권을 얻어 발언권을 행사하기 시작했다. 따라서 혁명 지도자들은 보통 사람들과 그들의 대표가 지나치게 커다란 발언권을 행사하는 데 대해 심각하게 우려했다. 그렇게 해서 공화국이 점차 민주정으로 치우치고, 결국 무정부 상태 같은 혼란에 빠지게 되는 것은 아닌지 걱정했다. 18세기 세계에서 민주정이란 오늘날과 달리 민중의 방종을 의미했던 것이다.

우려의 원천은 따지고 보면 미국의 사회구조에 있었다. 이미 살펴보았듯이 미국은 귀족이 없을 뿐 아니라 빈민도 없는 사회구조를 갖고 있었다. 그것은 말하자면 머리와 꼬리가 잘려 나가고 "몸통만 남은 사회"였다.[12] 당대인들의 안목에서 볼 때, 그것은 국사를 처리하는 자격을 갖춘 사람이 거의 없을 뿐 아니라 빈민을 동원하며 국사를 농단하는 위험한 사람도 거의 없다는 것을 의미했다. 바꿔 말하면 미국은 건전한 시민이 다수를 차지하는 나라였고, 따라서 시민이 스스로 통치하는 공화국으로서 분명한 가능성을 지녔다. 게다가 혁명과 전쟁을 통해 크게 늘어난 보통 사람들의 발언권을 줄일 길도 보이지 않았다. 결국, 혁명 지도자들은 우려와 불안 속에서도 그들을 동료 시민으로 받아들이고 그들의 대표와 함께 일하며 공화국의 미래를 설계하기로 했다.

그래도 보통 사람들에게 얼마만한 발언권을 허용할 것인가 하는 문제가 남아 있었다. 혁명 지도자들은 새로운 국가를 건설하는 방안부터 고안해야 했다. 제5장에서 언급한 바 있듯이 일부 방은 1776년에 독립을 선언하면서 헌법을 제정했으나, 그것은 대개 칙허장을 수정하는 수준의 임시방편에 지나지 않았다. 그래도 헌법은 영국의 헌정 질서와 달리 하나의 문서로서 국가의

---

12 Wood, *Radicalism of the American Revolution*, 109–124.

기본법이라는 특별한 지위를 지니는 것으로 여겨졌다. 이런 변화는 1770년대 후반 매서추세츠에서 뚜렷하게 나타났는데, 이는 독립을 선도한 이 방의 정치인 가운데서도 존 애덤스의 활약 덕분이었다. 그는 매서추세츠를 개척한 청교도의 후손이었고, 가문의 전통에 따라 독실한 청교도로 성장했다. 그러나 하버드대학에서 수학한 다음에는 아버지의 뜻과 달리 목사 대신에 변호사가 되는 길로 들어섰다. 그리고 서른 살이 되던 1765년에는 인지법에 반대하는 투쟁에서 식민지의 자치를 적극적으로 옹호하면서 정치적으로 주목을 끌기 시작했다. 대륙회의에 참석했을 때는 매서추세츠를 넘어 북미대륙 식민지를 이끄는 주요 정치인으로서 중요한 역할을 하게 되었다. 그 즈음에 이르러 애덤스는 새로운 국가를 건설하는 절차에 관해 깊이 생각하고 있었다. 그리고 헌법은 국민이 정부를 수립하면서 그 원칙을 밝히는 특별한 문서이므로, 그것을 제정하는 과정도 일반 법률과 달리 제헌 회의와 비준 절차로 구성되어야 한다는 결론에 도달했다. 그리고 헌법에 담아야 할 내용에 관해 자신의 생각을 정리해서 『정부에 대한 논고』라는 책자를 내놓았다.

널리 주목을 끈 이 책자에서 그가 밝힌 견해는 정부를 수립하는 목적이 국민의 행복을 도모하는 데 있다는 것, 그 목적에 가장 적합한 정부는 공화정이라는 것, 그리고 공화정이란 사람이 아니라 법률이 지배하는 체제라는 것이다. 따라서 입법부는 국민의 의사를 정확하게 반영할 수 있어야 하며, 그래도 잘못된 결론을 내릴 수 있으므로 하나가 아니라 둘로 나누어 서로 견제하도록 해야 한다. 또 행정부의 수장은 선출직으로 하되, 군주가 누리는 대권을 주지 않는 대신 포괄적인 관직 임면권을 주어 행정부를 통솔하게 하고 법률에 대한 거부권을 통해 입법부를 견제하도록 해야 한다. 끝으로 사법부를 독립시켜 입법부와 행정부를 견제하면서 정부가 안정성과 존엄성을 지니는 데 기여하게 만들어야 한다. 그러기 위해서는 무엇보다 법관을 종신직으로 만들어 외부의 입김에 흔들리지 않게 만들어야 한다. 애덤스는 고대 그리스에서 시작되어 근대 영국으로 계승된 정치적 전통과 몽테스키외를 비롯한 계몽사상가들의 이념, 그리고 미국의 정치적 경험을 뒤섞어 이런 의견을 내놓은 것으로 보인다. 그리고 그는 1779년 매서추세츠 제헌회의에서 기초 위원이 되었을 때 자신의 생각을 실천에 옮길 수 있었다. 그가 주도해서 작성한 헌법안은 그가 제안한 대로 주민의 비준을 받았고, 그래서 제헌 절차라는 특별한 과정을 통해 만들어진 최초의 성문헌법이 되었다.[13]

애덤스의 견해는 매서추세츠 헌법과 더불어 혁명기 미국에서 참고 자료로 널리 활용되었고, 또 앞으로 살펴보겠지만 연방헌법에도 뚜렷하게 반영되었다. 거기서 무엇보다 주목을 끄는 것은 그 속에 들어 있는 제도적 장치보다는 그 아래에 자리 잡고 있던 기초적 관념이라 할 수 있다. 특히, 그가 공화정을 바람직한 정부 형태로 여기며 그 본질을 "법의 지배"rule of law로 본 것은 오늘날 미국 역사학계의 연구 동향은 물론이요 한국의 문화적 맥락을 고려할 때에도 음미해 볼 만한 대목이다. 이 어구는 오늘날 한국에서 흔히 "법치"로 번역된다. 그것은 고대 중국에서 법가가 강조했을 때부터 '자의적 명령 대신에 일정한 법률로써 지배한다'는 뜻으로 쓰였다. 여기서 지배의 주체는 나타나지 않는다. 그 주체가 군주라는 점은 주의를 환기할 필요조차 없는 암묵적 전제였다. 사실, 법가에서 군주는 법을 제정하거나 철폐할 수 있는 주권을 지녔으며, 따라서 법을 초월하는 존재였다.[14] 반면에 "법의 지배"에서는 그런 존재가 용납되지 않는다. 이 어구는 '사람을 대신해 법이 지배한다'는 뜻을 담

---

13 John Adams, *Thoughts on Government*, Adams Papers Digital Edition, Massachusetts Historical Society, http://www.masshist.org/publications/apde2/view?&id=PJA04dg2 (2015년 6월 4일 접속); John Adams to Richard Henry Lee, 15 November 1775, Founders Online, National Archives, http://founders.archives.gov/documents/Hamilton/01-03-02-0197 (2015년 6월 4일 접속); Scott D. Gerber, "The Political Theory of an Independent Judiciary," Yale Law Journal Forum, Yale Law School, http://yalelawjournal.org/forum/the-political-theory-of-an-independent-judiciary (2015년 6월 15일 접속).

14 최명, 『춘추전국의 정치사상』 (박영사, 2004), 359-403; 한비, 『한비자』, 김원중 역 (글항아리, 2010).

고 있으므로, 법을 지배의 주체로 상정하며 그럼으로써 법을 초월하는 존재를 부정한다. 그렇지만 애덤스를 비롯한 혁명기 미국인들이 법률을 제정하는 사람의 존재와 역할을 부인한 것은 아니다. 그런 존재와 역할은 군주나 귀족이 아니라 시민이 차지했다. 그들이 수립하고자 하던 공화국에서, 시민은 법률을 제정하고 또 그것을 준수하는 주체였다. 공화국이란 시민이 주권의 주체로서 스스로 통치하는 체제였기 때문이다. 따라서 "법의 지배"는 시민의 자치를 구현하는 실천 방안이었다.

"법의 지배"라는 어구는 다른 중요한 전통과도 연관되어 있다. 그것은 자의적 권력을 제어하기 위해 법 가운데서도 기본법을 무엇보다 중시하는 전통과 밀접한 관계를 지닌다. 그 전통은 적어도 아리스토텔레스까지 거슬러 올라간다. 그는 고대 그리스의 수많은 폴리스polis들을 넘나들며 다양한 정체를 살펴보고 『정치학』을 저술했다. 그에 따르면 폴리스는 사람들이 살아가면서 만드는 연합체의 일종으로서, 가정이나 촌락 같은 다른 연합체보다 우월하고 강력한 권위를 지녔다. 그런 폴리스의 이상적 골격을 가리키는 "균형 정체"—바꿔 말하면 오늘날 우리가 헌법이라 여기는 제도—는 그가 보기에 시민이 행복을 누리기 위해 공직을 설치하고 그것을 중심으로 자신들을 조직하는 방법이었다. 그 방법은 구체적으로 일인이나 소수, 또는 다수의 자의적 지배를 방지하기 위해 시민이 스스로 수립하는 기본적 규칙의 형태를 띠고 있었다. 아리스토텔레스는 이 "균형 정체"가 인간의 자의적 지배를 방지하고 법의 지배를 구현하는 권력구조라고 생각했다. 그의 견해는 고대 로마로 전승되었으나 중세 초기에 잊혔다가 나중에 다시 발견되었고, 근대에 들어와서 널리 알려졌다. 중세 후기부터 발전하기 시작한 주권재민과 천부인권의 관념에 힘입어, "균형 정체"는 점차 주권자의 자의적 통치에 맞서 법의 지배를 구현하는 데 필요한 제도적 장치로 여겨졌다.[15] 이에 관해서는 아래 제5절에서 설

---

15 Aristotle, *Politics*. trans. Ernest Barker (Oxford: Oxford Univ. Pr., 1995); Polybius,

명한다.

　그처럼 "균형 정체"를 법의 지배에 필수적인 제도로 여기는 관념은 근대 영국을 거쳐 혁명기 미국으로 이식되었다. 제5장에서 미국혁명에 관한 근래의 연구 동향을 소개하면서 언급한 바 있듯이, 근대 영국은 잉글랜드라는 단일 왕국에서 출발해서 인도와 북미대륙까지 포괄하는 복합적인 제국으로 변모했다. 그리고 이 거대한 제국을 효과적으로 경영하기 위해, 의회를 중심으로 긴밀하게 통합된 국가 체제를 수립하고자 노력했다. 이는 의회에 최고의 위상과 권위를 부여하는 동시에, 의회를 중심으로 식민지에 대한 제국주의적 통제를 강화한다는 것을 의미했다. 북미대륙의 식민지인들은 그런 변화에 반발했다. 그것은 자신들이 영국인으로서 누리던 지위와 권리를 빼앗기고, 마치 인도 같은 정복 식민지의 주민처럼 예속적인 상태로 떨어진다는 것을 의미했기 때문이다. 따라서 그들은 의회를 중심으로 통합되고 있던 영국의 근대적 국가 체제에 반대하면서, 잉글랜드의 전통적 국가 체제로 복귀해야 한다고 주장했다. 영국인들이 "고래의 국체"ancient constitution라 부르던 이 국가 체제는 의회를 통해 집약되는 주민의 동의 없이는 군주가 개인의 인신을 구속하거나 세금을 부과하지 못하게 제한하는 등, 자의적 통지를 방지하는 권력 구조였다. 북미대륙의 식민지인들이 보기에 영국 의회는 주민의 동의도 없이 세금을 부과하고 배심원 없는 재판을 강제하는 등, 저 "고래의 국체"를 무너뜨리며 자의적 통치를 획책하고 있었다. 따라서 그들은 군주는 물론이요 의회의 자의적 통치도 방지할 수 있는 법의 지배를 수립하고자 했다.[16] 그런 관

　　The Histories, trans. Robin Waterfield (Oxford: Oxford Univ. Pr., 2010); Marcus Tullius Cicero, *On the Republic; and On the Laws*, trans. David Fott (Ithaca: Cornell Univ. Pr., 2014); Brian Z. Tamanaha, *On the Rule of Law: History, Politics, Theory* (Cambridge: Cambridge Univ. Pr., 2004).

16　제5장 각주 14에서 소개한 문헌 가운데서 특히 다음 저술을 참고하라. Jack P. Greene, *The Constitutional Origins of the American Revolution* (Cambridge: Cambridge Univ. Pr., 2010); Mary Sarah Bilder, *The Transatlantic Constitution: Colonial Legal Culture*

넘이 애덤스의 『정부에 대한 논고』의 출발점이었다. 그리고 그것이 매서추세 츠를 비롯한 여러 방의 헌법을 넘어 연방헌법에서도 이론적 토대가 되었다. 그것은 결국 법률을 중시하는 미국 문화는 물론이요 미국의 대외 정책에도 적잖은 영향을 끼쳤다고 할 수 있다.

그렇지만 애덤스는 당대에 제기되었던 몇 가지 중요한 문제에 대해 분명한 해답을 제시하지 못했다. 그 문제는 영국의 정체와 미국의 사회구조 사이에 존재하는 괴리에 있었다. 영국인들이 자랑하고 다른 유럽인들이 부러워하던 영국의 정체는 영국의 사회구조에 토대를 두고 있었다. 그것은 군주정과 귀족정, 그리고 민주정이 혼합되어 있으면서 서로 견제하며 균형을 이루는 체제였다. 군주정은 영국의 우두머리인 국왕이 지배하는 정부 형태이고, 귀족정은 영국 사회에서 가장 훌륭한 사람들로 여겨지던 귀족이 지배하는 형태이며, 민주정은 영국 사회에서 대다수를 차지하는 평민이 지배하는 것이다. 이들 세 형태는 하나씩 가만히 내버려 두면 극단적인 모습으로 타락하는 경향을 지닌다. 군주정은 전제정으로, 귀족정은 과두정으로, 또 민주정은 무정부 상태로 타락한다. 그러나 영국에서는 그 삼자가 혼합되어 있다. 군주정이 궁정에 구현되어 있고, 귀족정과 민주정이 각각 의회의 귀족원과 평민원에 구현되어 있으며, 그리고 주권은 군주의 권위를 입법으로 실현하는 의회에 집중되어 있다. 그래서 세 가지 정부 형태는 서로 견제하며 균형을 이루고, 또 그렇게 해서 영국인들이 다른 어느 나라 사람보다 자유와 권리를 많

---

and the Empire (Cambridge, MA: Harvard Univ. Pr., 2004); Daniel J. Hulsebosch, *Constituting Empire: New York and the Transformation of Constitutionalism in the Atlantic World, 1664–1830* (Chapel Hill: Univ. of North Carolina Pr., 2005); Eric Slauter, *The State as a Work of Art: The Cultural Origins of the Constitution* (Chicago: Univ. of Chicago Pr., 2009); Alison L. LaCroix, *The Ideological Origins of American Federalism* (Cambridge, MA: Harvard Univ. Pr., 2010); Craig Yirush, *Settlers, Liberty, and Empire: The Roots of Early American Political Theory, 1665–1775* (Cambridge: Cambridge Univ. Pr., 2011); James T. Kloppenberg, *Toward Democracy: The Struggle for Self-Rule in European and American Thought* (New York: Oxford Univ. Pr., 2016).

이 누릴 수 있도록 해 준다. 그런 "혼합 정부" 내지 "균형 정체"는 애덤스가 제시한 정부 수립안에 들어 있었다. 그러나 미국에는 그에 필요한 사회적 기반이 갖추어져 있지 않았다. 군주가 없었을 뿐 아니라 군주와 평민 사이에서 균형을 잡아주는 귀족도 없었다.

그것은 물론 새로운 문제가 아니었다. 식민지 미국에 귀족이 존재하지 않는다는 것은 오랜 상식이었지만, 그렇기 때문에 영국과 유사한 형태의 정부를 수립하기가 어렵다는 것은 혁명기에 떠오른 고민거리였다. 일부에서는 과거에 메릴랜드나 펜실베이니아 같은 영주 식민지에서 시도했듯이 대토지 소유를 장려하고 그렇게 해서 세습 귀족을 만들어내자고 주장했으나, 거의 호응을 얻지 못했다. 다른 일부에서는 토머스 페인이 『상식』에서 주장한 것처럼 영국인의 자유가 "혼합 정부" 덕분이 아니라 평민의 권리를 옹호하는 평민원의 존재 덕분이라 하면서, 민의를 충실하게 대변하는 정부를 수립해야 한다고 강조했다. 이런 견해는 펜실베이니아에서 단원제 의회를 설치하는 데 반영되기도 했다. 그러나 그것이 민주정에 치우치는 정부 형태여서 결국에는 무정부 상태 같은 혼란을 가져올지도 모른다는 반론에 부딪혀 설득력을 잃고 말았다. 그래도 미국에는 귀족처럼 살아가는 상류층이 있었다. 많은 재산을 지녔을 뿐 아니라 권위와 위신, 또 교양까지 갖춘 유력자들이 있었다. 그렇다면 이들의 세력을 상원으로 끌어들인다는 것이 자연스러운 대안처럼 보였다. 따라서 애덤스는 『정부에 대한 논고』에서 이런 갑론을박에 대해 상론하지 않은 채, 단원제 의회의 문제점을 지적하고 양원제를 채택해야 한다고 주장했다. 더욱이 민의를 정확하게 대변할 수 있는 하원을 만들고, 그 위에 의원들이 선거를 통해 구성하는 상원을 두자고 제안했다. 그것은 분명히 민의에 기초를 두면서도 그것을 대변하는 것이 아니라 오히려 제어하는 장치였다.[17]

---

17 베일린, 『미국혁명의 이데올로기적 기원』, 313-343; Wood, *Creation of the American Republic* (1972), 197-256.

결국, 방들은 펜실베이니아를 제외하면 거의 모두 양원제를 채택하고, 하원과 달리 상원에는 안정성과 지속성을 부여하는 방안을 선호했다. 특히, 상원 의원의 재산 자격을 보통 사람들이 후보로 나설 수 없을 만큼 높게 설정하고 재임 기간을 하원 의원보다 훨씬 길게 책정하는 방안을 선호했다. 이는 분명히 애덤스가 주장하던 것처럼 민의에 휘둘리지 않는 기구, 바꿔 말하면 민주정을 견제하는 장치가 필요하다는 점에 관해 공감대가 형성되고 있음을 뜻했다. 그래도 그것을 어떻게 구성할 것인가, 거기에 얼마만한 권력을 부여할 것인가 하는 등의 문제가 남아 있었다.

2. 남은 과제: 전비 부담

남은 과제는 또 있었는데, 그것은 전쟁의 산물이었다. 전쟁은 7년이나 끌면서 커다란 인명 손실을 가져왔다. 미국측 피해만 살펴봐도 대략 25,000명의 사망자가 있었던 것으로 추정되는데, 대부분은 전투 대신에 천연두 같은 전염병이나 보급품 부족으로 인해 희생되었다. 그리고 그에 못지않게 많은 부상자도 있었다. 결국, 전체 인구 가운데 적어도 2 %가 피해를 입은 셈이다. 이는 미국의 역사에서 내전으로 인한 피해 다음으로 커다란 손실이다(여기서 남북전쟁이라는 친숙한 용어를 쓰지 않는 것은 거기에 경계할 만한 정치적 편향성이 들어 있기 때문이다. 상세한 것은 제10장에서 설명한다).

전쟁에 따른 경제적 피해는 가늠하기도 어렵다. 대륙군이 전투를 벌이면서 적잖은 피해를 입혔고 전쟁 말기에는 가축과 재물을 징발했으며, 영국군은 곳곳에서 건물에 불을 지르고 농토를 짓밟으며 고의적인 파괴를 일삼았다. 특히 남부에서는 노예 가운데 적어도 40,000명이 전쟁을 틈타 도망하거나 영국군을 따라가거나, 그렇지 않으면 카리브해로 끌려갔다. 예를 들어 사우스캐롤라이나에서는 노예 인구의 30 %에 이르는 20,000명이 전쟁 중에 사라졌다. 그것은 노예 주인의 입장에서 볼 때 커다란 재산 손실이었다.

간접적인 피해도 컸다. 미국 경제의 견인차였던 무역이 커다란 타격을 입었다. 영국이 제해권을 쥐고 있던 전쟁 초기에는 유럽 무역은 물론이요 카리브해 무역도 사실상 중지되었다. 숨통을 틔워준 것은 군사비 지출이었다. 전쟁에 돌입한 군대는 그 시대에도 무기와 탄약 이외에 의복, 식량, 약품 등, 막대한 양의 보급품을 소비했고, 또 대륙군 이외에 영국군과 프랑스군도 필요한 물자 가운데 상당한 물량을 북미대륙에서 조달해야 했기 때문이다. 따라서 남부에서는 농장주들이 곡물과 목재, 그리고 담배의 생산을 확대했고, 북부에서는—메이슨-딕슨 라인Mason-Dixon Line, 즉 1760년대에 펜실베이니아, 델러웨어와 버지니아, 메릴랜드 사이에 확정된 경계선을 중심으로 그 이북 지역에서는—상인들이 해적 행위나 간접 무역을 통해 군수물자를 확보하는 한편, 장인들이 군수품을 제조하고 거기에 필요한 무쇠나 가죽 같은 재료를 생산했다. 그리고 수많은 여성이 집에서 옷감을 짜고 옷을 지었다. 이런 노력은 나중에 미국 산업혁명의 밑거름이 된다.

그러나 군사비 지출은 심각한 인플레이션도 함께 가져왔다. 대륙회의는 군사비를 마련하기 위해 지폐 발행에 크게 의존했다. 대륙회의에 과세권이 없었고 전쟁에서 승리할 가능성도 분명하지 않았기 때문에, 채권을 발행해 현금을 마련하는 것은 쉽지 않은 일이었다. 따라서 대륙회의는 나중에 정화로 바꿔 준다고 약속하는 일종의 지급 증권을 발행해 지폐로 사용하기 시작했다. 그리고 유통 총액이 2억 달러를 넘지 않도록 발행 금액을 제한하려 했다. 그러나 필요한 군사비가 계속 늘어나는데도 방들이 기여금을 내놓지 않았고, 그 때문에 지폐를 회수하는 데 필요한 정화를 확보하지 못했다. 오히려 지폐 발행을 계속해야 했다. 그 결과, 1779년까지 발행된 지폐는 모두 2억 4,000만 달러가 넘었고, 가치는 크게 하락했다. 대륙회의는 1779-80년간에 두 차례에 걸쳐 새로운 증권을 발행하고, 이미 발행한 지폐와 20 대 1, 그리고 40 대 1의 비율로 교환해 주었다. 그에 따라 "대륙권"Continental이라 불리

던 낡은 지폐는 쓸모없는 종이쪽지가 되었다.[18]

그처럼 심각한 문제에도 불구하고, 미국 경제는 전후에 경기의 부침을 겪으면서도 착실하게 성장했다. 대륙회의는 화폐 가치를 안정시키는 중요한 조치를 취했다. 1781년 북미은행Bank of North America의 창설을 허가하고, 이 은행에 지폐 발행권을 부여했다. 그것은 대륙회의에서 재무를 관장하던 상인 로버트 모리스Robert Morris의 제안에 따라 정부와 민간의 공동 출자로 수립되었는데, 출자금을 바탕으로 신뢰할 만한 은행권을 발행할 수 있었다. 그 덕분에 미국은 "대륙권"과 인플레이션에서 벗어나 안정성 있는 화폐를 사용할 수 있게 되었다. 더욱이, 18세기 미국 경제의 견인차였던 해외무역도 회복되는 양상을 보였다. 가장 중요한 교역국이었던 영국은 예전의 비중을 회복하지 못했다. 영국 상인들은 예전과 마찬가지로 미국에서 농산물을 비롯한 일차 산품을 사들이고 공업 제품을 팔기 위해, 미국 상인들에게 외상으로 물건을 공급하며 적극적인 태도를 취했다. 그리고 미국인들은 독립 이후에도 사치품을 포함해 영국 제품을 선호했다. 그래도 미국의 대영 수입은 1780년대 후반에 매년 평균 194만 파운드에 머물러 있었는데, 그것은 1770년대 초반에 비하면 55 %에 지나지 않았다. 또 미국의 대영 수출은 같은 시기에 매년 평균 105만 파운드였고, 이는 이전 시기에 비해 62 %에 불과했다.[19]

그 대신, 미국 상인들은 프랑스, 네덜란드, 카리브해 등, 유럽 국가와 그 식민지를 대상으로 교역을 확대했고, 나아가 아시아와도 교역을 시작했다. 미국의 가장 중요한 수출품이었던 담배는 더 이상 영국을 거치지 않고 유럽

---

18 Farley Grubb, "The Continental Dollar: Initial Design, Ideal Performance, and the Credibility of Congressional Commitment," National Bureau of Economic Research Working Paper 17276 (Aug. 2011), http://www.nber.org/papers/w17276 (2015년 5월 28일 접속).

19 U.S. Bureau of the Census, *Historical Statistics of the United States: Colonial Times to 1970*, Bicentennial ed. (Washington, DC: U.S. Government Printing Office, 1975), Series Z 213-244.

으로 직접 수출할 수 있게 되었다. 예를 들어 1783년 이후 프랑스와의 교역에서, 미국은 담배 이외에도 곡물, 염료, 목재, 선박 용품을 수출해 매년 900만 리브르 이상을 벌어들이고, 브랜디와 와인, 그리고 비단, 모자, 향수, 장갑, 유리 제품 등, 사치품을 수입하며 200만 리브르 이하를 내주었다. 그러니까 매년 700만 리브르, 당시 달러로 환산하면 100만 달러 이상의 차익을 올린 셈이다. 더욱이, 미국 상인들은 이제 영국을 거치지 않고 아시아에서 차를 수입할 수 있었다. 그들이 중국의 광둥을 오가며 교역을 시작하자, 수입품은 금방 차에서 비단과 도자기로 늘어났고 수출품으로는 인삼과 모피가 떠올랐다. 그리고 중국 무역은 뉴잉글랜드 상인들에게 이전에 상상하지 못했던 부를 안겨 주었다.[20] 그것은 나중에 산업혁명에 투입되는 자본으로 변모한다.

그러나 전후 경제는 전쟁의 여파에서 쉽사리 벗어날 수 없었다. 경제의 발목을 잡은 것은 결국 전쟁을 치르는 데 들어간 비용이었다. 전비는 전시에 지폐와 채권의 발행으로 충당되었지만, 그것을 실제로 누가, 얼마나 부담할 것인가 하는 것은 문제로 남아 있었다. 그것은 대륙회의보다는 주권을 지녔던 방들이 처리해야 하는 문제였다. 게다가 채무에 따르는 이자를 지급하는 데도 방의 재정에서 50 % 내지 90 %가 지출되는 매우 심각한 문제였다. 따라서 방들은 이미 전시부터 근왕파의 재산을 몰수, 매각하는 한편, 인두세, 재산세, 주세, 관세 등, 세금을 부과하기 시작했다. 이제 전후에는 본격적인 대책을 마련해야 했다.

방 가운데서는 여러모로 가장 앞서 있던 버지니아가 모범을 보였다. 버지니아는 전시에 발행한 지폐를 모두 회수하되, 발행 당시의 액면 가격이 아니라 전후에 형성된 시장 가격에 따라 1,000분의 1로 환산해서 상환했다. 전시에 보급품을 공급한 상인과 군대에서 복무한 장병에게 보상금으로 지급했

---

20 Merrill Jensen, *New Nation*, 194-218.

던 증권은 두 가지 방법으로 회수했다. 증권 보유자에게 서부의 토지로 상환하거나, 그렇지 않으면 세금을 납부할 때 정화 대신 사용할 수 있게 허용했다. 그 결과, 1787년에 이르면 버지니아는 전시 채무를 대부분 해결할 수 있었다.

반면에 매서추세츠는 대조적인 정책을 선택했다. 전쟁이 끝나기 전인 1780년, 북부를 대표하던 이 방의 채무는 1,100만 파운드에 이르렀다. 그런데도 매서추세츠는 그것을 시장 가격 대신에 액면 가격대로 상환하기로 결정했다. 다만, 정화가 없었기 때문에 새로운 증권을 발행하고 그것으로 교환해 주기로 했다. 매서추세츠는 그 외에 전시에 장병들에게 보수로 지급했던 지폐의 가치가 크게 떨어진 데 대한 보상으로 다른 증권을 발행, 지급하기도 했다. 그렇지만 이런 증권도 만기가 돌아오면 상환해야 했기 때문에, 결국 주민에게서 세금을 징수해 상환에 대비하는 수밖에 없었다. 따라서 주민이 부담하는 조세는 전후에 크게 늘어났다. 매서추세츠의 성인 남성 9만 명은 각자 매년 3파운드 이상을 납부해야 했고, 심지어 재산이 없는 사람도 인두세를 1파운드나 납부해야 했다. 세금은 모든 방에서 식민지 시대에 비해 4-5배 많았지만, 매서추세츠에서는 그보다 3-4배나 더 많았다. 그러나 채권은 대부분 원래 소유자들이 아니라 투기를 목적으로 헐값에 사들인 자산가들의 손에 들어가 있었다. 따라서 그것을 액면 가격대로 상환하기 위해 과중한 세금을 부과하는 것은 결국 보통 사람들의 주머니를 털어 자산가들의 배를 불리는 정책이었다.

다른 방들은 버지니아와 매서추세츠라는 두 극단 사이에 자리 잡고 있었다. 따라서 1780년대 중엽에 이르면, 미국 전역에서 소농을 비롯한 보통 사람들은 조세 부담에 시달리게 되었다. 버지니아처럼 모범적인 방은 부담을 덜어 주기 위해 세금을 정화 대신 담배나 곡물 같은 현물로 낼 수 있게 해주거나, 그렇지 않으면 납부 기한을 연장하고 세액을 감면해주는 유연한 태도를 취했다. 반면에 매서추세츠는 보통 사람들의 어려움을 외면하고 세금을 체납하면 재산을 압류하고 경매에 부치는 등, 강경한 정책을 고집했다. 나머지

방들은 그런 두 노선 가운데 하나로 기우는 경향을 보였다.

결국, 전쟁의 여파로 인해 신생 미국은 두 개의 과제를 안게 되었다. 하나는 정화의 부족과 물가의 하락이었다. 위에서 살펴본 것처럼 영국과 교역이 재개됨에 따라 무역 적자가 재현되며 정화가 유출되고 있었고, 게다가 전후에 방들이 지폐를 회수하고 세금을 정화로 징수했으며, 그 때문에 정화를 비롯해 시장에서 유통되는 통화량이 감소했다. 그 결과, 물가가 하락하고 경기도 침체되는 사태가 나타났다. 다른 하나의 과제는 조세 부담과 그에 따르는 정치적, 사회적 갈등이었다. 소농과 빈민은 곳곳에서 세금을 징수하는 관리와 충돌했다. 심지어 유연한 정책을 펼치던 버지니아에서도, 그들은 멀리 피신하거나 총을 들고 저항했다. 그 원인이 매서추세츠에서 드러나듯이 전비 부담을 가난한 주민에게도 지우는 비현실적 정책에 있었기에, 그런 충돌은 보통 사람들과 자산가들 사이의 갈등이라는 성격을 띠었다. 따라서 모든 사람에게 공평하게 부담을 지우는 정의로운 대책을 찾기는 어려웠다. 해결책으로 제시되는 조치는 한 쪽에 유리한 반면에 다른 쪽에 불리한 것으로 보였다.

그것은 지폐에 관한 논쟁에서 분명하게 나타났다. 전시에 발행되었던 지폐가 1783년까지 대부분 사라지고 통화량이 줄어듦에 따라, 지폐를 다시 발행해야 한다는 목소리가 높아졌다. 그러나 높고 두터운 반대의 장벽이 있었다. 혁명기 미국에서 "대륙권만큼 쓸모없다"not worth a continental는 어구가 널리 쓰였듯이, 지폐의 남발에 따른 폐단은 잘 알려져 있었다. 그리고 상인을 비롯해 남에게 돈을 빌려준 채권자들은 방의 입법부에서 강한 정치적 영향력을 지니고 있었다. 그렇지만 1785년에는 연합회의가 전시 채무를 변제하기 위해 300만 달러의 기여금을 요구함에 따라, 지폐에 대한 요구는 더욱 커졌다. 이제 지폐를 발행해야 한다는 주장은 소농과 빈민 이외에 다른 집단에서도 나왔다. 예를 들어 메릴랜드에서는 토지를 지나치게 많이 사들였던 농장주들이, 또 사우스캐롤라이나에서는 영국 상인으로부터 외상으로 노예를 사들였던 농장주들이, 지폐의 발행으로 통화량이 늘어나기를 기대했다. 그리고 펜실베이니아에서는 공채를 헐값으로 사들였던 투기업자들이 이자를 받을 수 있도록 지폐가 발행되기를 희망했다. 따라서 지폐 발행에 찬성하는 세력은 7개 방의 입법부에서 다수파가 되어 희망을 실현시킬 수 있었다. 특히 로드아일랜드에서는 찬성 세력이 반대파를 제압하고 지폐를 세금을 내거나 부채를 갚는 데 사용할 수 있는 법정 통화로 만들었다. 그렇지만 그 고장의 상인들이 영업을 중단하며 저항했고, 다른 방들이 로드아일랜드의 지폐를 거부했으며, 결국 "로드아일랜드는 민주정치가 아무런 제동 장치 없이 작동한 사례 가운데 가장 끔찍한 것이라는 지탄의 대상이 되었다."[21]

매서추세츠에서는 그와 같은 사회적 갈등이 반란으로 표출되었다. 농민 가운데서도 서부 내륙의 구릉지대에 정착한 소농은 전후에 조세와 채무 때문에 심각한 곤경에 빠져 있었다. 정부가 비현실적 정책을 고집하고 상인들이 외상 판매를 줄이며 정화 지불을 요구했으나, 그 고장의 소농은 현금을 내놓을 수 없었다. 토지가 척박했을 뿐 아니라 마땅한 도로나 수로가 없었기에, 수확물을 내다 팔기 위해 동부 해안의 시장에 접근하기도 어려웠던 것이다. 따라서 농민은 의회에 청원서를 보내 지폐 발행을 요청하며 정부가 구제 조치를 취해 주기를 기대했다. 그러나 1785년에 지사로 선출된 제임스 보우든James Bowdoin은 뛰어난 사상가였으나, 정부의 재정·조세정책 때문에 농민이 어떤 곤경을 겪는지 보살피지 않는 고답적인 정치인이었다. 오히려 그는 세금을 내지 않는 농민에게 집행관을 보내 재산을 압류하도록 조치했다. 1786년 8월, 서부 농민 가운데 일부가 거기에 항의하며 법원을 봉쇄하고 세금이나 채무에 관한 소송의 진행을 방해했다. 농민과 가까웠던 민병대는 보우든 지사의 기대와 달리 농민 봉기를 제압하는 데 적극적으로 나서지 않았

---

21 Ibid., 302–326 (인용문은 325쪽); Woody Holton, *Unruly Americans and the Origins of the Constitution* (New York: Hill & Wang, 2007), 55–82, 108–123; Michael A. McDonnell, *The Politics of War: Race, Class, and Conflict in Revolutionary Virginia* (Chapel Hill: Univ. of North Carolina Pr., 2007), 479–527.

다. 그리고 가을에는 농민이 폐쇄한 법원이 하나씩 늘어났다.

매서추세츠 정부는 그래도 가난한 농민을 배려하지 않았다. 보우든 지사는 봉기에 가담하는 농민을 비난하면서, 의회에 정부의 권위를 확립할 수 있도록 협조해 달라고 요청했다. 의회는 체납 세금을 정화 대신 현물로 납부할 수 있게 징수 정책을 완화하는 한편, 군중에 대해 해산을 명령하고 불응하면 무력을 사용할 수 있게 허용하는 법률을 제정하며 지사의 요청에 응답했다. 겨울이 다가오자, 지사는 봉기 지도자들을 체포하라고 지시하는 한편, 진압을 위해 새로운 민병대를 소집했다. 기존 민병대가 움직이지 않았고, 군대가 없는 대륙회의에서 도움을 얻을 수도 없었기 때문이다. 필요한 비용 6,000 파운드는 보스턴 상인들이 모아 내놓았고, 거기에 부응한 인력 3,000 명은 동부 해안의 주민 가운데서 나왔다.

서부 농민 사이에서는 이미 가을부터 주민을 억압하는 정부를 타도하자는 과격한 의견이 나왔다. 그들이 보기에 정부는 주민에게 과중한 세금을 부과해 대부분 채권 상환에 충당함으로써 투기업자를 비롯한 자산가들을 지원하고 있었다. 그것은 1780년 헌법에 따라 수립된 정부가 민중의 처지와 의사를 외면하고 보스턴 유력자들의 뜻에 따라 수립한 정책이었다. 따라서 근원적인 처방은 정부를 타도하고 헌법을 개정하는 데 있었다. 그런 처방을 실천에 옮기기 위해, 적잖은 농민이 지역별로 위원회를 조직하며 무장투쟁을 준비하기 시작했다. 그에 따라 대니얼 쉐이즈Daniel Shays를 비롯해 독립 전쟁에 참여했던 퇴역 장교들이 선봉에 나섰다. 쉐이즈는 독립 전쟁이 일어나기 전까지 남의 집에 가서 일을 해 주며 먹고살던 날품팔이였지만, 민병대에서는 대위로 진급할 정도로 지도력을 갖추고 있었다. 덕분에 벙커힐 전투부터 독립 전쟁에 참여했지만, 1780년 부상을 입은 뒤에 보수를 한 푼도 받지 못한 채 퇴역했다. 더욱이 고향에 돌아와서는 체납 세금 납부 독촉장에 시달리게 되었다. 그리고 그것을 영국의 자의적 조세정책과 같은 것으로 여겼다. 쉐이즈를 비롯한 지도자들에게 그것은 봉기를 생각할 만한 이유였다. 그들은 농민

2천 명을 규합하고, 먼저 매서추세츠 서남부의 스프링필드Springfield에 있는 연방 무기고를 장악하고자 했다.

그러나 1787년 1월 반란군이 스프링필드에 도착했을 때, 보우든 지사가 보낸 민병대가 먼저 무기고를 차지하고 거기에 있던 무기로 무장을 마친 다음에 기다리고 있었다. 민병대가 대포를 쏘자, 반란군은 흩어져 북쪽으로 달아났고 나중에 다시 모여 전열을 정비했다. 그러나 반란군은 민병대의 추격과 습격 때문에 다시 달아나게 되었고, 결국 2월에는 매서추세츠의 경계선을 넘어 인접 지역에 몸을 숨겼으며, 그에 따라 반란도 끝났다. 매서추세츠 정부는 체포한 지도자 가운데 18명을 기소했으나, 2명만 처형하고 나머지는 사면, 또는 감형했다. 그리고 가담자 대부분에 대해 사면 조치를 취하는 한편, 지도자들에 대해서는 공직 취임을 금지하는 법률을 제정하는 등, 제재를 가했다. 따라서 쉐이즈 반란은 조그만 소동으로 끝나고 말았다.

그러나 그 함의는 적지 않았다. 토머스 제퍼슨은 당시 프랑스 주재 미국 대사로 파리에서 소식을 듣고는, 친구에게 보내는 편지에서 반란을 대수롭지 않은 사건으로 취급하면서도 긍정적인 의미를 부여했다. 그에 따르면 13개 방들이 독립한 지 11년이 지나서야 반란이 한차례 일어났으니, 이는 하나의 국가에서 한 세기 반에 한 번 꼴로 있는 일에 지나지 않는다. 그런 반란은 가끔 일어나게 마련이며 "자유의 나무는 때때로 애국자와 폭군의 피에서 활력을 얻게 된다. 그것은 자연스레 생기는 거름이다."[22]

그러나 미국에 머물러 있으면서 전후에 사회적 갈등이 심화되는 것을 지켜보았던 여러 정치 지도자들은 달리 생각했다. 그들은 기본적으로 민주정치를 위험한 것으로 여겼다. 그런 편견은 사실 군주정과 신분제가 지배하던 세계에서 일반적인 사조였다. 그렇지만 적잖은 지도자들은 민주정이 과잉 상

---

22 Thomas Jefferson to William Smith, 13 Nov. 1787, Thomas Jefferson Exhibition Home, Library of Congress, http://www.loc.gov/exhibits/jefferson/105.html (2015년 6월 2일 접속).

태에 이르렀다고 생각했다. 그들이 보기에, 소농을 비롯한 보통 사람들은 무지하고 무례한데도 정치에 참여하며 발언권을 확대하고 있었다. 특히 내륙 지방에서 선거구를 증설해야 한다고 주장하고 그 의석을 차지했을 뿐 아니라, 그렇게 해서 커진 영향력을 이용해 여러 방에서 수도를 해안에서 내륙으로 옮겼다. 더욱이 위에서 살펴본 것처럼 조세와 부채의 부담을 덜기 위해, 경제를 침체와 혼란에 빠뜨릴지도 모르는 지폐의 남발을 요구했다. 쉐이즈 반란은 일회성 사건이 아니라 민주정치가 지나치게 허용되어 발생하는 정치적 갈등의 일환이요 절정이었다. 지도자들이 보기에 그처럼 반란으로 비화하는 보통 사람들의 세력을 제어하지 않으면, 민주정치가 정치·경제적 혼란을 불러일으키고 결국에는 신생 미국을 무정부 상태에 빠뜨릴지도 모를 일이었다. 그것을 어떻게 제어할 것인가는 여러 지도자들의 과제였다.[23]

그것은 겨우 10여 년 전에 다루었던 과제와 비슷하면서도 다른 것이었다. 이전과 마찬가지로, 과제는 본질적으로 권력에 맞서 권리를 지키는 데 있었다. 그러나 전에는 소수의 권력에 맞서 다수의 권리를 주장한 데 비해, 이제는 다수의 권력에 맞서 소수의 권리를 옹호해야 했다. 그것은 존 애덤스가 그 즈음에 런던에서 주영 대사로 지내면서 깊이 생각하던 주제의 일부였다. 1787년에 발간되어 헌법 제정에 적잖은 영향을 끼친 『미국의 헌법에 대한 변론』에서, 그는 새로운 과제에 대해 이렇게 썼다.

어느 탁월한 저술가는 '국민은 결코 자신들을 억압하거나 자신들이 지닌 권리를 침해하지 않을 것이다' 하고 다소 경솔하게 말했다. 만약 그것이 인류나 세계, 또는 현재에 존재하거나 과거에 존재한 적이 있는 어느 국가나 국민에게 든 맞는 말이라면, 이 찬사는 대단한 가치를 지닌다.

23 Wood, *Creation of the American Republic* (1972), 391-468; McDonald, *Novus Ordo Seclorum*, 143-183; Leonard L. Richards, *Shays's Rebellion: The American Revolution's Final Battle* (Philadelphia: Univ. of Pennsylvania Pr., 2002).

'국민은 결코 다른 사람들의 권리를 침해하려 하지 않는다.'

이 말은 무슨 뜻일까? 국민은 결코 합의해서 다른 사람들의 권리를 침해하려 하지 않는다는 뜻일까? 그렇다면 하찮은 말일 것이다. 왜냐하면 침해할 수 있는 다른 사람들의 권리란 존재하지 않는다고 생각할 수 있기 때문이다. 그러나 만약 국민이 서로 연합해서 움직이든 개별적으로 움직이든 간에 결코 다른 사람의 권리를 침해하고자 하지 않는다면, 도대체 정부가 필요한 일이 있기나 할까? 강도, 주거 침입, 살인, 간음, 절도, 또는 사기가 없는가? 모든 범죄는 다른 사람들의 권리에 대한 침해가 아닌가? 사람들 가운데 대다수는 아니라 해도 다수는 강약이나 다소를 불문하고 어떻게든 다른 사람들의 권리를 침해하려는 생각을 날마다 하지 않는가? …… 만약 우리가 조금 더 솔직해져서 사람들 가운데 다수가 대체로 선행과 선의의 영역 안에 머물러 있다고 인정하지만, 그래도 대다수가 자주 그 영역을 벗어난다고 고백하지 않을 수 없다. 그리고 요점을 더욱 직접적으로 말하자면, 다수만이 아니라 거의 모든 사람이 자신의 선행을 자신의 가족, 친척, 친구, 교회, 촌락, 도시, 군현, 방에 한정한다고, 게다가 오로지 극소수가 선행을 사회 전체로 공평하게 확장한다고 고백하지 않을 수 없다. 이제 이런 사실만 인정한다면 문제가 해결된다. 만약 다수가 자신들의 개인적 이익이나 가족과 군현과 당파의 이익을 국민 전체의 이익보다 우선시킨다면, 정의를 위해서는 모든 사람이 개인적이고 당파적인 고려사항보다 공동의 권리, 공공의 이익, 보편적 법률을 존중하도록 강제하는 어떤 조항을 헌법에 만들어 넣어야 한다.[24]

이제 애덤스는 소수가 아니라 다수를 경계하고 있었다. 나아가 다수를

---

24 John Adams, *The Works of John Adams*, ed. Charles Francis Adams (Boston, 1851), Vol. 6, 7-8. Malcolm P. Sharp, "The Classical American Doctrine of 'the Separation of Powers,'" *University of Chicago Law Review* 2.3 (1935), 385-436, 403-404에서 재인용.

견제하는 방안을 모색하고 있었다.

3. 필라델피아 회의

그런 방안은 개별 방에서 마련하기가 어려웠다. 무엇보다도 민주정을 추구하는 다수 세력이 방 의회에 자리 잡고 있었기 때문이다. 따라서 훗날 "건국 선조"Founding Fathers라 불리는 지도자들은 방을 뛰어넘는 수준에서 과제에 접근했다. 그리고 연합회의에 관심을 기울였고, 결국에는 그것을 보강하는 방안을 찾아내었다.

연합회의는 제5장에서 살펴본 바 있듯이 여러 방 사이의 협의회라는 취약한 기구였지만, 신생 미국의 중앙정부로서 자리를 잡아가고 있었다. 이미 혁명과 전쟁이라는 비상시국에서 대륙군을 운용하고 지폐와 채권을 발행하며 전쟁과 평화를 결정하는 등, 중앙정부에 부합하는 권위를 행사한 바 있었다. 더욱이, 전후에는 서부 토지에 관해 중요한 결정을 내릴 수 있었다. 서부 토지는 이미 언급한 것처럼 혁명의 발단이었을 뿐 아니라 연합헌장의 비준을 지체시킬 만큼 방들의 이해관계가 복잡하게 얽혀 있는 중요한 사안이었다. 그런 사안을 해결했다는 것은 연합회의가 내재적 약점에도 불구하고 중앙정부의 기능과 위상에 접근하고 있었다는 것을 시사한다. 따라서 서부 토지에 관해서는 간략하게나마 살펴볼 필요가 있다.

서부 토지에 대해 관할권을 주장하던 방은 매서추세츠, 뉴욕, 버지니아 이외에, 코네티컷, 노스캐롤라이나, 사우스캐롤라이나, 조지아 등, 모두 7개였다. 이들 방은 식민지 칙허장에 서부 경계선이 명시되어 있지 않다는 점을 근거로 그런 권한을 주장했지만, 그것을 실제로 행사하는 데는 적지 않은 난관이 있었다. 우선, 나머지 6개 방들이 부정적인 태도를 취했다. 이들이 보기에 만약 낡은 관할권이 인정된다면, 버지니아나 매서추세츠처럼 큰 방들이 토지는 물론이요 인구 측면에서도 작은 방들을 압도하는 규모로 성장할 가능성이 분명했다. 그런 경우, 작은 방은 큰 방에 종속되지 않으려면 연합회의에서 탈퇴하는 수밖에 없었다. 게다가 독립 선언 이후에는 서부로 이주하는 사람들이 늘어났고, 그들은 버지니아에서 떨어져 나가려던 켄터키처럼 새로운 방을 수립하려는 움직임을 보였다. 그렇기 때문에 서부 토지 관할권은 신생 미국의 미래가 달린 문제가 되었다.

그러나 그것은 관할권을 주장하던 방으로서는 포기하기 어려운 자산이었다. 예를 들면, 버지니아는 전쟁이 끝나기 전부터 서부 토지를 매각해 그 수입으로 부족한 방 재정을 충당하고자 했다. 버지니아 같은 방은 조세 수입이 적었던 만큼, 서부 토지에 큰 기대를 걸고 있었다. 이런 문제점이 독립 선언 이후에 논의되었고, 결국 1770년대 말에는 하나의 타협안이 성립했다. 그 골자는 방들이 관할권을 포기하고 서부 토지를 연합회의에 양도하는 대신, 연합회의는 그런 방에 부과하는 재정 부담금을 감면해 준다는 것이었다. 그리고 연합회의는 서부 토지를 매각해 필요한 재정을 충당하는 한편, 서부에서 새로운 방을 조직해 연합의 일원으로 수용한다는 것이었다. 더욱이 미국이 독립 전쟁에서 승기를 잡자, 낡은 관할권 주장도 설득력을 잃게 되었다. 서부 토지가 원래 7년전쟁에서 영국이 얻은 전리품이었던 것처럼, 그것은 이제 독립 전쟁을 통해 미국 전체가 얻은 전리품이 되었다. 따라서 모든 방들이 그 혜택을 누릴 자격을 얻었다. 결국 뉴욕, 매서추세츠, 버지니아 등이 관할권을 포기했다.

연합회의는 전후에 서부 토지의 처리 방안을 수립해야 했다. 사실 서부로 이주하는 인구가 급증함에 따라 대책을 강구하지 않을 수 없었다. 1785년에는 먼저 토지령Land Ordinance을 제정하고 토지 매각 방안을 수립했다. 그 요점은 오하이오강과 오대호 사이의 토지를 측량해서 도읍을 건설할 수 있도록 정사각형 모양의 36 평방마일―대략 93 km²―단위로 분할하고, 그것을 1 평방마일―대략 2.6 km²―크기의 36개 구역으로 다시 분할해서 판매한다는 것이었다. 2년 후에 제정된 북서부령Northwest Ordinance은 정치적 측면을 중심으로 처리 방안을 전반적으로 다루었다. 거기서 핵심적인 내용은 어느 지역에서 인구가 60,000명을 넘으면 주민이 새로운 방을 수립하고 연합회의에 가입할 수 있다는 것, 그리고 북서부에서는 노예제를 허용하지 않는다는 것이었다. 따라서 북서부에는 점차 자유주들이 형성된 반면에 오하이오강 이남의 서부에는 노예주들이 등장했고, 이는 결국 내전으로 귀결되는 정치적 갈등을 가져온다. 게다가 이들 법령은 이미 서부에 살고 있던 원주민을 피정복민으로 취급했다. 외형상 연합회의는 협상과 조약을 통해 그들로부터 토지를 인수하는 절차를 취했으나, 실제로는 그들이 이주민 물결에 떠밀려 사라지거나 미시시피강을 넘어 대평원으로 떠나 주기를 기대했다. 그러나 그들이 사라지지도 떠나지도 않고 삶의 터전에서 버티자, 미국은 군대를 동원해 원주민을 강제로 이주시키게 된다.

연합회의는 그와 같이 점차 중앙정부의 역할을 떠맡고 있었으나, 근본적 한계에서 벗어날 수는 없었다. 이 기구는 스스로 의사를 결정하지 못하는 협의회에 지나지 않았다. 게다가 중요한 사안에 관해서는 13개 방 가운데 3분의 2가 넘는 9개 방의 찬성으로 결정을 내리게 되어 있었기 때문에, 3분의 1이 겨우 넘는 소수가 얼마든지 다수를 가로막을 수 있었다. 더욱이 독자적 과세권이 없었기 때문에, 서부 토지라는 수입원이 있었음에도 불구하고 재정을 확충해 중앙정부로서 위상과 역할을 확립하는 데 한계를 안고 있었다. 이는 쉐이즈 반란에서 분명하게 드러났다. 매서추세츠 민병대가 반란군 진압에 소극적인 반응을 보였을 때에도, 연합회의는 군대를 소집하고 파견하는 일을 추진하지 못했다. 더욱이, 연합회의는 방 사이의 분쟁을 조정하는 데서도 난관에 부딪혔다. 전후에 점차 경기가 침체되자, 방들은 경기회복을 위해 수입을 억제하는 보호주의 정책을 채택하기 시작했다. 남부와 달리, 뉴잉글랜드에서는 방들이 자체의 상업과 제조업을 보호하기 위해 영국에서 수입되는 상품에 대해 15 % 이상의 높은 관세를 부과했다. 그러자 코네티커트는 관세를 낮추며 영국 상품의 수입 창구가 되었고, 덕분에 독점적 이윤을 누릴 수 있었다. 따라서 다른 방들도 관세를 낮추게 되었고, 결국 영국이나 프랑스에 맞서는 보호 정책을 견지할 수 없게 되었다. 그런데도 연합회의는 방에서 부과하는 관세를 규제할 수 없었다.

그 결과, 1780년대 중엽에는 연합회의를 강화해야 한다는 의견이 부각되었다. 이는 전쟁을 치르면서 연합회의의 문제점을 절감했던 조지 워싱턴과 그의 측근에게서 뚜렷하게 나타났다. 워싱턴은 1783년 3월 자신의 부관이었던 알렉산더 해밀턴Alexander Hamilton에게 보내는 편지에서, 장교들이 밀린 보수를 받아내기 위해 집단행동에 돌입한다는 소문에 대해 언급하면서 이렇게 강조했다.

미국인 가운데서 우리의 현재 연합헌장에 개혁이 필요하다는 점을 나보다 더 깊이 마음에 새기고 있는 사람은 없을 것이네. 연합헌장의 폐단을 나보다 더 절실하게 느낀 사람은 없을 것이네. 연합헌장에 결함이 있고 연합회의에 권력이 없다는 것은 전쟁이 길어지고 그로 인해 결과적으로 전비가 많이 들어간 이유라 할 수 있겠지. 내가 대륙군을 지휘하는 과정에서 경험했던 난관 가운데 절반 이상이, 또 대륙군이 겪은 궁핍과 고난 가운데 거의 모두가 거기에 기원이 있네.[25]

워싱턴의 의중을 꿰뚫어 보고 있던 해밀턴은 연합회의를 강화하는 방안을 모색했다. 그는 카리브해에서 사생아로 태어나 일찍 부모를 여의었으나, 그의 재능을 알아본 어느 농장주의 도움으로 오늘날 컬럼비아대학으로 알려져 있는 뉴욕의 킹스 칼리지에서 수학할 수 있었고, 독립 전쟁이 시작되자 포

---

25 George Washington to Alexander Hamilton, 31 March 1783, Founders Online, National Archives, http://founders.archives.gov/documents/Hamilton/01-03-02 -0197 (2015년 6월 9일 접속).

병 부대를 이끌고 전투에 참가했다가 곧 워싱턴의 부관으로 발탁된 다음에 언제나 그 자리를 지켰다. 전쟁이 끝났을 때 나이가 서른이 되지도 않았던 이 명민하고 유능하며 야심만만한 청년은 워싱턴과 마찬가지로 연합헌장을 개정하고 연합회의를 강화해야 한다는 것을 절감하고 있었다. 실제로, 해밀턴은 1783년 7월 포괄적인 개혁을 제안했다.

그리고 거기에 필요한 세력을 확보하기 위해, 이미 그해 5월에 대륙군 장교들을 규합해 신시나투스 협회Society of the Cincinnati라는 단체를 결성한 바 있었다. 고대 로마에서 장군이자 집정관으로 널리 존경을 받았던 신시나투스Cincinnatus에게서 명칭을 따왔다는 사실에서 드러나듯이, 이 단체는 국가에 대한 봉사를 천명하며 중앙정부의 역할에 주목하고 있었다. 사실, 퇴역하는 대륙군 장교들이 보기에 강력한 중앙정부는 밀려 있던 보수를 받아 내고 또 그 위에 보상으로 거론되었던 서부 토지를 얻어낼 수 있다는 것을 뜻했다. 따라서 그들 가운데 절반에 가까운 2,100여 명이 창립 직후에 회원으로 가입했다. 많은 사람들이 이 엘리트 단체가 귀족 신분을 만들어내려 한다고 거세게 비판했으나, 창립을 주도했던 해밀턴은 버티었다. 그는 신생 미국이 강력한 중앙정부 없이 존립하기가 어렵다고 보았고, 그런 정부를 만들자면 군부와 재계가 중앙정부에 관심을 갖고 후원하게 해야 한다고 생각했다. 그가 보기에는 그것이 1688년 영국에서 명예혁명이 일어난 다음에도 정부가 안정을 누린 비결이었다.

해밀턴에 못지않게 중요한 역할을 한 것은 1780–83년에 버지니아 대표단의 일원으로 연합회의에 참여했던 제임스 매디슨James Madison이다. 처음 회의에 참석했을 때 나이가 스물아홉밖에 되지 않아 참석자 가운데 가장 젊었던 이 흥미로운 인물은 체구가 왜소하고 활력도 부족했으나, 계몽사상가에 어울리는 해박한 지식과 함께 인간에 대한 깊은 이해를 지녔다. 그는 버지니아의 대농장주 가문에서 태어나 노예 수백 명의 노동에 기대며 유럽 귀족의 자제처럼 자랐다. 소년 시절에는 남부 농장주들 사이에서 널리 알려져 있던 유능한 개인 교사로부터 다양한 언어와 고전, 수학과 과학을 배우며 책벌레가 되었다. 그리고는 오늘날 프린스턴대학으로 알려져 있는 뉴저지대학에서 건강을 해칠 만큼 공부에 빠져들었다. 그래도 1771년 졸업한 다음에 거기서 1년 동안 더 머물면서 공부를 계속했다. 고향으로 돌아온 다음 해에는 영국에 대한 저항에 관심을 기울이기 시작했고, 1776년 버지니아 의회에 진출한 다음에는 곧 토머스 제퍼슨에게 발탁되어 거기서 중심적인 역할을 하게 되었다.

매디슨은 버지니아에서 정치적으로 성장했던 만큼, 연합회의에 참석했을 때도 전국적 시야를 갖추지 못하고 있었다. 그러나 그는 공화주의에 대해 깊은 신념을 지녔고, 따라서 미국이 공화국으로서 존립, 발전하는 데 필요한 여건을 만들기 위해 노력했다. 그런 각도에서 볼 때, 연합회의의 취약성은 시급하게 보완해야 하는 과제였다. 연합회의가 방 사이의 분쟁을 조정하지 못하면 종국에는 유럽 열강의 간섭을 초래하게 될 수도 있었기 때문이다. 매디슨은 먼저 연합회의에 독자적 재정 기반을 만들어주려고 노력했으나 방들의 소극적 태도로 인해 뚜렷한 성과를 거두지 못했다. 1783년 가을 버지니아로 돌아온 다음에는 관세정책에 주목하게 되었다. 영국이 항해법을 무기로 미국의 대영 수출을 가로막는 반면에 미국에서 영국 상품을 자유롭게 팔고 있는 데도, 방들은 서로 다른 이해관계에 얽매여 공동보조를 취하지 못했기 때문이다. 매디슨이 보기에, 그것은 미국의 경제발전을 저해하고 결국에는 공화국의 존립을 위협할 수 있는 중대한 사안이었다. 해결책은 연합회의에 관세와 무역에 관한 통제권을 부여하는 데 있었다. 그리고 그것은 연합헌장의 개정 필요성을 의미했다. 따라서 매디슨은 해밀턴과 제휴하게 되었다. 영국에 대한 인식과 공화주의에 대한 관념은 달랐지만, 그들은 당면 목표에 관해 공감했던 것이다.[26]

---

26 Lance Banning, "James Madison and the Nationalists, 1780-1783," *William and Mary Quarterly* 40.2 (1983), 227-255; 정경희, 『중도의 정치: 미국 헌법 제정사』 (서울대학교 출판부, 2001).

목표를 실현할 기회는 1786년 1월에 나타났다. 연합회의에서 방 사이의 교역에 관한 규정을 논의하는 별도 회의를 소집했다. 그러나 그 해 9월 메릴랜드의 아나폴리스Annapolis에서 회의가 개최되었을 때, 참석한 대표단은 뉴욕과 버지니아를 비롯한 5개 방에 지나지 않았다. 그 외에 4개 방에서 대표단을 파견했으나 도착하지 않았고, 나머지 4개 방에서는 아예 대표단을 구성하지도 않았다. 따라서 참석자들은 의제를 거론하지도 못한 채 집으로 돌아가는 수밖에 없었다. 그러나 해밀턴은 헤어지기 직전에 과감한 제안을 내놓았다. 그것은 1787년 5월 필라델피아에서 새로운 회의를 열고 방 사이의 교역 문제를 넘어 연합헌장을 전반적으로 개정하자는 것이었다. 그것은 분명히 개혁이 좌초할지도 모르는 불리한 상황에서, 오히려 정면 돌파를 시도하는 승부수였다. 그래도 해밀턴의 제안은 호응을 얻었고, 다음 해 2월 연합회의에서도 공식적인 승인을 얻었다.

결과는 예상을 뛰어넘는 성공이었다. 해밀턴과 매디슨은 워싱턴이 모든 공직에서 은퇴한다는 선언을 번복하고 필라델피아 회의에 참석해 개혁에 무게를 실어 주어야 한다고 설득했다. 그리고 쉐이즈 반란과 같은 사태를 방지하기 위해서는 한시바삐 강력한 중앙정부를 수립해야 한다고 역설했다. 그리고 두 사람은 강화 협상에서 중요한 역할을 했던 존 제이와 더불어 전국적으로 동지들을 규합하고, 모든 방에서 대표단을 파견하도록 노력했다. 결국 12개 방에서 대표단을 파견했고, 또 5월 말까지 대부분 도착했다. 대표단을 보내지 않은 로드아일랜드는 작은 방으로서, 강력한 중앙정부를 바라지 않았다. 바꿔 말하면, 그 외의 방들은 연합회의의 개혁 필요성을 인식하고 있었다고 할 수 있다.

필라델피아 회의에 참석한 대표는 워싱턴과 벤저민 프랭클린을 비롯한 지도적 정치인 55명이었다. 그 가운데 42명은 대륙회의나 연합회의에 참석한 경력이 있었다. 특히, 35명은 대륙군에서 장교로 복무한 경력을 갖고 있었다. 바꿔 말해, 대다수는 연합헌장의 문제점을 실감한 인물이었다. 또 대표

가운데 절반이 조금 넘는 29명이 대학을 졸업했고, 그 대부분은 법률에 관한 지식을 갖추고 있었다. 그렇지만 그 가운데서도 절반 정도만 판사나 변호사로 살아가고 있었다. 나머지는 다른 대표들처럼 농장주, 상인, 은행가, 부동산 사업가, 의사, 목사 등의 직업을 갖고 있었다. 소농은 몇 사람밖에 없었다. 20세기 초에 진보적인 학자들이 주장하던 것과 달리, 따라서 대표들은 경제적 측면에서 볼 때 다양한 이해관계를 갖고 있었다고 할 수 있다. 그러나 소농을 비롯한 보통 사람들과 달리 대부분 유력자들이었다—재산과 권위, 위신과 교양 가운데 몇 가지 힘을 함께 지니고 있는 사람들이었다.[27]

필라델피아 회의는 비공개로 진행되었는데, 처음부터 연합헌장의 개정을 넘어 새로운 헌법의 제정으로 나아갔다. 그것은 분명히 소집 취지에서 벗어난 일이었다. 이렇게 회의가 소집 취지와 달리 헌법 제정으로 치달은 것은 버지니아 대표단이 회의 벽두에 주도권을 쥐고 매디슨이 작성한 제안서를 논의의 출발점으로 삼았기 때문이다. 버지니아 대표단은 필라델피아에 일찍 도착해 다른 대표단을 기다리며 회의에 대비했는데, 특히 매디슨에게 의제를 정리하게 하고는 그것을 다듬어 버지니아안Virginia Plan을 만들었다. 그리고 펜실베이니아 대표단을 비롯해 다른 대표단을 설득하기 시작했다.

버지니아안은 새로운 정부를 수립하는 방안이었다. 거기서 매디슨은 새

---

27 이하 필라델피아 회의와 연방헌법에 관한 서술은 주로 다음 문헌에 토대를 두고 있다. Beard, *Economic Interpretation*; Brown, *Charles Beard and the Constitution*; McDonald, *We the People*; Wood, *Creation of the American Republic*; Holton, *Unruly Americans*; McDonnell, *Politics of War*; Max Farrand, *The Framing of the Constitution of the United States* (New Haven: Yale Univ. Pr., 1913); Robert A. McGuire, *To Form a More Perfect Union: A New Interpretation of the United States Constitution* (Oxford: Oxford Univ. Pr., 2003); Max M. Edling, *A Revolution in Favor of Government: Origins of the U.S. Constitution and the Making of the American State* (Oxford: Oxford Univ. Pr., 2003); Terry Bouton, *Taming Democracy: "The People," the Founders, and the Troubled Ending of the American Revolution* (Oxford: Oxford Univ. Pr., 2007); Michael J. Klarman, *The Framers' Coup: The Making of the United States Constitution* (New York: Oxford Univ. Pr., 2016).

로운 정부를 가리켜 "연합" 대신에 "연방"union이라 불렀다. 연방은 국민이 선거를 통해 수립하는 정부이며 주권을 지니는 기구였다. 입법부, 특히 국민의 직접 선거를 통해 구성하는 제1원은 새로운 정부의 초석이었다. 제1원은 자유인 인구에 비례해 지역별로 의석을 할당하고 국민의 직접 선거를 통해 선출하는 의원으로 구성하며, 따라서 민의를 직접적으로 반영하는 역할을 맡는다. 그리고 제2원을 두되, 국민의 직접 선거를 통해 구성하지 않고 각 주에서 후보를 지명하고 제1원에서 투표를 통해 선출하는 의원으로 구성한다. 따라서 제2원은 민의와 거리가 있는 기구, 심지어 민의에 휘둘리지 않고 오히려 그것을 제어할 수 있는 기구가 된다. 이는 간접 선거라는 일종의 여과 장치를 통해 민중을 걸러 내고 엘리트를 뽑는 방안으로서, 11년 전에 존 애덤스가 제시했던 정부 수립안에 들어 있었다. 그렇지만 매디슨은 거기서 더 멀리 나아갔다. 그가 만든 방안에 따르면, 양원으로 구성되는 연방 입법부는 개별 주들을 뛰어넘는 법률을 제정하는 권한을 가질 뿐 아니라, 각 주에서 제정된 법률 가운데 연방 법률과 어긋나는 것이 있으면 그것을 무효화시킬 수 있는 권한도 갖는다. 이는 연합회의에서 상상하기 어려웠던 매우 강력한 권위였다 (여기서 주라는 명칭을 쓰는 이유는 그것이 대륙회의나 연합회의를 구성하던 방과 달리 주권 기구이면서도 연방의 일원으로서 연방과 함께 주권을 공유한다는 사실을 내포하는 데 있다. 이 일반적 용법은 이하에서도 채용될 것이다).

버지니아안은 행정부와 사법부에 관해서도 애덤스가 제시했던 방안과 같은 생각을 담고 있었다. 행정부 수반은 일정한 임기 동안 재임하는 선출직으로 하되, 국민의 직접 선거가 아니라 입법부의 간접 선거로 선출된다. 그래서 국민과 거리가 있으며 군주와 비견되는 존재가 된다. 그리고 연방 입법부에서 제정하는 법률을 집행하며 거기에 필요한 관직에 대해 임면권을 갖는다. 사법부는 최고법원과 하급법원으로 구성하되, 역시 국민의 직접 선거 대신에 입법부의 간접 선거로 선출한다. 그렇지만 이들 법원의 판사는 임기직이 아니라 종신직으로 만들어서, 일단 취임한 다음에는 입법부의 영향력은 물론이요 행정부의 영향력이나 국민 여론에도 개의치 않고 법과 양심에 따라 판결을 내릴 수 있게 한다. 사법부가 대체로 재산과 함께 교양을 지닌 인물로 채워졌고, 재산권을 비롯한 여러 권리를 지키는 데 중요한 역할을 했다는 사실을 감안할 때, 이는 분명히 민의를 견제하는 제도적 장치의 일부였다. 특이한 것은 법안에 대한 거부권을 행정부와 사법부가 공유한다는 점이다. 행정부의 수반이 적절한 숫자의 연방법원 판사와 함께 법안을 검토하는 회의를 열고 거기서 거부권을 행사할 수 있게 한다는 것이다. 이는 한편으로 사법 심사라는 관념이 확립되지 않았고, 다른 한편으로 행정부 수반이 단독으로 거부권을 지니면 군주처럼 막강한 권력을 쥐게 되어 공화국을 위험에 빠뜨리지 않을까 하는 우려가 널리 퍼져 있었기 때문이다. 어떤 이유에서든, 버지니아안에 따르면 연방 행정부와 사법부가 국민의 의사를 충실히 반영하기보다는 오히려 그것을 적절히 제어할 수 있다는 점은 분명하다.[28]

　버지니아안을 놓고 벌어진 토론은 7월 말까지 두 달 동안 이어졌다. 뉴저지를 중심으로 작은 방의 대표들은 얼마 지나지 않아 대안으로 뉴저지안New Jersey Plan을 제시했다. 그들은 연합회의를 유지하면서 집행 기능을 강화하는 데 초점을 맞추었다. 연합헌장을 전면적으로 개정한다면 큰 방의 영향력이 확대되지 않을까 우려했기 때문이다. 대다수 대표들은 뉴저지안을 거부하면서 몇 가지 기본 원칙에 대해 합의했다. 그들은 먼저 연합헌장의 개정을 넘어 새로운 헌법의 제정을 추진하고, 새 헌법에 강력한 중앙정부를 수립하는 방안을 담아야 한다는 데 공감했다. 또 그런 정부는 버지니아안에 들어 있듯이 주권재민의 원칙에 따라 국민으로부터 직접 주권을 수임하는 기구가 되어야 한다는 데 대해서도 의견의 일치를 볼 수 있었다. 더욱이 입법부에 국민의

---

28 Variant Texts of the Virginia Plan, Presented by Edmund Randolph to the Federal Convention, 27 May 1787, The Avalon Project: Documents in Law, History and Diplomacy, Yale Law School, http://avalon.law.yale.edu/18th_century/vatexta.asp (2015년 6월 11일 접속).

의사를 반영하는 하원과 함께 그것을 견제할 수 있는 상원을 두고, 행정부와 사법부도 국민의 직접적인 영향력에서 벗어날 수 있도록 만들어야 한다는 데 대해서도 이견을 보이지 않았다. 결국, 버지니아안에서 매디슨이 제시한 원칙들이 대부분 수용되었다.

그처럼 기본 원칙에 대해 합의가 이루어졌기에, 쟁점으로 떠오른 것은 대개 기술적인 문제였다. 가장 큰 쟁점은 입법부에서 개별 방들이 차지하는 비중을 어떻게 조정할 것인가 하는 문제였다. 하원에서는 의석을 인구에 따라 배분하기로 했으나, 매디슨이 제안한 대로 인구를 자유인에 한정할 것인가, 아니면 남부의 요구에 따라 노예도 포함시킬 것인가 하는 문제가 남아 있었다. 남부의 요구는 명백한 자가당착이었다. 남부에서 노예는 인간이 아니라 재산으로 취급되었으니 말이다. 그런데도 남부 대표들은 연방이 노예제에 간섭하지 못하게 금지하는 규정을 넣으려 했다. 그러나 북부 대표들이 격렬하게 반대했고, 결국 타협책으로 20년 후에는 노예무역을 금지한다는 규정을 넣기로 했다. 더욱이, 문안에 "노예"나 "노예제"와 같은 용어를 사용하지 않음으로써, 미국 헌법에서 노예제가 용납되지 않는다는 함의를 이끌어낼 수 있게 만들기도 했다. 그와 마찬가지로 의석 배분을 위한 인구의 산정에서도 타협이 이루어졌다. 그래서 오랜 논란 끝에 나온 결론은 연합회의에서 각 방이 내는 재정 부담금을 산정할 때와 마찬가지로 노예 인구의 5분의 3을 자유인 인구에 합산해서 의석을 배분한다는 것이었다.[29]

---

29 그런 타협은 결국 헌법 문안에서 노예의 존재를 간접적이고 완곡한 어법으로 표현하는 결과로 이어졌다. 그래서 헌법에서 노예slave라는 단어 대신에 "노역 의무를 지니는 사람"person held to service or labour이라는 어구가 사용되었다. 이에 관해 학자들은 미국 헌법의 제정 취지가 노예와 노예제를 인정하고 보호하는 데 있었는가, 그렇지 않으면 오히려 노예 해방과 노예제 폐지로 나아가는 데 있었는가 문제를 제기하며 논쟁을 벌여 왔다. 그러나 필라델피아에 모였던 지도자들이 노예제에 관해 타협을 했다는 사실을 고려할 때, 이 문제가 적절한 것인지 의심스럽다. 논쟁에 관해서는 다음 문헌을 참고하라. David Waldstreicher, *Slavery's Constitution: From Revolution to Ratification* (New York: Hill & Wang, 2009); Sean Wilentz, *No Property in Man: Slavery and Antislavery at*

그에 못지않게 중요한 쟁점은 상원에 있었다. 상원 의원을 하원에서 선출하게 하자는 매디슨의 제안에 동의하는 대표는 거의 없었다. 그것은 대륙회의나 연합회의에 파견하는 대표를 방 의회에서 선출하던 관행에서 너무 멀리 벗어난 생각이었다. 그 대신, 상원 의석을 인구가 아니라 방을 단위로 삼아 배분하자는 새로운 제안이 주목을 끌었다. 코네티커트 대표단이 하원 의석을 인구에 따라 배분한다면 상원 의석은 모든 방에 같은 규모로 배분해야 한다는 타협안을 내놓았던 것이다. 큰 방들은 규모에 비해 영향력이 줄어든다고 불만을 품었지만, 작은 방들은 오히려 규모가 작아도 기본적 발언권을 확보할 수 있다며 만족했다. 게다가 타협안을 따른다면, 새로운 정부가 방들의 집합이라는 연방의 성격이 뚜렷하게 나타난다는 장점도 있었다. 결국 모든 방에 상원 의석을 둘씩 배분하는 안이 채택되었다. 더욱이 모든 의원에게 표결권을 하나씩 부여하고 임기를 6년으로 규정함으로써, 의원의 자율성과 함께 상원의 독립성을 강화했다.

필라델피아에 모인 지도자들은 그렇게 구성되는 입법부에 민의를 견제하는 기능을 부여하고자 했다. 이는 먼저 입법부에 유력자들을 충원하려는 방안으로 나타났다. 하원 의석을 인구 비례로 배분하기로 결정한 뒤에도, 얼마만 한 인구를 하나의 선거구로 설정할 것인가 하는 문제가 남아 있었다. 방의 입법부에서 하원은 흔히 도읍별로 선출하는 대표로 구성되었다. 도읍의 인구가 동부 해안의 주요 도시를 제외하면 대개 수천 명에 지나지 않았던 만큼, 그것은 하원이 민의를 직접적으로 반영하며 민주정의 보루가 되도록 만드는 장치였다. 회의 참석자들은 그런 실정을 고려해 인구 30,000명을 단위로 커다란 선거구를 설정함으로써, 다수의 도읍에 걸쳐 영향력을 지니고 있는 유력자들을 연방 하원에 충원하고자 했다. 그래도 의원이 국민의 직접 선거로 선출되기 때문에 민의를 대변하는 기능을 지닐 수 있었다. 반면에 참석

the Nation's Founding (Cambridge, MA: Harvard Univ. Pr., 2018).

자들은 주별로 두 명씩 배정된 상원 의원을 매디슨이 제안한 연방 하원 대신에 주 의회에서 시행되는 간접 선거로 선출하기로 결정했다. 상원을 그렇게 구성하는 것은 사실 연합회의의 관행이었을 뿐 아니라 명망가들을 상원에 결집시키는 방안이기도 했다. 더욱이, 참석자들은 양원에 서로 견제하는 기능을 부여했다. 무엇보다도 하원에 과세와 지출에 관한 법률을 제안하는 권한을 주는 반면에, 상원에는 하원에서 제안한 법률에 대해 거부할 수 있는 권한을 주기로 했다. 그것은 민의를 반영하는 하원에 대해 상원이 견제할 수 있게 만드는 중요한 장치였다.

다음으로 큰 쟁점은 행정부 수장과 연관되어 있었다. 그것이 군주에 비견되는 직책이었으니, 보통 사람들과 거리가 먼 인물, 바꿔 말하면 유력자 가운데서도 유력자가 그 자리를 차지해야 한다는 데 대해서는 이견이 없었다. 쟁점은 거기에 권력이 집중되는 것을 어떻게 방지할 것인가 하는 것이었다. 그것은 물론 군주의 자의적 통치에서 유래한 문제였다. 따라서 대통령을 종신직으로 하자는 해밀턴의 주장은 사실상 토론도 없이 기각되었다. 그 대신, 일부 참석자는 행정부의 권력을 대통령 한 사람에게 몰아주지 않고 세 사람으로 구성되는 위원회에 나누어 주자고 제안했다. 그러나 대다수는 반대했다. 위원회가 행정부의 효율적 운영을 저해할 우려가 있다고 보고, 대통령에게 법률을 집행하는 포괄적 권력을 부여하는 데 찬성했다. 더욱이, 매디슨의 제안처럼 의회의 입법에 대해 거부하는 권한도 부여해야 한다고 생각했다. 따라서 대통령은 군주의 대권에 가까운 권력을 지니게 되었다. 이미 제5장에서 살펴본 것처럼 독립 이후에 모든 방에서 지사의 권력이 크게 축소되었다는 사실을 기억한다면, 이는 분명히 반전이었다.

그다음으로 부각된 문제는 대통령을 어떤 방식으로 선출할 것인가 하는 것이었다. 의회에서 선출하자는 매디슨의 생각을 받아들인 참석자는 거의 없었다. 국민의 직접 선거로 선출하는 방안도 관심을 끌지 못했다. 일부는 보통 사람들의 안목과 판단력을 신뢰하지 않았고, 다른 일부는 영토가 방대하고 인구가 분산되어 있으며 교통·통신수단이 발달하지 않은 등, 어려운 여건에 주의를 환기했다. 게다가 대통령을 국민의 지지를 받으면서도 국민과 일정한 거리를 유지하는 존재로 만들 필요도 있었다. 오랜 논쟁 끝에, 참석자들은 주에서 민의를 대변하는 선거인을 선출하고 그렇게 해서 구성되는 선거인단이 대통령을 선출한다는 방안에 합의할 수 있었다. 따라서 그것이 민의를 정확하게 반영하지 않는 장치라는 점은 처음부터 알려져 있었던 셈이다.

그와 같은 문제가 해결된 다음에도 초안을 작성하는 과정에서 중요한 쟁점이 떠올랐다. 초안을 작성하는 작업은 필라델피아 회의 참석자 가운데서 5명으로 구성된 소위원회에 위임되었는데, 위원들은 모두 변호사로서 명망이 높은 사람들이었다. 그들이 버지니아안과 연합헌장, 그리고 여러 방의 헌법등, 다양한 자료를 참고하며 문안을 만들기 시작하자, 크고 작은 문제점이 드러났다. 가장 큰 문제점은 연방의 권력을 어떻게 규정할 것인가 하는 것이었다. 참석자가 모두 모이는 전체 회의는 매디슨의 제안 가운데서 연방이 개별주의 입법에 대해 거부권을 갖는다는 부분을 받아들이지 않았다. 그래도 개별 주들을 뛰어넘는 법률을 제정해야 한다는 데 대해서는 이견을 보이지 않았다. 그러나 위원장 존 러틀리지John Rutledge는 그것이 지나치게 포괄적인 권력이라고 지적하며 문제를 제기했다. 혁명기에 사우스캐롤라이나에서 지사로 일했던 경험 덕분에, 그는 연방의 권력을 제한하지 않으면 주의 권력이 크게 위축될지도 모른다고 우려했다. 따라서 위원회는 연방의 권력을 구체적으로 열거하는 명시적 규정을 두기로 결정했다. 그 결과 연방은 전쟁을 선포하고 조약을 체결하는 권한 이외에, 세금을 부과하는 권한, 군대를 설치하는 권한, 무역을 규제하는 권한, 화폐를 주조하는 권한 등, 연합회의에 없던 권한을 명시적으로 지니게 되었다. 더욱이, 연방은 그 외에도 "필요하고 적절한"necessary and proper 법률을 제정하는 권한을 지니게 되었다. 따라서 위원회는 러틀리지의 주장을 수용하면서도 연방의 권력을 확대할 수 있는 길을 열어 놓았다고 할 수 있다. 이는 나중에 정치적 쟁점으로 부각되지만, 결국에는 연방정부의 성장에 크게 기여한다.

그렇게 해서 작성된 초안은 전체 회의에서 검토를 거치며 수정되었다. 그 과정에서도 여러 가지 문제점이 떠올랐다. 무엇보다 권리장전이 들어가야 한다는 주장이 제기되었는데, 진지한 논의도 없이 받아들여지지 않았다. 이는 곧 커다란 쟁점으로 부각된다. 그리고 개별 주들에 허용되지 않는 권한을 열거하는 규정도 삽입되었다. 그에 따르면, 각 주는 조약 체결과 관세 부과를 비롯해 연방에 속하는 권한을 행사할 수 없을 뿐 아니라 이미 민주정의 폐단으로 간주되던 여러 가지 조치도 취할 수 없게 되었다. 헌법 제1조 제10항에 명시되어 있듯이, 각 주는 "화폐를 주조하거나 지급 증권을 발행하거나 금화나 은화 이외의 것을 채무 변제물로 만들거나 개인의 권리를 박탈하는 영장이나 소급해서 적용되는 법률이나 계약의 의무를 침해하는 법률을 제정하거나 귀족 작위를 부여하지 못한다." 이는 무엇보다 앞에서 살펴본 바와 같이 전후에 여러 방에서 정부가 지폐를 남발하며 부채를 탕감하는 등, 경제를 혼란에 빠뜨리는 조치를 취한 데 대한 대책이었다. 여기서 계약에 관한 규정은 독립선언문에서 제시된 핵심적 가치를 구현하는 데 중요한 함의를 띠게 된다.

문안을 검토하고 수정하는 작업은 9월 초순까지 계속되었고, 마지막으로 문장을 다듬는 작업이 끝났을 때는 9월 중순이었다. 그 결과는 공식 명칭이 없이 그저 "정부 수립안"이라 불리던 문서였다. 그것은 매우 간략한 전문으로 시작된다.[30]

우리 미국 국민은 보다 완벽한 연방을 구성하고 정의를 확립하며 국내 치안을 확보하고 공동 방위를 도모하며 국민 복지를 증진하고 우리 자신과 후손을 위해 자유의 혜택을 확보하기 위하여 이 미국 헌법을 제정한다.

---

30 미국 헌법은 세계법제정보센터 웹사이트에서 찾아볼 수 있다. https://world.moleg. go.kr/web/wli/lgslInfoReadPage.do?AST_SEQ=1061&CTS_SEQ=28071&

이 문장은 필라델피아 회의에서도 문장을 다듬는 마지막 단계에서 전체 회의의 검토 없이 삽입되었지만, 그래도 헌법을 제정하는 주체와 취지를 밝힌다는 의미를 지닌다. 제정 주체는 "우리 미국 국민"이라는 첫 문구에서 밝혀져 있다. 그것은 두말할 나위도 없이 독립선언문에 명시되었던 주권재민의 원칙에 근거를 두고 있다. 연합헌장에 제정 주체를 가리키는 문구가 없었다는 사실을 기억한다면, 그 의미는 분명하게 나타난다. 그다음에 이어지는 "보다 완벽한 연방을 구성"한다는 문구는 새로운 헌법을 제정하는 취지가 연합회의보다 강력한 연방정부를 수립하는 데 있다는 점을 선명하게 드러낸다. 그 이후의 문구는 그와 같은 정부를 수립하는 목적을 천명한다. 그 목적 가운데서 주목을 끄는 것은 "우리 자신과 우리 후손을 위해 자유의 혜택을 확보하기 위하여"라고 밝히는 다섯째 문구이다. 이 문구는 독립선언문에서 명시되었던 인간의 기본적 권리를 간략하게 압축하면서, 거기에 헌법을 제정하는 궁극적 취지가 있음을 드러낸다.

본문은 7개조로 구성되어 있다. 제1조는 입법부에 관한 규정으로서, 의회에 입법권이 있음을 밝히는 제1항에서 의회를 구성하는 방법과 절차를 다루는 제2–4항을 거쳐 의회 운영에 관한 규정을 담고 있는 제5–7항으로 이어진다. 그다음에는 의회가 지니는 권한을 열거하는 제8항과 의회의 권한으로도 할 수 없는 일을 나열하는 제9항, 그리고 조약 체결권과 관세 부과권을 비롯해 개별 주가 침해하지 못하는 영역을 규정하는 제10항까지 이어진다. 이세 개의 항은 강력한 중앙정부를 수립하기 위해 연방이 지니는 권력을 명시하는 한편, 그 권력에 한계를 설정하고 연방과 각 주 사이의 권력 관계를 규정하는 부분이다. 이는 비준 논쟁에서 관심의 초점이 된다.

제2조는 행정부에 관한 규정으로서, 대통령 선출 절차(제1항), 대통령의 권한과 책무(제2–3항), 그리고 탄핵 소추를 비롯한 해임 요건(제4항)으로 구성되어 있다. 제3조는 사법부에 관한 조항이다. 먼저 사법권이 대법원과 그 하급 법원에 있음을 선언하고(제1항), 이어서 법원의 관할권과 배심원 재판의 원칙

을 천명하며(제2항), 끝으로 반역죄의 성립 요건을 규정하고 정치적 박해를 억제하려는 취지를 밝힌다(제3항). 그리고 헌법안은 제4조에서 주간 관계를 규정하고, 제5조에서 수정조항의 처리 절차를 설명하며, 제6조에서 헌법이 "국가의 최고법"임을 선언한다. 끝으로 제7조에서 비준 요건이 13개 방 가운데 3분의 2에 해당하는 9개 방의 찬성이라고 부연한다. 이는 분명히 연합헌장을 개정하려면 모든 방이 동의해야 한다는 만장일치의 원칙과 어긋나는 조항이었다.

그런 최종 문안에 만족하는 사람은 없었다. 매디슨과 해밀턴은 물론이요 워싱턴도 기대에 미치지 못하는 성과를 보게 되었다. 그러나 이들을 포함한 대다수는 그 이상을 기대하기 어렵다는 것도 알고 있었다. 결국, 참석했던 대표 55명 가운데 39명이 서명했다. 반면에 나머지 16명 가운데 대부분은 반대 의사를 밝히며 먼저 떠났고, 일부는 끝까지 남아 있으면서도 서명을 거부했다. 새로운 헌법안에 서명한 대표들은 강력한 연방정부를 창설하는 것이 방에서 드러난 과도한 민주정의 폐단을 극복하고 신생 미국의 존립과 발전을 기약하는 방안이라고 생각했다. 그러나 그것은 앞에서 살펴본 것처럼 독립선언과 함께 탈피하려 했던 영국의 "혼합 정부"로 되돌아가서, 거기서 귀족정과 군주정의 요소를 이끌어오는 결과를 가져왔다. 이는 분명히 독립 이후의 민주주의적 추세에 역행하는 반전이었다. 바로 그것이 필라델피아 회의에서 지도자들이 추구한 목표였다.

4. 비준 과정

그 목표를 달성하기 위해서는, 1780년 매서추세츠가 만든 선례에 따라 비준 절차를 밟아야 했다. 비준은 형식적인 과제가 아니었다. 비준 과정에서 거센 비판이 일었고 중요한 문제점이 드러났으며, 권리장전을 추가한다는 타협이 이루어졌기 때문이다. 그것은 결국 독립과 더불어 미국인들이 추구하던 가치를 헌법으로 정리하고 혁명을 완성하는 과정이었다.

필라델피아 회의는 비준을 위해 헌법안을 연합회의로 송부했다. 그러나 헌법의 제정이 연합헌장에 규정된 관할권을 넘어서는 일이었기 때문에, 연합회의는 헌법안을 본격적으로 검토하지 않았다. 그 대신, 주권을 지니고 있던 개별 방으로 헌법안을 송부했다. 따라서 9월 하순에는 방들이 헌법안을 공표하고 비준 회의를 소집하는 절차에 들어갔다.

정치적 시각에서 볼 때, 그것은 국민에게 양자택일을 요구하는 셈이었다. 새로운 헌법안에 찬성하면 연방정부를 수립하는 길로 가는 것이고, 거기에 반대하면 연합헌장에 따라 취약한 국가 체제 아래에 남아 있어야 했기 때문이다. 연합헌장을 개정하거나 다른 대안을 강구하고 제시하는 기회는 허용되지 않았다. 따라서 새로운 헌법의 제정을 추진하던 정파는 유리한 고지를 차지하고, 자신들을 가리켜 연방파Federalists라 부르며 연방정부를 수립하는 취지를 설명했다. 반면에 거기에 반대하는 정치인들은 대안을 내놓을 수 없는 불리한 처지에 놓이게 되었다. 더욱이 그들은 서로 연락하고 협력할 수 있을 만큼 긴밀한 관계를 갖추지 못했고, 신시나투스 협회 같은 지지 단체도 없었다. 그래도 많은 정치인들이 비준 회의나 신문·잡지를 통해 헌법안에 대해 신랄하게 비판했는데, 이들은 반연방파Anti-Federalists라 불리게 되었다.

두 정파는 사회·경제적 배경은 물론이요 영국에서 전승된 정치적 전통도 공유하고 있었다. 오랫동안 많은 역사학자들이 혈통이나 지역, 재산이나 직업에서 서로 다른 배경이 있는 것은 아닌지 검토했지만, 뚜렷한 차이가 없다는 결론에 이르게 되었다. 게다가 두 정파는 모두 영국의 급진주의 전통에 경도되어 있었다. 제5장에서 살펴본 바 있듯이 영국의 급진주의는 권력의 집중을 경계하고 시민의 자유와 권리를 옹호하는 데 주력했기에, 미국혁명을 이끌던 지도자들 사이에서 영국 정부를 비판하는 사상적 원천으로서 널리 받아들여졌다. 그래도 차이가 있다면, 그것은 1780년대 후반에 떠오른 과제에 대한 진단과 처방에서 찾을 수 있다. 연방파는 신생 미국의 내우외환에 대해 우려하며 방들을 하나의 국가로 통합하고 강한 권력 중심을 수립해야 한다고 생각했다. 그러나 반연방파는 그런 처방이 자의적 과세를 기도하던 영국 정부처럼 전제 권력을 창조하고 나아가 시민의 자유와 권리를 위험에 빠뜨리는 결과를 가져올 것이라고 두려워했다. 이런 점에서 연방파가 18세기 영국에서 부국강병을 도모하던 궁정파Court에 가까웠다면, 반연방파는 권력과 권리의 긴장 관계에 주목하던 지방파Country의 이데올로기에 얽매여 있었다고 할 수 있다. 그런 차이는 1780년대 미국에서 독특한 정치적 함의를 띠고 있었다. 연방파는 궁정파를 따라 상업과 금융업, 그리고 제조업의 발전을 강조한 만큼, 그런 부문을 중심으로 해안 도시에서 넓은 지지 기반을 갖고 있었다. 그에 비해, 반연방파는 상공업이 발전하면 거부巨富와 함께 빈민이 늘어나서 공화국의 사회적 기반이 약화될 것으로 우려했으며, 그런 신조에 동조하는 소농과 농장주들 사이에서 많은 추종자들을 거느리고 있었다. 더욱이 연방파가 유력자들이 공평무사한 자세를 갖추고 공익의 증진에 기여할 수 있다는 전통적 관념을 지녔던 반면에, 반연방파는 개인의 자유와 권리를 강조하며 사익의 추구를 옹호하는 근대적 관념으로 나아갔다.[31]

두 정파 사이의 논쟁은 펜실베이니아에서 먼저 시작되었다. 거기서는 다수를 차지하고 있던 연방파가 비준 회의를 일찍 소집했다. 10월 5일 센티널Centinel이라는 필명으로 발표된 논평에서, 필자는 새로운 헌법안에 따르면 연방정부가 지나치게 많은 권력을 지니면서도 국민의 통제를 받지 않는다고 비

---

31 Cecelia M. Kenyon, "Men of Little Faith: The Anti-Federalists on the Nature of Representative Government," *William and Mary Quarterly* 12.1 (1952), 3–43; James H. Hutson, "Country, Court, and Constitution: Antifederalism and the Historians," ibid. 38.3 (1981), 337–368; Gordon S. Wood, "Interests and Disinterestedness in the Making of the Constitution," in *Beyond Confederation: Origins of the Constitution and American National Identity*, ed. Richard Beeman, Stephen Botein, and Edward C. Carter, II (Chapel Hill: Univ. of North Carolina Pr., 1987), 69–109.

판했다. 그는 연방의회가 "국가의 최고법"인 연방법을 제정하는 우월한 위치를 차지할 뿐 아니라 세금을 부과하고 군대를 설치하는 등, 막강한 권력도 지닌다고 지적했다. 그런데도 연방정부는 국민의 의사에 따라 운영될 수 있을 만큼 국민과 가까운 기구가 아니라고 공박했다. 그것은 다양한 주민이 광대한 영토에 흩어져 살고 있기 때문이며, 또한 연방의회가 주민을 정확하게 대변하지 못하는 방식으로 구성되기 때문이다. 하원이 인구 비례로 구성되지만, 인구 3만 명을 단위로 선거구가 설정되기 때문에 의원이 주민의 의사를 제대로 파악하기가 어렵다. 상원은 의석이 인구와 관계없이 주별로 배분될 뿐 아니라 의원이 간접 선거로 선출되어 6년이나 재임하기 때문에 상류층 인사로 채워질 것이다. 그렇다면 연방정부는 "국민 대다수에 대해 책임이나 의무를 지지 않게 되며, 흔히 알려져 있는 균형 잡힌 정부가 되는 것이 아니라 사실상 영구적인 귀족정이 될 것이다." 새로운 헌법안은 "자유인 사이에서 전제적 귀족정을 수립하려는 매우 대담한 시도"였다.[32]

센티널의 비판에 들어 있는 두려움—권력이 국민을 떠나 어딘가 먼 곳에 자리를 잡는다는 두려움, 또 정부 형태가 유력자들에게 유리하게 바뀐다는 두려움—은 반연방파에서 널리 퍼져 있었다. 반연방파는 다른 방에서도 비준 회의를 계기로 헌법안에 들어 있는 문제점을 지적하면서, 권력의 집중을 경계하는 데 커다란 관심을 기울였다. 그들이 보기에 행정 수반은 선출직이지만 입법부에 대한 거부권을 비롯해 영국 군주처럼 지나치게 많은 권력을 지니고 있었다. 더욱이 입법부는 국민을 사실대로 정확하게 대표하는 것이 아니라, 미국의 독립운동에 맞서 영국 의회가 주장하던 것처럼 국민을 실질적으로 대표하는 것으로 보였다. 하원의 의석은 자유인 인구뿐 아니라 흑인 인구도 감

---

32 Centinel [Samuel Bryan], "A Most Daring Attempt to Establish a Despotic Aristocracy," in The Debate on the Constitution: Federalist and Antifederalist Speeches, Articles, and Letters During the Struggle over Ratification, Part 1, ed. Bernard Bailyn (New York: Library of America, 1993), 52–62. 인용문은 57, 61쪽. 강조는 원문.

안해서 배분되고, 상원 의석은 아예 인구의 규모를 고려하지 않고 배분되기 때문이다. 그렇게 해서 구성되는 입법부는 국민의 의사를 올바르게 대변하지 못하고, 오히려 많은 재산과 함께 큰 야심을 지닌 사람들에 의해 좌우될 것이다. 따라서 그것은 국민과 거리가 먼 기구가 된다.

반연방파가 보기에 그에 못지않게 심각한 문제는 연방정부가 주권 기구로서 막강한 권력을 지닌다는 점이었다. 헌법안에 따르면 연방정부는 주권 기구로 창설되는데, 그것은 이미 개별 방에 주권 기구로 수립되어 있는 방 정부와 충돌하게 된다. 두 기구가 권력을 분담하게 되어 있지만, 권력이란 언제나 팽창하고 공격하는 속성을 지니고 있으므로 양자 사이의 충돌은 불가피하다. 따라서 헌법안은 주권 내의 주권이라는 논리적 모순을 안고 있다. 더욱이 연방이 세금을 부과하고 군대를 설치하며 나아가 온갖 "필요하고 적절한" 조치를 취할 수 있지만, 그런 권력을 제어할 수 있는 장치는 제대로 갖춰져 있지 않다. 그것은 영국 의회가 식민지에 대해 자의적 과세권을 누리던 것과 다를 바 없는 일이다. 그런 일을 허용하면 언젠가 연방이 개별 주보다 우월한 재정과 군대를 갖게 될 것이고, 종국에는 주들을 압도하고 주민을 억압하게 될 것이다. 이런 사태를 막기 위해서는 권리장전을 넣어 연방정부가 국민의 권리를 침해하지 못하게 해야 한다.

반연방파의 비판은 공화주의 때문에 심각한 우려로 바뀌었다. 이 이데올로기에 따르면 공화정은 규모가 작은 국가에 어울리는 체제였다. 규모가 작으면, 시민이 국정에 쉽게 참여할 수 있을 뿐 아니라 경제적 자립과 건전한 미덕을 저해하는 거부가 등장할 가능성도 적기 때문이다. 반면에 규모가 크면, 거부가 등장하고 빈민이 형성되며 결국에 가서는 그들을 정치적으로 이용하는 참주가 출현해서 공화국을 타도한다. 이는 고대에서나 근대에서나 공화국이 모두 도시국가였으며 결국 참주의 출현으로 붕괴했다는 역사적 사실에서 드러난다. 그러므로 미국은 방들이 각각 별개의 공화국으로 존립하는 연합 체제를 유지해야 한다. 방들을 통합해 하나의 연방으로 만든다는 것은 곧 미

국 전체를 파국의 위험에 빠뜨리는 일이다.[33]

그런 비판에 맞서 연방파도 헌법안을 옹호하는 연설과 논평을 쏟아냈다. 그 중심에는 푸블리우스Publius라는 필명으로 글을 써낸 해밀턴과 매디슨, 그리고 존 제이가 있었다. 이들은 1787년 10월부터 다음 해 5월까지 모두 85편을 발표했고, 그것은 곧 『연방주의자Federalist Papers』라는 한 권의 책으로 간행되었다. 그들은 무엇보다도 주권재민의 원칙을 강조했다. 위에서 살펴본 것처럼 필라델피아에서는 민중 세력을 제어하는 데 관심을 기울였지만, 비준 과정에서는 국민을 설득하기 위해 노력했다. 그들의 주장에 따르면, 헌법을 제정하는 주체는 헌법안 전문에 명시되어 있듯이 바로 국민이다. 그에 대한 비준 여부도 특별히 소집된 회의를 통해 국민이 스스로 결정한다. 국민은 그처럼 주권을 지니고 있으므로, 그것을 나누어 입법, 행정, 사법 삼권으로 독립시키듯이 일부를 지방정부에, 다른 일부를 중앙정부에 줄 수 있다. 실제로 헌법안 제1조에서 제8항과 9항, 그리고 10항은 연방이 지니는 권한과 각 주가 지니는 권한을 일일이 나열하며 구분해 놓는다. 이는 주권 내의 주권이라는 모순과 다른 것이다. 그것은 어느 쪽도 최종, 또는 최고의 권위를 지니지 못하는 미국의 특이한 연방주의이다.

연방파는 그런 관념을 근거로 권력의 집중에 대한 경계심을 가라앉히고자 했다. 연방의 권력에 대해 두려워할 필요가 없다. 연방정부는 헌법에 명시되어 있는 권력을 지닐 뿐이며, 그렇지 않은 것은 모두 국민이 갖고 있다. 연방정부가 군대를 창설하고 유지한다고 해도, 그 군대가 영국의 상비군처럼 국민을 억압하는 데 동원되지는 않는다. 영국의 상비군은 국왕에게 봉사하는 국왕의 군대이고, 미국의 연방군은 국민과 국가의 안전을 책임지는 국민의 군대이다. 혹시 대통령이 연방군을 동원해 쿠데타라도 일으키려 한다면, 의회가 군대를 유지하는 데 필요한 비용을 지출하지 않으면 된다. 게다가 각

---

33 베일린, 『미국혁명의 이데올로기적 기원』, 374-396.

주에는 민병대가 있으니, 연방군의 악용에 맞서는 안전장치가 하나 더 있는 셈이다. 그리고 권리장전이 권리를 보호하는 데 도움이 될지 의심스럽다. 권리를 열거하는 데 한계가 있고, 또 열거한다 해도 그것은 어디까지나 문서에 지나지 않을 테니 말이다. 그러나 이런 설명으로 권력에 대한 두려움을, 특히 영국 정부처럼 국민과 거리가 먼 곳에 집중되어 있는 권력에 대한 두려움을 가라앉히기는 어려웠다. 헌법을 통해 연방정부에 막강한 권력을 부여한다면 마땅히 권리장전을 넣어 국민의 권리를 보호해야 한다는 반연방파의 주장은 그만큼 무게를 지니게 되었다.

더욱이, 공화국은 작아야 한다는 당대의 상식이 장애물처럼 버티고 있었다. 나중에 "헌법의 아버지"라 불리게 되는 매디슨이 거기에 도전했다. 그는 1787년 11월에 발표한 『연방주의자』 제10편에서 파벌의 문제를 다루었다. 그에 따르면 파벌은 내우외환을 일으키며 공화국을 위험에 빠뜨리는 중요한 요인인데도 그 원인을 제거할 수가 없다. 사람들은 다양한 능력을 지니고 있으므로, 재산을 축적하는 능력이 서로 다를 뿐 아니라 그것을 토대로 형성되는 관념과 견해도 서로 다르다. 따라서 상이한 이해관계와 다양한 파벌이 존재한다. 아무리 뛰어난 정치인이라 해도, 그처럼 상이한 이해관계를 조정해 공동선에 기여하게 만들기는 어렵다. 그렇다면 그 대책을 세우는 것이 근대 국가의 주요 과제라 할 수 있다. 파벌은 피할 수 없다 해도 적어도 공화국을 위협하지 않도록 제어할 수는 있다. 그 방법 가운데 하나는 공화국을 작은 규모로 유지하는 것이 아니라 거꾸로 영토를 넓히고 인구를 늘리는 데 있다. 규모가 크면 파벌과 이해관계가 그만큼 더 다양해지고, 일부가 다른 부분을 끌어들여 다수를 형성하기도 어려워지며, 따라서 소수의 권리도 쉽게 침해당하지 않는다.

"영역을 넓혀라, 그러면 더욱 다양한 파벌과 이해관계가 나타날 것이고, 전체 가운데 다수가 다른 시민의 권리를 침해하려는 동기를 공유할 가능성도 적어질 것이며, 만약 그런 동기를 공유한다 해도 그렇게 생각하는 모든 사람이

다수가 지니는 힘을 깨닫고 서로 단결해서 행동하기는 어려워질 것이다."[34]

그러니 방들을 연방으로 통합해 광역 공화국을 수립하는 것이 지폐 발행이나 부채 탕감 같은 부적절한 조치를 요구하는 파벌을 효과적으로 제어하는 길이다.

매디슨은 다음 해 2월에 발표한 『연방주의자』 제51편에서 견제와 균형의 원리를 거론하며 광역 공화국의 장점을 다시 역설했다. 광역 공화국에서는 여러 파벌이 서로 다투다가 다수를 쉽게 만들어 내지 못하고 그래서 여간해서는 소수를 억누르지 못하는데, 이는 권력을 여럿으로 나누어 서로 견제하게 만들어서 권력이 집중되는 현상을 저지하고 권리를 보호하는 것과 같은 이치이다. 이렇게 견제와 균형의 원리에 기대는 것은 결국 통치란 인간이 하는 일이기 때문이다.

그러나 하나의 부서에 여러 가지 권력이 점진적으로 집중되는 현상을 방지하는 데 효과적인 대책은 각 부서를 운영하는 사람들에게 다른 부서의 잠식에 저항하는 데 필요한 합법적 수단과 개인적 동기를 부여하는 데 있다. 이 경우에는 다른 모든 경우와 마찬가지로 잠식 위험에 상응하는 대비 방안을 세워야 한다. 야심은 야심으로 막아야 한다. [어떤 자리를 차지하는] 사람의 이익은 그 자리에 따르는 합법적 권리와 연계시켜야 한다. 그와 같은 장치가 통치의 오류를 통제하기 위해 필요하다는 것은 인간의 본성 때문에 벌어지는 일인지도 모른다. 그러나 통치 그 자체는 인간의 본성 때문에 벌어지는 일 가운데 가장 큰 일이

---

34 Publius [James Madison], "To Break and Control the Violence of Faction," *Debate on the Constitution*, Part 1, 404–411, 410. 그 외에 다음 자료도 참고하라. 베일린, 『미국혁명의 이데올로기적 기원』, 396–423; Wood, *Creation of the American Republic*, 469–564; Edmund S. Morgan, *Inventing the People: The Rise of Popular Sovereignty in England and America* (New York: Norton, 1988), 267–277.

아니고 무엇인가? 만약 인간이 천사라면, 정부는 필요하지 않을 것이다. 만약 천사가 인간을 통치한다면, 정부에 대한 외부적 통제장치도 내재적 통제장치도 필요하지 않을 것이다. 인간이 인간을 통치하며 운영하는 정부를 수립하는 데 있어서 가장 큰 난관은 이것이다. 먼저 정부가 피치자들을 통제할 수 있게 해 주고, 그다음에 정부가 그 자체를 통제하게 만드는 일이다. 정부가 국민에게 의존하게 만드는 것은 의심할 나위도 없이 정부에 대한 일차적 통제장치이다. 그러나 인류가 경험을 통해 깨달은 것은 보조 예방책도 필요하다는 점이다.[35]

그렇다면 연방을 창설하고 광역 공화국을 수립하는 것은 인간의 본성을 고려할 때 오히려 필요한 조치인 셈이다. 왜냐하면 인간이란 나약한 존재이기 때문이다. 아무리 착한 사람도 권력을 지니면 다른 사람들의 권리를 침해하며 자신의 권력을 확대하려는 유혹이나 압력을 이기지 못하기 때문이다.

반연방파는 조직적으로 대응하지 못했다. 그들 가운데 일부는 대륙군이나 대륙회의, 또는 연합회의에 참여한 경험을 갖고 있었지만, 대부분은 전국적 시야를 갖추지 못한 채 방의 이해관계에 주목하는 지방 정치인이었다. 그리고 영국과 싸울 때 지녔던 권력에 대한 경계심을 조금도 늦추지 않았고, 연방파와 헌법안도 그런 안목에서 바라보았다. 더욱이, 그들은 연방파에 견줄

---

35 Publius [James Madison], "On the Safety of Multiple Interests: Ambition Will Counteract Ambition," in *The Debate on the Constitution: Federalist and Antifederalist Speeches, Articles, and Letters During the Struggle over Ratification*, Part 2, ed. Bernard Bailyn (New York: Library of America, 1993), 163-168, 164.

이 유명한 대목에서 "인간의 본성 때문에 벌어지는 일"이라는 어구는 흔히 "인간의 본성을 반영하는 것"으로 이해되기도 한다. 사실, 적잖은 미국인들도 그 어구를 "a reflection *of* human nature"로 해석한다. 더욱이 그렇게 해석해도 뜻이 통한다. 그러나 원문은 "a reflection *on* human nature"이며, 여기서 "reflection on"은 오류의 근원을 가리키는 데 사용되는 표현 방법 가운데 하나임을 기억해야 한다. 필자가 제시하는 해석은 이 대목에서 매디슨이 말하고자 하는 요점, 즉 권력의 분립이 인간의 본성 때문에 필요하다는 의견과 맞아떨어진다.

만한 수준 높은 교양이나 영향력을 갖추지 못했다. 그렇기 때문에 연합회의의 문제점에 관해 미래 지향적인 대책을 제시하지 못했을 뿐 아니라 헌법안에 대한 비판도 체계적이고 효과적으로 전파하지 못했다. 실제로 당시 미국에서 발행되던 신문과 잡지는 90종에 달했지만, 반연방파를 지지하는 신문은 12종에 지나지 않았다. 게다가 비준 절차가 시작되자, 반연방파는 선거나 회의에 참여하며 지지 세력을 규합하는 노력을 기울이지 않고 오히려 소극적인 자세를 취했다.

따라서 비준 과정은 연방파에 유리한 방향으로 진행되었다. 무엇보다도 국민투표가 시행되지 않았다. 많은 방에서 주민은 다만 방별 비준 회의에 파견하는 대표를 선출하는 과정에서 헌법안을 살펴보고 의사를 밝히는 기회를 가졌을 뿐이다. 따라서 민의는 비준 회의에서 대표를 통해 간접적으로 표현되었고, 연방파는 조직적인 운동을 통해 대표들에게 적잖은 영향을 끼칠 수 있었다. 각 방은 사정에 따라 일정을 조정했지만, 모두 별도의 선거를 거쳐 주민 대표를 뽑고 비준 회의를 열었다. 먼저 델라웨어, 뉴저지, 조지아, 코네티커트, 그리고 펜실베이니아가 재빨리 비준을 마쳤다. 델라웨어를 비롯해 규모가 작은 방들은 만장일치로 찬성했다. 비준 회의에 참석한 대표들은 소규모 방의 발언권을 보장하는 헌법안에 만족하며 새로운 연방정부의 지원을 기대했다. 펜실베이니아에서는 본격적인 토론이 벌어졌지만, 연방파가 46 대 23이라는 큰 차이로 승리했다. 찬성표를 던진 대표들은 필라델피아를 수도로 만들고 연방정부의 기구를 유치하는 데 관심을 기울였다.

다음으로는 매서추세츠에서 찬반 격론이 벌어졌다. 거기서는 도읍들이 읍민회의를 열어 헌법안을 살펴본 다음에, 그 결론을 주민 대표에게 훈령으로 주었다. 그 과정에서는 쉐이즈 반란에서 드러났던 정부에 대한 불만이 헌법안에 대한 비판으로 이어졌다. 따라서 비준 회의에서 반연방파는 조항을 하나씩 검토하며 토론을 벌였고, 결국 권리장전이 없다는 것을 가장 큰 문제점으로 지적했다. 그러자 연방파는 비준 후에 권리장전을 추가한다는 타협안을 내놓았고, 덕분에 187 대 168이라는 작은 차이로 비준안이 통과되었다. 거기서 대세가 결정되었다고 할 수 있다. 뒤이어 비준 회의가 소집되었던 메릴랜드와 사우스캐롤라이나에서 큰 차이로 비준안이 가결되었고, 여름에는 뉴햄프셔와 뉴욕, 그리고 버지니아에서 격론 끝에 매서추세츠와 같은 타협이 성립했기 때문이다. 결국 1788년 6월에는 비준 절차가 사실상 완료되었다. 그래도 비준을 미루던 노스캐롤라이나와 로드아일랜드는 연방정부가 출범한 다음에야 뒤늦게 합류한다.[36]

비준이 치열한 논쟁에도 불구하고 성공적으로 진행되었다는 사실은 연방파가 효과적인 운동을 펼쳤다는 것, 또 다수의 미국인들이 헌법안을 안정과 발전을 위한 처방으로 여겼다는 것을 시사한다. 이는 무엇보다도 제1조 제10항이 비준 논쟁에서 쟁점으로 부각되지 않았다는 사실에서 짐작할 수 있다. 이미 서술한 바와 같이 그 규정은 각 주에서 지폐 발행과 부채 탕감을 비롯해 민주정치의 폐단으로 간주되던 조치들을 취할 수 없도록 금지하는 내용을 담고 있었는데, 그에 대한 비판이 제기되지 않았다. 게다가 헌법안에 따르면 앞으로 수립되는 연방정부는 세금을 부과하고 채무를 이행하며 군대를 유지함으로써, 방 정부에서 달성하지 못하던 경제적 안정과 군사적 안전을 제공할 수 있었다. 이는 전후에 막혀 있던 돈의 흐름에 물꼬를 터주고, 나아가 돈이 영국을 비롯한 유럽에서 미국으로 움직이는 데 필요한 여건이었다. 이런 이점 때문에, 많은 미국인들이 헌법안을 수용한 것으로 보인다.[37]

그래도 권력에 대한 경계심은 높았다. 그래서 매디슨을 비롯한 연방파는 비준 과정에서 형성된 타협안에 따라 1789년 9월 연방의회에서 권리장전이 통과되는 데 협력했다. 그리고 권리장전은 2년이 넘는 세월을 거치며 비준 절

---

36 Pauline Maier, *Ratification: The People Debate the Constitution, 1787-1788* (New York: Simon & Schuster, 2010).

37 Holton, *Unruly Americans*, 227-253.

차를 마치고 수정조항 제1-10조로 확정되었다. 그것은 종교의 자유, 언론의 자유, 집회의 자유 등, 시민이 누리는 자유에서 무기를 지니는 권리와 공정한 재판을 받을 권리를 거쳐 생명과 자유, 그리고 재산에 대한 권리까지 다양한 권리를 열거한다. 그리고는 열거되지 않은 권력과 권리에 대해서도 언급한다. 권리장전은 구체적으로 "헌법에 일부 권리가 열거되어 있다고 해서 국민이 보유하는 다른 권리가 부인 또는 경시된다는 뜻으로 해석되지 아니한다"(제9조)고 선언한다. 이어서 "헌법에 의해 미연방국에 위임되지 않은 권력이나 주에 금지되지 않은 권력은 개별 주, 또는 국민이 보유한다"(제10조)고 부연한다. 이들 조항은 혁명기의 미국인들이 권리를 보호하는 데 얼마나 노심초사했는지 보여 준다. 그들은 권력이란 자유와 권리를 제물로 삼아 팽창하는 경향을 지닌다고 생각했다. 그리고 그 이유가 궁극적으로 인간이 나약한 본성을 지니고 있어서 유혹이나 압력을 이기지 못하고 쉽사리 타락하기 때문이라고 믿었다. 결국, 미국인들은 그런 두려움 때문에 헌법과 권리장전에 열거되지 않은 권력과 권리에 대해서도 따로 조항을 만들었다고 할 수 있다.[38]

권리장전은 시민의 권리뿐 아니라 주의 권력을 보호하려는 취지를 지니기도 했다. 오늘날, 권리장전은 시민의 권리에 초점을 맞추고 있는 것으로 보인다. 그렇지만 반연방파를 비롯한 수많은 건국기 미국인에게는, 연방이 과거의 영국처럼 지방의 특수한 사정과 필요를 고려하지 않고 주민의 권리를 위협할 수 있는 위험한 권력을 지닌 것으로 보였다. 그런 권력을 제어하기 위해서는, 시민의 권리를 보장하는 규정에 그치지 않고 개별 주의 권력을 보강하는 장치도 있어야 했다. 그런 장치는 이미 미국 헌법에 묵시적으로 도입된 바 있었다. 위에서 살펴본 것처럼, 남부 대표들이 고집하던 대로 노예제가 보전되었을 뿐 아니라 연방 하원의 의석을 배분하는 데 노예 인구를 합산한다는 원칙도 채택되었다. 이제 권리장전에서는 제10조에서 드러나듯이 개별 주의

---

38 베일린, 『미국혁명의 이데올로기적 기원』, 394-396.

권력을 보강하려는 취지가 분명하게 나타났다. 이 취지는 시민의 권리를 보장하려는 취지와 깊이 얽혀 있었다. 식민지 주민이 영국의 자의적 지배에 맞서 집단적으로 봉기한 바 있듯이, 미국 시민은 연방의 권력에 개인적으로 맞서는 데 그치지 않고 집단적으로, 특히 자신들을 직접적으로 대변한다고 여겨지던 주 차원에서 집단적으로 맞서야 한다고 생각했다. 이런 각도에서 볼 때, 권리장전에서 명시적으로 거론되는 시민의 권리는 궁극적으로 개별 주의 권력과 순치脣齒 관계에 있었다고 할 수 있다. 예를 들면, 제2조는 오늘날 무기를 휴대하는 시민 개개인의 권리로 해석되지만, 건국기 미국에서는 각 주가 민병대를 소집하고 동원하는 권력의 전제로 간주되었다. 바꿔 말해, 그것은 연방에 맞서는 주의 권력을 보장하는 장치로서도 중요한 의미를 지녔던 것이다. 따라서 권리장전의 취지는 시민의 권리를 보장하는 데 그치지 않고, 반연방파가 두렵게 여기던 연방의 권력을 제한하고 주의 권력을 확립하는 데까지 이른다고 할 수 있다.[39]

결국, 비준 논쟁은 미국 헌법이 다양한 이견과 치열한 갈등을 타협으로 봉합하면서 만들어 낸 정치의 소산이라는 점을 보여 준다. 따라서 헌법은 제정된 다음에도 조용하게 수용되지 않았다. 실제로 미국 헌법은 19세기 중엽까지 크고 작은 도전에서 벗어날 수 없었고, 결국 내전을 거친 뒤에야 확고한 위상을 누릴 수 있게 되었다. 바꿔 말하면, 그때서야 비로소 연방헌법과 연방정부가 미국 전역에서 우월한 권위를 확보하게 되었다고 할 수 있다. 다른 한편에서는 바로 그런 권위를 경계하며 개인의 자유와 권리를 수호해야 한다는 이념과 노력이 뚜렷해졌다. 이는 1840년대 말에 문호 헨리 데이비드 소로Henry David Thoreau가 연방정부의 노예제 옹호와 멕시코 침략을 비판하며 시민 불복종을 선언했을 때 분명하게 드러났다. 이런 태도는 결국 개인의 자율

39 Gerald Leonard and Saul Cornell, *The Partisan Republic: Democracy, Exclusion, and the Fall of the Founders' Constitution, 1780s-1830s* (Cambridge: Cambridge Univ. Pr., 2019), 28-39.

성을 그 무엇보다도 중시하는 이른바 자유지상론libertarianism이 미국에 뿌리를 내리는 데 기여했다.

헌법을 중심으로 권력과 권리 사이에 형성된 그런 긴장 관계는 오늘날까지 이어져 내려온다. 1990년대 중엽이었다고 기억하는데, 필자는 미국에서 사적 군사 조직에 관한 TV 프로그램을 지켜보다가 그 점에 대해 생각하게 된 적이 있다. 그 프로그램은 일부 미국인들이 군대 같은 단체를 결성하고 무기와 탄약을 비축할 뿐 아니라 실제로 군사 훈련도 실시하면서 자신들의 무력을 과시하는 모습을 다루었다. 오늘날 미국 전역에서 대략 4–5만 명 정도에 이르는 이들 극우파는 다양한 문제점을 거론했지만, 대체로 연방정부가 지나치게 커다란 권력을 장악하고 있으며 또한 그것을 남용 내지 악용하고 있다며 비난했다. 특히, 소수집단을 우대하는 정책과 관대한 이민·복지 정책, 그리고 연방의 무거운 과세와 규제에 불만을 터뜨렸다. 그들 가운데서도 몇몇 사람은 자신이 살아가는 곳에 경계선을 그어 놓고는 총을 들고 연방정부의 관리가 출입하지 못하게 막기도 했다. 기자가 다가가서 그 이유를 묻자, 어떤 이는 웃옷 주머니에서 조그만 책자를 꺼내들더니 그것이 헌법이라고 하면서 자신은 헌법에 보장된 권리를 지닌다고 강조했다. 이런 극단적 인물은 두말할 나위도 없이 주변적 존재에 지나지 않는다. 그렇지만 그들의 존재는 빈발하는 총기 사건에도 불구하고 미국이 총기를 효과적으로 규제하지 못하는 사정을 말해 준다. 나아가 총기에 연관되어 있는 이익집단들의 영향력 이외에, 그것은 무기를 소지하는 권리가 헌법에 보장되어 있다는 신념을, 그리고 국민이 면밀하게 통제하지 못하는 권력에 대한 뿌리 깊은 경계심을 보여 준다.

5. 자본주의의 정치적 토대

미국 헌법은 두말할 나위도 없이 미국 민주주의의 기틀이지만, 그보다 더 큰 의미도 지니는 듯하다. 그 문서는 잘 알려져 있듯이 좁은 뜻의 권력구조를 규정하는 데서 그치지 않고, 필자가 문명의 본질로 여기는 매우 넓은 뜻의 권력구조도 시사하기 때문이다. 그것을 파악하기 위해서는 미국 헌법을 살펴보며 거기에 묵시적으로 들어 있는 관념까지 파헤쳐야 한다.

미국 헌법은 다른 헌법과 마찬가지로 권력구조를 규정하지만, 다른 나라에서는 찾아보기 어려운 특징을 지닌다. 그 특징은 권력을 서로 다른 네 개의 차원에서 분립시킨다는 데 있다. 첫째 차원에서는 권력을 주와 연방이라는 수임 기관에 따라 구분해서 부여함으로써, 서로 다른 관할권을 지닌 두 기관 사이에서 견제와 균형을 도모한다. 이는 흔히 연방주의라 불리는데, 권력구조로서 중요한 기능을 발휘한다. 둘째 차원에서는 권력을 입법, 행정, 사법 등, 통치 기능에 따라 구분하고, 서로 견제하며 균형을 이룰 수 있도록 분립시킨다. 이는 거의 모든 근대 헌법에서 볼 수 있는 것이지만, 연방주의와 통합되어 미국의 권력구조를 매우 복잡한 것으로 만들어 놓는다. 이들 두 개의 차원은 학계를 넘어 일반인에게도 널리 알려져 있다. 그렇지만 자본주의 문명의 발전 과정과 직접적 관계가 없다.

나머지 두 개의 차원은 학계에서 쟁점으로 취급된다. 필자가 셋째 차원으로 간주하는 것은 권력을 사회 세력에 따라 구분하고 분립시킴으로써, 역시 견제와 균형을 도모하는 것이다. 이 차원은 헌법에 명시되어 있지 않으나, 서두에서 소개한 미국 역사학계의 커다란 쟁점 가운데 일부이다. 이에 관한 상론은 이어지는 〈부록: 미국 헌법에 관한 논쟁〉으로 미루고, 여기서는 그 결론만 소개한다. 지난 반세기 동안 미국 역사학계에서 혁명기를 연구하는 학자들은 이데올로기에 관심을 기울이는 반면에 사회 세력을 경시하는 경향을 보였다. 그러나 최근에 일부 학자들은 미국인들이 혁명기를 넘어 건국기에도 전통적 사회관을 버리지 않았다는 사실을 보여 주었다. 그에 따르면, 그들은 사회가 자율적 개인으로 구성되기보다는 귀족 같은 상류층과 평민 같은 하류층으로 나뉘어 있다고 보았다. 더욱이, 영국의 "혼합 정부" 이론을 버리지도 않았다. 당대의 미국인들은 오히려 아리스토텔레스까지 거슬러 올라가는 "균형 정체" 관념, 즉 사회 세력과 권력구조를 직결시키는 관념을 간직하고 있었다. 특히 해밀턴과 매디슨을 비롯해 헌법의 제정을 주도한 인물들은 혁명 이후 각 방에서 대두하던 다수 민중의 권력에 맞서 연방정부를 수립함으로써 소수 유력자들의 권리를 지키고자 했다. 이런 뜻에서 미국 헌법은 사회 세력에 따라서도 권력을 분립시킨다고 할 수 있다.

넷째 차원의 권력구조 역시 헌법에서 명시적으로 규정되지 않는다. 다만, 그 기본 원칙들이 수립될 뿐이다. 구체적으로 말하자면, 미국에서는 건국을 계기로 정치적 권위와 경제 권력이 뚜렷하게 분립되는데, 그 전제에 해당하는 원칙들이, 특히 정치와 경제의 영역을 구분하고 재산 및 계약에 관한 권리를 보장한다는 원칙들이 연방헌법과 권리장전에서 수립된다고 할 수 있다. 이 점을 이해하기 위해서는 저 두 문서를 되돌아봐야 한다.

혁명의 핵심적 가치는 이미 서술한 것처럼 헌법에서 "자유의 혜택"으로 압축되어 나타나지만, 권리장전에서는 구체적으로 언급된다. 거기서는 시민 개개인이 지니는 자유와 권리가 열거되는데, 특히 제5조에 따르면 "적법 절차를 통하지 않고서는 생명이나 자유, 또는 재산을 박탈할 수 없으며, 적절한 보상을 하지 않고서는 공익을 목적으로 사유재산을 수용할 수 없다." 이로써 재산권은 다른 기본적 권리와 함께 명시적으로 보장된다. 그리고 앞에서 지적한 바 있듯이, 헌법 제1조 제10항에 따르면 각 주는 "화폐를 주조하거나 …… 계약의 의무를 침해하는 법률"을 제정할 수 없다. 바꿔 말해, 지폐를 발행해 화폐가치를 떨어뜨리거나 시민 사이에 체결된 계약의 이행에 간섭하지 못한다. 따라서 시민은 헌법과 권리장전에 따라 재산을 소유하고 향유하는 권리를 확보한 셈이다.

이들 조항은 경제적으로, 또 정치적으로 중요한 기능을 지닌다. 그것은 먼저 시장경제를 미국 경제의 기본 원칙으로 확립하는 기능을 지닌다. 시민 사이에서 성립하는 계약의 체결과 이행은 재산권을 비롯한 기본적 권리와 더불어 정부의 간섭에서 벗어나 자유로운 경제활동을 펼치는 데 필수적인 조건이기 때문이다. 그리고 그것은 19세기에 사법 심사권을 확립한 사법부 덕분에 정부가 침해할 수 없는 권리로 정착했다. 정치학자 제니퍼 네델스키Jennifer Nedelsky에 따르면, 그런 조항 덕분에 결국 "시장이라는 기본 구조를 정치적 선택이 가능한 영역에서 벗어나 있는 것으로 여기는 태도"가 형성되었다.[40] 그에 못지않게 중요한 것은 그런 조항이 건국기 미국에서 상류층을 보호하는 기능을 지니고 있었다는 점이다. 신분제가 뿌리 내리지 못한 미국에서 시장은 상류층이 재산을 축적하고 향유하는 공간이며, 상류층으로서 지위를 성취하고 유지하는 데 필요한 제도적 기반이었다. 그러나 앞에서 살펴보았듯이 보통 사람들을 대변하는 민중 세력은 건국기에 정부를 통해 시장에 간섭하며 상류층을 위협하고 있었다. 이런 상황에서 시장경제를 옹호한다는 것은 민중 세력의 도전을 저지하고 상류층을 보호한다는 것을 의미한다. 거기에는 상원의 설치나 사법부의 독립에 못지않은 중요한 정치적 의미가 있었다.

거기에는 그 이상의 함의가 있는 듯하다. 재산권은 생명과 자유에 대한 권리와 더불어 오랫동안 위험에 노출되어 있었다. 그것을 위협한 것은 이미 살펴보았듯이 식민지 미국에서는 영국 의회와 국왕의 정치적 권위였고, 혁명기 미국에서는 민중 세력이 다수를 차지하던 여러 방의 정치적 권위였다. 사실, 그런 권리는 서양의 역사에서, 나아가 인류의 역사에서 정치적 권위뿐 아니라 종교적 권위와 물리적 폭력으로부터도 위협을 받았다. 그러나 근대 세계에서는 그것이 인간의 기본적 권리로 간주되며 권력의 위협으로부터 보호받아야 하는 핵심적 가치로 부각되었다. 저 유명한 로크의 어구에서는, 특히

---

40 Jennifer Nedelsky, *Private Property and the Limits of American Constitutionalism: The Madisonian Framework and Its Legacy* (Chicago: Univ. of Chicago Pr., 1990), 141–187, 216–222 (인용문은 221쪽); James W. Ely, Jr., *The Guardian of Every Other Right: A Constitutional History of Property Rights*, 3rd ed. (New York: Oxford Univ. Pr., 2008), 42–58.

재산이 시민이 자기 자신을 소유하는 주체로서 생명을 부지하고 자유를 향유하는 데 필요한 경제적 조건으로 간주되었다. 따라서 재산권은 기본적 권리의 일환으로 취급되었으며, 이 관념은 이미 살펴본 것처럼 미국혁명의 사상적 기원으로서 중요한 역할을 했다.

그러나 재산권은 권력으로 변모할 수 있는 잠재력을 지녔다. 재산에 대한 권리는 아무런 간섭이 없으면 시장에서 경제 권력으로 변모할 수 있다. 즉, 다른 사람들에게 일을 나누어 주고 어떻게 해야 할지 말해 주며 그에 따라 그들을 움직이게 만드는 힘으로 바뀔 수 있다. 그런 잠재력은 혁명기 미국에서도 널리 알려져 있었다. 그래서 당대의 미국인들은 재산을 많이 지닌 소수가 숫자가 많은 빈민을 움직여 공화국을 위협할지도 모른다고 두려워하며 그것을 경계했다. 그래도 당대 미국에서는 재산이 "노동의 결실"로 여겨졌다. 유럽의 귀족이 가문의 재산을 물려받아 나태와 방종, 사치와 부패에 빠지는 반면, 미국의 재산가들은 근면한 노동을 통해 재산을 축적하고 관리했기 때문에 공화국의 시민으로서 필요한 미덕을 갖추었다고 여겨졌다. 게다가 미국에서는 다수가 경제적 자립을 약속하는 재산을 지녔고, 그래서 유럽과 달리 거부와 빈민이 늘어나고 또 전자가 후자를 정치적으로 동원할 가능성도 적었다. 그러나 혁명 이후에 상공업이 발전함에 따라 사정이 달라졌다. 무엇보다도 산업혁명을 계기로 많은 사람들이 경제적 자립의 기반이었던 토지를 잃고 공장에서 일자리를 얻어 생계를 잇게 됨에 따라, 커다란 재산이 엄청난 권력으로 변모하기 시작했다. 특히 19세기 후반에 대기업이 대두함에 따라, 소수에게 집중된 재산은 자유방임을 외치며 시장에 대한 정부의 개입을 저지하고 자율성을 누리고자 했다.[41] 이제 경제 권력은 정치적 권위나 종교적 권위, 또는 물리적 폭력에 대한 종속에서 벗어나 자율적 위상을 차지할 수 있게 된 셈이다.

---

41 James L. Huston, "The American Revolutionaries, the Political Economy of Aristocracy, and the American Concept of the Distribution of Wealth, 1765–1900," *American Historical Review* 98.4 (1994), 1079–1105.

그것은 자본주의의 특징이다. 이미 필자는 자본주의가 매우 넓은 뜻에서 권력구조의 일종이며, 경제 권력을 다른 권력에서 해방, 분립시키는 특징을 지닌다고 설명한 바 있다. 돌이켜보면, 자본주의가 발전하기 이전에는 어디서나 경제 권력이 정치적 권위나 종교적 권위, 또는 물리적 폭력에 종속되어 있었다. 그런 전통적 세계에서 벗어나는 과정은 영국에서 먼저 시작되었고 이어서 미국으로 확산되었다. 미국인들은 혁명을 통해 영국의 자의적 과세에 항의하며 "생명과 자유, 그리고 행복의 추구"를 인간의 기본적 권리로 규정함으로써 저 낡은 권력구조를 무너뜨렸다. 그리고 헌법을 제정하고 생명과 자유, 그리고 재산에 대한 권리를 보장했다. 더욱이, 미국인들은 국교가 폐지되고 정치와 종교가 분리됨에 따라 종교적 권위로부터 상당한 자유를 누릴 수 있었고, 신분제가 뿌리내리지 못했던 사회구조 덕분에 전통적인 사회적 제약에서 상대적으로 자유를 누릴 수도 있었다. 바꿔 말하면, 미국인들은 혁명과 건국을 계기로 기존의 정치적, 종교적, 사회적 제약에서 벗어나 마음껏 재산을 축적하고 향유할 수 있게 되었다. 이와 같은 권력구조는 물론 몇몇 기본 전제 위에서 성립한다. 구체적으로 말하자면, 정치의 주체인 시민, 그들로 구성되는 정치조직, 그리고 그들이 참여하는 정치과정을 기본 전제로 삼는다. 이런 뜻에서 미국은 연방헌법의 제정을 계기로 자본주의의 정치적 토대를 갖추었다고 할 수 있다.

그러므로 미국 문명은 18세기 말에 자본주의로 변형되기 시작했다고 할 수 있다. 이미 제4장에서 소개한 바 있듯이, 20세기 말 미국의 역사학자들은 미국이 언제, 어떻게 자본주의로 이행했는가 하는 의문을 놓고 치열한 논쟁을 벌였다. 그렇지만 무엇보다 자본주의에 대해 서로 다른 개념을 갖고 있었기에, 이행 과정에 관해 어떤 결론에도 도달할 수 없었다. 그렇게 해서 미결 상태로 남은 문제에 관해, 이제 필자는 나름대로 답변을 내놓는다. 한마디로 줄이면, 미국은 혁명과 건국을 통해 자본주의 문명이 발전하는 데 필요한 정치적 토대를 갖추었다고 할 수 있다.

더욱이, 미국은 매우 견고한 토대를 갖추었다고 할 수 있다. 이 책에서 앞으로 살펴보겠지만, 그 토대는 결코 바위처럼 단단하지 않다. 미국의 헌정 질서는 위에서 살펴본 것처럼 다양한 권력 관계—여러 권력 사이의 관계, 그리고 권력과 권리 사이의 관계—가 복잡하게 얽혀 만들어진 것이므로, 일부에서 변화가 일어나면 전체에 걸쳐 적잖은 조정이 필요하다. 더욱이 그 원천이 국민에게 있으므로, 국민의 의지가 바뀌면 그것도 의미 있는 변경을 거쳐야 한다. 이런 변화는 이 책에서 중요한 관심사로 다루어진다. 그렇지만 미국의 헌정 질서는 뿌리 깊은 나무처럼 적잖은 변화를 겪으면서도 든든한 양태를 잃지 않았다고 할 수 있다. 이는 무엇보다도 미국 헌법이 처음 제정된 이래 지금까지 230년 넘게 유지되고 있다는 점에서, 그래서 인류의 역사에서 가장 먼저 만들어지고 또 가장 오래 살아 있는 성문헌법이라는 점에서, 분명하게 드러난다. 수정조항은 오늘날까지 27개로 늘어났지만, 그래서 헌법의 내용을 여러 곳에서 바꾸어 놓았지만, 그 골격을 건드리지는 않았다. 이런 지속성은 다른 나라와 비교해 보면 매우 뚜렷하게 드러난다. 예를 들어 미국보다 겨우 2년 늦게 헌법을 제정했던 프랑스는 오늘날까지 여러 번 헌법을 폐지하고 다시 제정했으며, 한 번 제정한 헌법도 다시 여러 차례에 걸쳐 수정했다. 그에 비하면, 미국 헌법은 뚜렷한 변화를 겪지 않은 채 지속되었다고 할 수 있다. 그리고 거기에 집약되어 있는 미국 자본주의의 정치적 토대 역시 견고한 지속성을 지닌다고 할 수 있다.

거기에 어떤 연유가 있는가 하는 의문은 쉽사리 풀기가 어렵다. 그래도 몇 가지 중요한 요인이 머리에 떠오른다. 먼저 생각할 수 있는 것은 강력하고 치열한 반대가 없었다는 점이다. 위에서 살펴보았듯이, 헌법의 제정에 반대하던 반연방파는 비준 절차에 효과적으로 대처하지 못할 만큼 소극적인 태도를 보였다. 또 앞으로 살펴보겠지만, 비준 절차가 끝난 다음에는 헌법을 존중하는 자세를 취했다. 다른 한편으로, 19세기 전반기에는 남부가 관세와 노예제를 비롯한 지역적 이해관계에 따라 연방의 권위에 도전하며 미국 헌법에 대해 비판적인 태도를 보였다. 그런 태도는 결국 내전으로 이어졌고, 거기에 가담한 남부에서는 심지어 미국 헌법이 폐지되는 사태에 이르기도 했다. 그러나 내전 후에는 미국 헌법이 더욱 확고한 위상을 차지했고, 그 위상은 오늘날까지 흔들리지 않았다. 그처럼 만만치 않은 비판과 저항이 있었으나 그래도 강력하고 치열한 반대가 없었다는 점은 프랑스와 비교할 때 분명하게 드러난다. 이미 지적한 바 있듯이 미국혁명에 저항하던 근왕파는 미국을 떠난 다음에 되돌아가지 않았던 반면에, 프랑스혁명을 저지하려 했던 귀족들은 망명지에서 머무르지 않고 고국으로 돌아갔다. 그리고 거기서 구체제를 재건하고 군주정을 복원하고자 기도했다. 따라서 혁명의 전통을 계승하며 공화정을 확립하려던 진보 세력과 충돌했고, 그로 인해 19세기 프랑스는 헌법을 개폐하는 근본적 변화를 자주 겪게 되었다. 그런 보수 세력이 미국에는 없었고, 따라서 미국 헌법에도 그런 변화가 없었다고 할 수 있다.

미국의 헌정 질서가 지니는 견고한 지속성은 미국 헌법에 내재하는 제도적 장치에도 연유가 있는 것으로 보인다. 미국 헌법은 위에서 살펴본 것처럼 권력을 수준별, 기능별로 분립시키는 데 그치지 않고 사회적으로, 또 영역별로도 분립시킨다는 특징을 지닌다. 이렇게 네 개의 차원에서 권력을 분립시키는 취지는 두말할 나위도 없이 권력 사이에 다양한 방식으로 견제와 균형의 관계를 수립함으로써 권력이 집중되는 가능성을 억제하는 데 있었다. 이는 매디슨이 광역 공화국의 이점을 설명하면서, 다양한 파벌이 나타나면 어느 파벌도 권력을 집중적으로 장악하지 못하게 될 것이라고 역설한 데서 뚜렷하게 보인다. 더욱이, 그는 그 위에 스스로 "보조 예방책auxiliary precautions"이라 부른 것을 덧붙여 넣었다. 그것은 법원에서 판사들이 종신 재직권을 지니고 의회에서 하원과 상원이 서로 다른 권력을 쥐고 있으며 대통령이 주요 기관장을 임명할 때 반드시 상원에서 인준을 얻어야 하는 데서 드러나듯이, 법원과 의회, 그리고 행정부가 각각 독자적으로 움직이지 못하고, 다른 기관에서 협력을 얻지 않고서는 움직일 수 없다는 점에서 분명하게 나타난다. 그렇게 다양하고 복합적인 장치가 어떤 집단도 헌법의 변경을 추진할 수 있을 만큼 강한 권력을 장악하지 못하게 막는다.

그런 제도적 장치 아래에는 특이한 인간관이 깔려 있는데, 거기에 미국 헌법의 안전성과 지속성을 해명하는 궁극적 연유가 있는 듯하다. 이미 제5장에서 소개한 바와 같이, 미국혁명은 18세기 말에 서양을 휩쓴 "민주 혁명"의 조류 가운데 일부였다. 그것은 또한 미국인들이 당대의 유럽인들과 마찬가지로 정치의 주체로서 자율성을 지니는 근대적 존재였다는 점을 보여 주었다. "민주 혁명"의 배경에는 인간이 생명과 자유, 그리고 재산에 관한 권리를 비롯한 기본적 권리를 타고나며 그것을 기초로 정부를 수립하거나 변경할 수 있는 능력도 지닌다는 관념이 자리 잡고 있었다. 미국인들은 유럽인들과 함께 그런 권리와 능력을 공유했으나, 위에서 살펴본 것처럼 유럽인들과 달리 권력이 매우 치밀하게 분립되어 있는 구조를 수립했다. 이 차이는 먼저 반권위주의에서 유래한다. 영국에서 유입된 반권위주의는 식민지 미국인들에게 권력에 대한 두려움을 퍼뜨렸고, 나아가 혁명과 건국의 과정에서 먼 곳에 집중된 권력에 대한 깊은 두려움을 심어 놓았다. 그 아래에는 기독교적 인간관이 깔려 있었다.

그 인간관은 헌법을 제정하는 데 주도적 역할을 맡았던 매디슨에게서 뚜렷하게 나타난다. 그는 앞에서 인용한 구절에서 드러나듯이 인간은 천사가 아니라고 강조했다. 인간은 본래 선하지만 자칫하면 유혹이나 압력을 이기지 못하고 악에 빠지는 나약한 존재, 그래서 도저히 믿을 수 없는 존재라는 것이다. 그를 비롯한 당대의 미국인들은 특히 권력이 인간을 타락에 빠뜨리는 중요한 요인이라며 그것을 경계하는 데 면밀한 주의를 기울였다. 이 인간관은 성선설과 성악설 등, 우리에게 친숙한 동양의 사상적 전통에서 부각되는 관념과 다르기 때문에 주목할 필요가 있다. 그 관념은 기독교 경전에 기원이 있는 것으로서, 식민지 미국에 자리 잡은 종교적 전통 덕분에, 특히 "대각성 운동" 덕분에 18세기 미국인들이 널리, 그리고 깊이 되새기게 되었던 것으로 보인다. 그처럼 인간이 본성에 있어서 유혹이나 압력을 이기지 못하고 쉬이 타락과 부패에 빠지는 나약한 존재라면, 특히 권력을 쥔 다음에는 결코 신뢰할 수 없는 존재가 된다면, 해법은 권력을 다양한 방식으로 분립시키고 서로 견제하게 만드는 데서 그치지 않고 그 위에 매디슨이 말하는 "보조 예방책"까지 도입하는 데 있었다. 이런 뜻에서, 미국 헌법은 유럽의 면면한 전통 위에다 인간에 대한 섬세한 이해와 그에 입각한 면밀한 대책을 담고 있다고 할 수 있다.[42] 그것이 가장 오래된 성문헌법이면서도 오늘날까지 살아 있는 이유도 부분적으로 여기서 찾을 수 있을 듯하다. 미국의 자본주의 문명은 그만큼 탄탄한 제도적 토대 위에 서 있는 셈이다.

그렇지만 그런 인간관이 결코 고정되어 있지 않았다는 것, 오히려 상당한 변화를 겪었다는 점도 기억해야 한다. 그것은 매디슨에게서 드러나듯이 미국에서 두드러지게 나타나는 것이지만, 분명히 근대 서양에서 널리 공유되던 관념에 토대를 두고 있다. 매디슨이 우려하던 나약한 인간은 이미 제5장에서 살펴본 바와 같은 근대적 관념 위에서 존재한다. 구체적으로 말해, 그는 하나의 주체로서 자율성을 지니고 정치과정에 참여하며 발언권을 누리는 시민이요, 역사적 시각에서 본다면 중세 말부터 오랜 세월에 걸쳐 험난하고 복잡한 갈등을 겪으며 서서히 대두한 근대적 존재이다. 이 존재는 18세기 말에 와서 뚜렷한 모습을 갖추고 나타났지만, 거기서 성장을 멈추지 않았다. 그 이후에도 지속적으로 미묘하고 의미 있는 변화를 겪었고, 그래서 오늘날에는 상당히 다른 모습을 지닌 것으로 보인다. 필자의 시각에서 볼 때, 그 변화 가운데서 무엇보다 주목을 끄는 것은 누구든 돈을 마음껏 벌고 마음 내키

---

42 Joseph F. Kobylka and Bradley Kent Carter, "Madison, 'The Federalist,' and the Constitutional Order: Human Nature and Institutional Structure," *Polity* 20.2 (1987), 190–208. 매디슨이 말하는 "보조 예방책의 기원"은 고대 로마 공화정에서 찾을 수 있는데, 이에 관해서는 다음 문헌을 참고하라. Polybius, *Histories*, 371–413; Gilbert Chinard, "Polybius and the American Constitution," *Journal of the History of Ideas*, 1.1 (1940), 38–58.

는 대로 쓰며 돈을 갖고 힘을 휘둘러도 좋다는 관념이 널리 퍼져 있다는 점이다. 자유보다 방종에 어울리는 이 관념은 분명히 자율성을 누리는 근대적 존재로서 정치의 주체가 되는 시민을 전제로 성립하지만, 초점이 정치에서 경제 영역으로 바뀌었다는 점에서 근대 서양의 일반적 인간관과 거리가 있다. 게다가 매디슨의 인간관과도 거리가 멀다. 이런 거리는 물론 자본주의 발전에 수반되는 문화적 변동의 소산이다. 이에 관한 연구는 많지 않다. 그저 윤곽만 그려볼 수 있을 듯한데, 그것도 제2부와 제3부에서 시도할 수 있을 것이다.

지금 여기서 중요한 것은 미국 헌법이 지니는 역사적 함의를 넓은 맥락에서 살펴보는 일이다. 미국 헌법은 문화사의 견지에서 볼 때 확산이 아니라 변용이라 할 수 있다. 필자는 문명의 개념을 논의하면서 문화의 전파 과정을 확산으로 간주할 것인가, 아니면 변용으로 이해할 것인가 하는 문제를 다룬 바 있다. 거기에 비추어 볼 때, 확산이라는 용어는 미국 헌법에 적절하지 않은 듯하다. 연방파는 "혼합 정부"를 모델로 간주했지만, 미국의 사회구조에 맞게 그것을 수정하지 않을 수 없었다. 더욱이, 독특한 연방주의를 도입하기도 했다. 그렇게 해서 수립된 권력구조는 "혼합 정부"와 비슷하면서도 뚜렷하게 다른 것, 구체적으로 말하면 민주정치를 바탕으로 삼고 그 위에 군주정과 귀족정의 요소를 가미한 것이라 할 수 있다. 그러므로 미국 헌법은 저 유명한 모델의 확산이 아니라 변용이라 해야 한다.

그런 변용은 분명히 드문 사례이다. 근대 세계에서는 거의 모든 국가들이 헌법을 제정하는 과정에서 여러 모델을 연구하고 자국의 사정에 맞게 수정, 도입했지만, 바꿔 말하면 채용했지만, 그것은 대개 모방과 타락을 수반하는 과정이기도 했다. 미국 헌법은 그런 모델 가운데 하나로서, 식민지 경험을 가진 비유럽 세계에서 널리 바람직한 모범으로 간주되었다. 특히 중남미 국가들은 19세기 초에 독립을 성취한 다음에 새로운 헌법을 제정하는 과정에서 스페인과 프랑스는 물론이요 미국의 헌법도 모범으로 취급했다. 그렇지만 거기에 들어 있던 관념이나 문화까지 도입하지는 않았다. 특히, 권력 집중을 막기 위해 권력을 다양한 방법으로 분립시키고 서로 견제하며 균형을 이루게 하는 여러 장치들을 도입하지는 않았다. 그 대신, 방대한 권력을 대통령에게 집중시키는 제도를 수립했다. 그것은 스페인에서 이식되었던 구체제―절대군주제와 봉건제, 그리고 장원제가 혼합되어 있던 체제―의 유산이라 할 수 있다. 더욱이, 정치과정에 참여할 수 있었던 것은 자유인 가운데서도 재산을 지닌 사람들에게 국한되었고, 나머지 대다수는 참정권을 얻지 못했다. 천부인권이나 주권재민, 시민의 자치나 법의 지배 같은 관념은 19세기 초 중남미 국가에서 찾아보기 어려웠다. 그런 관념은 소수 개혁가들에게 알려져 있었지만, 빈부나 신분의 차이가 격심했던 사회구조로 인해 대다수 주민에게로 스며들지 못했다. 그 결과는 널리 알려져 있듯이 20세기 말까지 이어진 독재정치의 악순환이었다.[43] 이런 사례에 비추어 보면, 미국은 해외 모델을 채용하는 데 성공한 모범 사례라 할 수 있다. 앞에서 살펴본 바와 같이 권력과 권리 사이의 긴장 관계에 주목하는 관념이나 문화가 형성되어 있었다는 점은 그 이유 가운데 하나라 할 수 있다.

그러나 미국 헌법에는 주목할 만한 문제점도 있었다. 흑인과 여성을 비롯한 소수집단은 독립선언문과 마찬가지로 미국 헌법과 권리장전에서도 간과되었다. 새로이 수립되는 권력구조에서 주체는 공식적으로 시민이었으나, 실제로는 재산을 가진 백인 남성으로 한정되었다. 그 이외의 미국인들은 인간과

---

43 Glen Dealy, "Prolegomena on the Spanish American Political Tradition," *Hispanic American Historical Review* 48.1 (1968), 37−58; Robert Freeman Smith, "The American Revolution and Latin America: An Essay in Imagery, Perceptions, and Ideological Influence," *Journal of Interamerican Studies and World Affairs* 20.4 (1978), 421−441; Louisa S. Hoberman, "Hispanic Political Theory as a Distinct Tradition," *Journal of the History of Ideas* 41.2 (1980), 199−218; Edward Countryman and Susan Deans, "Independence and Revolution in the Americas: A Project for Comparative Study," *Radical History Review* 27 (1983), 144−171; Miguel Schor, "Constitutionalism Through the Looking Glass of Latin America," *Texas International Law Journal* 41.1 (2006), 1−37.

시민이 지니는 기본적 권리를 제대로 지니지 못했고, 따라서 새로운 권력구조에서 발언권을 누릴 수도 없었다. 더욱이, 미국 헌법과 권리장전에서 보장되는 기본적 권리도 국가와 공적 영역에 한정되어 있었다. 이미 독립선언문에서 "생명과 자유, 그리고 행복의 추구"로 집약되었던 기본적 권리는 가정이나 직장에서 개인 사이에 형성되는 불평등한 관계로, 그것도 흔히 억압과 착취를 수반하는 관계로 확장되지 않았으니 말이다.

그래도 미국 헌법과 권리장전은 독립선언문과 마찬가지로 미국인이라면 누구에게나 적용될 수 있는 보편적 어휘를 사용하며 기본적 권리를 규정했다. "모든 사람은 본래 평등하다"는 문구에서 출발하는 이 보편적 선언은, 따라서 기본권을 제대로 누리지 못하는 소수집단에게 영감의 원천이자 투쟁의 무기로 부각되었다. 실제로, 소수집단은 오랜 세월에 걸쳐 피나는 투쟁을 벌인 끝에 기본적 권리를 확보할 수 있었다. 그리고 미국의 자본주의 문명에, 바꿔 말하면 경제 권력에 자율적 위상을 부여하는 넓은 뜻의 권력구조에 의미 있는 변화를 가져왔다. 그런 투쟁과 변화는 경제 권력의 대두와 더불어 제2부와 제3부에서 핵심적 주제로 취급될 것이다.

★ 부록: 미국 헌법에 관한 논쟁

미국 헌법에 관한 논쟁은 방대한 분량의 문헌과 심오한 수준의 논의 때문에 간략하게 소개하기 어렵다. 어떤 학자도 관계 자료를 두루 섭렵하고 다양한 쟁점을 깊이 있게 취급할 수 없을 지경이다. 이는 헌법이 하나의 분야가 아니라 여러 분야에서 중요한 연구 대상으로 간주되기 때문이기도 하다. 특히, 법학자와 정치학자들이 문안을 중심으로 헌법 제정자들의 "원의"original intent를 파악하는 데 주력하는 반면에, 역사학자들은 맥락에 관심을 기울이며 문안에서 명시적으로 드러나지 않는 관념까지 탐구하기 위해 노력한다. 따라서 이들 분야를 넘나드는 대화는 찾아보기 어렵다.

그 복잡한 논쟁 가운데서 필자의 주목을 끄는 것은 미국 헌법에서 규정되는 권력구조가 연방주의와 통치 기능 이외에 사회 세력에 따라서도 분립되었는가 하는 문제이다. 이 문제는 헌법의 제정에 어떤 이데올로기들이 얽혀 있었는가 하는 미국 역사학계의 주요 쟁점과 직결되어 있다. 서두에서 언급한 바와 같이, 고전 공화주의와 근대 자유주의는 권력구조의 편성에 중대한 영향을 끼친 사조이다. 이들 이데올로기의 영향에 관한 논쟁은 1969년에 출간된 고든 우드의 『미국 공화정의 탄생』에서 본격적으로 시작된다. 거기서 우드는 미국인들이 헌법의 제정을 계기로 사회 세력을 토대로 권력구조를 수립해야 한다고 보는 "혼합 정부" 이론에서 벗어났다고 주장한다. 또 주권재민과 대의제, 그리고 권력분립의 원칙에 따라 모든 국민이 대표를 뽑아 정부를 구성하고 거기에 서로 다른 여러 가지 권력을 위임하는 민주주의 정부 형태를 만들어 냈다고 부연한다. 그리고 이 새로운 정부 형태에는 시민이 이기심을 지닌 존재로서 자신의 이익을 위해 사회적 동의를 추구하며 정치에 참여한다는 자유주의적 관념이 들어 있다고 선언한다. 그에 따르면 미국인들은 혁명적 방식으로 전통적 정치관을 뒤집어 놓았다. 정부의 안정성이 오랜 관행처럼 국가를 구성하는 기본적 사회 세력의 구체적 표현에 달려 있다는 생각이 사라졌다. 이제 그것은 다양한 이익집단이 정부에 확고하게 자리 잡지 못하게 막는 데 달려 있다는 생각이 떠올랐다. 그래서 제도나 정부를 둘러싸고 벌어지는 정치가 사회와 맺고 있던 종래의 관계에서 기이한 방식으로 빠져 나왔다. 그러나 동시에 사회 속에서, 즉 국민 사이에서 나타나는 정치적 행위를 보다 근대적이고 보다 현실적인 방식으로 이해하는 관념이 널리 퍼졌다. 이 혁명은 고전적 정치관이 끝남과 동시에 낭만적 정치관이라 부를 수 있는 것이 시작되었음을 알려 주었다.[44]

그런 변화는 정부 가운데서도 상원에서 매우 뚜렷하게 나타났다. 우드에 따르면 "혼합 정부" 모델은 혁명기에 미국인들 사이에서 널리 받아들여졌고, 그래서 미국에 귀족이 없어도 영국의 귀족원에 해당하는 상원이 있어야 한다는 관념을 낳았다. 실제로 1770년대 후반에 대다수 방은 헌법을 제정하며 상원을 설치했다.[45] 그러나 10여 년 후에 제정된 연방헌법에서는 상원도 하원처럼 국민을 대변하는 기구로 구성되었으며, 따라서 "혼합 정부" 이론은 사회적 적실성을 잃게 되었다. 특히 매디슨은 광역 공화국의 장점을 거론하면서 사회에는 다양한 파벌과 이해관계가 존재하며, 그것들이 이합집산을 통해 다수를 형성하고 이익을 추구한다고 지적함으로써 정치에 대한 자유주의적 관념을 제시했다.[46] 그런 관념에 따른다면 헌법에서 제시되는 권력구조는 사회 세력과 관계가 없다.

우드는 매디슨이 『연방주의자』에서 피력한 견해를 중요한 근거로 취급한

---

44 Wood, *Creation of the American Republic* (1972), 606.

45 Ibid., 125-256.

46 Ibid., 567-618; Wood, *Radicalism of the American Revolution*, 229-369.

다. 그에 따르면 "혼합 정부"는 특정 세력의 전제를 막고 시민의 자유와 권리를 지키기 위해, 사회를 구성하는 다양한 신분을 모두 정치에 참여시키는 정부 형태였다. 반면에 매디슨은 같은 목적을 지향하면서도 사회가 다양한 집단으로 구성되어 있다고 보고, 정부를 근대적 권력분립의 원칙에 따라 수립하고 그것을 통해 다양한 집단들이 이해관계를 조정할 수 있다고 생각했다. 이 생각에는 "혼합 정부"에서 상정되는 신분제 사회와 다른 사회가 전제되어 있었다. 그것은 10여 년 전에 아담 스미스가 『국부론』에서 정육점 주인이 고기를 파는 것은 자비심이 아니라 자기애 때문이라고 말하며 생각하던 사회와 같은 것이었다. 매디슨이 주목한 것은 그런 사회에서 집단들이 자기 이익을 위해 정부를 전부 장악하거나 그 일부를 전유하고자 한다는 점이었다. 그가 주장한 것은 그렇다면 정부는 권력분립의 원칙에 따라 수립하고, 모든 집단이 정부에 접근할 수 있으면서도 여러 권력이 서로 견제하며 균형을 이룰 수 있게 만들어야 한다는 점이었다. 따라서 그가 바라본 정치란 다양한 집단들이 이해관계에 따라 이합집산을 거듭하며 다수를 형성하고 갈등을 해결하는 공간이었다. 이는 고전 공화주의에 없는 관념이었다. 차라리 근대 자유주의에서 찾아볼 수 있는 정치관이었다.[47]

이 견해는 면밀하게 검토할 필요가 있다. 서두에서 소개한 것처럼 우드는 헌법 제정기에 자유주의적 정치관이 급격하게 부상했다는 해석을 철회했지만, 그런 정치관의 등장 자체를 부인하지는 않는다. 그렇다면 문제는 새로운 관념이 얼마나 널리 퍼져 있었는가 하는 의문으로 좁혀진다. 그 해답은 한마디로 줄여 당대인들 사이에서 거의 받아들여지지 않았다는 점이다. 이는 법학자 래리 크레이머Larry D. Kramer가 1999년도에 발표한 논문 「매디슨의 청중」의 요점이다. 그에 따르면, 매디슨은 『연방주의자』 제10편에서 파벌론을 제시

---

47 이하 세 개의 문단은 필자가 이미 논문에서 서술한 내용을 맥락에 맞게 다시 쓴 것이다. 해당 논문과 해당 내용은 다음과 같다. Youngsoo Bae, "Rethinking the Concept of Capitalism," *Social History* 45.1 (2020), 1–25, 15–21.

하기 전에 먼저 필라델피아 회의에서 그에 관해 몇 차례 언급했다. 그렇지만 그의 언급은 매디슨 자신이 만든 비망록에 기록되었으나, 다른 대표들이 남겨 놓은 비방록에는 짤막하게 몇 줄로 요약되었거나 아예 기록되지 않았다. 그들은 매디슨의 새로운 발상을 이해하지 못했거나, 이해했더라도 쉽사리 수용할 수 없었던 것이다. 물론, 매디슨이 자신의 발상을 필라델피아 회의에서 제시하지 않았을 수도 있다. 그래도 큰 차이는 없다. 그가 그 뒤에 『연방주의자』에서 자신의 생각을 다시 개진했을 때도 반응이 비슷했으니 말이다. 더욱이 여기저기서 유사한 견해가 몇 차례 제기되었지만, 그것을 지지, 또는 반대한다는 적극적인 반응이 없었다. 결국, 그는 다시 파벌론을 피력하지 않았다. 바꿔 말하면, 자유주의적 정치관은 18세기 미국인들에게 너무 낯선 관념이었다고 할 수 있다.[48]

근래의 연구는 당대 미국에 전통적 관념이 남아 있었다는 사실을 보여 준다. 사회가 일인과 소수, 그리고 다수로 구성되어 있다는 전통적 관념은 왕족은 물론이요 귀족도 없는 미국 사회에 들어맞지 않았다. 그러나 미국에도 뚜렷한 사회질서가 있었고, 그 정점에는 흔히 상류층이라 불리던 계층이 있었다. 그들은 귀족처럼 많은 재산과 높은 위신을 지니고 있었지만, 귀족과 달리 지위를 물려받은 것이 아니라 자신의 재능과 노력으로 차지한 사람들이었다. 그래서 신분제를 통해 유지되는 "인공 귀족"artificial aristocracy이 아니라, 능력의 차이로 인해 형성되는 "자연 귀족"natural aristocracy으로 간주되었다. 반면에 보통 사람들은 상류층과 달리 민중의 참정권과 이해관계를 옹호하는 성향을 지니고 있었으므로 "자연 민주 세력natural democracy으로 취급되

---

48 Larry D. Kramer, "Madison's Audience," *Harvard Law Review* 112.3 (1999), 611–679; Sarah Bilder, *Madison's Hand: Revising the Constitutional Convention* (Cambridge, MA: Harvard Univ. Pr., 2015); Gerard N. Magliocca, "A Faction of One: Revisiting Madison's *Notes* on the Constitutional Convention," *Law & Social Inquiry* 43.1 (2018), 267–281.

었다. 그리고 미국의 지도자들은 이들 세력이 개별 방에서는 물론이요 연방에서도 각각 상원과 하원을 중심으로 정치에 참여하고, 행정부를 이끄는 일인과 더불어 상호 견제·균형의 관계를 맺으며 정부를 운영해야 한다고 생각했다. 이런 생각은 헌법 제정기에 연방파를 넘어 반연방파 사이에서도 상당히 퍼져 있었다. 반연방파 가운데서도 급진파는 "자연 귀족"을 인정하지 않았으나, 온건파는 그 존재를 용인하고 그에 따르는 정치적 함의에 대해 고민했다. 그래도 그들은 연방파와 달리 상류층에 큰 정치적 영향력을 허용하지 않으려 했다.[49]

더욱이, "혼합 정부" 이론은 헌법 제정기에 급작스레 쇠퇴하지는 않았다. 그것이 미국 헌법에서 나타나는 권력분립에 커다란 영향을 끼쳤다는 점은 이미 1930년대에 입증된 바 있다. 특히 법학자 말콤 샤프Malcolm P. Sharp에 따르면, 그 고전적 관념은 입법부에 양원제를 도입하고 행정 수반에게 강력한 권위를 부여하는 등, 권력을 기능에 따라 분립시키면서도 부분적으로 혼합함으로써 다수가 권력을 전반적으로 장악하지 못하도록 견제하는 데 기여했다. 간단히 줄이면, "다수에 제약을 가하고 소수의 권익을 보호한다는 관념이 미국 헌법에서 나타나는 바와 같은 원칙의 첫째 취지였다."[50]

그렇다면 "혼합 정부"의 기본 원칙은, 구체적으로 말하면 사회 세력에 상응하는 권력구조를 수립해야 한다는 전통적 관념은 건국기에도 살아 있었다

---

49 Saul Cornell, "Aristocracy Assailed: The Ideology of Backcountry Anti-Federalism," *Journal of American History* 76.4 (1990), 1148-1172; Elaine K. Swift, "The Making of the American House of Lords: The U.S. Senate in the Constitutional Convention of 1787," *Studies in American Political Development* 7.2 (1933), 177-224; Paul D. Ellenbogen, "Another Explanation for the Senate: The Anti-Federalists, John Adams, and the Natural Aristocracy," *Polity* 29.2 (1996), 247-271; John Patrick Coby, "The Long Road to a More Perfect Union: Majority Rule and Minority Rights at the Constitutional Convention," *American Political Thought: A Journal of Ideas, Institutions, and Cultures* 5.1 (2016), 26-54.

50 Sharp, "Classical American Doctrine." 인용문은 436쪽.

고 할 수 있다. 그 이유는 전통의 관성과 함께 미국의 사회구조에서 찾을 수 있다. 분명히 신분제는 미국에 뿌리내리지 못했지만, 그래도 뚜렷한 위계질 서가 자리 잡고 있었다. 이는 "모든 사람은 본래 평등하다"는 독립선언문 구 절과 맞지 않는 현실이었다. 그 구절은 이념으로서, 또는 이상으로서, 중요 한 가치를 지니고 있었고, 나중에 흑인과 여성을 비롯한 소수집단에게 영감 을 던져 주었다. 그러나 그것은 "평등한 권리"에 대한 보장이지, 평등한 결과 에 대한 약속이 아니었다. 그렇기 때문에 한편에서 미국은 누구에게나 기회 가 열려 있는 자유롭고 평등한 사회라는 믿음이 성립한다면, 다른 한편에서 는 미국이 재산과 권위를 비롯한 여러 측면에서 뚜렷한 위계질서를 품고 있 다는 믿음이 설득력을 지닌다. 실제로 19세기에는 전자가 자유주의의 핵심적 신조로 대두하고, 후자가 다양한 급진 운동의 기본 전제로 정착한다. 그러나 그 이전에는 영국에 정착되어 있던 신분제의 그림자가 남아 있었고, 건국기 미국인들은 그에 따라 자신들을 귀족 같은 상류층과 평민 같은 보통 사람들 로 나누어 보았다. 신분이라는 전통적 관념이 사라졌지만, 계급 같은 근대적 개념은 아직 나타나지 않았던 것이다. 그래도 사회가 권위나 재산을 갖춘 사 람들과 그렇지 못한 사람들로 나뉘는 등, 위계질서로 구성되어 있다는 관념 은 신시나투스 협회의 결성에 따른 논쟁에서 드러났듯이 미국에도 남아 있었 던 것으로 보인다. 따라서 그들은 권력구조에 관해 생각할 때 몽테스키외의 견해를 인용하면서도 "혼합 정부" 이론을 폐기하지 않았다고 할 수 있다.

그런 복합적이고 과도기적인 관념은 연방파의 사고에서 핵심을 차지했 다. 그 대표적 인물이 귀족정을 옹호한다고 널리 알려져 있던 존 애덤스라면, 해밀턴과 매디슨은 각각 스펙트럼의 두 극단에 서 있던 인물이라 할 수 있다. 해밀턴은 저 낡은 이론에서 벗어나지 못한 채 영국의 정치체제로 되돌아가고 자 했다. 그래도 그는 공개 석상에서 발언할 때면 반대파에게 공격할 빌미를 주지 않으려고 애썼다. 이는 1787년 9월 비준 절차가 시작되었을 때 그가 발 표한 논설에서 분명하게 드러난다. 그는 이제 미국이 발전하느냐 붕괴하느냐하는 기로에 서 있다고 지적하면서 지지 세력의 결집을 호소했다.

새 헌법의 성공적 비준에 유리한 여건이 다음과 같이 조성되어 있다. 헌법 안을 만든 사람들이 지니고 있는 매우 커다란 영향력, 특히 워싱턴 장군의 보편적 인기—연방의 상업을 규제하고 보호하며 확대할 수 있는 정부를 수립하기 위해 모든 노력을 기울이려는 미국 전역의 상업 관계자들이 지니고 있는 호의—민주 세력이 재산에 대해 흔히 가하는 약탈 행위와 내부의 폭력 사태로부터 자신들을 보호해 줄 수 있는 연방정부를 기대하는 개별 방의 대다수 재산 소유자들, 그리고 그 위에 나라의 체면에 대해 걱정하는 개별 방의 대다수 재산 소유자들, 이들이 지니고 있는 호의—연방의 채무를 변제할 수단을 갖고 있는 연방정부가 그 채무를 변제하기를 바라는 미국 채권 소유자들의 희망. [그리고] 현존하는 연합이 연방의 존속을 보장하는 데 충분하지 않으며 연방이 자신들의 안전과 번영에 필요하다고 보는 국민 일반의 강한 신념, 변화를 바라는 강한 열망, 그리고 필라델피아 회의에서 작성된 헌법안을 잘 받아들이려는 자세.[51]

여기서 해밀턴이 언급한 상업 관계자와 재산 소유자, 그리고 채권 소유자들은 두말할 나위도 없이 "자연 귀족"의 주요 요소였다. 그가 보기에는 그들이 상원을 비롯한 연방정부를 장악하고, 개별 방의 의회에서 보통 사람들을 대변하는 민중 세력을 견제해야 했다.

반면에 매디슨은 위에서 언급한 것처럼 흔히 "혼합 정부" 모델을 버리고 자유주의적 관념을 내세운 것으로 여겨진다. 그렇지만 이미 지적한 바 있듯이, 그가 기초한 버지니아안에서 연방정부는 민의를 대변하는 동시에 그것을

---

51 Alexander Hamilton, "Conjectures About the New Constitution," *Debate on the Constitution*, Part 1, 9–11, 9.

제어하는 역할을 지녔다. 특히, 상원은 간접 선거라는 여과 장치를 통해 보통 사람들을 걸러 내고 상류층 대표를 앉히는 기구였다. 매디슨은 비준 논쟁에서 반대파의 비판에 대응해 상원을 옹호할 때도 그런 생각을 지니고 있었다. 『연방주의자』 제62편과 제63편에서 잇달아 상원에 관해 논의하면서, 그는 이기구가 다른 기구들 사이에 있을 수 있는 결탁을 저지하고 변화무쌍한 민의를 제어하며 정부에 안정성을 부여하는 등, 다양한 장점을 갖고 있다고 설명하면서도 귀족이나 상류층이라는 단어를 사용하지 않았다. 그래도 상원이 민중을 견제하는 기능을 지닌다는 점을 이렇게 지적했다.

> [상원이 귀족 전제정으로 변형될 것이라는 반대파의] 이 일반적 반응에 대해서는 일반적 답변을 제시하면 충분할 것이다. 자유란 권력의 악용에 의해서만이 아니라 자유의 악용에 의해서도 위험에 처할 수 있다는 것, 전자는 물론이요 후자를 입증하는 사례도 허다하다는 것, 그리고 미국에서는 전자보다 후자가 더욱 염려된다는 것.[52]

더욱이 매디슨이 비준 논쟁에서 제기한 파벌론 역시 근대적 관념을 담고 있었다고 해도, 고전적 전통에서 완전히 벗어난 것으로 보이지 않는다. 그는 『연방주의자』 제10편에서 파벌의 원천에 대해 언급하면서, "가장 일반적이고 지속적인 파벌의 원천이 재산의 다양하고 불평등한 분포에 있었다"고 지적한다. 그리고 그 원천을 파헤치면, 앞에서 언급한 바 있듯이 인간이 서로 다른 능력을 지니고 있다는 사실에 이르게 된다고 선언한다. 그에 따르면

> 사람들이 지니는 능력의 다양성은 재산권의 기원으로서, 이해관계의 일

---

52 "Publius" [James Madison], "The Necessity of a Well Constructed Senate," *Debate on the Constitution*, Part 2, 316–324, 321.

치에 이르는 데 극복하지 못할 장애물이라 할 수 있다. 이런 능력을 보호하는 것은 정부의 일차적 목적이다. 재산을 획득하는 능력이 서로 다르고 같지 않아도 그것을 보호하면, 즉각 서로 다른 정도와 종류의 재산을 소유하는 결과가 나온다. 그리고 이런 차이가 개별 재산 소유자들의 관념과 견해에 끼치는 영향에서 사회가 서로 다른 이해관계와 파당으로 나뉘는 결과가 나온다.[53]

따라서 매디슨에게서 파벌은 이해관계와 뗄 수 없는 관계에 있지만, 재산을 토대로 형성되는 사회질서와도 구분하기 어려운 관계를 지닌다.

그 전통적 요소는 매디슨의 파벌론을 둘러싸고 있던 맥락에 비추어 보면 더욱 뚜렷하게 드러난다. 이미 서술한 바와 같이, 그는 공화국이 넓어지면 파벌도 늘어나기 때문에 서로 제휴해서 다수를 형성하기가 어렵다고 주장했다. 혁명기 미국의 정치적 경험에서 드러났듯이, 그것은 다양한 파벌에 똑같이 적용되는 것이 아니라 보통 사람들을 대변하는 파벌에 주로 적용되는 명제였다. 무엇보다 분명하게 드러났던 것은 주민의 대표를 선출하는 선거에서 선거구가 넓으면 넓을수록 상류층 대표가 유리한 반면에 보통 사람들의 대표가 불리하다는 점이었다. 후자는 대개 도읍을 넘어서는 지명도나 영향력을 지니지 못했기 때문이다. 그것이 연방헌법에서 하원의 선거구가 기존의 선거구보다 훨씬 크게 인구 3만 명을 기준으로 설정되고, 상원 의원이 각 주에서 주민 전체를 대변하는 입법부에서 선출되도록 규정된 이유였다. 이런 맥락에서 볼 때, 매디슨의 파벌론은 그가 제퍼슨에게 밝혔듯이 민중 세력을 분할, 지배하는 전략이었던 것으로 보인다.[54]

더욱이, 건국기 미국의 지도자들이 매디슨의 파벌론을 전통적인 방식으

---

53 Publius [James Madison], "To Break and Control the Violence of Faction," *Debate on the Constitution*, Part 1, 404–411, 409–410.

54 Woody Holton, "'Divide et Impera': *Federalist 10* in a Wider Sphere," *William and Mary Quarterly* 62.2 (2005), 175–212.

로 이해했을 가능성도 있다. 그들은 고전 고대에 관한 지식을 널리 공유하고 있었고, 필라델피아 회의에서 아리스토텔레스, 폴리비우스, 키케로 등등을 인용하며 바람직한 권력구조를 찾고 있었으니 말이다.[55] 그들의 안목에서 볼 때, 매디슨의 견해는 아리스토텔레스가 『정치학』에서 분명하게 천명한 명제와 흡사하다. 저 유명한 고전에서, 그는 폴리스에서 정체의 변화가 일어나는 원인이 파벌 사이의 갈등에 있다고 지적하면서 파벌의 원천이 불평등 사회에서 평등을 지향하는 열망에 있다고 선언한다. 그에 따르면 "평등에는 두 종류가 있는데, 하나는 산술적 평등이고 다른 하나는 자격에 따라 달라지는 비례적 평등이다." 전자는 민주정을 지향하는 파벌로, 후자는 과두정을 지향하는 파벌로 나타나며, 정체의 변화에 이르는 갈등을 일으킨다. 이들 파벌은 사회 세력과 뚜렷이 구분되지 않는다. 아리스토텔레스는 오히려 파벌과 사회 세력이 겹쳐 있는 것으로 여긴다.

우리는 먼저 논의의 기초로 이렇게 가정해야 한다. 서로 다른 다양한 정체가 있는 이유는 이미 언급한 바와 같이 모든 사람이 정의와 비례적 평등의 원칙에 대해 동의하는 반면에 실제에서는 그것을 달성하지 못한다는 점이다. 민주정은 어떤 하나의 측면에서 평등한 사람들이 절대적으로, 또 모든 측면에서, 평등하다는 견해에서 나왔다(사람들은 흔히 자신들이 모두 평등한 자유인이라는 사실을 자신들이 모두 절대적으로 평등하다는 의미로 해석한다). 과두정은 그와 비슷하게 어떤 하나의 측면에서 평등하지 않은 사람들이 모든 측면에서 평등하지 않다는 견해에서 나왔다(재산의 측면에서 우월한 사람들은 대체로 자신들이 절대적으로 우월하다고 여긴다). 그래서 한편에 있는 사람들은 자신들이 평등하다는 점을 근거로 모든 점에서 평등한 몫을 요구하는 반면에, 다른 한편에 있는 사람들은

---

55 Richard M. Gummere, "The Classical Ancestry of the United States Constitution," *American Quarterly* 14.1 (1962), 3–18.

더 큰 것이 평등하지 않은 것이므로 자신들이 평등하지 않다는 점을 근거로 더 큰 몫을 요구한다. 양측은 일종의 정의에 토대를 두고 있으나, 모두 절대적 정의에 미치지 못한다. 만약 어느 한편이 스스로 지니는 정의의 개념에 들어맞는 몫을 정체에서 차지하지 못한다면, 이런 이유에서 양측은 파벌 갈등에 휘말리게 된다. 우월한 장점을 지니고 있는 사람들은 (파벌을 형성하려고 하지 않지만) 파벌을 형성할 만한 매우 정당한 이유를 갖고 있다. 왜냐하면 그들은, 오직 그들만이, 절대적 우월을 누리는 것으로 여겨질 만하기 때문이다. 또한 출신에서 이점을 지니고 있고 이 이점을 근거로 자신들이 평등한 몫보다 더 많은 것을 받을 자격이 있다고 여기는 사람들도 있다. 왜냐하면 그들은 조상들이 장점과 재산을 갖고 있었던 덕분에 보통 "좋은 집안에서 태어난 사람들"로 여겨지기 때문이다.

　　이런 것들이 일반적 의미에서 파벌의 원천이며, 사람들이 파벌 싸움을 벌이는 이유이다.[56]

　　이 긴 인용문의 마지막 구절에는 과두정을 지향하는 파벌이 "좋은 집안에서 태어난 사람들"로 여겨지는 부류를 대변한다는 관념이 들어 있다. 바꿔 말하면, 아리스토텔레스는 고대 그리스에서 파벌이 사회 세력과 연관되어 있었음을 보여 준다. 파벌의 원천은 그에 따르면 정의와 "비례적 평등"에 대한 사회적 합의에도 불구하고, 재산을 비롯한 자격의 차이로 인해 여러 사회 세력이 형성되어 서로 다른 몫을 요구하는 데 있었기 때문이다.

　　그렇다면 매디슨의 파벌론에서 근대적 정치관을 끌어내는 것은 일면적 해석이라 할 수 있다. 매디슨은 분명히 정치를 귀족의 전유물로 여기던 중세적 전통에서 벗어났지만, 사회 세력과 권력구조의 관계에 대한 전통적 관념까지 버려야 한다고 명시적으로 선언하지는 않았다. 더욱이 그의 견해는 자

---

56 Aristotle, *Politics*, 178-179, 180.

유주의적 정치관을 담고 있었지만, "건국 선조"들에게 새로운 발상으로 간주되지 않았던 것으로 보인다. 그들은 전통적 사회관에 따라 미국에도 귀족이나 평민과 비슷한 세력들이 존재한다고 생각했고, 또 아리스토텔레스를 따라 그런 세력이 파벌을 형성하며 정부의 수립과 운영에 참여해야 한다고 생각했다. 그들은 서양의 역사에서 "귀족 세력이 퇴조했으나 아직 민주주의가 대두하지 않았던 과도기"에 살고 있었다.[57] 매디슨의 파벌론은 결국 과도기에 나타나는 복합적 현상의 일례인 듯하다.

따라서 매디슨을 포함한 연방파는 헌법의 제정을 주도하면서 사회 세력과 권력구조의 관계에 대해 전통적 관념을 간직하고 있었다고 할 수 있다. 그들은 신분이 사라졌지만 아직 계급이 나타나지 않았던 시대에 살고 있었던 만큼, 사회적 위계질서라는 친숙하면서도 모호한 개념에 의지해 미국의 사회구조를 이해했다. 그리고 그것을 정치체제에 편입시키고자 했다. 그렇게 해서 수립된 권력구조는 "생명과 자유, 그리고 재산"을 비롯한 인간의 기본적 권리를 권력의 자의적 침해로부터 보장하는 데 주안점을 두고 있었다. 또 그렇게 해서 사회적 위계질서에서 상부를 차지하는 소수가 재산에 대한 권리를 경제 권력으로 변형시키는 길을 열어 주고, 나아가 경제 권력이 정치적 권위나 종교적 권위, 또는 물리적 폭력에 종속당하지 않고 자율적 위상을 누릴 수 있게 도와주었다. 이런 뜻에서 자본주의라는 새로운 문명은 부분적으로 전통적 관념에 기원을 두고 있는 것으로 보인다.

결국, 미국의 자본주의는 그만큼 더 튼튼한 토대를 갖출 수 있었다. 그 문명이 그 위에서 발전하는 과정과 양상은 제2부의 주제이다.

---

57 Joseph J. Ellis, *The Quartet: Orchestrating the Second American Revolution, 1788–1789* (New York: Knopf, 2015), 217; 베일린, 『미국혁명의 이데올로기적 기원』, 424–428.

참고문헌

1. 일차 자료

Adams, John. Adams Papers Digital Edition. Massachusetts Historical Society. https://www.masshist.org/publications/adams-papers/.

Adams, Samuel. Famous Documents and Speeches. Samuel Adams Heritage Society. http://www.samuel-adams-heritage.com/documents-and-speeches.

[Anonymous Author]. *The Epic of Gilgamesh: The Babylonian Epic Poem and Other Texts in Akkadian and Sumerian*. Trans. Andrew George. London: Penguin, 2003.

Aristotle. *Politics*. Trans. Ernest Barker. Oxford: Oxford Univ. Pr., 1995.

Bacon, Francis. *The New Organon*. Ed. Lisa Jardine and Michael Silverthorne. Cambridge: Cambridge Univ. Pr., 2008.

_____. *The Major Works*. Ed. Brian Vickers. Oxford: Oxford Univ. Pr., 2008.

Bailyn, Bernard, ed. *The Debate on the Constitution: Federalist and Antifederalist Speeches, Articles, and Letters During the Struggle over Ratification*. 2 vols. New York: Library of America, 1993.

Bemis, Samuel M., ed. *The Three Charters of the Virginia Company of London*. Williamsburg, VA: Virginia 350th Anniversary Celebration Corporation, 1957(http://gutenberg.org/files/36181/36181-h/36181-h.htm).

Bradford, William. *Of Plymouth Plantation, 1620-1647*. Ed. Samuel Eliot Morison. New York: Knopf, 1963.

Cicero, Marcus Tullius. *On the Republic; and On the Laws*. Trans. David Fott. Ithaca: Cornell Univ. Pr., 2014.

Crèvecoeur, J. Hector St. John de. *Letters from an American Farmer and Sketches of 18th-Century America*. Ed. Albert E. Stone. New York: Penguin, 1981.

Hobbes, Thomas. *Leviathan*. Ed. C. B. Macpherson. New York: Penguin, 1981.

Locke, John. *Second Treatise of Government*. Ed. C. B. Macpherson. 1690; Indianapolis,

IN: Hackett Publishing, 1980(http://www.gutenberg.org./ebooks/7370).

Paine, Thomas. *Common Sense.* 1776; Mineola, NY: Dover, 1997.

Polybius. *The Histories.* Trans. Robin Waterfield. Oxford: Oxford Univ. Pr., 2010.

U.S. Bureau of the Census. *Historical Statistics of the United States: Colonial Times to 1970.* Bicentennial ed. Washington, DC: U.S. Government Printing Office, 1975.

U.S. Department of Agriculture. National Resources Conservation Service. "Soil Orders Map of the United States." Soil Survey. https://www.nrcs.usda.gov/wps/portal/nrcs/main/soils/survey/class/maps/.

U.S. Library of Congress. A Century of Lawmaking for a New Nation: U.S. Congressional Documents and Debates, 1774-1875. https://memory.loc.gov/ammem/amlaw/.

_____. Thomas Jefferson Exhibition Home. https://www.loc.gov/exhibits/jefferson/.

U.S. National Archives. America's Founding Documents. https://www.archives.gov/founding-docs.

_____. Founders Online. https://founders.archives.gov/.

Vespucci, Amerigo. *Mundus Novus: Letter to Lorenzo Pietro di Medici.* Trans. George Tyler Northrup. Princeton, NJ: Princeton Univ. Pr., 1916.

Winthrop, John. "A Model of Christian Charity." The Internet Archive, https://archive.org/details/AModelOfChristainCharity.

Yale Law School. The Avalon Project: Documents in Law, History and Diplomacy. http://avalon.law.yale.edu.

2. 이차 자료(국내)

김호동. 『몽골제국과 세계사의 탄생』. 돌베개, 2010.

뒬멘, 리하르트 반. 『개인의 발견』. 최윤영 역. 현실문화연구, 2005.

모어, 토머스. 『유토피아』. 주경철 역. 을유문화사, 2007.

배영수. 『미국 예외론의 대안을 찾아서』. 일조각, 2011.

_____. 「"서양의 대두"와 인간의 본성」. 『역사학보』 216 (2012), 81-108.

_____. 「"새로운 자본주의 역사"의 가능성과 문제점」. 『서양사연구』 58 (2018), 129-158.

_____. 「미국 헌정질서의 기원에 대한 재검토」. 『역사학보』 237 (2018), 151-187.

베일린, 버나드. 『미국혁명의 이데올로기적 기원』. 배영수 역. 새물결, 1999.

스티븐슨, 레슬리; 데이비드 L. 헤이버먼. 『인간의 본성에 관한 10가지 이론』. 박중서 역. 1998; 갈라파고스, 2006.

시덴톱, 래리. 『개인의 탄생: 양심과 자유, 책임은 어떻게 발명되었는가?』. 정명진 역. 부글북스, 2016.

엘리아스, 노르베르트. 『문명화 과정 1』. 박미애 역. 한길사, 1996.

울리히, 로렐 대처. 『산파 일기』. 윤길순 역. 동녘, 2008.

이보형. 「미국 노예제도의 기원 논쟁」. 『서양사론』 29 (1988), 341-362.

정경희. 『중도의 정치: 미국 헌법 제정사』. 서울대학교 출판부, 2001.

주경철. 『대항해시대: 해상 팽창과 근대 세계의 형성』. 서울대학교 출판부, 2008.

_____. 『크리스토퍼 콜럼버스: 종말론적 신비주의자』. 서울대학교 출판문화원, 2013.

최명. 『춘추전국의 정치사상』. 박영사, 2004.

치폴라, 카를로. 『대포, 범선, 제국』. 최파일 역. 미지북스, 2010.

_____. 『시계와 문명』. 최파일 역. 미지북스, 2013.

코젤렉, 라인하르트, 외. 『코젤렉의 개념사 사전 1: 문명과 문화』. 안삼환 역. 푸른역사, 2010.

크로스비, 앨프리드 W. 『생태 제국주의』. 안효상·정범진 역. 지식의풍경, 2000.

_____. 『콜럼버스가 바꾼 세계』. 김기윤 역. 지식의숲, 2006.

한비. 『한비자』. 김원중 역. 글항아리, 2010.

3. 이차 자료(해외)

Amar, Akhil Reed. *America's Constitution: A Biography*. New York: Random House, 2005.

Anderson, Fred. *Crucible of War: The Seven Years' War and the Fate of Empire in British North America, 1754-1766*. New York: Vintage, 2000.

Anderson, Kevin B. *Marx at the Margins: On Nationalism, Ethnicity, and Non-Western Societies*. Chicago: Univ. of Chicago Pr., 2010.

Appleby, Joyce. *Capitalism and a New Social Order: The Republican Vision of the 1790s*. New York: New York Univ. Pr., 1984.

_____. *Liberalism and Republicanism in the Historical Imagination*. Cambridge, MA: Harvard Univ. Pr., 1992.

Arendt, Hannah. *On Violence*. Orlando, FL: Harcourt, 1970.

Armitage, David. *The Declaration of Independence: A Global History*. Cambridge, MA: Harvard Univ. Pr., 2007.

Axtell, James. *The Invasion Within: The Conquest of Cultures in Colonial North America*. Oxford: Oxford Univ. Pr., 1985.

_____. *Natives and Newcomers: The Cultural Origins of North America*. Oxford: Oxford Univ. Pr., 2001.

Bae, Youngsoo. "Rethinking the Concept of Capitalism: A Historian's Perspective." *Social History* 45.1 (2020), 1-25.

Bailyn, Bernard. *The Origins of American Politics*. New York: Vintage, 1965.

_____. *The Ideological Origins of the American Revolution*. Cambridge, MA: Harvard/Belknap, 1967.

_____. *The Ordeal of Thomas Hutchinson*. Cambridge, MA: Harvard/Belknap, 1974.

_____. "Politics and Social Structure in Virginia." In *Colonial America: Essays in Politics and Social Development*, 3rd ed., ed. Stanley N. Katz and John M. Murrin, 207–230. New York: Knopf, 1983.

_____. *The Barbarous Years: The Peopling of British North America: The Conflict of Civilizations, 1600–1675*. New York: Vintage, 2012.

Banning, Lance. "James Madison and the Nationalists, 1780–1783." *William and Mary Quarterly* 40.2 (1983), 227–255.

_____. *The Sacred Fire of Liberty: James Madison and the Founding of the Federal Republic*. Ithaca: Cornell Univ. Pr., 1995.

Barrow, Thomas C. *Trade and Empire: The British Customs Service in Colonial America, 1660–1775*. Cambridge, MA: Harvard Univ. Pr., 1967.

Bartlett, Robert. *The Making of Europe: Conquest, Colonization and Cultural Change, 950–1350*. Princeton, NJ: Princeton Univ. Pr., 1993.

Bayly, Christopher A. *The Birth of the Modern World, 1780–1914*. Oxford: Wiley–Blackwell, 2004.

_____. *Remaking the Modern World, 1900–2015*. Oxford: Wiley–Blackwell, 2018.

Beard, Charles A. *An Economic Interpretation of the Constitution of the United States*. 1913; New York: Macmillan, 1935.

_____ and Mary Beard, *The Rise of American Civilization*. 2 vols. New York: Macmillan, 1930.

Becker, Carl Lotus. *The History of Political Parties in the Province of New York, 1760–1776*. Madison: Univ. of Wisconsin Pr., 1909.

Berthoff, Rowland, and John M. Murrin. "Feudalism, Communalism, and the Yeoman Freeholder: The American Revolution as a Social Accident." In *Essays on the American Revolution*, ed. Stephen G. Kurtz and James H. Hutson, 256–288. Chapel Hill: University of North Carolina Pr., 1973.

Bilder, Mary Sarah. *The Transatlantic Constitution: Colonial Legal Culture and the Empire*. Cambridge, MA: Harvard Univ. Pr., 2004.

_____. *Madison's Hand: Revising the Constitutional Convention*. Cambridge, MA: Harvard Univ. Pr., 2015.

Black, Barbara A. "The Constitution of Empire: The Case for the Colonists." *University of Pennsylvania Law Review* 124.5 (1976), 1157–1211.

Blackhawk, Ned. *Violence over the Land: Indians and Empires in the Early American West*. Cambridge, MA: Harvard Univ. Pr., 2006.

Block, James E. *A Nation of Agents: The American Path to a Modern Self and Society*. Cambridge, MA: Harvard Univ. Pr., 2002.

Blue, Gregory. "China and the Writing of World History in the West." Paper prepared for the XIXth International Congress of Historical Sciences, Oslo, 6–13 August 2000, http://www.oslo2000.uio.no/program/papers/m1a/M1a–blue.

Bond, W., Jr. *The Quit-Rent System in the American Colonies.* New Haven: Yale Univ. Pr., 1919.

Bouton, Terry. *Taming Democracy: "The People," the Founders, and the Troubled Ending of the American Revolution.* Oxford: Oxford Univ. Pr., 2007.

Brown, Robert E. *Charles Beard and the Constitution: A Critical Analysis of An Economic Interpretation of the Constitution.* 1956; New York: Norton, 1965.

Burnard, Trevor. *Planters, Merchants, and Slaves: Plantation Societies in British America, 1650-1820.* Chicago: Univ. of Chicago Pr., 2015.

Calloway, Colin G. *Our Vast Winter Count: The Native American West before Lewis and Clark.* Lincoln, NE: Univ. of Nebraska Pr., 2003.

Chakrabarty, Dipesh. *Provincializing Europe: Postcolonial Thought and Historical Difference.* Princeton, NJ: Princeton Univ. Pr., 2000.

Childe, V. Gordon. *Man Makes Himself.* 1936; Bulwell Lane: Spokesman, 2003.
_____. "The Urban Revolution." *Town Planning Review* 21.1 (1950), 3-17.

Chinard, Gilbert. "Polybius and the American Constitution." *Journal of the History of Ideas,* 1.1 (1940), 38-58.

Coby, John Patrick. "The Long Road to a More Perfect Union: Majority Rule and Minority Rights at the Constitutional Convention." *American Political Thought: A Journal of Ideas, Institutions, and Cultures* 5.1 (2016), 26-54.

Cornell, Saul. "Aristocracy Assailed: The Ideology of Backcountry Anti-Federalism." *Journal of American History* 76.4 (1990), 1148-1172.

Costa, Tom. "Runaway Slaves and Servants in Colonial Virginia." Encyclopedia Virginia. Virginia Humanities. http://www.encylcopediavirginia.org/Runaway_Slaves_and_Servants_in_Colonial_Virginia#its1.

Countryman, Edward, and Susan Deans. "Independence and Revolution in the Americas: A Project for Comparative Study." *Radical History Review* 27 (1983), 144-171.

Craven, Wesley Frank. *The Southern Colonies in the Seventeenth Century, 1607-1689.* Baton Rouge: Louisiana State Univ. Pr., 1949.

Cronon, William. *Changes in the Land: Indians, Colonists, and the Ecology of New England.* New York: Hill & Wang, 1983.
_____. "The Trouble with Wilderness." *Environmental History* 1.1 (1996), 7-28.

Dealy, Glen. "Prolegomena on the Spanish American Political Tradition." *Hispanic American Historical Review* 48.1 (1968), 37-58.

Dear, Peter. *Revolutionizing the Sciences: European Knowledge and Its Ambitions, 1500-1700.* 2nd ed. Princeton, NJ: Princeton Univ. Pr., 2009.

Delfs, Arne. "Anxieties of Influence: Perry Miller and Sacvan Bercovitch." *New England Quarterly* 70.4 (1997), 601-615.

Demos, John. *A Little Commonwealth: Family Life in Plymouth Colony.* New York: Oxford

Univ. Pr., 1970.

Denevan, William M., ed. *The Native Population of the Americas in 1492.* 2nd ed. Madison: Univ. of Wisconsin Pr., 1992.

Diamond, Jared. *Guns, Germs, and Steel: The Fate of Human Societies.* New York: Norton, 1999.

DuVal, Katherine. *The Native Ground: Indians and Colonists in the Heart of the Continent.* Philadelphia: Univ. of Pennsylvania Pr., 2007.

Echeverria, Durand. *Mirage in the West: A History of the French Image of American Society to 1815.* Princeton, NJ: Princeton Univ. Pr., 1957.

Edling, Max M. *A Revolution in Favor of Government: Origins of the U.S. Constitution and the Making of the American State.* Oxford: Oxford Univ. Pr., 2003.

Elazar, Daniel J. *The American Constitutional Tradition.* Lincoln, NE: Univ. of Nebraska Pr., 1988.

Ellenbogen, Paul D. "Another Explanation for the Senate: The Anti-Federalists, John Adams, and the Natural Aristocracy." *Polity* 29.2 (1996), 247–271.

Elliott, J. H. *Empires of the Atlantic Britain and Spain in America, 1492–1830.* New Haven: Yale Univ. Pr., 2006.

Ellis, Joseph J. *His Excellency: George Washington.* New York: Vintage, 2005.

_____. *The Quartet: Orchestrating the Second American Revolution, 1788–1789.* New York: Knopf, 2015.

Ely, James W., Jr. *The Guardian of Every Other Right: A Constitutional History of Property Rights.* 3rd ed. New York: Oxford Univ. Pr., 2008.

Eustace, Nicole. *Passion Is the Gale: Emotion, Power, and the Coming of the American Revolution.* Chapel Hill: Univ. of North Carolina Pr., 2008.

Farrand, Max. *The Framing of the Constitution of the United States.* New Haven: Yale Univ. Pr., 1913.

Febvre, Lucien. "Civilisation: Evolution of a Word and a Group of Ideas." In *A New Kind of History from the Writings of Febvre,* ed. Peter Burke, 219–257. London: Routledge & Kegan Paul, 1973.

Fernández-Armesto, Felipe. *Civilizations: Culture, Ambition, and the Transformation of Nature.* New York: Free Pr., 2001.

Finlayson, Caitlin. "Figure 4.1: Map of North America, 1:36,000,000." World Regional Geography. Pressbooks. https://worldgeo.pressbooks.com/chapter/north-america/.

Foner, Eric. *Tom Paine and Revolutionary America.* New York: Oxford Univ. Pr., 1976.

Foucault, Michel. *Discipline and Punish: The Birth of the Prison.* Trans. Alan Sheridan. New York: Vintage, 1995.

_____. *Power/Knowledge: Selected Interviews and Other Writings, 1972–1977.* Trans. Colin Gordon et al. New York: Vintage, 1980.

Frank, Andre Gunder. *ReOrient: Global Economy in the Asian Age.* Berkeley: Univ. of California Pr., 1998.

Furstenberg, François. "The Significance of the Trans−Appalachian Frontier in Atlantic History." *American Historical Review* 113.3 (2008), 647−677.

Gat, Azar. *War in Human Civilization.* Oxford: Oxford Univ. Pr., 2006.

"GDP per capita (current US$)." World Bank Data. World Bank. https://data. worldbank.org/indicator/NY.GDP.PCAP.CD.

Gerber, Scott D. "The Political Theory of an Independent Judiciary." Yale Law Journal Forum. Yale Law School. http://yalelawjournal.org/forum/the−political−theory−of− an−independent−judiciary.

Gibson, Alan. "Ancients, Moderns and Americans: The Republicanism−Liberalism Debate Revisited." *History of Political Thought* 21.2 (2000), 261−307.

Gierke, Otto. *Political Theories of the Middle Age.* Trans. Frederic William Maitland. 1900; Boston: Beacon, 1958.

Gipson, Lawrence Henry. *The Coming of the Revolution, 1763−1775.* New York: Harper & Row, 1962.

Gordon, Robert J. *The Rise and Fall of American Growth: The U.S. Standard of Living since the Civil War.* Princeton, NJ: Princeton Univ. Pr., 2016.

Greene, Jack P. *Peripheries and Center: Constitutional Development in the Extended Polities of the British Empire and the United States, 1607−1788.* Revised ed. New York: Norton, 1990.

_____. *The Constitutional Origins of the American Revolution.* Cambridge: Cambridge Univ. Pr., 2010.

Greven, Philip J., Jr. *Four Generations: Population, Land and Family in Colonial Andover, Massachusetts.* Ithaca: Cornell Univ. Pr., 1970.

Gross, Robert A. *The Minutemen and Their World.* New York: Hill & Wang, 1976.

Grubb, Farley. "The Continental Dollar: Initial Design, Ideal Performance, and the Credibility of Congressional Commitment." NBER Working Paper 17276, National Bureau of Economic Research, Cambridge, MA, 2011.

Gummere, Richard M. "The Classical Ancestry of the United States Constitution." *American Quarterly* 14.1 (1962), 3−18.

Hamilton, Carol V. "Why Did Jefferson Change 'Property' to the 'Pursuit of Happiness'?" History News Network. Columbian College of Arts and Sciences, George Washington University. http://historynewsnetwork.org/article/46460.

Handlin, Oscar, and Mary F. Handlin. "Origins of the Southern Labor System." *William and Mary Quarterly* 7.2 (1950), 199−222.

Hardwick, Susan Wiley; Fred M. Shelley; and Donald G. Holtgrieve. *The Geography of North America: Environment, Political Economy, and Culture.* Upper Saddle River, NJ: Pearson Prentice Hall, 2008.

Hartz, Louis. *The Liberal Tradition in America.* New York: Harcourt, Brace & World, 1955.

Henretta, James A. "Magistrates, Common Law Lawyers, and Legislators: Three Legal

Systems in British America." In *The Cambridge History of Law in America*, Vol. 1: *Early America, 1580–1815*, ed. Michael Grossberg and Christopher Tomlins, 555–592. Cambridge: Cambridge Univ. Pr., 2008.

Henry, John. *The Scientific Revolution and the Origins of Modern Science*. New York: St. Martin's, 1997.

Hirschman, Albert O. *The Passions and the Interests: Political Arguments for Capitalism before Its Triumph*. 1977; Princeton, NJ: Princeton Univ. Pr., 2013.

Hoberman, Louisa S. "Hispanic Political Theory as a Distinct Tradition." *Journal of the History of Ideas* 41.2 (1980), 199–218.

Hobsbawm, Eric J. *The Age of Revolution: Europe, 1789–1848*. London: Weidenfeld and Nicolson, 1962.

_____. *The Age of Extremes, 1914–1991*. New York: Pantheon, 1994.

Hofstadter, Richard. *The American Political Tradition and the Men Who Made It*. New York: Vintage, 1948.

_____. *The Age of Reform*. New York: Vintage, 1955.

Holton, Woody. *Forced Founders: Indians, Debtors, Slaves, & the Making of the American Revolution in Virginia*. Chapel Hill: Univ. of North Carolina Pr., 1999.

_____. "'Divide et Impera': *Federalist 10* in a Wider Sphere." *William and Mary Quarterly* 62.2 (2005), 175–212.

_____. *Unruly Americans and the Origins of the Constitution*. New York: Hill & Wang, 2007.

Howe, Daniel Walker. *Making the American Self: Jonathan Edwards to Abraham Lincoln*. Oxford: Oxford Univ. Pr., 2009.

Hulme, Peter. *Colonial Encounters: Europe and the Native Caribbean, 1492–1797*. London: Methuen, 1986.

Hulsebosch, Daniel J. *Constituting Empire: New York and the Transformation of Constitutionalism in the Atlantic World, 1664–1830*. Chapel Hill: Univ. of North Carolina Pr., 2005.

Hunt, Lynn. *Inventing Human Rights: A History*. New York: Norton, 2007.

Huston, James L. "The American Revolutionaries, the Political Economy of Aristocracy, and the American Concept of the Distribution of Wealth, 1765–1900." *American Historical Review* 98.4 (1994), 1079–1105.

Hutson, James H. "Country, Court, and Constitution: Antifederalism and the Historians." *William and Mary Quarterly* 38.3 (1981), 337–368.

Innes, Stephen. *Creating the Commonwealth: The Economic Culture of Puritan New England*. New York: Norton, 1995.

Jameson, J. Franklin. *The American Revolution Considered as a Social Movement*. Princeton, NJ: Princeton Univ. Pr., 1926.

Jennings, Francis. *The Invasion of America: Indians, Colonialism, and the Cant of Conquest*. New York: Norton, 1976.

Jensen, Merrill. *The New Nation: A History of the United States during the Confederation, 1781–1789.* 1950; Boston: Northeastern Univ. Pr., 1981.

Jones, Eric. *The European Miracle: Environments, Economies, and Geopolitics in the History of Europe and Asia.* 2nd ed. Cambridge: Cambridge Univ. Pr., 1987.

Jones, Gareth Stedman. "Radicalism and the Extra–European World: The Case of Karl Marx." In *Victorian Visions of Global Order: Empire and International Relations in Nineteenth–Century Political Thought*, ed. Duncan Bell, 186–214. Cambridge: Cambridge Univ. Pr., 2007.

Jordan, Winthrop D. *White over Black: American Attitudes Toward the Negro, 1550–1812.* Chapel Hill: Univ. of North Carolina Pr., 1968.

Katz, Stanley N., and John M. Murrin, eds. *Colonial America: Essays in Politics and Social Development.* 3rd ed. New York: Knopf, 1983.

Kenyon, Cecelia M. "Men of Little Faith: The Anti–Federalists on the Nature of Representative Government." *William and Mary Quarterly* 12.1 (1952), 3–43.

Kiernan, Victor. *The Lords of Human Kind: European Attitudes to Other Cultures in the Imperial Age.* London: Serif, 1995.

Kim, Sung Bok. *Landlord and Tenant in Colonial New York: Manorial Society, 1664–1775.* Chapel Hill: Univ. of North Carolina Pr., 1973.

Klarman, Michael J. *The Framers' Coup: The Making of the United States Constitution.* New York: Oxford Univ. Pr., 2016.

Kloppenberg, James T. *Toward Democracy: The Struggle for Self–Rule in European and American Thought.* New York: Oxford Univ. Pr., 2016.

Kobylka, Joseph F., and Bradley Kent Carter. "Madison, 'The Federalist,' and the Constitutional Order: Human Nature and Institutional Structure." *Polity* 20.2 (1987), 190–208.

Koshland, Daniel E., Jr. "The Seven Pillars of Life." *Science*, 22 March 2002, 2215–2216.

Kramer, Larry D. "Madison's Audience." *Harvard Law Review* 112.3 (1999), 611–679.

———. *The People Themselves: Popular Constitutionalism and Judicial Review.* Oxford: Oxford Univ. Pr., 2004.

Kramnick, Isaac. *Republicanism and Bourgeois Radicalism: Political Ideology in Late Eighteenth–Century England and America.* Ithaca: Cornell Univ. Pr., 1990.

LaCroix, Alison L. *The Ideological Origins of American Federalism.* Cambridge, MA: Harvard Univ. Pr., 2010.

Landes, David S. *The Wealth and Poverty of Nations: Why Some Are So Rich and Why Some So Poor.* New York: Norton, 1999.

Lee, Daniel. *Popular Sovereignty in Early Modern Constitutional Thought.* Oxford: Oxford Univ. Pr., 2016.

Leonard, Gerald, and Saul Cornell. *The Partisan Republic: Democracy, Exclusion, and the Fall of the Founders' Constitution, 1780s–1830s.* Cambridge: Cambridge Univ. Pr., 2019.

Lepore, Jill. *The Name of War: King Philip's War and the Origins of American Identity.* New York: Vintage, 1999.

Lerner, Gerda. *The Creation of Patriarchy.* New York: Oxford Univ. Pr., 1986.

Limerick, Patricia Nelson. *The Legacy of Conquest: The Unbroken Past of the American West.* New York: Norton, 1987.

Lindner, Kolja. "Marx's Eurocentrism: Postcolonial Studies and Marx Scholarship." *Radical Philosophy* 161 (2010), 27–41.

Lockridge, Kenneth A. *A New England Town: The First Hundred Years, Dedham, Massachusetts, 1636–1736.* New York: Norton, 1970.

Long, Pamela O. *Openness, Secrecy, and Authorship: Technical Arts and the Culture of Knowledge from Antiquity to the Renaissance.* Baltimore: Johns Hopkins Univ. Pr., 2001.

Lucassen, Jan, and Leo Lucassen. "The Mobility Transition Revisited, 1500–1900: What the Case of Europe Can Offer to Global History." *Journal of Global History* 4.3 (2009), 347–377.

Lukacs, John. "The Triumph and Collapse of Liberalism." *Chronicle of Higher Education,* 10 Dec. 2004, B9–B10.

Lutz, Donald S. *The Origins of American Constitutionalism.* Baton Rouge: Louisiana State Univ. Pr., 1988.

Magliocca, Gerard N. "A Faction of One: Revisiting Madison's Notes on the Constitutional Convention." *Law & Social Inquiry* 43.1 (2018), 267–281.

Maier, Pauline. *From Resistance to Revolution: Colonial Radicals and the Development of American Opposition to Britain, 1765–1776.* 1972; New York: Vintage, 1974.

_____. *American Scripture: Making the Declaration of Independence.* New York: Vintage, 1998.

_____. *Ratification: The People Debate the Constitution, 1787–1788.* New York: Simon & Schuster, 2010.

Mann, Michael. *The Sources of Social Power.* 4 vols. Cambridge: Cambridge Univ. Pr., 1986–2013.

Martin, John Frederick. *Profits in the Wilderness: Entrepreneurship and the Founding of New England Towns in the Seventeenth Century.* Chapel Hill: Univ. of North Carolina Pr., 1991.

Marx, Karl. *Capital: A Critique of Political Economy.* Vol. 1. Trans. Samuel Moore and Edward Aveling. In *Marx & Engels Collected Works,* Vol. 35 ([London]: Lawrence & Wishart, 2010).

Mazlish, Bruce. *Civilization and Its Contents.* Stanford: Stanford Univ. Pr., 2004.

McConville, Brendan. *The King's Three Faces: The Rise and Fall of Royal America, 1688–1776.* Chapel Hill: Univ. of North Carolina Pr., 2006.

McDermott, Scott A. "Body of Liberties: Godly Constitutionalism and the Origin of Written Fundamental Law in Massachusetts, 1634–1666." Ph.D. Dissertation, Saint Louis Univ., 2014.

McDonald, Forrest. *We the People: The Economic Origins of the Constitution.* Chicago: Univ. of Chicago Pr., 1958.

_____. *Novus Ordo Seclorum: The Intellectual Origins of the Constitution.* Lawrence, KS: Univ. of Kansas Pr., 1985.

McDonnell, Michael A. *The Politics of War: Race, Class, and Conflict in Revolutionary Virginia.* Chapel Hill: Univ. of North Carolina Pr., 2007.

McGuire, Robert A. *To Form a More Perfect Union: A New Interpretation of the United States Constitution.* Oxford: Oxford Univ. Pr., 2003.

McNeil, William H. *The Rise of the West: A History of the Human Community with a Retrospective Essay.* Chicago: Univ. of Chicago Pr., 1991.

Mead, Sidney E. *The Lively Experiment: The Shaping of Christianity in America.* New York: Harper & Row, 1963.

Merrell, James H. *The Indians' New World: Catawbas and Their Neighbors from European Contact through the Era of Removal.* Chapel Hill: Univ. of North Carolina Pr., 1989.

Middlekauff, Robert. *The Glorious Cause: The American Revolution, 1763−1789.* New York: Oxford Univ. Pr., 1982.

Miller, Perry. *The New England Mind: The Seventeenth Century.* Cambridge, MA: Harvard Univ. Pr., 1954.

Mitterauer, Michael. *Why Europe? The Medieval Origins of Its Special Path.* Trans. Gerald Chapple. Chicago: Univ. of Chicago Pr., 2010.

Morgan, Edmund S. *The Puritan Dilemma: The Story of John Winthrop.* Boston: Little, Brown, 1958.

_____. *Visible Saints: The History of a Puritan Idea.* New York: New York Univ. Pr., 1963.

_____. *American Slavery, American Freedom: The Ordeal of Colonial Virginia.* New York: Norton, 1975.

_____. *Inventing the People: The Rise of Popular Sovereignty in England and America.* New York: Norton, 1988.

_____ and Helen M. Morgan. *The Stamp Act Crisis: Prologue to Revolution.* Chapel Hill: Univ. of North Carolina Pr., 1953.

Morgenthau, Hans J. *Politics among Nations: The Struggle for Power and Peace.* New York: Knopf, 1948.

Murray, Mary. *The Law of the Father? Patriarchy in the Transition from Feudalism to Capitalism.* London: Routledge, 1995.

Nash, Gary B. *The Urban Crucible: Social Change, Political Consciousness, and the Origins of the American Revolution.* Cambridge, MA: Harvard Univ. Pr., 1979.

Nedelsky, Jennifer. *Private Property and the Limits of American Constitutionalism: The Madisonian Framework and Its Legacy.* Chicago: Univ. of Chicago Pr., 1990.

Nietzsche, Friedrich. *The Will to Power.* Ed. Walter Kaufmann and trans. Walter Kaufmann and R. J. Hollingdale. New York: Random House, 1967.

Nolan, Mary. *Visions of Modernity: American Business and the Modernization of Germany.* New York: Oxford Univ. Pr., 1994.

Norton, Mary Beth. *Liberty's Daughters: The Revolutionary Experience of American Women.* Boston: Little, Brown, 1980.

O'Gorman, Edmundo. *The Invention of America: An Inquiry into the Historical Nature of the New World and the Meaning of Its History.* Bloomington: Indiana Univ. Pr., 1961.

Ortiz, Ferdinando. *Cuban Counterpoint: Tobacco and Sugar.* Trans. Harriet de Onís. Durham, NC: Duke Univ. Pr., 1995.

Pagden, Anthony. "Law, Colonization, Legitimation, and the European Background." In *The Cambridge History of Law in America,* Vol. 1: *Early America, 1580–1815,* ed. Michael Grossberg and Christopher Tomlins., 1–31. Cambridge: Cambridge Univ. Pr., 2008.

Palmer, R. R. *The Age of the Democratic Revolution.* 2 vols. Princeton, NJ: Princeton Univ. Pr., 1959–64.

Parthasarathi, Prasannan. *Why Europe Grew Rich and Asia Did Not: Global Economic Divergence, 1600–1850.* Cambridge: Cambridge Univ. Pr., 2011.

Pestel, Friedemann. "French Revolution and Migration after 1789." Europe on the Road. European History Online. http://ieg-ego.eu/en/threads/europe-on-the-road/political-migration-exile/friedemann-pestel-french-revolution-and-migration-after-1789.

Picketty, Thomas. *Capital in the Twenty-First Century.* Trans. Arthur Goldhammer. Cambridge, MA: Harvard/Belknap, 2014.

Pocock, J. G. A. *The Machiavellian Moment: Florentine Political Thought and the Atlantic Republican Tradition.* Princeton, NJ: Princeton Univ. Pr., 1975.

Pomeranz, Kenneth. *The Great Divergence: China, Europe and the Making of Modern World Economy.* Princeton, NJ: Princeton Univ. Pr., 2000.

Pomfret, John E. *Founding the American Colonies, 1583–1660.* New York: Harper & Row, 1970).

Pratt, Mary Louise. *Imperial Eyes: Travel Writing and Transculturation.* London: Routledge, 1992.

Quinn, David B. *North America from Earliest Discovery to First Settlements: The Norse Voyages to 1612.* New York: Harper & Row, 1975.

Rabushka, Alvin. *Taxation in Colonial America.* Princeton, NJ: Princeton Univ. Pr., 2008.

Rakove, Jack N. *Original Meanings: Politics and Ideas in the Making of the Constitution.* New York: Knopf, 1996.

Reid, John Phillip. *Constitutional History of the American Revolution: The Authority to Tax.* Madison: Univ. of Wisconsin Pr., 1987.

_____. *The Concept of Representation in the Age of the American Revolution.* Chicago: Univ. of Chicago Pr., 1989.

_____. *Constitutional History of the American Revolution: Abridged Edition.* Madison: Univ. of Wisconsin Pr., 1995.

Renfrew, Colin. *The Emergence of Civilisation: The Cyclades and the Aegean in the Third Millennium BC.* 1972; Oxford: Oxbow, 2011.

Richards, Leonard L. *Shays's Rebellion: The American Revolution's Final Battle.* Philadelphia: Univ. of Pennsylvania Pr., 2002.

Richter, Daniel K. *The Ordeal of the Longhouse: The Peoples of the Iroquois League in the Era of European Colonization.* Chapel Hill: Univ. of North Carolina Pr., 1992.

_____. *Before the Revolution: America's Ancient Pasts.* Cambridge, MA: Harvard Univ. Pr., 2011.

Rodgers, Daniel T. "Republicanism: The Career of a Concept." *Journal of American History* 79.1 (1992), 11–38.

Sabine, Lorenzo. *Biographical Sketches of Loyalists of the American Revolution, with an Historical Essay.* Vol. 1. Boston: Little, Brown, 1864.

Schor, Miguel. "Constitutionalism Through the Looking Glass of Latin America." *Texas International Law Journal* 41.1 (2006), 1–37.

Shapin, Stephen. *The Scientific Revolution.* Chicago: Univ. of Chicago Pr., 1996.

Sharp, Malcolm P. "The Classical American Doctrine of 'the Separation of Powers.'" *University of Chicago Law Review* 2.3 (1935), 385–436.

Siebens, Julie, and Tiffany Julian. *Native North American Languages Spoken at Home in the United States and Puerto Rico: 2006–2010.* Washington, DC: U.S. Government Printing Office, 2011(www.census.gov/prod/2011pubs/acsbr10–10.pdf).

Silver, Peter. *Our Savage Neighbors: How Indian War Transformed Early America.* New York: Norton, 2009.

Skinner, Quentin. *The Foundations of Modern Political Thought.* 2 vols. Cambridge: Cambridge Univ. Pr., 1978.

Slauter, Eric. *The State as a Work of Art: The Cultural Origins of the Constitution.* Chicago: Univ. of Chicago Pr., 2009.

Slotkin, Richard. *Regeneration through Violence: The Mythology of the American Frontier, 1600–1860.* Middletown, CT: Wesleyan Univ. Pr., 1973.

Smith, Michael E. "V. Gordon Childe and the Urban Revolution: A Historical Perspective on a Revolution in Urban Studies." *Town Planning Review* 80.1 (2009), 3–29.

Smith, Page. *The Constitution: A Documentary and Narrative History.* New York: Morrow, 1978.

Smith, Robert Freeman. "The American Revolution and Latin America: An Essay in Imagery, Perceptions, and Ideological Influence." *Journal of Interamerican Studies and World Affairs* 20.4 (1978), 421–441.

Sombart, Werner. *Why Is There No Socialism in the United States?* Trans. Patricia M. Hocking and C. T. Husbands. White Plains, NY: Sharpe, 1976.

"Source Regions for Air Masses that Affect North America, The." Introductory Meteorology. Department of Meteorology and Atmospheric Science, Pennsylvania State University. https://www.e-education.psu.edu/meteo3/l3_p5.html.

Stockholm International Peace Research Institute. SIPRI Yearbook 2020: Armaments, Disarmament and International Security: Summary. https://www.sipri.org/sites/default/files/2020-06/yb20_summary_en_v2.pdf.

Swift, Elaine K. "The Making of the American House of Lords: The U.S. Senate in the Constitutional Convention of 1787." *Studies in American Political Development* 7.2 (1933), 177–224.

Tamanaha, Brian Z. *On the Rule of Law: History, Politics, Theory.* Cambridge: Cambridge Univ. Pr., 2004.

Tate, Thad W., and David L. Ammerman, eds. *The Chesapeake in the Seventeenth Century: Essays on Anglo-American Society.* Chapel Hill: Univ. of North Carolina Pr., 1979.

Taylor, Alan. *The Divided Ground: Indians, Settlers, and the Northern Borderland of the American Revolution.* New York: Vintage, 2007.

_____. *American Revolutions, 1750–1804.* New York: Norton, 2016.

Taylor, Charles. *Sources of the Self: The Making of the Modern Identity.* Cambridge: Cambridge Univ. Pr., 1989.

Thomas, Keith. *Man and the Natural World: Changing Attitudes in England, 1500–1800.* London: Penguin, 1983.

Thomas, Peter D. G. *British Politics and the Stamp Act Crisis: The First Phase of the American Revolution, 1763–1767.* Oxford: Oxford Univ. Pr., 1975.

Thornton, Russell. "Native American Demographic and Tribal Survival into the Twenty-first Century." *American Studies* 46.3/4 (2005), 23–38.

Tierney, Brian. *Religion, Law, and the Growth of Constitutional Thought, 1150–1650.* Cambridge: Cambridge Univ. Pr., 1982.

Tocqueville, Alexis de. *Democracy in America.* Ed. J. P. Mayer and trans. George Lawrence. Garden City, NY: Doubleday, 1969.

Turner, Frederick Jackson. *Rereading Frederick Jackson Turner: "The Significance of the Frontier in American History" and Other Essays.* New York: Holt, 1994.

U.S. Central Intelligence Agency. The World Factbook. https://www.cia.gov/the-world-factbook/.

Vaughan, Alden T. "The Origins Debate: Slavery and Racism in Seventeenth-Century Virginia." In *Roots of American Racism: Essays on the Colonial Experience*, 136–174. New York: Oxford Univ. Pr., 1995.

Vickers, Daniel. *Farmers and Fishermen: Two Centuries of Work in Essex County, Massachusetts, 1630–1850.* Chapel Hill: Univ. of North Carolina Pr., 1994.

Wahrman, Dror. *The Making of the Modern Self: Identity and Culture in Eighteenth-Century England.* New Haven: Yale Univ. Pr., 2004.

Waldstreicher, David. *Slavery's Constitution: From Revolution to Ratification.* New York:

Hill & Wang, 2009.

Weber, Max. *The Protestant Ethic and The Spirit of Capitalism.* Trans. Talcott Parsons. Los Angeles: Roxbury, 1966.

White, Lynn, Jr. *Medieval Technology and Social Change.* 1962; London: Oxford Univ. Pr., 1975.

White, Richard. *The Middle Ground: Indians, Empires, and Republics in the Great Lakes Region, 1650–1815.* 10th anniversary ed. New York: Cambridge Univ. Pr., 2011.

Wilentz, Sean. *No Property in Man: Slavery and Antislavery at the Nation's Founding.* Cambridge, MA: Harvard Univ. Pr., 2018.

Wong, R. Bin. *China Transformed: Historical Change and the Limits of European Experience.* Ithaca: Cornell Univ. Pr., 1997.

Wood, Gordon. *The Creation of the American Republic, 1776–1787.* Chapel Hill: Univ. of North Carolina Pr., 1969.

_____. "Interests and Disinterestedness in the Making of the Constitution." In *Beyond Confederation: Origins of the Constitution and American National Identity,* ed. Richard Beeman, Stephen Botein, and Edward C. Carter, II, 69–109. Chapel Hill: Univ. of North Carolina Pr., 1987.

_____. *The Radicalism of the American Revolution.* New York: Knopf, 1992.

_____. *The Creation of the American Republic, 1776–1787.* New ed. Chapel Hill: Univ. of North Carolina Pr., 1998.

_____. *The American Revolution: A History.* New York: Modern Library, 2003.

Wootton, David. *The Invention of Science: A New History of the Scientific Revolution.* London: Penguin, 2015.

Yirush, Craig. *Settlers, Liberty, and Empire: The Roots of Early American Political Theory, 1665–1775.* Cambridge: Cambridge Univ. Pr., 2011.

인명 색인

미국의
자본주의 문명

—

어디서 와서 어디로 가는가?

—

제1부 토대

—

제1판 1쇄 펴낸날 2022년 10월 15일

지은이 | 배영수
펴낸이 | 김시연

펴낸곳 | (주)일조각
등록 | 1953년 9월 3일 제300-1953-1호(구 : 제1-298호)
주소 | 03176 서울시 종로구 경희궁길 39
전화 | 02-734-3545 / 02-733-8811(편집부)
　　　　02-733-5430 / 02-733-5431(영업부)
팩스 | 02-735-9994(편집부) / 02-738-5857(영업부)
이메일 | ilchokak@hanmail.net
홈페이지 | www.ilchokak.co.kr

ISBN 978-89-337-0811-8 93940
값 28,000원